Figuren der Endlichkeit in der Europäischen Romantik

spectrum Literaturwissenschaft/ spectrum Literature

Komparatistische Studien/Comparative Studies

Band 85

Figuren der Endlichkeit in der Europäischen Romantik

Herausgegeben von
Jakob Christoph Heller, Erik Martin
und Sebastian Schönbeck

DE GRUYTER

Gedruckt mit Unterstützung der Fritz Thyssen Stiftung für Wissenschaftsförderung.

Die Open-Access-Publikation wurde gefördert durch den Publikationsfonds der Martin-Luther-Universität Halle-Wittenberg.

We acknowledge support for the publication costs by the Open Access Publication Fund of Bielefeld University and the Deutsche Forschungsgemeinschaft (DFG).

ISBN 978-3-11-142398-2
e-ISBN (PDF) 978-3-11-142612-9
e-ISBN (EPUB) 978-3-11-142649-5
ISSN 1860-210X
DOI https://doi.org/10.1515/9783111426129

Library of Congress Control Number: 2024938438

Bibliografische Information der Deutschen Nationalbibliothek
Die Deutsche Nationalbibliothek verzeichnet diese Publikation in der Deutschen Nationalbibliografie; detaillierte bibliografische Daten sind im Internet über http://dnb.dnb.de abrufbar.

Satz: Integra Software Services Pvt. Ltd.
Druck und Bindung: CPI books GmbH, Leck

www.degruyter.com

Inhaltsverzeichnis

Jakob Christoph Heller, Erik Martin und Sebastian Schönbeck

Potenzen und Logarithmen

Endlichkeit in der Europäischen Romantik

$$\mathbf{e}^{\ln(\mathbf{x})} = \ln\left(\mathbf{e}^{(\mathbf{x})}\right)$$

„Die Welt muß romantisirt werden. So findet man den urspr[ünglichen] Sinn wieder. Romantisiren ist nichts, als eine qualit[ative] Potenzirung",[1] so der Beginn eines vielzitierten Novalis-Fragments, das oftmals als Ausdruck einer genuin romantischen Überbietungspoetik verstanden wird. In ihm wird der Welt ein unendlicher Schein[2] zugeschrieben, der mit Friederich Schlegels ähnlich paradigmatischer und 1798 publizierten Formel von der unabschließbaren „progressiven Universalpoesie"[3] korrespondiert. Seltener wird das Fragment von Novalis zu Ende gelesen:

> Umgekehrt ist die Operation für das Höhere, Unbekannte, Mystische, Unendliche – dies wird durch diese Verknüpfung logarythmisirt – Es bekommt einen geläufigen Ausdruck. romantische Philosophie. *Lingua romana.* Wechselerhöhung und Erniedrigung.[4]

In diesem Kernstück frühromantischer Theorie wird also auf die Umkehroperation der Potenzreihen verwiesen, auf den Logarithmus. Der Hinweis auf diese Operation der ‚Verendlichung' trifft einen philosophischen Ausgangspunkt der Frühromantik: Sie kam in gewisser Weise von der Unendlichkeit her, nämlich von der Philosophie Spinozas. Gegen die wirkmächtige Spinoza-Interpretation von Friedrich Heinrich Jacobi, nach der vom Unendlichen zum Endlichen kein Übergang denkbar sei,[5] wendet sich die frühromantische Philosophie und Poetik. Schon der junge Schelling schrieb in den *Philosophischen Briefen über Dogmatis-*

1 Novalis: Logologische Fragmente II. In: ders.: Schriften. Die Werke Friedrich von Hardenbergs. Bd. 2: Das philosophische Werk I, hg. v. Richard Samuel. Stuttgart 1960, S. 531–563, hier S. 545 (Herv. i. O.).

2 Vgl. Novalis: Fragmente, S. 545.

3 Friedrich Schlegel: Athenäums-Fragmente. In: ders.: Kritische Friedrich-Schlegel-Ausgabe. Bd. 2: Charakteristiken und Kritiken I (1796–1801), hg. v. Hans Eichner. Paderborn/München/Wien 1967, S. 165–255, hier S. 182.

4 Novalis: Fragmente, S. 545 (Herv. i. O.).

5 Vgl. Friedrich Heinrich Jacobi: Über die Lehre des Spinoza in Briefen an den Herrn Moses Mendelssohn. Breslau 1785, S. 14. Ausführlicher zur Problemstellung im Kontext der nachkantischen Philosophie vgl. Manfred Frank: „Unendliche Annäherung". Die Anfänge der philosophischen Frühromantik. Frankfurt a. M. 2011.

https://doi.org/10.1515/9783111426129-001

mus und Kriticismus (1795) in Bezug auf Jacobi, „daß eben jener Uebergang vom Unendlichen zum Endlichen das Problem aller Philosophie“[6] darstelle. Das Problem der Philosophie Spinozas war, so fasst es Hegel rückblickend zusammen, dass nur „das Nichtbesondere, das Allgemeine wahrhaft wirklich [...] substantiell [sei]. Die Seele, der Geist ist ein einzelnes Ding, ist als solches beschränkt; das, wonach er ein einzelnes Ding ist, ist eine Negation, und er hat so nicht wahrhafte Wirklichkeit.“[7] Hegels Interpretation wirft das Problem auf, dass Spinoza von einer einzigen Substanz (*natura naturans*) ausgeht und Endliches nur als (negative) Bestimmungen derselben (*natura naturata*) versteht. Das wiederum bedeutet, dass dem Individuellen als dem bestimmten Endlichen keine substanzielle Existenz zukomme. Die frühromantische Theoriebildung verschärft diesen problematischen Kern des Individuationsprinzips, so etwa der junge Friedrich Schlegel in seiner Jenaer *Vorlesung über Transzendentalphilosophie* (1800/01):

> Es ist die Frage, die man an die Philosophie macht, und auf deren Beantwortung alles ankommt; nämlich: *Warum ist das Unendliche aus sich herausgegangen und hat sich endlich gemacht?* – das heißt mit andren Worten*: Warum sind Individua?* Oder: *Warum läuft das Spiel der Natur nicht in einem Nu ab, so daß also gar nichts existirt?*[8]

Das ist die eine Seite des Endlichkeitsproblems in der Romantik: die philosophische Verteidigung der Endlichkeit gegen die Anmaßung des Absoluten. Die andere Seite des Problems besteht darin, dass die Romantik durchaus nicht bereit war, Endlichkeit lediglich als „unbeendbaren Bezug zu sich selbst“[9] zu denken, wie es Foucault im Kapitel *Analytik der Endlichkeit* seiner *Ordnung der Dinge* lapidar als Kennzeichen der Moderne hinstellt. Vor allem Hegel[10] verwahrte sich da-

---

6 Friedrich Wilhelm Joseph Schelling: Philosophische Briefe über Dogmatismus und Kriticismus. In: ders.: Historisch-Kritische Ausgabe. Bd. I.3, hg. v. Hartmut Buchner/Wilhelm G. Jacobs/Annemarie Pieper. Stuttgart 1982, S. 1–113, hier S. 82.

7 Georg Wilhelm Friedrich Hegel: Werke in zwanzig Bänden. Bd. 20: Vorlesungen über die Geschichte der Philosophie III, hg. v. Eva Moldenhauer/Karl Marcus Michel. Frankfurt a. M. 1986, S. 165.

8 Friedrich Schlegel: Transzendentalphilosophie. In: ders.: Kritische Friedrich-Schlegel-Ausgabe. Bd. 12: Philosophische Vorlesungen I (1800–1807), hg. v. Jean-Jacques Anstett. Paderborn/München/Wien 1964, S. 1–105, hier S. 39 (Herv. i. O.).

9 Michel Foucault: Die Ordnung der Dinge. Eine Archäologie der Humanwissenschaften. Frankfurt a. M. 1974, S. 384.

10 Das Verhältnis der deutschen Romantik zum deutschen Idealismus, mithin zu Hegel, ist Gegenstand (unendlicher) Debatten. Mit Frederick Beiser halten wir es zumindest in der Endlichkeitsfrage für heuristisch produktiv, eher die Gemeinsamkeiten der beiden Strömungen als ihre Unterschiede zu betonen. Vgl. Frederick C. Beiser: German Idealism. The Struggle against Subjectivism, 1781–1801. Cambridge, Mass./London 2002. Auch Walter Jaeschke spricht von „Hegels Ambivalenz“ gegenüber dem „‚romantischen Denken‘“ und zeigt damit auf, dass Hegel auch als

gegen, jede Vermittlung des Endlichen mit sich selbst als logisch hinreichend anzuerkennen, wie es Feuerbach und Marx später versuchten. Vielmehr war er sich schon früh

> darüber im klaren, daß [die genuine] Endlichkeit nur im Rahmen einer Absolutheitsphilosophie garantiert werden kann. Die genuine Endlichkeit, die er aber grundsätzlich von der „absoluten Endlichkeit" unterscheidet, versteht Hegel als „eine Produktion des Absoluten" selbst.[11]

Auch wenn Hegels Versuch der Synthese von Endlichem und Unendlichem, dem Absoluten und dem Bedingten vor allem durch die prominente Kritik Kierkegaards[12] in der Rezeption meist dahin (miß-)gedeutet wurde, dass Hegel dem Endlichen, Kontingenten und Geschichtlichem zu wenig Gewicht gegeben, ja sie in seinem logizistischen System aufgelöst hätte, bleibt dieser Versuch gleichsam ein Fingerzeig auf die Problemlage der Endlichkeit in der Romantik, die weder als Selbstbezug der Kontingenz verabsolutiert noch vom Unendlichen absorbiert werden konnte.

„... so muss das Produciren absolut aufhören"

Das Problem der Endlichkeit – wie es sich für die Romantiker:innen stellt – ist indes kein rein philosophisches, was schon Schlegels Hinweis auf die Rolle der Darstellung anzeigt. Im Gegenteil ist die Philosophie für Schlegel – und die Frühromantik im Allgemeinen – eine „von allen Seiten [...] hilfsbedürftige Wissenschaft",[13] die für ihre Gegenstände auf die Darstellungsleistungen der Künste angewiesen ist. Insofern stellt sich auch für die Poetologie ein der Philosophie analoges Problem: die Spannung zwischen dem Endlichen und Unendlichen. Freilich liege das eigentliche Wesen der progressiven Universalpoesie darin, „daß sie ewig nur werden, nie vollendet sein kann. Sie kann durch keine Theorie er-

Kritiker der Romantik dasselbe theoretische Problem zu lösen suchte. Vgl. Walter Jaseschke: Hegels Kritik an der Romantik. In: Europäische Romantik. Interdisziplinäre Perspektiven der Forschung. Hg. v. Helmut Hühn/Joachim Schiedermair. Berlin/Boston 2015, S. 157–169, hier S. 157.

11 Rolf Ahlers: Endlichkeit und absoluter Geist in Hegels Philosophie. In: Zeitschrift für philosophische Forschung 29 (1975), H. 1, S. 63–80, hier S. 65.

12 Vgl. Reinhard Romberg: Endlich. In: Historisches Wörterbuch der Philosophie. Bd. 2: D–F. Hg. v. Joachim Ritter. Darmstadt 1972, S. 481–487, hier S. 486.

13 Friedrich Schlegel: Philosophische Lehrjahre. In: ders.: Kritische Friedrich-Schlegel-Ausgabe. Bd. 19: Philosophische Lehrjahre II (1796–1806), hg. v. Ernst Behler. Paderborn/München/Wien 1971, S. 1–259, hier S. 25.

schöpft werden, und nur eine divinatorische Kritik dürfte es wagen, ihr Ideal charakterisieren zu wollen."[14] Auch Schelling sieht den Text als radikal offenen Gegenstand an, wenn er im Kunstkapitel seines *Systems des transscendentalen Idealismus* (1800) postuliert, ein wahres Kunstwerk sei „einer unendlichen Auslegung fähig [...] als ob eine Unendlichkeit von Absichten darin wäre."[15] Dieser Offenheit im Modus des ‚als ob' entspricht aber auch ein (realer) Abschluss, den Schelling produktionsästhetisch konzipiert. Im wahren Kunstwerk nämlich vereinigt das Genie Notwendigkeit (Natur, Objekt) und Freiheit (Bewusstsein, Subjekt), sodass es an der Grenze beider liege und die „Charaktere beyder in sich" vereinigen müsse.[16] Da eine subjektive Tätigkeit immer ins Grenzenlose führt und freies Handeln notwendig ein unendliches, nie vollständig realisiertes ist, muss im Kunstwerk, damit es objektiv werde, die Darstellung notwendigerweise zu einem Ende kommen:

> Wenn dieser Punct [d. i. die Identität von Subjekt und Objekt] in der Production erreicht ist, so muss das Produciren absolut aufhören, und es muß dem Producirenden unmöglich seyn, weiter zu produciren, denn die Bedingung alles Producirens ist eben die Entgegensetzung der bewußten und der bewußtlosen Thätigkeit, diese sollen hier aber absolut zusammentreffen.[17]

Die Spannung zwischen dem notwendigen Zum-Ende-Kommen-Müssen des Kunstwerks und der unendlichen Produktivität des Subjekts wird am prägnantesten in der Gattung des Fragments realisiert, die paradigmatisch für eine „Krise des Endes"[18] in der Neuzeit steht. Das Fragment stellt die Dialektik von Endlichkeit (des Werks, der Lebensdauer) und Unendlichkeit (der Produktion, der Lebenskraft) aus; während Leben und Roman jederzeit abzubrechen drohen, ohne zu ihrer notwendigen Schließung zu kommen, gestaltet das Fragment den willkürlichen Abbruch und damit das Potenzial unendlicher Fortsetzung.

Geschlossene Narrative und ihre Sinngaranten kommen aus der Mode, man ist bestrebt die Kontingenz des Lebens einzufangen: „Der Roman ist ein *Leben*, als Buch."[19] Zum Verständnis von Novalis' Satz ist es hilfreich, ihn mit der Roman-

---

14 Schlegel: Philosophische Lehrjahre, S. 183.

15 Friedrich Wilhelm Joseph Schelling: System des transzendentalen Idealismus. In: ders.: Werke. Historisch-kritische Ausgabe. Bd. 9.1, hg. v. Harald Korten/Paul Ziche. Stuttgart 2005, S. 320.

16 Schelling: System des transzendentalen Idealismus, S. 312.

17 Schelling: System des transzendentalen Idealismus, S. 314 f.

18 Karlheinz Stierle: Die Wiederkehr des Endes. Zur Anthropologie der Anschauungsformen. In: Das Ende. Figuren einer Denkform. Hg. v. Karlheinz Stierle/Rainer Warning. München 1996, S. 578–599, hier S. 586.

19 Novalis: Teplitzer Fragmente. In: ders.: Schriften. Die Werke Friedrich von Hardenbergs. Bd. 2: Das philosophische Werk I, hg. v. Richard Samuel. Stuttgart 1960, S. 596–622, hier S. 599 (Herv. i.O.).

theorie der Aufklärung zu kontextualisieren, wie sie Christian Friedrich von Blanckenburg in seinem *Versuch über den Roman* (1774) entwickelt. Für Blanckenburg orientiert sich die Poetik des Romans an der Form der Biographie, d. h. das (endliche) Leben der Romanfigur ist als sinnhaftes, als zu einem Ziel hin gebildetes darzustellen.[20] Auch weitere Fragmente von Novalis nähern Leben und Roman einander an, scheinbar in Übereinstimmung mit Blanckenburg: „Alle Zufälle unseres Lebens sind Materialien, aus denen wir machen können, was wir wollen. [...] – erstes Glied einer unendlichen Reihe, Anfang eines unendlichen Romans."[21] Die hier genannte ‚Unendlichkeit' sollte allerdings hellhörig machen, insofern sie eben jene behauptete Kontingenz und damit Aufhebung jeder immanenten Sinngebung ins Spiel bringt – ein unendlicher Roman wäre hypothetisch ein bedeutungsloser Text, dem die Schließungsfigur fehlt. In der Praxis führt die romantische Romanpoesie freilich keineswegs zu ‚unendlichen' Romanen, sondern im Gegenteil zu abgebrochenen, fragmentarischen, aufgegebenen. Ist dies bei Novalis' *Heinrich von Ofterdingen* (1800) und den *Lehrlingen zu Sais* (1798/99) noch durch den (ganz unmetaphorischen) Tod des Autors bedingt, so gilt dies nicht – um nur einige der bekannteren frühromantischen Romanprojekte zu nennen – für Ludwig Tiecks *Franz Sternbalds Wanderungen* (1798), Friedrich Schlegels *Lucinde* (1799), Dorothea Schlegels *Florentin* (1800) oder Clemens Brentanos *Godwi* (1801).

Unabhängig von den realen Romanfragmenten ermöglicht das Fragment in seiner romantischen Konzeption eine doppelte Perspektivierung: Das Fragment ist (kontingent) bedingt, insofern es augenscheinlich abgeschlossen ist, also zu einem Ende kommt. Und das Fragment ist zugleich (notwendig) unbedingt, insofern sein Ende gewissermaßen – so ließe sich Helmut Schanzes Rekonstruktion zusammenfassen[22] – aus sich selbst, autonom und frei gesetzt ist; nicht aus einer inhaltlichen Überlegung heraus, sondern rein formal. Im Fragment wird also bewusst ausgestellt, was jedem Kunstwerk notwendig gegeben ist – Endlichkeit –, und zugleich drängt sich die (eigentlich freiwillige Deutungs-)Arbeit als Notwendigkeit auf.

---

20 Vgl. Rüdiger Campe: Form and Life in the Theory of the Novel. In: Constellations 18 (2011), S. 53–66.

21 Novalis: Vermischte Bemerkungen / Blüthenstaub. In: ders.: Schriften. Die Werke Friedrich von Hardenbergs. Bd. 2: Das philosophische Werk I, hg. v. Richard Samuel. Stuttgart 1960, S. 412–464, hier S. 437–439.

22 Vgl. Helmut Schanze: Erfindung der Romantik. Stuttgart 2018, S. 39–42.

‚Vollendet wie ein Igel'

Ein Beispiel hierfür ist das Werk Karoline von Günderrodes. Günderrodes Aufnahme und Einsatz von Schellings Konzept der Vermittlung von Unendlichkeit und Endlichkeit über die Kunst[23] (oder analog: die Natur) liefert nicht nur einen Beleg für die enge Affinität von romantischer Philosophie und Literatur, sondern mithin dafür, dass in der Romantik auch mit poetologischen Mitteln am Endlichkeitskomplex gearbeitet wird. Dies ließe sich anhand einer ganzen Reihe von Texten Günderrodes nachweisen, besonders erhellend jedoch anhand von *Ein apokaliptisches Fragment* (1804), in dem ein namenloses Ich davon träumt, „auf einem hohen Fels im Mittelmeer"[24] zu stehen und eine traumhaft-surreale Naturszenerie wahrzunehmen. Der Text, eine Kontrafaktur der Offenbarung des Johannes, besteht aus fünfzehn nummerierten Absätzen von recht geringem Umfang, die ein Erleben des Ichs schildern, beginnend mit einer Diskrepanz zwischen der inneren Zeitwahrnehmung und dem am Außen erkennbaren Zeitverlauf. Nachdem die Erzählinstanz am Ende des vierten Abschnittes einschläft, gelingt eine Symbiose zwischen innerer und äußerer Zeit; das Ich löst sich im Ozeanischen auf. Mit dem Erwachen am Beginn des achten Abschnitts bleibt diese Erfahrung als „dunkles Gefühl"[25] zurück und löst eine Sehnsucht nach dem erlösenden Eintritt über das Ende in die Unendlichkeit aus.

> 15. Drum, wer Ohren hat zu hören, der höre! Es ist nicht zwei, nicht drei, nicht tausende, es ist Eins und alles; es ist nicht Körper und Geist geschieden, daß das eine der Zeit, das andere der Ewigkeit angehöre, es ist Eins, gehört sich selbst, und ist Zeit und Ewigkeit zugleich, und sichtbar, und unsichtbar, bleibend im Wandel, ein unendliches Leben.[26]

Das Fragment endet mit einer Reflexion über erstens, philosophisch, das Prinzip der All-Einheit und zweitens, selbstreferenziell-poetologisch, die numerische Reihenlogik der Zahlen, über ihre implizite Zeitlichkeit, die Günderrode auf die Zahl ‚eins' konzentriert. Kerngedanke ist hier das Zusammendenken der Endlichkeit

---

23 Vgl. Karoline von Günderrode: Sämtliche Werke und ausgewählte Studien. Historisch-kritische Ausgabe. Bd. 3: Kommentar, hg. v. Walter Morgenthaler. Frankfurt a. M./Basel 2006, S. 344. Zu Günderrodes Rezeption von Schellings Philosophie der Kunst vgl. jüngst Joanna Raisbeck: Karoline von Günderrode. Philosophical Romantic. Cambridge 2022 sowie Dalia Nassar/ Kristin Gjesdal: Women Philosophers in the Long Nineteenth Century: The German Tradition. Oxford 2021, S. 75–80.

24 Karoline von Günderrode: Ein apokaliptisches Fragment. In: dies.: Sämtliche Werke und ausgewählte Studien. Bd. 1: Texte, hg. v. Walter Morgenthaler. Frankfurt a. M./Basel 2006, S. 52–54, hier S. 52.

25 Günderrode: Apokaliptisches Fragment, S. 53.

26 Günderrode: Apokaliptisches Fragment, S. 54.

und Unabschließbarkeit der numerischen Reihe wie der Trennung von Körper und Geist und der Kategorien Zeit und Ewigkeit. Die Dualismen kommen im prozessualen „zugleich" überein, das darüber hinaus als Verweis auf die Schlegel'sche Lösung des Un-/Endlichkeitsproblems gelten kann. Dass sich dieser Gedanke im formalen Aufbau der Fragmentreihe mit seinen nummerierten Abschnitten spiegelt, indem der 15. Abschnitt die Vielheit auf die Einheit – auf „Eins und alles" – zurückwendet, bindet den Text zugleich zurück an seinen Titel. Der letzte Abschnitt erinnert uns: Wir lesen *Ein apokaliptisches Fragment* – und verweist grundsätzlich auf die frühromantische Poetik des Fragmentarischen.

Ein apokaliptische Fragment ist nicht nur Zeugnis für Günderrodes umfassende Auseinandersetzung mit der Schelling'schen Naturphilosophie. Als Beispiel für die romantische Faszination mit der Denkfigur der All-Einheit, des neuplatonischen *hen kai pan* schließt es ebenso an die frühromantischen Poetologien des Fragments an. Das Fragment, das – so Schlegel in seinem vielzitierten (und gleich mehrfach pointierten) 206. Athenäums-Fragment – „gleich einem kleinen Kunstwerke von der umgebenden Welt ganz abgesondert und in sich selbst vollendet sein [soll] wie ein Igel",[27] ist zusammen mit der Allegorie und der Ironie die Antwort der romantischen Poetik auf das Problem der Fassung bzw. der Darstellung des Unendlichen im Endlichen. Das Besondere am Fragment ist, dass es seine Endlichkeit zugleich formal ausstellt und im Verweis überschreitet. Manfred Frank erkannte die herausragende Bedeutung des Fragments als Lösung des Problems, auf das Allegorie und Witz nur Teilantworten geben:

> Als Äußerung des zerrissenen Bewußtseins trägt das Fragment also folgenden Widerspruch aus: Es stiftet Einheit im Chaos, denn es beerbt die synthesewirkende Kraft der absoluten Einheit; aber es lenkt die Bindungskraft des Absoluten von der Unendlichkeit ab in die Einzelheit, d. h., es stiftet gerade nicht Totalität, sondern ein Gesamt (‚Chaos') von Individual-Positionen, deren jede der anderen widerstrebt.[28]

Das Fragment ist Ausdruck der Zerrissenheit des Bewusstseins – also der „Zersplitterung des Bandes zwischen Einheit und Unendlichkeit in einem mythisch projizierten ‚Ur-Ich'"[29] – in endlicher Form. Günderrode verschärft und reflektiert in ihrem *Apokaliptischen Fragment* die Schlegel'sche Fragmenttheorie auf vielfache Weise: (i) Indem der Text auf der Ebene der Diegese die Zerrissenheit des Subjekts als metaphorisch verhandelten Gegenstand ausstellt, wird die Aus-

---

27 Schlegel: Athenäums-Fragmente, S. 197.

28 Manfred Frank: Allegorie, Witz, Fragment, Ironie. Friedrich Schlegel und die Idee des zerrissenen Selbst. In: Allegorie und Melancholie. Hg. v. Willem van Reijen. Frankfurt a. M. 1992, S. 124–146, hier S. 134.

29 Frank: Allegorie, Witz, Fragment, Ironie, S. 134.

drucksrelation Subjekt/Fragment auf das Subjekt ‚zurückgebogen'; nicht mehr der Text ist zerrissen – im Gegenteil, er ist relativ folgerichtig strukturiert und durch das summative letzte Fragment abgeschlossen –, sondern das Subjekt erfährt die Gattungslogik des romantischen Fragments gleichsam am eigenen Leibe. (ii) Die punktuell wiederhergestellte Einheit des ‚Ur-Ichs' schafft eine unmögliche Sprecherinnen- und Begehrensposition. Bettina von Arnim hat in ihrem an Günderrode adressierten Brief über das *Apokaliptische Fragment* dieses Problem präzise erkannt, wenn sie den furchteinflößenden Begehrensschwund artikuliert, der das intersubjektive Verhältnis im Moment der imaginierten Auflösung erfasst: „[I]ch kann keine Fragmente schreiben, ich kann nur an Dich schreiben [...]. Zeit und Ewigkeit, das ist mir alles so weitläufig, da fürcht ich Dich aus den Augen zu verlieren".[30] Im Absoluten ist keine Liebe, denn streng genommen dürfte es im Fragment kein ‚Ich' geben, das empfinden könnte: „Erlöset war ich von den engen Schranken meines Wesens, und kein einzler Tropfen mehr, ich war allem wiedergegeben".[31] (iii) Die darstellungstechnische Aporie wiederholt sich auf anderer Ebene im Verhältnis der Textstruktur zum Titel des Textes: *Ein apokaliptisches Fragment* umfasst 15 Abschnitte: Ist es also *ein* Fragment oder *mehrere*? Eine mögliche Antwort wäre freilich auch, dass es *gar kein* Fragment ist, weil es eine zusammenhängende ‚Handlung' präsentiert und diese im 15. Abschnitt zusammenfassend reflektiert.

‚Ein abgedankter Fabelkönig'

Im *Apokaliptischen Fragment* zeigt sich ein weiteres Problemfeld des romantischen Endlichkeitsdenkens, nämlich Geschichte bzw. Geschichtsvorstellungen. Mit der Sattelzeit, respektive deren Kondensation in der Französischen Revolution und ihrer Schreckensherrschaft, zeigt sich das Scheitern aller Fortschrittsnarrative. Zudem verweist die Notwendigkeit der darstellenden Vermittlung auf ein Vakuum, das der Plausibilitätsverlust des Masternarrativs vom ‚Großen Finale' der Geschichte, der Apokalypse, hinterließ. Die Immanenz des Endes versteht Frank Kermode nicht so sehr als Säkularisierung des Heilsgeschehens in der Geschichte, etwa Marxismus als Millenarismus, wie es auch Hans Blumenberg Karl Löwith vorhält,[32] sondern als Tilgung jeglicher Teleologie aus der Geschichte.

30 Günderrode: Kommentar, S. 89.

31 Günderrode: Apokaliptisches Fragment, S. 54.

32 Vgl. Hans Blumenberg: Legitimität der Neuzeit. Frankfurt a. M. 1966, S. 22. Blumenbergs Kritik bezieht sich auf Karl Löwith: Weltgeschichte und Heilsgeschehen. Die theologischen Voraussetzungen der Geschichtsphilosophie. Stuttgart 2004.

Die transtemporale Heilserwartung wird zur beständigen Zeit der Krise: „No longer imminent, the End is immanent."[33]

Während sich für die Frühromantik noch ein Schwanken feststellen lässt zwischen der eschatologischen Perspektive eines Novalis und der unendlichen Perfektibilität, die in Friedrich Schlegels Idee der „grenzenlos wachsende[n] Klassizität"[34] ihren Niederschlag findet, sind sich die mittlere und die späte Romantik samt ihren idealistischen Begleiterscheinungen einig in der Imagination eines Schlusspunktes der historischen Entwicklung. Geschichte ist insofern endlich, als sie auf eine letzte Synthese hinsteuert (Hegel) – oder, das wäre die These des späten Friedrich Schlegels, insofern sie auf die Vereinigung aller zerrissenen Vermögen des Menschen hinzielt.[35] Der Gedanke der Endlichkeit oder Abschließbarkeit, ob nun unter deutlicher Markierung seiner christlich-theologischen Herkunft oder nicht, strukturiert die anthropologischen, naturphilosophischen, historiographischen und ästhetischen Entwürfe der Romantiker:innen gegen Ende der Epoche nicht nur, er ‚semantisiert' sie in gewissem Maße, indem er – wie Kant es in seiner Antwort auf die Frage, warum die Menschen sich überhaupt ein Ende vorstellen müssen, formuliert – den Schrecken eines Schauspiels, „das gar keinen Ausgang hat und keine vernünftige Absicht zu erkennen gibt",[36] bannt.

Das Ende als ästhetisch-poetologisches Problem wird im spätromantischen Verzicht auf die Fragmentform und andere Verfahren des Wechselspiels zwischen ‚Verendlichung' und ‚Verunendlichung' sichtbar. Exemplarisch lässt sich die Entwicklung an Ludwig Tieck illustrieren, dessen frühromantische Werke mittels metaleptischer Schleifen und Ironisierungen der Ironie einen unendlichen Reflexionsprozess inaugurieren, während die späteren Novellen geradewegs topische Abschlüsse – etwa die komödienhafte Hochzeit – inszenieren; statt

33 Frank Kermode: The Sense of an Ending. Studies in the Theory of Fiction. Oxford 2002, S. 25. Zum vorhergehenden vgl. auch Kermode: Sense of an Ending, S. 28. Kermode versteht so – kritisch formuliert – jedes Ende eines literarischen Textes gewissermaßen als immanente Schwundform der Apokalypse. Vgl. dazu Ben Jones: Apocalypse without God. Apocalyptic Thought, Ideal Politics, and the Limits of Utopian Hope. Cambridge 2022, S. 27–32.

34 Schlegel: Athenäums-Fragmente, S. 182.

35 Vgl. Friedrich Schlegel: Kritische Friedrich-Schlegel-Ausgabe. Bd. 10: Philosophie des Lebens und Philosophische Vorlesungen, insbesondere über Philosophie der Sprache und des Wortes, hg. v. Ernst Behler. Paderborn/München/Wien 1969. Zur Differenz des (Un-)Endlichkeitsdenkens bei Hegel und Schlegel vgl. Ernst Behler: Zum Verhältnis von Hegel und Friedrich Schlegel in der Theorie der Unendlichkeit. In: ders.: Studien zur Romantik und zur idealistischen Philosophie. Bd. 2. Paderborn/München/Wien 1993, S. 119–141.

36 Immanuel Kant: Das Ende aller Dinge. In: ders.: Werkausgabe in 12 Bänden. Bd. 11: Schriften zur Anthropologie, Geschichtsphilosophie, Politik und Pädagogik, hg. v. Wilhelm Weischedel. Frankfurt a. M. 1977, S. 173–190, hier S. 179.

der ‚unendlichen Fahrt' imaginiert Tieck, wie in der Novelle *Der Jahrmarkt* (1832), den Ausflug.

Das spätromantische Begehren nach einem Bedeutung garantierenden Abschluss gilt in einer fast ironischen Volte auch für die Reflexion des romantischen Programms selbst; versuchen die Romantiker:innen doch, ihrem eigenen Projekt einen Sinn abzugewinnen, indem sie es für beendet – wenngleich nicht für vollendet – erklären. Heinrich Heine etwa bezeichnet sich – unter kommentarwürdiger Verwendung theologisch-politischen Vokabulars – in einem Brief an Karl August Varnhagen von Ense als „letzte[n] und abgedankte[n] Fabelkönig" des „tausendjährige[n] Reich[s] der Romantik"[37] und Joseph von Eichendorff beginnt seinen Artikel *Zur Geschichte der neuern romantischen Poesie in Deutschland* (1846) mit dem Ende und der Sinnfrage:

> Noch ist kein Menschenalter vergangen, seit die moderne Romantik, wie eine prächtige Rakete, funkelnd zum Himmel emporstieg, und nach kurzer wunderbarer Beleuchtung der nächtlichen Gegend, oben in tausend bunte Sterne spurlos zerplatzte. [...] Woher der rasche Wechsel? Was hat diese Poesie verbrochen, daß sie überhaupt einmal Mode werden, und eben so schnell wieder aus der Mode kommen konnte? – Zur Verständigung dieser befremdenden Erscheinung und ihrer historischen Notwendigkeit, wollen wir Reichtum, Schuld und Buße der Romantik in folgenden kurzen Umrissen noch einmal an uns vorübergehen lassen.[38]

Romantiker:innen wie Heine und Eichendorff, Tieck und Clemens Brentano, Dorothea und Friedrich Schlegel betreiben in ihren spätromantischen Texten erstens die Revision und zweitens die Schließung des von ihnen ‚begründeten' Diskurses. An die Stelle der von Deutung uneinholbaren Praxis und der unendlichen Auslegung tritt die Setzung – sei es im werkpolitischen Schulterklopfen mit Blick auf das Geleistete (wie bei Tieck) oder in der Verteidigung der Leistungen gegen die zeitgenössische Kritik, wie sie etwa die jungdeutsche Bewegung an der Romantik übt.

Endliche Naturen

Ein anderes Terrain, auf dem sich das Endlichkeitsdenken in der Romantik deutlich zeigt, ist das der Natur, wird doch die Endlichkeit auch im Zuge des Tempora-

37 Heinrich Heine: Brief an Karl August Varnhagen von Ense, 3.1.1846. In: ders.: Säkularausgabe. Werke, Briefwechsel, Lebenszeugnisse. Bd. 22: Briefe 1842–1849, hg. v. der Klassik Stiftung Weimar und dem Centre National de la Recherche Scientifique. Berlin 1972, S. 181–182, hier S. 181.
38 Joseph von Eichendorff: Zur Geschichte der neuern romantischen Poesie in Deutschland. In: ders.: Werke in sechs Bänden. Bd. 6: Geschichte der Poesie. Schriften zur Literaturgeschichte, hg. v. Hartwig Schultz. Frankfurt a. M. 1990, S. 13–60, hier S. 13.

lisierungsdrucks der Naturgeschichte zum Problem: Um 1800 wird ‚die Natur' zum Gegenstand von Verzeitlichungsprozessen,[39] Aussterbensdiskursen[40] und Erschöpfungsnarrativen.[41]

Die Fassung einer ‚endlichen Natur' lässt sich vor allem in der Biologie, der Geologie und Ökonomie, aber auch der Physik ausmachen. Die unhistorische *historia naturalis* – wie sie im *Systema naturae* (1735) Carl von Linnés und in der *Histoire naturelle* (1749–1789) von Georges-Louis Leclerc, Comte de Buffon ihren Ausdruck fand[42] – wird nun durch eine Geschichte der Natur abgelöst. Geschichtlichkeit ist hier gerade durch Irreversibilität gekennzeichnet. Zunächst sind es die Katastrophen, welche den Zeitstrahl in eine unhintergehbare Abfolge von Zäsuren, von Momenten eines ‚Vorher' und ‚Nachher' teilen; wie etwa in Buffons *Les Époques de la Nature* (1778) oder Georges Cuviers *Recherches sur les ossemens de Quadrupèdes* (1812) gezeigt wird.[43]

Lassen sich vergangene Katastrophen der Erdgeschichte, zumal wenn sie zum Aussterben von oder zur Entstehung neuer Arten beigetragen haben, als paradigmatische Beispiele für den Einbruch der Endlichkeit in die Geschichte sehen, sind

39 Vgl. Wolf Lepenies: Das Ende der Naturgeschichte. Wandel kultureller Selbstverständlichkeiten in den Wissenschaften des 18. und 19. Jahrhunderts. München 1976, sowie neuere Publikationen: Michael Gamper (Hg.): Ästhetische Eigenzeiten der Wissenschaften. Hannover 2020; Kathrin Schär: Erdgeschichte(n) und Entwicklungsromane. Geologisches Wissen und Subjektkonstitution in der Poetologie der frühen Moderne. Goethes Wanderjahre und Stifters Nachsommer. Bielefeld 2021; David Schulz: Die Entdeckung der geologischen Tiefenzeit und die Geschichtskonzeptionen zwischen Aufklärung und Moderne. Berlin/München/Boston 2020; Friedrich Balke/Bernhard Siegert/Joseph Vogl (Hg.): Mikrozeit und Tiefenzeit. Paderborn 2019.

40 Vgl. Leander Scholz/Georg Toepfer (Hg.): Aussterben. Diskurse zum Verlust von Vielfalt. Göttingen 2024 (im Erscheinen).

41 Hier ist die nicht zuletzt die Thermodynamik zu nennen, die dem gesamten Weltall eine unaufschiebbare Grenze vorschreibt. Zur Interaktion der Thermodynamik mit der Literatur vgl. Barri J. Gold: ThermoPoetics. Energy in Victorian Literature and Science. Cambridge, Mass. 2010. Zu den Verschiebungen der ‚maschinellen' Hintergrundmetaphorik in der Konzeption von Leben und Natur um 1800 vgl. die Beiträge in Patricia A. Gwozdz/Jakob Christoph Heller/Tim Sparenberg (Hg.): Maschinen des Lebens – Leben der Maschinen. Zur historischen Epistemologie und Metaphorologie von Maschine und Leben. Berlin 2018.

42 Hier wäre zu differenzieren: Schon bei Buffon ist ein veränderter naturgeschichtlicher Umgang mit der Zeit zu erkennen. Vgl. Sebastian Schönbeck: ‚Die Zeit aber scheint sich wider sie verschworen zu haben'. Die naturgeschichtlichen Eigenzeiten des Bibers von Linné über Buffon bis Goethe. In: Ästhetische Eigenzeiten der Wissenschaften. Hg. v. Michael Gamper. Hannover 2020, S. 195–225, hier S. 206–212.

43 Auch die Physik kennt spätestens seit Carnots *Réflexions sur la puissance motrice du feu et sur les machines propres à développer cette puissance* (1824) irreversible Zeit als Vektor der zunehmenden Entropie. Zur Rolle der Katastrophe in der literarischen Verhandlung der Erdgeschichte vgl. Oliver Völker: Langsame Katastrophen. Eine Poetik der Erdgeschichte. Göttingen 2021.

mögliche, überstandene oder zukünftige Katastrophen gewissermaßen ein Sinnbild für die Grenzen menschlicher Prognostik. Tendierten (früh-)neuzeitliche Modelle der Naturgeschichte dazu, die Zukunft gewissermaßen vorwegzunehmen, da spätere Zustände eines mechanizistisch gedachten Systems sich bei allem Wissen um frühere Parameter voraussagen ließen (etwa von einer unendlichen Intelligenz eines Laplace'schen Dämons) oder die Zukunft stillzustellen, da die Naturgeschichte ein „zeitloses Rechteck"[44] bildete, wird in späteren Vorstellungen der Phylogenese im Anschluss an Buffons *Epoques* die Katastrophe zum Paradigma eines nicht vorhersehbaren Ereignisses absoluter Kontingenz.[45] Vor Augen wird damit geführt, dass Individuen und in letzter Konsequenz auch Arten jederzeit zu Ende gehen können. Cuviers Fossilienfunde verweisen auf die vergangene Existenz von Arten, die er nicht zu den gegenwärtigen rechnet, und ihr Aussterben.[46] Dabei parallelisiert er mitunter den Tod individueller Lebewesen mit dem von Arten. Die Entstehung neuer Arten erklärt Cuvier wiederum mit Schöpfungsakten nach natürlichen Katastrophen. ‚Katastrophe' bezeichnet hierbei den Punkt, hinter den nicht sinnvoll prognostiziert werden kann, stellt also die menschliche Endlichkeit aus, die wiederum mit der Figur des letzten Menschen radikalisiert verhandelt wird.

Ein weiteres Moment romantischer ‚endlicher Natur' ist die Sorge um endliche Ressourcen. Obwohl es paradox anmutet, war gerade die Abwendung vom nachwachsenden Rohstoff Holz (und damit vom Nachhaltigkeitskonzept) hin zur fossilen Reserve Kohle eine energetische Möglichkeitsbedingung der „Großen Transformation", d. h. dem Übergang von der agraren zur industriellen Gesellschaft.[47] Die Zeit ab 1750, die Ära eines gewaltigen Modernisierungsschubs mit exponentiellem Zuwachs an Wissen und Waren, ging mit dem Wissen um die prinzipielle Erschöpfbarkeit der „[u]nterirdischen Wälder"[48] der Steinkohle einher. Paradigmatischer Ausdruck einer prinzipiell nicht zu lösenden Knappheit drückt sich etwa in Thomas Robert Malthus' *An Essay on the Principle of Population* (1798) aus, welcher den Rahmen zu Texten wie Mary Shelleys *The Last Man* (1826) vorzeichnete. Die hier verkürzt angerissene Umweltgeschichte, mit-

---

44 Foucault: Die Ordnung der Dinge, S. 172.

45 Was Darwin nicht gehindert hat, diese Kontingenz innerhalb seines Systems als Variation für sich arbeiten zu lassen; seine Evolution ist gewissermaßen die Einhegung der großen Katastrophe in viele kleine – Aussterben der Arten ist konstitutiver Bestandteil seiner Vorstellung der evolutionären Entwicklung.

46 Georg Toepfer: Tod. In: ders.: Historisches Wörterbuch der Biologie. Bd. 3: Parasitismus – Zweckmäßigkeit. Stuttgart/Weimar 2011, S. 510–536, hier S. 525.

47 Vgl. Karl Polanyi: The Great Transformation. New York/Toronto 1944.

48 Bereits 1693 veröffentlichte der Jurist Johann Philipp Bünting das Traktat *Silva Subterranea, Oder vortreffliche Nutzbarkeit des unterirdischen Waldes der Steinkohle*. Vgl. Rolf Peter Sieferle: Der unterirdische Wald. Energiekrise und industrielle Revolution. München 1982.

samt ihrer großen Umbrüche im Zuge von Verzeitlichung und Verendlichung, bildet eine (sozio-)historische Seite der im vorliegenden Band behandelten Texte.

Zu den Beiträgen

Die erste Sektion, *Poetologien der Endlichkeit*, versammelt Beiträge, die der literatur- und medienwissenschaftlichen Reflexion des Endes in romantischen Texten gewidmet sind. *Andrea Polascheggs* Beitrag geht von der Beobachtung der Prävalenz letaler Schlüsse in der romantischen Lyrik aus, die in anderen Epochen der Lyrikgeschichte so nicht gegeben ist. Ihr Aufsatz liest die medienpoetische Synchronisation des Gedichtendes mit dem Lebensende als epochengeschichtliche und gattungspoetische Symptomatik und skizziert insbesondere den Zusammenhang der letalen Enden mit der Gattung des (romantischen) Lieds.

Jana Schuster betrachtet die medialen Voraussetzungen von Anschaulichkeit und Begrenztheit einer ‚schönen Ordnung' des Weltalls von Barthold Heinrich Brockes und Albrecht von Haller über Jean Paul bis hin zu Adalbert Stifter. Im Mittelpunkt steht dabei der theologische und poetologische Umgang mit dem unendlichen Raum und seiner (In-)Kommensurabilität mit dem menschlichen Sensorium und literarischen Darstellungsformen. Eine der von ihr herausgearbeiteten Pointen solcher Reflexion ist Stifters Desavouierung der Unendlichkeit der Romantik. Diese versteht Schuster als Effekt einer endlichen Aisthesis; nämlich als atmosphärische Widerspiegelung des menschlichen Blickes statt einer Eröffnung des unendlichen Kosmos.

Stammen Schusters Beispiele aus dem Register des Erhabenen, gelangt *Alexander Kling* zu einer ähnlichen Einsicht im Register des Komischen. Er betrachtet das Unendlichkeitsstreben der Romantik (wie ihr stetes Scheitern) als eine Art Nonsense-Komik. Ein einschlägiges von ihm verhandeltes Beispiel ist Ludwig Tiecks Lustspiel *Prinz Zerbino oder die Reise nach dem guten Geschmack* (1797). Kling weist nach, dass das Lesedrama, welches als unspielbar gilt und dessen Form auf Entgrenzung aus ist, in seinen Handlungsorten genau dem Set an Standard-Prospekten entspricht, die Stereotype der Bühnenpraxis um 1800 waren. Die Unendlichkeit des Spiels ist auch hier ein Endlichkeitseffekt.

Im Mittelpunkt von *Paul Strohmaiers* Beitrag steht der italienische Dichter Giacomo Leopardi und dessen idiosynkratisches Verhältnis zur Romantik wie auch auch zum Pathos des apokalyptischen Endes. Strohmaier zeigt, wie Leopardis Polemik um eine *poesia romantica* einerseits auf die Antike zurückgreift, andererseits auf eine absichtsvoll kultivierte Weltfremdheit zur Kultur und den politischen Leidenschaften der eigenen Gegenwart hindeutet. Die *ultima verba* vom absoluten Ende sind somit immer nur vorletzte Worte, *paenultima verba*, und bezeichnen so ein Ende, das immer neu anfangen muss.

Erik Martin analysiert die Wechselwirkung der Kategorien von Sinnhaftigkeit und Endlichkeit im romantischen Diskurs. Anhand von Juliusz Słowackis *Anhelli* (1838) und seiner ambivalenten Stellung innerhalb des polnischen Messianismus zeigt Martin, wie ein geschlossenes – finales – Ende des literarischen Textes eine Öffnung des messianischen Sinnkontextes zeitigen kann und *vice versa*.

Die Sektion *Geschichte und Endlichkeit* widmet sich dem Ende der Geschichte und zugleich dem der romantischen Epoche. Als ein mögliches Ende des romantischen Schreibens untersucht *Elisa Ronzheimer* Ludwig Tiecks späten Roman *Vittoria Accorombona* (1840). Für Ronzheimer betreibt Tieck eine Monumentalisierung der Romantik mit den Mitteln des Klassizismus, was einem Versuch gleichkommt, der eigenen Kunst selbstmächtig ein Ende zu setzen. Dabei zeigt ihr Beitrag, wie der Roman die eigene Endlichkeit insofern transzendiert, als dass die mittels des Monuments fixierte Erinnerung die Züge der künftigen Kommemoration des künstlerischen Werks prospektiv vorwegnimmt.

Fasst Tieck das Ende als Vollendung auf, untersucht *Jakob Christoph Heller* zwei Eigenhistorisierungen der Romantik, die die eigene Epoche als gescheitert inszenieren: Joseph von Eichendorffs und Heinrich Heines Literaturgeschichten. Eichendorff sieht die Romantik an ihr Ende gekommen, weil sie ihre heilsgeschichtliche Aufgabe – die Rekatholisierung – verkannt habe; laut Heine habe die Romantik sich mit dem Ende der Kunstperiode überlebt und führe ein gewissermaßen untotes Dasein, dem Heine ein Ende setzt. So oder so, beide finalisieren, was Schlegel eigentlich als unabschließbares Projekt – die progressive Universalpoesie – verkündet hatte. Wie sie sich dabei in Relation zur postulierten offenen Progressivität stellen, steht im Mittelpunkt des Beitrages.

Dass die Romantik aber auch bis zu ihrem Ende progressiv poetisch bleiben kann, zeigt *Philipp Kohl* mit einer Analyse der Rezeption von Endzeitnarrativen beim polnisch-russischen (Post-)Romantiker Józef Julian Sękowski/Senkovskij. Kohls These besteht darin, dass Senkovskij die scheinbar eindeutig lesbaren Zeugnisse von Endkatastrophen, wie Ruinen und Fossilien, als flottierende Zeichen liest. Übertragen auf die Epochendiagnose des Endes der Romantik ergibt sich auch hier kein endzeitliches, sondern ein serielles Modell. Nicht nur die ‚Enden der Erdgeschichte' sind multipel, auch die ‚Enden der Romantik' sind es, zu denen sich Senkovskij als Grenzfigur in Beziehung setzt.

Ebenfalls als eine Serialität von Enden liest *Dirk Uffelmann* Zygmunt Krasińskis *Ungöttliche Komödie* (1833), nämlich als das Ende von Staatlichkeit, Adelsherrschaft, romantischer Liebe, Innerlichkeit, und nicht zuletzt auch als Endlichkeit des Klassenfriedens, des Klassenkampfes und, im Rahmen einer katastrophisch-apokalyptischen

Lesart, der ganzen Welt, bis am Schluss das „maximale Nichts, aber kein unendliches Nichts" übrigbleibt.

Die letzte Sektion gilt den endlichen Naturen und der endlichen ‚Natur' im Sinne der Naturgeschichte und den endlichen Individua, wie sie in diesem Rahmen und in dem von literarischen Imaginationen erscheinen. *Sebastian Schönbeck* zeigt in seinem Beitrag, dass in der Zeit, in der Jean-Baptiste Cousin de Grainville an *Le dernier homme* (1805) schreibt, das Wissen vom Ende der Natur bereits zirkulierte. Grainville kann auf die Darstellungen zeitlicher Abstraktionen zurückgreifen, wie sie in der europäischen Naturgeschichte des achtzehnten Jahrhunderts, insbesondere in Buffons *Histoire naturelle*, problematisiert wurden. Beide Probleme, die Erzählbarkeit des Anfangs wie des Endes der Natur, führt Grainville zusammen und übersetzt sie in die Form literarischer Figuren.

Rebekka Rohleder untersucht das Ressourcendenken in Mary Shelleys *The Last Man* und Malthus' *Essay on the Principle of Population*. Beide Texte werden Rohleder zufolge vom Chronotopos der Endlichkeit bestimmt: Shelley verwende primär räumlich begrenzte oder abgeschlossene Orte wie Küsten und Inseln; Malthus die „prescribed bounds" bestimmter Wachstumsfunktionen. Malthus' Nachdenken über die politisch-ökonomischen Grenzen des Bevölkerungswachstums zeige sich, so legt Rohleder nahe, in den endlichen Chronotopoi bei Shelley, die hier zu liminalen Räumen der Freiheit werden können.

Ebenfalls um die Parallelen zwischen Politik und Poetik geht es *Jennifer Stevens*. Sie liest Lord Byrons apokalyptisches Gedicht *Darkness* (1816) nicht nur im Kontext einschlägiger Literatur über Heilsvorstellungen und Naturkatastrophen, sondern auch als Ausdruck von sozialer Ungerechtigkeit und Reaktion auf diese, wie sie etwa in den Corn Laws manifestiert waren. Byrons *Darkness* sei somit Ausdruck einer neuen, säkularen Form der Apokalyptik, die als Krisenreaktion auf klimatische, soziale und politische Probleme antworte.

Clemens Günther untersucht die Verkargung der Landschaft in Sergej Aksakovs (früher) Lyrik und (später) Prosa. Günthers These ist, dass die Selbsttranspositionen in Aksakovs Spätwerk, in dem er seine frühen, romantisch geprägten lyrischen Versuche prosaisiert, wesentlich von einem neuen Verständnis der Natur der Steppe motiviert werden. Die Reflexion des Schwindens natürlicher Ressourcen wie Wasser, Wälder und Wildtiere erforderte, so Günther, eine neue Form der Darstellung, die eine Historisierung dieses Prozesses und eine andere Leseransprache erlaubte.

Am Beispiel von Heinrich von Kleists *Der Findling* (1811) untersucht *Lea Liese* Krankheit als eine Grunderfahrung menschlicher Endlichkeit. Kleists Novelle liest sie im Kontext der romantischen Medizin, in der Verzeitlichungstendenzen und -narrative an Bedeutung gewinnen: Man systematisierte nicht nur die – bereits auf Galen zurückgehende – Beobachtung, dass Dauer, Auftreten und Abklingen von Krankheitssymptomen einer spezifischen Zeitspanne unterliegen, sondern machte Zeitlichkeit zum wichtigen Unterschiedskriterium im nur mehr graduell gedachten Verhältnis von Gesundheit und Krankheit. Diese pathologische Temporalitätslogiken zeigen sich Liese zufolge in *Der Findling*, die somit als Krankheitsgeschichte verstanden wird.

Oliver Völker untersucht die (erd-)geschichtlich zurückblickende Perspektive in literarischen und geologischen Diskursen des frühen neunzehnten Jahrhunderts und arbeitet dabei eine Metaphorik von Schriftlichkeit und Lesbarkeit heraus, die in einem engen Zusammenhang mit einer Zeitlichkeit von Endlichkeit steht. Vor allem anhand von Charlotte Smiths Langgedicht *Beachy Head* (1807) zeigt Völker, wie die Arbeit an den materiellen Spuren einer über den Menschen hinausweisenden Geschichte zugleich die literarische Poetik und Zeitstruktur verändert.

Dank

Ausgehend von der Fokussierung auf das Endlichkeitsdenken und dessen Figurationen in der europäischen Romantik spannt der vorliegende Band somit ein Panorama poetologischer, geschichtsphilosophisch-sozialhistorischer und ‚naturgeschichtlicher' Perspektiven auf und versteht das Ende und die Endlichkeit als genuin romantische Entdeckung. Wir hoffen, dass dies als Komplement zu den in der Forschung vielfach diskutierten Absolutheitsfigurationen des romantischen Diskurses neue Perspektiven auf die europäische Romantik eröffnet.

Der Band geht zurück auf die gleichnamige Tagung, die vom 21. bis zum 23. April 2022 am Interdisziplinären Zentrum für die Erforschung der Europäischen Aufklärung in Halle (Saale) stattfand. Den Mitarbeiter:innen des IZEA sind wir für die Gastfreundschaft und Unterstützung im Vorfeld und vor Ort zu größtem Dank verpflichtet. Allen voran gilt unser Dank der Direktorin des IZEA, Prof. Dr. Elisabeth Décultot, die sich mit Freude auf diesen Ausflug in nicht-aufklärerische Gefilde eingelassen hat. Dr. Andrea Thiele und Josephine Zielasko danken wir für die unschätzbare und tatkräftige Hilfe bei der Planung und Organisation. Die studentischen Hilfskräfte Jil Boßmann, Anni Hagedorn und Julia Pfeiffer garantierten das Gelingen der Veranstaltung vor Ort und in der Vorbereitung; auch ihnen gilt unser großer Dank. Überhaupt möglich wurde die Tagung durch die großzügige Förderung der Fritz Thyssen Stiftung, der wir zu großem Dank verpflichtet sind.

Der vorliegende Band, der die Ergebnisse der Tagung dokumentiert, hätte ohne die finanzielle Unterstützung der Fritz Thyssen Stiftung nicht realisiert werden können. Den Open-Access-Publikationsfonds der Universität Bielefeld und der Martin-Luther-Universität Halle-Wittenberg ist es zu verdanken, dass Buch und Beiträge der Öffentlichkeit ohne Bezahlschranken zugänglich sind. Für ihr gründliches Korrektorat danken wir zudem Ronja Rieger. Den Herausgeber:innen der Reihe *spectrum Literaturwissenschaft/spectrum Literature* danken wir für die Aufnahme des Bandes in die Reihe, und schließlich gilt unser Dank dem Verlag De Gruyter und insbesondere Marcus Böhm, der die Entstehung des Bandes mit Rat, Unterstützung und Geduld begleitete.

I Poetologien der Endlichkeit

Andrea Polaschegg

„Da wär's auf einmal still“

Letale Finale romantischer Gedichte

Aufriss: Romantische Todespassion

„Ich möcht' am liebsten sterben, / Da wär's auf einmal still.“[1] Mit diesen Versen endet Joseph von Eichendorffs berühmtes *Lied* („In einem kühlen Grunde“) und vollzieht eine jener letalen Schlusswendungen, denen sich dieser Beitrag widmet. Dabei soll der Versuch unternommen werden, die epochengeschichtliche und gattungspoetische Symptomatik des literarischen Kalküls auszuloten, das faktische Gedichtende mit dem thematischen Lebensende kurzzuschließen. Geleitet wird dieses Unterfangen von der Annahme, dass es sich bei einer solchen Finalisierungsstrategie nicht um eine bloße kompositorische Spielerei handelt, sondern ihr eine Signifikanz innewohnt, die über den einzelnen Text hinausweist und auf größere poetologische oder weltanschauliche Zusammenhänge hindeutet. Und diese Annahme wiederum fußt auf der Einsicht, dass mit dem Einsatz tödlicher Textschlüsse eine medienpoetische Synchronisation ins Werk gesetzt wird, die ebenso voraussetzungsreich wie weitreichend ist.

Für das individuelle Leben wie für den individuellen Text gilt schließlich gleichermaßen, dass sie – einmal begonnen – auch irgendwann bzw. irgendwo enden, und zwar ohne einen (prä)determinierten Zeitpunkt oder Modus ihres prinzipiell unvermeidlichen Endes mitzuführen. Wo Textende und Tod *de facto* zusammenfallen, da potenzieren sich mithin die Schließungseffekte im Schwerefeld einer Kontingenz, die den literarischen Textverlauf nicht weniger bestimmt als den Gang des Lebens. Denn entgegen anders lautender Gerüchte, die in der medienbedingten ‚Linearität‘ sprachlicher Äußerungen die Anlage zu einer determinierten Abfolge erkennen wollen, stellt sich die Frage ‚What next?‘ im *discours* eines literarischen Textes grundsätzlich als eine ebenso offene wie im Verlauf des Lebens.[2]

In der Tragödie haben diese potenzierten Finalisierungseffekte bekanntlich besonders nachhaltig gewirkt. Immerhin konnte sich deren manifest mortales

1 Joseph von Eichendorff: Lied. In: ders.: Sämtliche Gedichte. Versepen, hg. v. Hartwig Schultz. Frankfurt a. M. 2006, S. 84.

2 Zum schlechten Ruf der Linearität innerhalb der literaturwissenschaftlichen Theoriebildung und zur medienbedingten Kontingenz des Textverlaufs vgl. die Überlegungen in Andrea Polaschegg: Der Anfang des Ganzen. Eine Medientheorie der Literatur als Verlaufskunst. Göttingen 2020, bes. S. 65–102, 173–182.

https://doi.org/10.1515/9783111426129-002

Ende als gattungskonstitutives Moment behaupten, das rückwirkend den gesamten Ablauf des Dramas steuert: „Der eigentlich dramatische Verlauf", so heißt es in Hegels *Vorlesungen über die Ästhetik,* „ist die stete Fortbewegung zur Endkatastrophe."[3] Unter dem retrograden Einfluss dieser „Endkatastrophe" präsentierte sich jede Handlungsfolge innerhalb der Stücke als eine kausallogisch zwingende,[4] sodass alle Kontingenz als ‚episch' aus dem Bereich des eigentlich Dramatischen eskamotiert werden konnte[5] und die Tragödie als ein Sprachkunstwerk unter steter „Finalspannung"[6] erschien, die sich erst im letalen Finale auflöst.

Allerdings findet sich unter den literarischen Gattungen schwerlich eine zweite, die weniger Anspruch darauf erheben kann, Leitgattung der deutschen Romantik gewesen zu sein, als die Tragödie. Zwar hat die literaturwissenschaftliche Kanonisierung romantischer Literatur mit ihrer Tendenz zur Abblendung der nicht eben geringen Zahl epocheneinschlägiger Tragödien aus der Feder Brentanos, Tiecks, Fouqués, Arnims und natürlich Zacharias Werners, die selbst Gerhard Schulz nur als „Dram[en] im Umkreis des Romantischen" gelten lässt,[7] einen nicht unwesentlichen Beitrag zur vermeintlichen Evidenz dieses Befundes geleistet, sodass unter dem Schlagwort „romantische Tragödie" letztlich allein Schillers entsprechend untertitelte *Jungfrau von Orleans* rubriziert wird.[8] Doch die Annahme, dass dem Roman, dem Märchen und der Lyrik eine ungleich größere Bedeutung für die spezifisch romantische Poetik zukommt als der Tragödie, besitzt gleichwohl ein gerüttelt Maß an Plausibilität.

Wenn ich mich im Folgenden bei der Sondierung des tödlichen Endes anstelle der romantischen Erzählliteratur auf die Lyrik konzentrieren will, dann sicher nicht, um die greise Idee von einem genuin lyrischen Kern oder gar Wesen der Romantik zu reanimieren,[9] sondern zunächst einmal aufgrund der Beobachtung,

3 Georg Wilhelm Friedrich Hegel: Werke in zwanzig Bänden. Bd. 15: Vorlesungen über die Ästhetik III, hg. v. Eva Moldenhauer. Frankfurt a. M. 2014, S. 488.

4 „Die Handlung ist geschlossen und schlüssig, sie ist linear und kontinuierlich. Nichts ereignet sich, was nicht aus dem Vorausgegangenen logisch sich ableiten ließe." Volker Klotz: Geschlossene und offene Form im Drama. 8. Aufl. München 1976, S. 26.

5 „Aus der Absolutheit des Dramas beruht auch die Forderung nach der Ausschaltung des Zufalls, nach Motivierung. Das Zufällige fällt dem Drama von Außen zu. Indem es aber motiviert wird, wird es begründet, das heißt im Grund des Dramas selbst verwurzelt." Peter Szondi: Theorie des modernen Dramas. Frankfurt a. M. 1963, S. 18.

6 Manfred Pfister: Das Drama: Theorie und Analyse. München 1977, S. 147.

7 Gerhard Schulz: Die deutsche Literatur zwischen Französischer Revolution und Restauration. Teil 2. München 1989, S. 596.

8 Friedrich Schiller: Die Jungfrau von Orleans. Eine romantische Tragödie. Berlin 1802. https://haab-digital.klassik-stiftung.de/viewer/image/771424175/13/, (letzter Zugriff: 19.05.2022).

9 Zu dieser Tradition der Epochengeschichtsschreibung vgl. zusammenfassend: John Fetzer: Die romantische Lyrik. In: Romantik-Handbuch. Hg. v. Helmut Schanze. 2. Aufl. Stuttgart 2003, S. 311–335, bes. S. 311–313.

dass die letzten Verse romantischer Gedichte einen Hang zum Letalen aufweisen, der in anderen Epochen der Lyrikgeschichte – soweit ich das überblicke – keine Entsprechung findet, und zwar weder quantitativ noch qualitativ. Einige Beispielemögen dies illustrieren.

Novalis etwa schließt nicht von Ungefähr seine sechste und damit letzte *Hymne an die Nacht* mit der Strophe:

> Hinunter zu der süßen Braut,
> Zu Jesus dem Geliebten,
> Getrost die Abenddämmrung graut
> Den Liebenden Betrübten.
> Ein Traum bricht unsre Banden los
> Und senkt uns in des Vaters Schoos.[10]

Damit schlägt er den Bogen zurück zum elliptischen Eingangsappell des Gedichts: „Hinunter in der Erde Schoos / Weg aus des Lichtes Reichen / Der Schmerzen Wuth und wilder Stoß / Ist froher Abfahrt Zeichen."[11] Und gräbt dem gesamten Zyklus an dessen Ende sein sakral-erotisiertes Grab, was der Athenäumsdruck mit dem programmatischen Hymnen-Titel *Sehnsucht nach dem Tode* vorwegnimmt.[12] Clemens Brentano wiederum legt in seiner Kontrafaktur von Hölderlins *Hälfte des Lebens* dessen zentrale Spiegelungs-Komposition gerade dadurch offen, dass er sie mit einem ostentativ tödlichen Finale versieht: „Aber es tauchet der Schwan ins heilignüchterne Wasser / Trunken das Haupt, und singt sterbend dem Sternbild den Gruß."[13] Die letzten Worte von Friedrich Schlegels titelgebender *Rose*, im *Musen-Almanach* auf das Jahr 1802 datiert und durch Franz Schuberts Vertonung berühmt geworden,[14] lauten: „Mein kurzes junges Leben / Wollt' ich noch sterbend sagen."[15] Zusammen mit der Blume lässt der Dichter hier also auch das Gedicht verwelken. Ludwig Tieck wiederum beendet sein Lied *Der Trost-*

---

10 Novalis: Hymnen an die Nacht. In: ders.: Schriften. Die Werke Friedrich von Hardenbergs. Bd. 1: Das dichterische Werk, hg. v. Paul Kluckhohn/Richard Samuel. Darmstadt 1960, S. 130–157, hier S. 156.

11 Novalis: Hymnen an die Nacht, S. 152.

12 Novalis: Hymnen an die Nacht, S. 153.

13 Clemens Brentano: In dir ringelt die Träne. In: ders.: Sämtliche Werke und Briefe. Historisch-kritische-Ausgabe. Bd. 2.2: Gedichte 1807–1813, hg. v. Michael Grus. Stuttgart 2019, S. 139. Zur Aufdeckung des Hölderlin'schen Spiegelmotivs durch Brentanos Kontrafaktur vgl. Karl Eibl: Der Blick hinter den Spiegel. Sinnbild und gedankliche Bewegung in Hölderlins *Hälfte des Lebens*. In: Jahrbuch der deutschen Schillergesellschaft 27 (1983), S. 222–235, bes. S. 228.

14 Franz Schubert: Die Rose. In: ders.: Werke. Bd. 7: 1822–1823, hg. v. Eusebius Mandyczewski. Leipzig 1895, S. 18–20.

15 Friedrich Schlegel: Die Rose. In: Musen-Almanach für das Jahr 1802. Hg. v. August Wilhelm Schlegel/Ludwig Tieck. Tübingen 1802, S. 139 f.; Friedrich Schlegel: Die Rose. In: ders.: Friedrich

lose[16], 1799 erstmals angestimmt vom Hirten Heinrich in *Leben und Tod der Heiligen Genoveva*, mit dem Aufruf: „Hier im stillen einsam grünen Thal, / Such zum Troste dir ein Grab zumal –"[17] und verleiht diesem Todes-Appell durch den *per definitionem* schweigenden Gedankenstrich als finalem Satzzeichen zusätzlichen Nachdruck. Karoline von Günderrode versieht ihre *Ariadne auf Naxos* mit einem latent suizidalen Schluss: „Des Herzenswunde hüllt sich gern in Gräbernacht",[18] den Adelbert von Chamisso heroisch wendet, wenn er die titelgebenden *Zwei Grenadiere* aus seiner freien Übertragung von Pierre-Jean de Béranger ihre Selbstopferungsabsicht mit den Worten bekunden lässt: „Dem Kaiser folgen wir, bereit / Für ihn zu bluten und zu sterben."[19] Joseph von Eichendorff bringt seinen ebenfalls titelgebenden *Gärtner* 1817 mit assonant-rhythmisierten Spatenstichen unter die Erde, die einen Zug ins Unerbittliche haben: „Und grabe fort und singe / Und grab' mir bald mein Grab",[20] während Justinus Kerner das finale Sterben mit einer ganz eigenen Klangdramaturgie unterlegt, indem er sein *Alphorn* mit den doppelsinnigen Versen enden lässt: „Und nimmer wird gesunden / Dies Herz, bis *es* verhallt."[21] Und Helmina von Chézy, die ihre zweibändige Gedichtsammlung von 1812 bereits mit einem sechsteiligen *Totenopfer* eröffnet hat und eine ausgeprägte Neigung zu mortalen Schlusswendungen besitzt, beendet ihr *Einsames Weh* mit der Strophe:

Nun muß ich weinen, sterben,
Doch nicht an deiner Brust,
Nun ist die Thräne bitter,
Nun ist der Tod ohne Lust![22]

von Schlegel's sämmtliche Werke. Zweyte Original-Ausgabe. Bd. 9: Gedichte. Erster Theil. Wien 1846, S. 133.

16 Ludwig Tieck: Der Trostlose. In: ders.: Gedichte. Erster Teil. Dresden 1821, S. 144.

17 Ludwig Tieck: Leben und Tod der heiligen Genoveva. Ein Trauerspiel. In: ders.: Tieck's Schriften. Bd. 2: Leben und Tod der heiligen Genoveva. Der Abschied. Leben und Tod des kleinen Rothkäppchens. Berlin 1828, S. 1–272, hier S. 11.

18 Karoline von Günderrode: Ariadne auf Naxos. In: dies.: Sämtliche Werke und ausgewählte Studien. Historisch-kritische Ausgabe. Bd. 1: Texte, hg. v. Walter Morgenthaler. Frankfurt a. M./Basel 2006, S. 80.

19 Béranger's Lieder. Auswahl in freier Bearbeitung von Adelbert von Chamisso und Franz Freiherrn von Gaudy. 2. Aufl. Leipzig 1845, S. 146.

20 Joseph von Eichendorff: Gärtner. In: ders.: Werke in sechs Bänden. Bd. 1: Sämtliche Gedichte. Versepen, hg. v. Hartwig Schultz. Frankfurt a. M. 1987, S. 227.

21 Justinus Kerner: Die lyrischen Gedichte. Stuttgart u. a. 1854, S. 146 (Herv. A.P.).

22 Helmina von Chézy: Einsames Weh. In: dies.: Gedichte der Enkelin der Karschin. Bd. 2. Aschaffenburg 1812, S. 19.

Dabei unterstreicht sie den Schmerz dieses Finales durch den einzigen Reim des Liedes („Brust"/„Lust"), in den sie mit anapästischem Schwung hineinspringt und so den Jambenfluss der gesamten Komposition ostentativ abschneidet: „Nŭn īst dĕr Tōd ŏhnĕ Lūst." Selbstverständlich darf auch das finale Ausrufungszeichen nicht fehlen, mit dem von Chézy die meisten ihrer tödlichen Gedichtschlüsse orthografisch besiegelt: Das vermeintlich heitere *Ständchen* endet mit den Versen „Du, aller Huld und Schönheit reich, / Gieb mir den Kuß, den Tod zugleich!"[23], *Ein Seufzer* schließt mit: „Sterben ist seelig / An Deiner Brust!"[24] und die *Winterblume* haucht mit den Worten „Wann Tod! Dein Mund mich küßt, / Willkommen, sey gegrüßt!"[25] das Leben des Gedichtes aus.

Lebensbedrohung des lyrischen Ichs

Der Beispielreigen ließe sich spielend über weitere Seiten fortsetzen, doch bereits in den zitierten Versen deutet sich das breite Spektrum literarischer Gestaltungsmittel an, das in Gedichten der Romantik aufgeboten wird, um die Texte auf allen erdenklichen Ebenen mortal zu finalisieren. Gleichzeitig wird hier aber auch der spezifisch lyrische Operationsraum dieser Finalisierung erkennbar, dessen Konturen – und darin liegt der zweite Grund für meine Konzentration auf die Lyrik – im Zeichen des Todes besonders markant hervortreten: Wie Klaus W. Hempfer in seiner überzeugenden lyriktheoretischen „Skizze" mit dankenswerter Klarheit herausgearbeitet hat, besteht die „prototypische Äußerungsstruktur" lyrischer Texte in der „Simultaneität bzw. Koinzidenz von Sprechsituation und besprochener Situation",[26] die dasselbe Zeigefeld der Sprache teilen mitsamt der zugehörigen Hier-Jetzt-Ich-Deixis.[27] Altstrukturalistisch reformuliert, fallen im lyrischen Äußerungsakt also die Ebenen von *discours* und *histoire* zusammen, deren Trennung in narrativen Texten von der Erzählinstanz garantiert wird.[28] Dank dieser

---

23 Helmina von Chézy: Ständchen. In: dies.: Gedichte der Enkelin der Karschin. Bd. 2. Aschaffenburg 1812, S. 35.

24 Helmina von Chézy: Ein Seufzer. In: dies.: Gedichte der Enkelin der Karschin. Bd. 2. Aschaffenburg 1812, S. 21.

25 Helmina von Chézy: Winterblume. In: dies.: Gedichte der Enkelin der Karschin. Bd. 2. Aschaffenburg 1812, S. 34.

26 Klaus W. Hempfer: Lyrik. Skizze einer systematischen Theorie. Stuttgart 2014, S. 29.

27 Hempfer: Lyrik, S. 34. Zum Zeigefeld der Sprache und ihrer deiktischen Origo vgl. nach wie vor grundlegend: Karl Bühler: Sprachtheorie. Die Darstellungsfunktion der Sprache. 3. Aufl. Stuttgart 1999, S. 79–82, 102–120.

28 Vgl. Gérard Genette: Die Erzählung. Paderborn 2010, S. 11.

Instanz lassen sich Tod und Sterben im Erzählten einhegen, ohne auf das Erzählen überzugreifen und es zu gefährden. In der Lyrik dagegen besteht das ‚Geschehen' im Äußerungsakt der redenden Stimme selbst, auf die der thematisierte Tod potentiell zurückschlägt.[29] Und das wiederum führt zu der aparten Konstellation, dass im finalen Reden über den Tod das lyrische Ich zugleich sein Überleben sichern muss, damit das Gedicht nicht abbricht, bevor das Sterben zur Sprache kommen kann. In seinem letalen Finale stellt sich mithin der lyrische Text selbst zur Disposition, was die Tendenz romantischer Gedichte zu dieser Art der Schließung umso bemerkenswerter macht.

Sobald dagegen eine Erzählinstanz die Bühne der Dichtung betritt, löst sich diese existenzielle Konstellation auf, und es kann auf der Ebene der *histoire* nach Herzenslust gestorben werden, gerne auch an deren Ende. Unter den narrativen Formen der Literatur hat die Ballade von dieser Möglichkeit am umfänglichsten Gebrauch gemacht, dicht gefolgt von der Romanze als ihrer kleinen Schwester, und dies epochenübergreifend.[30] Von Bürgers *Lenore* und Herders *Wilhelms Geist* über Schillers *Kraniche des Ibycus* und Goethes *Braut von Korinth*, Chamissos *Löwenbraut* und Uhlands *Des Sängers Fluch*, Drostes *Die Schwestern* und Heines *Belsatzar*, Hebbels *Der Heideknabe* und Fontanes *John Maynard* bis Kolmars *Dantons Ende* und Brechts *Tarpeja* steuern zahllose balladeske Texte mit tragödienhafter Zielstrebigkeit auf den Tod zu, ohne dass die Erzählstimme und damit der *discours* dadurch im Mindesten bedroht würden:

> Dem Vater grauset's, er reitet geschwind,
> Er hält in den Armen das ächzende Kind,
> Erreicht den Hof mit Mühe und Not;
> In seinen Armen das Kind war tot.[31]

Ein derart problemloser Weg der finalen Thematisierung des Todes steht der lyrischen Äußerungsinstanz nun aber gerade nicht offen. Das von ihr adressierte Sterben rückt der Stimme selbst auf den Leib und muss im Zuge der todesaffinen

---

29 Freilich lässt sich der finale Tod der *discours*-generierenden Sprecherinstanz auch unter erzählliterarischen Bedingungen realisieren. Doch wie die Erschießung des Erzählers am Schluss von Wolf Haas' – wie wir inzwischen wissen, nur vermeintlich – letztem Brenner-Krimi von 2003 durchaus exemplarisch zeigt, bleiben solche Versuche letztlich Spiel. Vgl. Wolf Haas: Das ewige Leben. Hamburg 2003, S. 221.

30 Vgl. Gottfried Weissert: Ballade. 2. Aufl. Stuttgart 1993 sowie die Beiträge in Andrea Bartl/Corina Erk/Martin Kraus u. a. (Hg.): Die Ballade. Neue Perspektiven auf eine traditionsreiche Gattung. Würzburg 2017.

31 Johann Wolfgang Goethe: Erlkönig. In: ders.: Sämtliche Werke nach Epochen seines Schaffens. Bd. 2.1: Erstes Weimarer Jahrzehnt 1775–1786, hg. v. Hartmut Reinhardt. München/Wien 1987, S. 74–75.

Äußerung eigens auf Distanz gehalten werden, damit die poetische Rede nicht plötzlich abreißt.

Diesen spannungsreichen Zusammenhang hat Clemens Brentano in seiner Ballade *Hermann, des treuen Gottschalks Sohn* mit einer hübschen metapoetischen Schlusswendung sichtbar gemacht: Der titelgebende Hermann hat gerade vom Liebestod seiner Geliebten in ihrer Kerkerhaft erfahren und stirbt ihr jetzt nach, indem er sich in sein Schwert stürzt, was die Erzählinstanz zum Anlass nimmt, über den eigenen Untergang zu resonieren:

Da eilt er zu dem Wasserschloss
Wo böß die Schiffe standen
Und macht sich mit dem Schwerte los 95
Aus seines Kerkers Banden.

Und stürzt hinab ins kühle Haus
Wo Liebchen liegt gefangen,
O Liebchen, breit' die Arme aus
Ihn treulich zu umfangen 100

Und läg' gefangen im kühlen Haus
Die mich so hart betrogen,
Sie hätte, eh dies Lied noch aus
Mich auch hinab gezogen –[32]

Geschützt durch den Konjunktiv irrealis der letzten Strophe, spielt der Erzähler hier unter dem Eindruck des gerade von ihm geschilderten Selbstmords sein Schicksal als ein lyrisches Ich durch, dem selbst das „Liebchen" gestorben ist.[33] Dann hätte der Tod, so das erzählinstanzliche Gedankenspiel, die schützende Einfriedung der *histoire* verlassen und den gewaltsamen Sturz der Erzählinstanz aus dem eigenen *discours*-Leben angestoßen, sodass die texttragende Stimme in einem herrlichen Paradox zum Schweigen gebracht worden wäre, „eh dies Lied noch aus" (V. 103). Die textperformativen Konsequenzen eines solchen Sprechersuizids lässt Brentano zumindest erahnen, indem er seinem Gedicht den orthografischen Schlusspunkt vorenthält und an dessen Stelle den Gedankenstrich schweigen lässt.

32 Clemes Brentano: Hermann, des treuen Gottschalks Sohn. In: ders.: Sämtliche Werke und Briefe. Historisch-kritische-Ausgabe. Bd. 2.1: Gedichte 1801–1806, hg. v. Bernhard Gajek/Michael Grus. Stuttgart 2012, S. 69–76, hier S. 73.

33 Die poetisch kategoriale Differenz zwischen der erzählten Geliebten und jener der Äußerungsinstanz selbst wird im Text ironisch markiert und so bewusst gehalten: Im Unterschied zu Hermanns Geliebter, die als Inbegriff der Treue erscheint, sieht sich der Erzähler von der seinen „hart betrogen". Brentano: Hermann, V. 102.

In just dieses poetisch-existenzielle Paradox aber haben sich die romantischen Lyrikerinnen und Lyriker – Clemens Brentano eingeschlossen – offenbar forciert gestürzt, sodass sich die Frage nach dem besonderen Versprechen des letalen Finales umso dringlicher stellt.

Das Lied und der Tod

Eines dieser Versprechen scheint textkompositorischer Art und nur mittelbar ein spezifisch romantisches zu sein. Wie sich im ausgeprägten Todeshunger der Balladenschlüsse bereits gezeigt hat, vom entsprechenden Appetit des Tragödienendes ganz zu schweigen, lassen sich Texte durch die Synchronisation ihres Endes mit dem Sterben auf eine Weise schließen, der etwas Endgültiges und mithin Zwingendes eignet. Diese End-Gültigkeit steht freilich quer zu der tatsächlichen oder vermeintlichen Selbstverpflichtung romantischer Programme auf Progression und Unendlichkeit, wie sie nicht zuletzt von der vielbeschworenen Poetik des Fragments verbürgt wird.[34] Doch auf der Ebene der konkreten Dichtungspraxis besitzen Schlüsse dieser Art ein Vermögen, das sie durchaus auch für romantische Dichterinnen und Dichter attraktiv machen konnte, zumal mit Blick auf die besondere lyrische Form, die nicht von ungefähr die eingangs angeführten Beispiele dominiert: Abgesehen von Brentanos Hölderlin-Kontrafaktur und Günderrodes *Ariadne auf Naxos* handelt es sich bei allen diesen Beispielen um die finalen Verse von Liedern. Auch Novalis hat für seine letzte Hymne eine zeitgenössisch beliebte Liedstrophe gewählt[35] und den Zyklus auf diese Weise mit seinen *Geistlichen Liedern* verklammert.[36]

Wie die literaturwissenschaftliche Forschung bis in die 1980er Jahre hinein noch wusste, inzwischen aber recht nachhaltig vergessen zu haben scheint, avan-

34 Vgl. dazu zuletzt noch einmal kontrovers: Dieter Burdorf: Ist das romantische Fragment ein Fragment? In: Geschichte der Germanistik 55/56 (2019), S. 5–16; Takuto Nito: Friedrich Schlegel und Funktionswandel des Fragments um 1800. Eine mediengeschichtliche Studie zur literarischen Öffentlichkeit. In: Neue Beiträge zur Germanistik 18 (2019), H. 2, S. 45–61; Jochen Strobel: „Fragment" und Fragment als romantische Praxis um 1800 und in der Moderne (Novalis, Nietzsche, von der Wense). In: Formen ins Offene. Zur Produktivität des Unvollendeten. Hg. v. Hanna Delf von Wolzogen/Christine Hehle. Berlin 2018, S. 173–194.

35 Vgl. Horst Joachim Frank: Handbuch der deutschen Strophenformen. 2. Aufl. Tübingen/Basel 1992, S. 437–440.

36 Novalis: Geistliche Lieder. In: ders.: Schriften. Die Werke Friedrich von Hardenbergs. Bd. 1: Das dichterische Werk, hg. v. Paul Kluckhohn/Richard Samuel. Darmstadt 1960, S. 159–177; zu den *Geistlichen Liedern* vgl. differenziert Herbert Uerlings: Friedrich von Hardenberg, genannt Novalis. Werk und Forschung. Stuttgart 1991, S. 250–276.

cierte das Lied Mitte des achtzehnten Jahrhunderts innerhalb der sich formierenden Großgattung ‚Lyrik' zu einer poetologisch ebenso klar konturierten wie emphatisierten Dichtungsform, deren spezifischer Charakter keineswegs von einer tatsächlichen Vertonung des Textes abhing, sondern über das genuin literarische Kriterium der Sang*barkeit* bestimmt war.[37] Von Klopstock als sprachlich und kompositorisch schlichtes Gegenstück zur elaboriert-erhabenen Ode gesetzt[38] und von Herder zum Paradigma internationaler Volkspoesie erklärt,[39] galt das Lied seit der Wende zum neunzehnten Jahrhundert schlechterdings als „lyrisches Gedicht im populären Styl"[40] – ein Verständnis, zu dessen Etablierung die romantische Bewegung mit ihrer eigenen Popularisierung des Liedes einen nicht unwesentlichen Beitrag geleistet hat. Das gilt nicht allein für das *Wunderhorn*-Projekt,[41] sondern auch für die zahllosen Lieder in den romantischen Romanen von *Franz Sternbalds Wanderungen* und dem *Heinrich von Ofterdingen* über *Godwi* und die *Gräfin Dolores* bis zu *Ahnung und Gegenwart*. Denn in diesen Liedeinlagen[42] wirkten ausgeprägte Zentrifugalkräfte, die sie binnen kürzester Zeit aus den prosaischen Werkzusammenhängen herauskatapultiert haben, wo sie – sei es mit, sei es ohne musikalische Unterlegung – eigene Erfolgsgeschichten schrieben.[43]

---

37 Vgl. komprimiert: Otto Knörrich: Lied. In: ders.: Lexikon lyrischer Formen. 2. Aufl. Stuttgart 2005, S. 133–139, hier auch die Auflistung der einschlägigen Forschung bis in die 1980er Jahre.

38 Vgl. dazu grundlegend Hans-Henrik Krummacher: Lyra. Studien zur Theorie und Geschichte der Lyrik vom 16. bis zum 19. Jahrhundert. Berlin/Boston 2013, S. 77–211.

39 Johann Gottfried Herder: Von Ähnlichkeit der mittlern Englischen und Deutschen Dichtkunst. In: ders.: Sämtliche Werke. Bd. 25: Poetische Werke, hg. v. Bernhard Suphan. Hildesheim 1968, S. 63–72.

40 Friedrich Bouterwerk: Fr. Bouterwek's Ästhetik. Zweiter Theil: Theorie der schönen Künste. Leipzig 1806, S. 353.

41 Vgl. dazu nach wie vor grundlegend: Heinz Rölleke: *Des Knaben Wunderhorn* – eine romantische Liedersammlung. Produktion, Distribution, Rezeption. In: Von Volkston und Romantik. *Des Knaben Wunderhorn* in der Musik. Hg. v. Antje Tumat. Heidelberg 2008, S. 95–114.

42 Eine beeindruckende Bestandsaufnahme der Einlagen hat Martina Steinig vorgelegt: Martina Steinig: „Wo man singt, da lass' dich ruhig nieder ...". Lied- und Gedichteinlagen im Roman der Romantik. Berlin 2006.

43 Eine systematische literaturgeschichtliche Aufarbeitung dieser Popularisierungswege und -wirkungen steht noch aus. Die wenigen Beiträge zum Thema stammen aus der Musikwissenschaft und legen den Akzent weniger auf die tatsächliche Popularisierung der Lieder als auf ihre Transformationen zum Kunstlied. Vgl. exemplarisch: Hartwig Schultz: „Schläft ein Lied in allen Dingen". Die Lieder Joseph von Eichendorffs und ihre Vertonungen. In: Joseph von Eichendorff. Tänzer, Sänger, Spielmann. Hg. v. Ute Jung-Kaiser. Hildesheim 2007, S. 3–13; Ursula Wiedemann: Die musikalische Brentano-Rezeption. In: Die Brentano. Eine europäische Familie. Hg. v. Konrad Feilchenfeld/Luciano Zagari. Tübingen 1992, S. 146–171; Irmgart Scheitler: „... aber den lieben Ei-

Damit erfüllten die romantischen Lieder die Anforderungen Hegels an diese Gattung vollumfänglich, falls sie den betreffenden Paragrafen der *Ästhetik* nicht allererst angeregt haben, wo es heißt:

> [J]edes Lied [muss] nicht sowohl eine Darstellung der Persönlichkeit des Sängers als solchen als eine Gemeingültigkeit haben, welche vielfach anspricht, gefällt, die gleiche Empfindung anregt und so nun auch von Munde zu Munde geht.[44]

Für die konkreten Belange des Textschlusses noch relevanter als das Gattungsprinzip kollektiver Affirmierbarkeit und selbständiger Verbreitung ist allerdings die prinzipielle Fortsetzungsoffenheit des Lieds, die es durch seine strophische Form gewinnt.

Anders als das in der Romantik bekanntlich ebenso beliebte Sonett,[45] dessen Finale nach vierzehn Versen, im zweiten Terzett, immer schon feststeht und – zusammen mit der dort vorgesehenen Schlusspointe – im Wortsinne berechenbar ist, schreibt sich das Lied Strophe für Strophe weiter, ohne dass sein Ende durch die Komposition gesetzt wäre oder in irgendeiner Weise zwingend erschiene. Eine gewisse Antizipierbarkeit wird hier einzig durch den Reim geschaffen,[46] doch auch dies zumeist nur innerhalb der einzelnen Strophen. Wer in autorschaftlicher Verantwortung sein Lied dem Fortsetzungssog der gattungseigenen Formgebung entziehen wollte – sei es aus werkpoetischen, wirkungspoetischen oder poetologischen Rücksichten –, der oder die musste auf der Ebene der Darstellung mithin zu einem starken Schluss greifen. Und die maximale Schließung ist nun einmal der Tod.

Im letalen Finale von Liedern treffen also, stärker noch als in anderen Formen der Lyrik, unter dem Vorzeichen einer existenziellen Thematik äußerungs-

---

chendorff hatten wir gesungen“. Beobachtungen zur musikalischen Rezeption von Eichendorffs Werk. In: Aurora 44 (1984), S. 100–123.

44 Georg Wilhelm Friedrich Hegel: Vorlesungen über die Ästhetik III. Auf der Grundlage der *Werke* von 1832–1845 neu edierte Ausgabe. Hg. v. Eva Moldenhauer/Karl Markus Michel. 3. Aufl. Frankfurt a. M. 1996, S. 457.

45 Vgl. dazu Gertrud M. Rösch: „Sonetten-Überschwemmungen“. August Wilhelm Schlegels poetologische Erneuerung des Sonetts. In: Sonett-Gemeinschaften. Die soziale Referentialität des Sonetts. Hg. v. Mario Gotterbarm/Stefan Knödler/Dietmar Till. Paderborn 2019, S. 145–157; Alexander Nebrig: Der Streit als Spiel mit dem Sonett in der Romantik. In: Gelehrte Polemik im 18. Jahrhundert. „Theologisch-polemisch-poetische Sachen“. Hg. v. Kai Bremer/Carlos Spoerhase. Frankfurt a. M. 2015, S. 315–329; Thomas Borgstedt: Der Raum des romantischen Sonetts. Der Raum des Gedichts und die Verräumlichung des Sonetts. In: Aurora 70/71 (2010/11), S. 81–99.

46 Zum präfigurativen Effekt des Reims vgl. August Wilhelm Schlegel: Vorlesungen über philosophische Kunstlehre. In: ders.: Kritische Ausgabe der Vorlesungen. Bd. 1: Vorlesungen über die Ästhetik I, hg. v. Ernst Behler. Paderborn/München/Wien 1989, S. 1–178, hier S. 46.

und gattungspoetische Dynamiken in durchaus konfligierender Weise aufeinander: Das Kalkül, die potentiell endlose Strophenfolge des Liedes auf semantischer Ebene mit einem unhinterschreitbaren Schluss zu versehen, lenkt dessen Mortalität auf die lyrische Stimme zurück, deren *discours*-Vitalität eigens erhalten werden muss, damit sie sie nicht verstummt, bevor das „Lied noch aus“. Welche poetischen Energien durch den Reibungswiderstand zwischen kompositorischer Todessehnsucht und performativer Überlebenssicherung des lyrischen Ichs freigesetzt werden können und worin genau deren Attraktivität für die romantische Dichtung bestand, sei im Folgenden exemplarisch an den beiden produktivsten Lieddichtern der Epoche nachvollzogen.

Sound of Silence: Brentano

Clemens Brentanos Neigung zu mortalen Schließungsfiguren hat sich keineswegs auf seine Lieder beschränkt. Erinnert sei nur an den generationsübergreifenden Leichenberg am Ende der *Geschichte vom braven Kasperl und dem schönen Annerl* oder an den wiederholten Todesreigen im *Godwi* rund um das Grabmal Violettens und den nicht enden wollenden Abschied des Romans von seinem verstorbenen Erzähler Maria in dessen „fragmentarische[r] Fortsetzung“.[47] Insofern lässt sich das erste Lied des *Godwi*, dem nahezu vierzig weitere folgen, durchaus als mortopoetologisches Programm lesen, zumal es aus der Feder des Harfners Werdo Senne stammt, der es in seinem Brief an Lady Hodefield mit der Bemerkung einleitet: „Meine Hülle vermag die Glut meines Herzens nicht mehr zu umfassen, ich werde bald ein Aschenhaufen in mich selbst zusammensinken.“[48]

Das Lied besitzt eine zeitgenössisch weit verbreitete Form[49] und umfasst fünf Strophen, deren erste gleich den assonant-alliterativen Ton anschlägt, mit dem Brentano so häufig seine Liedtexte selbst zum Klingen bringt:

Weste säuseln; silbern wallen
Locken um den Scheitel mir.
Meiner Harfe Töne hallen
Sanfter durch die Felsen hier.
Aus der ew’gen Ferne winken 5

47 Clemens Brentano: Godwi. In: ders.: Sämtliche Werke und Briefe. Historisch-kritische-Ausgabe. Bd. 16: Prosa I, hg. v. Werner Bellmann. Stuttgart 1978, S. ??–??, hier SWB XVI, S. 485–576.
48 Brentano: Godwi, S. 76.
49 Vgl. Horst J. Frank: Handbuch der deutschen Strophenformen. 2. Aufl. Tübingen/Basel 1993, S. 621–626.

Tröstend mir die Sterne zu.
Meine müden Augen sinken
Hin zur Erde, suchen Ruh.[50]

Angetrieben vom onomatopoetischen „[S]äuseln" des Westwindes setzt sich das Lied in Gang. Im Medium der selbstreferenziellen ‚Harfentöne' wird dieses topische Frühlingsversprechen des Zephirs allerdings sofort konterkariert durch die alliterativ angeschlossenen „silbern wallen[den] Locken", die das lyrische Ich im ‚Herbst des Lebens' situieren. Folgerichtig dimmt sich der helle Ton des Anfangs in V. 4 zu einem vokalisch „[s]anfter[en]" „[H]all[]" ab, der – nach einem kurzen Aufschwung zu den binnengereimten ‚fernen Sternen' (V. 5 f.) – zusammen mit dem Blick niedersinkt und im Klangdunkel der finalen „Ruh" (V. 8) mündet. Damit ist die Gesamtdynamik des Gedichts vorweggenommen, das in den folgenden Strophen unter dem Vorzeichen des Todes Hoffnung und Untergang, Trost und Schmerz immer neu ineinander verschlingt und auf ein Finale zuläuft, in dessen geisterhaften Klängen der angekündigte Tod bereits realisiert ist.

In der Schlussstrophe lässt Brentano – wie schon in der ersten – das lyrische Ich als Sänger sprechen. Dessen Harfe wird nun allerdings zum Medium eines Dritten, das sich in einer fünffachen Onomatopoesie (im Zitat kursiviert) den Hörerinnen und Hörern der Verse direkt wahrnehmbar macht, in deren Reihen das Ich schließlich zurücktritt.

Schwermuth glänzt des Mondes Helle
In mein thränenloses Aug',
Schatten schweben durch die Zelle, 35
Seufzer lispeln, Geister*hauch*
Rauschet bang' durch meine Saiten,
Horchend heb' ich nun die Hand,
Und es *pochen*, Trost im Leiden,
Todtenuhren in der Wand.[51] 40

Dass sich das mondlichtbeschienene „Aug'" zwei Zeilen später durch einen unreinen Reim in jenen „[H]auch" auflöst (V. 34 f.), der wiederum das assonant angeschlossene „Rausche[n]" der Harfensaiten produziert, markiert die beginnende Transformation der lyrischen *actio* in eine *passio*, der das Geräusch der „Todtenuhren in der Wand" (V. 40) ihr unmittelbar bevorstehendes Ende anzeigt. Die Dringlichkeit dieser akustischen Sterbe-Anzeige wird von Brentano dadurch noch unterstrichen, dass er die vom Volksglauben verbriefte und literarisch immer wieder mobilisierte Toten-

50 Brentano: Godwi, S. 76.
51 Brentano: Godwi, S. 77 (Herv. A.P.).

uhr[52] in gänzlich untopischer Weise zu „Todtenuhr*en*" vervielfacht und sie vor allem nicht, wie üblich, „picken" lässt,[53] sondern „pochen" macht (V. 39).[54] Im letzten Vers steht der Tod also bereits hörbar ungeduldig vor der Tür und bildet zugleich den klanglichen Schlusspunkt einer bemerkenswerten assonanten Reihe, die den Klang der letzten drei Verse bestimmt. Diese Reihe beginnt nicht von ungefähr mit dem „Horchend" (V. 38), setzt sich über das lautmalerische „Pochen" in der nächsten Zeile fort, um dann den syntaktisch so irritierend beiläufig eingeschobenen „Trost" aufzunehmen und schließlich in der „Todtenuhr" an ihr Ende zu kommen.

Das Versprechen des Todes, dem das Gedicht – wie so viele aus Brentanos Feder – seine gesamte Dynamik verdankt, erfährt hier noch einmal eine poetische Verdichtung, die das ersehnte Sterben des lyrischen Ichs unmittelbar nach Abschluss des letzten Verses nachgerade erzwingt. Dass dieses Ich zuvor sein Begleitinstrument einer dritten Instanz überantwortet hat, die im Klang der Schlussverse selbst wahrnehmbar wird, und dass es damit ostentativ auf die Seite der Hörenden wechselt, die sterben können, ohne die textkonstitutive Stimme abreißen zu lassen, scheint mir eine ebenso kluge wie lustvolle Bewältigungsstrategie der Fährnisse des letalen Finales lyrischer Texte zu sein.

Repräsentativ für Brentanos Lyrik ist sie insofern, als dieser *guitar man* der deutschen Romantik seine Lieder häufig mit einem mehr oder minder orphisch gefärbten Sänger-Ich ausstattet und ihnen dadurch einen metapoetischen Zug verleiht, der von der Klang-Dramaturgie des Sprachmaterials aisthetisch gekontert wird, sodass das tödliche Ende das Lied auf sämtlichen seiner Ebenen tangiert. An zwei weiteren Beispielen sei das kurz illustriert.

Am Rheine schweb ich her und hin
Und such den Frühling auf

52 Dabei handelt es sich um das Geräusch von Holzwurmlarven, das als akustisches Vorzeichen eines nahenden Todes im Zimmer gedeutet wurde. Vgl. Art. „Todtenuhr". In: Deutsches Wörterbuch von Jacob und Wilhelm Grimm in dreiunddreißig Bänden. Bd. 21, Abt. 1, bearbeitet v. Matthias Lexer u. a. Leipzig 1935, Sp. 624.

53 So etwa in der berühmten Einlassung von Leonce in Büchners Lustspiel: „Das Picken der Totenuhr in unserer Brust ist langsam, und jeder Tropfen Blut mißt seine Zeit, und unser Leben ist ein schleichend Fieber." Georg Büchner: Leonce und Lena. In: ders.: Dichtungen, hg. v. Henri Poschmann. Frankfurt a. M. 2015, S. 91–142, hier S. 116.

54 Dass ihm darin gerade die große Sprach-Klang-Künstlerin des neunzehnten Jahrhunderts, Annette von Droste-Hülshoff, nachgeeifert hat, ist kein Zufall. In deren *Das erste Gedicht* heißt es über den Geist der Burg eindrücklich: „Und sieht ihn das Gesinde / Am Fahnenschafte stehn, / Sich, wirbelnd vor dem Winde, / Mit leisem Schreie drehn, / Dann pocht im Schloßgemäuer / Gewiß die Totenuhr, / Oder ein türkisch Feuer / Frißt grimmend unterm Flur." Annette von Droste-Hülshoff: Das erste Gedicht. In: dies.: Sämtliche Werke in zwei Bänden. Bd. 1: Gedichte, hg. v. Bodo Plachta/Winfried Woesler. 2. Aufl. Frankfurt a. M. 2003, S. 326.

So schwer mein Herz, so leicht mein Sinn
Wer wiegt sie beide auf.

Die Berge drängen sich heran, 5
Und lauschen meinem Sang,
Sirenen schwimmen um den Kahn,
Mir folget Echoklang.[55]

So beginnt das 1802 entstandene titellose Lied, das die schwebende Bewegung der ersten Strophe mit einer hellen Tonspur unterlegt, die sich in der zweiten Strophe mit den a-Lauten des Reimes mischt („heran" – „Sang" – „Kahn" – „Klang") und dadurch den metapoetischen Einschlag des Textes verstärkt. In den folgenden fünf Strophen nimmt das Lied dann im Wortsinne Fahrt auf und steuert in Fließrichtung von Rhein und Text auf die Liebe zu („O Liebes Ziel so nah so fern, / Ich hole dich noch ein", heißt es in der sechsten Strophe[56]). Diese Liebe manifestiert sich in einem „[g]eweihte[n] Kind", das in den letzten vier Strophen direkt adressiert wird und dabei die Form einer blauen Blume annimmt, die– vor dem Hintergrund des *Ofterdingen* ebenso überraschend wie für Brentanos Poetik bezeichnend– den Tod bringt:

Geweihtes Kind erlöße mich, 25
Gieb meine Freude los,
Süß Blümlein ich erkenne dich
Du blühtest mir mein Looß,

In Frühlingsauen sah mein Traum
Dich Glockenblümlein stehn, 30
Vom blauen Kelch zum goldnen Saum,
Hab ich zu viel gesehn,

Du blauer Liebeskelch in dich
Sank all mein Frühling hin,
Vergifte mich, umdüfte mich, 35
Weil ich dein eigen bin.

Und schließest du den Kelch mir zu
Wie Blumen abends tun,
So lasse mich die letzte Ruh
Zu deinen Füßen ruhn.[57] 40

55 Clemens Brentano: Am Rheine schweb ich her und hin. In: ders.: Sämtliche Werke und Briefe. Historisch-kritische-Ausgabe. Bd. 2.2: Gedichte 1807–1813, hg. v. Michael Grus. Stuttgart 2019, S. 21–24, hier S. 21.
56 Brentano: Am Rheine schweb ich her und hin, S. 21.
57 Brentano: Am Rheine schweb ich her und hin, S. 21 f.

Das Sterben beginnt zunächst schleichend, indem der akustisch eng mit dem „[B]lümlein" (V. 27/30) verbundene „Frühling" (V. 29/34) auf propositionaler Ebene in einem „Liebeskelch" (V. 33) versinkt, dessen heller Ton die gesamte vorletzte Strophe samt Reim durchzieht und das ersehnte „[U]mdüften" über eine minimale klangliche Transformation im Wortsinne „[v]ergifte[t]" (V. 35). Der olfaktorische Reiz wird dadurch in ein süßes Todesversprechen verwandelt, das der sich verlässlich schließende Kelch der letzten Strophe („Wie Blumen abends tun", V. 38) besiegelt. Hier will das lyrische Ich dann, selbst in stetem Sinken begriffen, seine „letzte Ruh" (V. 39) finden, was dank der abenteuerlichen *figura etymologica* (‚die Ruhe ruhen') auch gelingt: Zu den „Füßen" von Blume und Text vergeht das Sänger-Ich im finalen „[R]uhn" (V. 40), und seine Stimme verklingt in dessen sonorem Schlusslaut.

Wie ernst es Brentano mit diesem tödlichen Ende gewesen ist, zeigt ein Blick in die zweite Fassung des Textes aus demselben Jahr mit ihrer zusätzlichen Schlussstrophe, die im narrativen Modus und mit ausgeprägter Lakonie das gesamte Gedicht rückwirkend als Lied eines Rheinschiffers ausweist:

So sang zu einem schönen Kind
Ein Schiffer auf dem Rhein,
Da trieb ihn schnell der Wispelwind
Ins Bingerloch hinein.[58] 45

Das für Brentanos Lieder poetisch so ungemein belebende Sterben erscheint – dafür sind die letzten beiden Beispiele durchaus exemplarisch – vornehmlich in Gestalt des Liebestods, und es ist den Texten zumeist bereits vom ersten Vers an eingeschrieben, sodass das letale Finale tatsächlich den Charakter eines *telos* trägt.

Auf einmal tot: Eichendorff

Einen anderen Weg schlägt Joseph von Eichendorff ein, der unter den Romantikerinnen und Romantikern – neben der ebenfalls ausgeprägt mortalitätsaffinen Helmina von Chézy[59] – am exzessivsten mit dem Kurzschluss von Textende und Lebensende experimentiert hat. Den Liebestod mobilisiert er dabei seltener als Brentano. Vor allem aber synchronisiert er in der Regel nicht den gesamten Textverlauf mit einem Sterbeprozess, sondern er verschaltet dessen mediale Transitorik mit unterschiedlichen Bewegungssemantiken – dem Wandern, Reiten, Schiffen,

58 Brentano: Am Rheine schweb ich her und hin, S. 24.
59 Vgl. die obigen Ausführungen.

Fliegen, Streifen, Ziehen –, um sie erst in den letzten Versen ins Letale umschlagen zu lassen, und das zuweilen in einer überraschenden Wende. Das lässt sich auch in dem eingangs bereits anzitierten Gedicht beobachten, das sich durch den Erstveröffentlichungstitel *Lied*[60] als gattungsprogrammatischen Text lesbar macht:

Lied

In einem kühlen Grunde,
Da geht ein Mühlenrad,
Meine Liebste ist verschwunden,
Die dort gewohnet hat.

Sie hat mir Treu versprochen, 5
Gab mir ein'n Ring dabei,
Sie hat die Treu gebrochen,
Mein Ringlein sprang entzwei.

Ich möcht' als Spielmann reisen
Weit in die Welt hinaus, 10
Und singen meine Weisen,
Und gehn von Haus zu Haus.

Ich möcht' als Reiter fliegen
Wohl in die blut'ge Schlacht,
Um stille Feuer liegen 15
Im Feld bei dunkler Nacht.

Hör' ich das Mühlrad gehen,
Ich weiß nicht, was ich will,
Ich möcht' am liebsten sterben,
Da wär's auf einmal still.[61] 20

Die zyklische Bewegung des initialen „Mühlenrad[s]" (V. 2), die sich motivisch in den „Ring" (V. 6) der zweiten Strophe hinein verlängert, wird an deren Ende mit dem ‚Entzweispringen' abgebrochen und von einer gerichteten Dynamik abgelöst: „reisen [...] in die Welt" (V. 9 f.) – „fliegen [...] in die [...] Schlacht" (V. 13 f.), jeweils eingefasst in den Sprechakt des Wunsches. Nun treten Wünsche, dem Märchenprotokoll folgend, stets als dreifache auf, und der Aufbau des Lieds schürt diese Erwartung zusätzlich durch die parallel gebauten Eingangsverse „Ich möcht' als Spielmann rei-

60 Im Erstdruck ist der Text mit dem Verfassernamen Florens versehen. Vgl. Joseph von Eichendorff: Lied. In: Deutscher Dichterwald. Hg. v. Justinus Kerner/Friedrich Baron de La Motte Fouqué/Ludwig Uhland. Tübingen 1813, S. 40.
61 Eichendorff: Lied, S. 84.

sen" (V. 9) in der dritten Strophe und „Ich möcht' als Reiter fliegen" (V. 13) in der vierten, was eine entsprechende Fortsetzung in der Schlussstrophe nachgerade einfordert. Dass just dies nicht passiert, sondern mit dem plötzlich wieder hörbaren ‚Gehen' des Mühlenrads die vektorierte Bewegung erneut zyklisch geschlossen und damit auch dem Wünschen jedes Ziel genommen wird („Ich weiß nicht, was ich will", V. 18), erzeugt einen energetischen Stau, der sich in den beiden Schlussversen entlädt und dem letalen Finale eine besondere Wucht verleiht: Ausgerechnet im kompositorisch ersehnten dritten „Ich möcht'" (V. 18) artikuliert sich der Sterbewunsch des lyrischen Ichs, der ebenso unerwartet in den Text einbricht wie dessen performative Umsetzung im plötzlichen Verstummen des Lieds unmittelbar darauf: „Da wär's auf einmal still" (V. 20). Gegen die hörbare Endgültigkeit dieser Grabesstille kann die konjunktivische Einfassung des letzten Verses nicht antrösten, zumal die mortale Codierung der Stille auf die vorangegangenen Verse zurückwirkt. Nicht nur schreibt sie sich in die vermeintliche Soldatenromantik der vierten Strophe ein und nährt den Verdacht, um die „stille[n] Feuer" würden nach „blut'ge[r] Schlacht" womöglich doch *tote* Reiter „liegen" (V. 14 f.), sondern im Lichte des final verstummenden „Mühlrad[s]" (V. 17) gewinnt auch der „kühle[] Grund[]" (V. 1), in dem es sich anfangs dreht, morbide Züge. Die zwischenzeitliche Vorwärtsbewegung des Lieds wird hier zirkulär geschlossen, sodass man tatsächlich von einem Moment der Unendlichkeit sprechen kann, der allerdings im Zeichen des Todes steht und seine kompositorische Dynamik erst vom letalen Ende her bezieht.

Analog verfährt Eichendorff in seinem *Trinklied*, dessen gattungsprogrammatischer Titel nichts weniger erwarten lässt als den Tod und das mit den vermeintlich heiteren Versen einsetzt:

> Was klingt mir so heiter
> Durch Busen und Sinn,
> Zu Wolken und weiter,
> Wo trägt es mich hin?[62]

Im Folgenden treten dem lyrischen Ich die Götterfiguren Bacchus und Venus vor Augen, deren Putti ein ritterliches Gartenfest ausrichten, auf dem ein mohn- und lilienbekränzter Jüngling erscheint. Er trägt eine Fackel, die er „plötzlich" (V. 65) umkehrt, woraufhin die Welt des Festes schweigend versinkt und sich ihre „Blumen" zu „Sternen" wandeln, die „oben [...] kühl [...] funkeln" (V. 71–73). Das Lied endet mit der doppelten Apostrophe:

62 Joseph von Eichendorff: Trinklied. In: ders.: Sämtliche Gedichte. Versepen, hg. v. Hartwig Schultz. Frankfurt a. M. 2006, S. 195–196, hier S. 195.

O Jüngling vom Himmel,
Wie bist du so schön!
Ich laß das Gewimmel, 75
Mit dir will ich gehen!

Was will ich noch hoffen?
Hinauf, ach hinauf
Der Himmel ist offen,
Nimm, Vater, mich auf![63] 80

Und von diesem finalen Todeswunsch her erscheint der anfängliche Klang, der das lyrische Ich „[z]u Wolken und weiter" (V. 3) trägt, bereits als Fingerzeig des Endes von Lied und Leben.

Tatsächlich markieren viele der tödlichen Schlüsse von Eichendorffs Liedern das Ende einer Bewegung in die Weite, die häufig durch ein imperativisches „weiter" über eine virtuelle Grenze hinausgetrieben wird. So endet *Die Stille* mit den irenischen Versen: „Ich wünscht', ich wäre ein Vögelein / Und zöge über das Meer, / Wohl über das Meer und weiter, / Bis daß ich im Himmel wär'!",[64] was im *Soldatenlied* kriegerisch gewendet wird: „Wie wird es da vorne so heiter, / Wie sprühet der Morgenwind, / In den Sieg, in den Tod und weiter / Bis daß wir im Himmel sind!"[65]

Das Lied *Im Abendrot* spielt das in Form des Wanderns durch und lässt das tödliche Finale dabei – orthographisch unterstützt durch den Gedankenstrich vor Beginn des Schlussverses – einmal mehr mit einer gewissen Unvermitteltheit einsetzen:

O weiter, stiller Friede!
So tief im Abendrot
Wie sind wir wandermüde – 5
Ist das etwa der Tod?[66]

Selten finden Leben und Text indes ein derart abruptes Ende wie im metapoetischen *Frühling* („Und wenn die Lerche hell anstimmt"), der den Fliegenden mit den Versen verabschiedet:

63 Eichendorff: Trinklied, S. 198.

64 Joseph von Eichendorff: Die Stille. In: ders.: Sämtliche Gedichte. Versepen, hg. v. Hartwig Schultz. Frankfurt a. M. 2006, S. 163.

65 Joseph von Eichendorff: Soldatenlied. In: ders.: Sämtliche Gedichte. Versepen, hg. v. Hartwig Schultz. Frankfurt a. M. 2006, S. 188–189, hier S. 189.

66 Joseph von Eichendorff: Im Abendrot. In: ders.: Sämtliche Gedichte. Versepen, hg. v. Hartwig Schultz. Frankfurt a. M. 2006, S. 371–372, hier S. 372.

Den Himmel dann, das blaue Meer
Der Sehnsucht grüßt er treu, 10
Da stammen Lied' und Sänger her
Und spüren's immer neu.

Die dunklen Gründe säuseln kaum,
Sie schau'n so fremd herauf,
Tiefschauernd fühlt' er, 's war ein Traum – 15
Und wacht im Himmel auf.[67]

Umso häufiger tritt das hier angedeutete Motiv der Heimkehr als Dynamisierungsmoment der Bewegung in den Tod auf, dem schließlich auch die Schlussverse der berühmten *Mondnacht* ihren todessehnsüchtigen Unterton verdanken: „Und meine Seele spannte / Weit ihre Flügel aus, / Flog durch die stillen Lande, / Als flöge sie nach Haus."[68] Besonders eindrücklich hat Eichendorff dieses Motiv im Lied *Winter* ausgestaltet, das sich als transformierte Fortschreibung von „In einem kühlen Grunde" liest und von den Strophen eingefasst wird:

Wie von Nacht verhangen,
Wußt' nicht, was ich will,
Schon so lange, lange
War ich totenstill.
[...]
Nun so trag' mich weiter,
Wo das Wünschen aus –
Wie wird mir so heiter,
Roß, bring mich nach Haus![69]

Der Sterbefigur der Heimkehr – sei es mit, sei es ohne den „Himmel" als explizitem Endpunkt – mag etwas Tröstliches eignen, doch einen teleologischen Charakter gewinnt das finale Sterben in Eichendorffs Liedern dadurch nicht. Zu dominant ist das Überraschungsmoment der finalen Wendungen ins Letale, zu ungerichtet sind die vagantischen Wander-, Flug- und Zugwege der Texte und zu sehr bestimmt der Antrieb des (immer) „Weiter" die todes-sehnsüchtige Textbewegung, den der Dichter nutzt, um forciert die Grenzen und Möglichkeiten einer tödlichen Schließung

67 Joseph von Eichendorff: Frühling. In: ders.: Sämtliche Gedichte. Versepen, hg. v. Hartwig Schultz. Frankfurt a. M. 2006, S. 377.
68 Joseph von Eichendorff: Mondnacht. In: ders.: Sämtliche Gedichte. Versepen, hg. v. Hartwig Schultz. Frankfurt a. M. 2006, S. 322–323, hier S. 323.
69 Joseph von Eichendorff: Winter. In: ders.: Sämtliche Gedichte. Versepen, hg. v. Hartwig Schultz. Frankfurt a. M. 2006, S. 233–234, hier S. 233 f.

auszuloten und dabei die (Fort-)Existenz von Lied und Stimme ebenso ins Spiel zu bringen wie sie aufs Spiel zu setzen.

Koda: Das Ende vom Lied

Die Synchronisation von Text- und Lebensende im Ereignisraum des Lieds hat – so viel lässt sich nach diesem kursorischen Durchlauf festhalten – erstaunliche Produktivkräfte freigesetzt, deren kompositorische Realisierungen von einer ebenso bemerkenswerten individual-poetischen Prägung zeugen. Die werkgeschichtliche Trag- und poetikgeschichtliche Reichweite dieser Gestaltungsstrategien des letalen Finales haben im Rahmen dieses Beitrags freilich nicht ansatzweise ausgelotet werden können. Auch muss offenbleiben, ob die merkliche Tendenz der tödlichen Schlüsse zur metapoetischen Reflexion tatsächlich auf einen ursächlichen Zusammenhang hindeutet, also unmittelbar aus dem drohenden Durchschlag des Sterbens auf die lyrische Stimme und damit den *discours* resultiert, oder ob sie sich aus allgemeineren gattungspoetischen Dynamiken herschreibt. Dass die Faszination für das finale Sterben selbst eine Epochensignatur besitzt, scheint mir angesichts der skizzierten Fülle und Vielfalt entsprechender Enden in der romantischen Lieddichtung offenkundig zu sein, wenngleich sich das Ende der Todespassion lyrikgeschichtlich nicht leicht bestimmen lässt.

Heinrich Heine jedenfalls arbeitet noch mit dieser Finalisierungsstrategie, um sie allerdings – in Fortschreibung der Eichendorff'schen Überraschungspoetik – auf die ironische Spitze zu treiben, wenn er etwa im dritten Stück der *Heimkehr* aus dem *Buch der Lieder* („Mein Herz, mein Herz ist traurig") die friedvoll-frühlingshafte Szenerie im letzten Vers abrupt in ihr Gegenteil umschlagen lässt, wo es über den „rotgeröckte[n] Bursche[n]" vor dem Wachhäuschen heißt:

> Er spielt mit seiner Flinte,
> Die funkelt im Sonnenrot,
> Er präsentiert und schultert –
> Ich wollt, er schösse mich tot.[70]

Und im Finale des LXIII. Stücks („Wer zum erstenmale liebt") verzichtet der Dichter sogar gänzlich auf jede konjunktivische Einhegung oder temporale Verschiebung des Sterbens und formuliert durchschlagend präsentisch:

---

70 Heinrich Heine: Mein Herz, mein Herz ist traurig. In: ders.: Historisch-kritische Gesamtausgabe der Werke in sechzehn Bänden. Bd. 1.1: Buch der Lieder, hg. v. Manfred Windfuhr. Hamburg 1975, S. 209–210.

> Ich, ein solcher Narr, ich liebe
> Wieder ohne Gegenliebe!
> Sonne, Mond und Sterne lachen,
> Und ich lache mit – und sterbe.[71]

Auch der lange als „Weltschmerz"-Dichter[72] rubrizierte Nikolaus Lenau greift zumindest in seiner ersten Gedichtsammlung von 1832 noch beidhändig auf mortale Schließungsfiguren zurück,[73] im Lied *Herbstgefühl* etwa. Diesen hinreißenden Beitrag zum Segment schlechtgelaunter Literatur hat Lenau erstmals im November 1831 in einem sehr persönlichen Brief an Justinus Kerner niedergelegt, und zwar versehen mit einem lakonischen Nachsatz, der einen letzten wichtigen Fingerzeig auf den romantischen Faszinationskomplex des letalen Finales gibt. „Mir ist," so leitet Lenau seine Verse ein, „als wäre etwas in mir gerissen, zerschnitten. Hilf, Kerner! Hier erhalten Sie ein Herbstblatt, das meinem Herzen entfallen ist."[74] Das anschließende Lied endet mit den Strophen:

> An den Bäumen, welk und matt,
> Schwebt des Laubes lezte [sic] Neige; 10
> Niedertaumelt Blatt für Blatt,
> Und verhüllt die Waldessteige;
>
> Immer dichter fällt es, will
> Mir den Reisepfad verderben,
> Daß ich lieber halte still, 15
> Gleich am Orte hier zu sterben.

Und wenn Lenau diesen Schluss brieflich mit den Worten kommentiert: „Ja, sterben ist das Ende vom Lied",[75] dann wendet er sich nicht allein selbstironisch gegen die eigene Komposition. Vielmehr nimmt er eine Redewendung beim Wort,

71 Heinrich Heine: Wer zum erstenmale liebt. In: ders.: Historisch-kritische Gesamtausgabe der Werke in sechzehn Bänden. Bd. 1.1: Buch der Lieder, hg. v. Manfred Windfuhr. Hamburg 1975, S. 275.

72 Vgl. exemplarisch: Herbert Zeman: Nikolaus Lenau und der europäische Weltschmerz. Wien 1997; Wynfrid Kriegleder: Weltschmerz und Romantik in Österreich. In: Lenau-Jahrbuch 23 (1997), S. 45–57.

73 Vgl. Nikolaus Lenau: Gedichte. Stuttgart/Tübingen 1832.

74 Nikolaus Lenau: An Justinus Kerner v. 15. Nov. 1831. In: ders.: Werke und Briefe. Historisch-kritische Gesamtausgabe. Bd. 5.2: Briefe 1812–1837. Text, hg. v. Hartmut Sterinecke. Wien 1989, S. 121–124, hier S. 123. Auf diese Briefstelle hat mich Jana Mende hingewiesen, der ich dafür herzlichst danke.

75 Lenau: An Justinus Kerner, S. 123.

die im Deutschen seit der Frühen Neuzeit den unerfreulichen Ausgang eines Geschehens oder einer Unternehmung bezeichnet[76] und sich eben dem traurigen Ende alter Lieder verdankt[77] – jener Dichtung also, die dank ihrer Popularisierung um 1800 als „Volkslieder“ (Traditions-)Geschichte geschrieben haben.

In der romantischen Passion für das letale Finale kommt das sprichwörtliche ‚Ende vom Lied‘ also tatsächlich zu sich selbst und verleiht im Gegenzug den ausgefeilt schlichten Kompositionen eines Brentano oder Eichendorff jene Patina des Eigentlichen, die ihr Überleben bis heute sichert – obwohl oder womöglich gerade weil die lyrische Stimme dabei stets auf der Grenze des eigenen (Über-)Lebens balanciert.

---

76 Die Belegstellen im *DWDS* reichen bis ins sechszehnte Jahrhundert zurück, nehmen mit dem ausgehenden achtzehnten Jahrhundert aber merklich zu. Vgl. die Korpustreffer für „Ende vom Lied“ aus dem aggregierten Referenz- und Zeitungskorpus des *Digitalen Wörterbuchs der deutschen Sprache.* https://www.dwds.de/r/?q=Ende+vom+Lied&corpus=public&date-start=1465&date-end=2018&genre=Belletristik&genre=Wissenschaft&genre=Gebrauchsliteratur&genre=Zeitung&format=full&sort=date_asc&limit=50, (letzter Zugriff: 04.06.2022).

77 Vgl. Lutz Röhrich: Lied. In: ders.: Lexikon der sprichwörtlichen Redensarten. Bd. 3. 3. Aufl. Freiburg/Basel/Wien 1982, S. 601.

Jana Schuster

Grenzen des Himmels, Ende der Schau

All, Äther und Atmosphäre um 1800, bei Jean Paul und bei Stifter

Im Dunkeln sehen: Anschauung des Alls um 1800

Caelorum perrupit claustras, er hat die Schranken der Himmel durchbrochen – so lautet der Grabspruch des 1822 verstorbenen deutsch-britischen Astronomen Wilhelm/William Herschel, der 1781 mit einem selbstgefertigten Spiegelteleskop den Uranus entdeckt und das bekannte Sonnensystem damit um das Doppelte vergrößert hatte. Auch einige der seinerzeit vieldiskutierten Phänomene kosmischen Nebels konnte der von Herder als zweiter „Prometheus" gefeierte Herschel[1] optisch zu Einzelsternen auflösen. Für die Schau der Himmelskörper auch im nachkopernikanischen All durfte demnach gelten, was Lukrez schon für den gleichfalls dezentralen, isotropen Weltraum der Vorsokratiker konstatiert hatte: „nulla est finis".[2]

Für Alexander von Humboldt, der das Epitaph 1845 im ersten *Kosmos*-Band zitiert,[3] verbindet sich mit dieser teleskopischen Erweiterung der „Weltanschauung" – bei Humboldt konkretes Privileg und Gebot des Auges[4] – das Versprechen, der menschliche Sehsinn könne sukzessive auch den unendlichen Weltraum durchmessen.[5] In äußerster Spannung bleibt Humboldts Grenzerweiterungspathos dabei an die Rahmensetzung der antiken *theoría tou kosmou*, der Schau der

1 Johann Gottfried Herder: Adrastea. Dritter Band. Sechstes Stück. 1802. In: ders.: Werke in zehn Bänden, hg. v. Martin Bollacher u.a., Bd. 10: Adrastea, hg. v. Günter Arnold. Frankfurt a. M. 2000, S. 477–569, hier S. 511.

2 Titus Lucretius Carus: De rerum natura. Welt aus Atomen. Lateinisch/Deutsch, hg. v. Karl Büchner. Stuttgart 2015, S. 160.

3 Alexander von Humboldt: Kosmos. Entwurf einer physischen Weltbeschreibung. Bd. 1. Stuttgart/Tübingen 1845, S. 91.

4 „Das Auge ist das Organ der Weltanschauung. Die Erfindung des telescopischen Sehens hat seit drittehalb Jahrhunderten den späteren Generationen eine Macht verliehen, deren Grenze noch nicht erreicht ist." Humboldt: Kosmos, Bd. 1, S. 86.

5 Das Teleskop kompensiert somit den „Bruch" der neuzeitlichen Kosmologie „mit dem Sichtbarkeitspostulat" der traditionellen Astronomie, bestätigt aber mit jedem Vorstoß in zuvor unsichtbare Dimensionen nur den prinzipiell uneinholbaren „Rückstand der Sichtbarkeit gegenüber der Wirklichkeit". Hans Blumenberg: Die Genesis der kopernikanischen Welt. Frankfurt a. M. 1981 [1975], S. 722.

https://doi.org/10.1515/9783111426129-003

Natur als ein Ganzes,[6] gebunden, die dem *Entwurf einer physischen Weltbeschreibung* mit der „Würde des großartigen Wortes Kosmos"[7] noch ein letztes Mal die alte Leitvorstellung einer schönen Wohlordnung des großen Ganzen vorgibt. Tatsächlich postuliert Humboldt mit dem Begriff des ‚Kosmos' genau die Anschaulichkeit und Begrenztheit einer ‚schönen Ordnung', die dem ins End- und Konturlose sich entziehenden neuzeitlichen All gerade fehlen. In der neuzeitlichen Kosmologie wie in den von dieser gespeisten Imaginarien kosmischer Räume geht es mithin um die Bedingungsmöglichkeiten einer nunmehr auch von *curiositas* getriebenen *contemplatio coeli stellati* in der Konfrontation mit einem Universum, dessen unermessliche Dimensionen nur zum allergeringsten Teil von Leuchtkörpern markiert werden.

Es war Giordano Bruno gewesen, der gegen Ende des 16. Jahrhunderts das bei Kopernikus noch auf die eine Sonne zentrierte, geschlossene und endliche Universum radikal entgrenzt und dezentriert, im eigenen Selbstverständnis mithin „die Mauern des endlichen Kosmos aufgebrochen" hatte.[8] Theologisch hochproblematisch hatte er auf den Weltraum zugleich das Gottesattribut des Infiniten übertragen[9] und mit der „Vergöttlichung des Raumes" auch einer „Verräumlichung Gottes"[10] Vorschub geleistet. In der Konsequenz dehnte sich nicht nur der Anspruch der altehrwürdigen Himmelsschau auf den unendlichen Raum aus; entlang der topischen Verortung des Transzendenten im Himmel wurde dem mit göttlichen Attributen investierten neuzeitlichen All zudem angetragen, auf der medialen Folie endlos ver-

---

6 Siehe hierzu Joachim Ritter: Landschaft. Zur Funktion des Ästhetischen in der modernen Gesellschaft. In: ders.: Subjektivität. Sechs Aufsätze. Frankfurt a. M. 1974, S. 141–163, hier S. 153.

7 Sein Unternehmen beschreibt Humboldt als den Versuch, „das All (τὸ πᾶν) zu umfassen und zu beschreiben, wie es die Würde des großartigen Wortes Kosmos, als Universum, als Weltordnung, als Schmuck des Geordneten, erheischt". Humboldt: Kosmos, Bd. 1, S. 80.

8 Blumenberg: Die Genesis der kopernikanischen Welt, S. 448.

9 So programmatisch schon im Titel der Schrift *De l'infinito, universo e mondi* von 1584. Zur neuzeitlichen „Infinitisierung des Universums" und der drohenden Absorption der Überweltlichkeit Gottes durch den unendlichen Raum siehe Alexandre Koyré: Von der geschlossenen Welt zum unendlichen Universum. Übersetzt von Rolf Dornbacher. Frankfurt a. M. [3]2017 [engl. 1957], hier S. 8. Cusanus vor Bruno und Newton nach ihm hielten demgegenüber an dem Begriff des ‚unermesslichen' Raumes *(immensum)* fest, um das *infinitum* allein Gott vorzubehalten. Siehe ebd., S. 95–102. Als Gottesattribut hatte sich die Unendlichkeit unter dem Einfluss Plotins in der Negativen Theologie der Spätantike durchgesetzt. Zu den lastenden „Paradoxien", die das Unendlichkeitsattribut in der Theologie schon des Mittelalters und, nach Brunos Transfer in die Kosmologie, noch für Newton und dessen Konzeption des absoluten Raumes verursachte, siehe Hans Blumenberg: Die Legitimität der Neuzeit. Erneuerte Ausg. Frankfurt a. M. 1996, S. 87–98, hier S. 89.

10 Albrecht Koschorke: Die Geschichte des Horizonts. Grenze und Grenzüberschreitung in literarischen Landschaftsbildern. Frankfurt a. M. 1990, S. 36.

vielfältigter Welten- und Sternenräume auch einen Vorschein der seligen Gottesschau, der *visio Dei beatifica*, aufleuchten zu lassen. In diesem Sinn erhebt Friedrich Schleiermacher 1799 im Kontext der Bruno- und Spinoza-Rezeption um 1800[11] und unter bewusstem Verzicht auf einen personalen Gottesbegriff das „Anschauen des Universums“ als der Gesamtheit gesetzmäßig wirkender Kräfte zur „allgemeinste[n] und höchste[n] Formel der Religion“: Zeichne diese sich durch „Sinn und Geschmack für das Unendliche“ aus, so ermögliche das All ein „staunendes Anschauen des Unendlichen“ aus dem „Innern des Gemüths“ heraus.[12] Die Aporien dieses Begehrens nach ästhetischer Vermittlung des Unendlichen fordern, mit der konsequenten Durchsetzung der kopernikanischen Wende im 18. Jahrhundert, auch die Dichtung neu heraus. Im Zentrum der kosmopoetischen Imaginationen steht dabei das unvermittelte Widerspiel von Licht und Dunkel bzw., physikalisch gewendet, die Unsichtbarkeit des Lichts im All: Während sich das Sternenlicht im Anschluss an lichtmetaphysische Vorstellungen als Abglanz transzendenter göttlicher Herrlichkeit begreifen lässt, wird das absolute Dunkel des Raums als anästhetische Leere erlebt, die nur im Absehen von der konkreten Anmutung des ‚Nichts‘, im dialektischen Umschlag zu einer gesteigerten mystischen Erfahrung von Präsenz umgedeutet werden kann.[13] In unvermitteltem Kontrast stehen einander diese Extreme bei Novalis gegenüber, der 1799 im *Allgemeinen Brouillon* „Licht“ als „die Action des Weltalls“ und „das Auge“ (wie später Humboldt) als vorzüglichen „Sinn für das Weltall“ statuiert, dessen „Religion“ nun einmal der „Sonnendienst“ sei.[14] In mystischer Verinnerli-

---

11 Die 1789 von Jacobi im Kontext seiner Spinoza-Kritik veröffentlichte Auswahl von Passagen aus Brunos Dialog *De la causa, principio et uno* (dt. *Von der Ursache, dem Anfang und dem Einen*) wurde, gegen Jacobis Absichten, „zu einem der einflußreichsten Texte des deutschen Idealismus“, der letztlich unter dem „Patronat Brunos“ stehen sollte. Blumenberg: Die Genesis der kopernikanischen Welt, S. 443, 450. 1802 erschien Schellings Dialog *Bruno oder über das göttliche und natürliche Princip der Dinge*, der die Philosophie des Nolaners neuplatonisch interpretiert.

12 Friedrich Schleiermacher: Über die Religion. Reden an die Gebildeten unter ihren Verächtern. Hg. v. Günter Meckenstock. Berlin/New York 1999, S. 81, 80, 68, 101.

13 Namentlich der spätantike Kirchenvater Gregor von Nyssa hatte gegen die platonische Hochschätzung des Lichts und des Gesichtssinns für eine eigene, mystische Erfahrung der Dunkelheit als unsichtbarer göttlicher Präsenz plädiert. Im Sinne der schlechthinnigen Unerkennbarkeit Gottes verfocht er zugleich die Einführung des Unendlichkeitsattributs in die Theologie.

14 Novalis: Werke, Tagebücher und Briefe Friedrich von Hardenbergs. Bd. 2: Das philosophisch-theoretische Werk, hg. v. Hans-Joachim Mähl. Darmstadt 1999, S. 698, 408. In dem „Leben der Planeten“ „in abwechselnder Erleuchtung und Verdunklung“ durch die Sonne in deren Zentrum sieht Novalis den „Sonnendienst“ modelliert, den die „uralte Kindliche Religion der Parsen“ als wahre „Religion des Weltalls“ entwickelt habe. Ebd., S. 408.

chung rühmt dagegen die erste der *Hymnen an die Nacht* von 1800 die „unendlichen Augen“, welche „die Nacht“, das Dunkel, „in uns geöffnet“.[15]

Klopstock hatte sich zur Nobilitierung des Dunkels auf die paulinische Eschatologie berufen: Seine Oden, die im Religiösen den „Schauplatz des Erhabnen“[16] und dessen anschauliches Korrelat im bestirnten All finden, begreifen im Sinne von 1 Kor 13,12 die „Nacht der Welten“[17] als dunklen Spiegel des Ewigen, der sich postmortal lichten und ein ungetrübtes „Anschaun Gottes“[18] eröffnen werde. Im Ersten Gesang des *Messias* kreist die sinnlich-abstrakte Darstellung der interplanetaren Räume, auf welche die christliche Heilsgeschichte von Klopstock hier ausgedehnt wird, um das zentrale Geheimnis göttlichen Lichts: Das grenzenlose All ist Schauplatz einer *visio Dei*, die den Seraphim (hebr. „die Glühenden“), den vom göttlichen Leuchten selbst Affizierten, vorbehalten bleibt – an der die ‚heilige Poesie‘ aber ihren konstruktiven Anteil hat.

Die frühaufklärerischen Versuche, die Unendlichkeit des neuzeitlichen Weltraums und die anikonische Unanschaulichkeit des entsprechenden Weltbilds in einen philosophisch-poetischen Diskurs menschlicher Selbstverständigung und -verortung zu integrieren, zeugen demgegenüber von ungleich höherer Verunsicherung: Extrem heikel setzt die physikotheologische Entzifferung des *mundus sensibilis* in Barthold Heinrich Brockes' *Irdischem Vergnügen in Gott* 1721 just mit dem Ausfall des menschlichen ‚Gesichts‘ im Dunkel des Alls ein. Während Titel und alttestamentliches Motto des gleichnamigen Gedichts das ‚Firmament‘, mithin den antiken Fixsternhimmel, als sinnliche Manifestation göttlicher „Herrlichkeit“ beschwören, sieht sich das Ich unter der niederschlagenden Gewalt des abgründigen dunklen Raums akut vom Selbstverlust bedroht; es muss sich mit den Paradoxa der Negativen Theologie und der cusanischen Koinzidenzlehre behelfen, um, gegen den Augenschein, in der „unmäßig-tieffen Höle“ des Alls das ideelle „Bild“ göttlicher „Ewigkeiten“, in der „ungeheure[n] Gruft“ des leeren Raums die Fülle „unsichtbaren Lichts“ zu ent-

15 Novalis: Hymnen an die Nacht. In: ders.: Werke, Bd. 1: Das dichterische Werk, hg. v. Richard Samuel. Darmstadt 1999, S. 147–177, hier S. 151 *(Athenäum)*. Vgl. die vielzitierte Passage aus dem von Hemsterhuis inspirierten 16. *Blüthenstaub*-Fragment: „Wir träumen von Reisen durch das Weltall: ist denn das Weltall nicht in uns? Die Tiefen unsers Geistes kennen wir nicht. – Nach Innen geht der geheimnisvolle Weg.“ Novalis: Werke, Bd. 2, S. 233.

16 Friedrich Gottlieb Klopstock: Von der heiligen Poesie. In: ders.: Der Messias. Gesang I–III. Text des Erstdrucks von 1748. Studienausgabe. Hg. v. Elisabeth Höpker-Herberg. Bibliograph. erg. Ausg., Stuttgart 2000, S. 114–127, hier S. 117.

17 Friedrich Gottlieb Klopstock: Ode über die Allgegenwart Gottes (1758). In: ders.: Oden. Hg. v. Horst Gronemeyer/Klaus Hurlebusch. Berlin/New York 2010, Bd. 1, S. 144–157, hier S. 150 f.

18 Friedrich Gottlieb Klopstock: Das Anschaun Gottes (1759). In: ders.: Oden, Bd. 1, S. 160–168, hier S. 162.

decken bzw. vielmehr zu postulieren und der behaupteten ‚Allgegenwart' Gottes auch die eigene Existenz anheimzustellen.[19]

Dieses Problem der Selbstverortung verschärft sich noch, wenn – wie in Hallers *Unvollkommenem Gedicht über die Ewigkeit* von 1743 – das All auch konsequent verzeitlicht wird: Insofern hier noch der „Sternen stille Majestät" im Rauch kosmischer Vergänglichkeit aufgeht,[20] muss jede ästhetische Himmelsschau im Zeichen des Erhabenen und Schönen als nichtig erscheinen. Kants enthusiastisches Lob Hallers in der *Allgemeinen Naturgeschichte und Theorie des Himmels* von 1755 unterschlägt, dass dessen ‚unvollkommene', resignative Ode auch im Rekurs auf Mathematik und Theologie zu keinem „*positiven* Begriff der Unendlichkeit"[21] gelangen kann. Diesseits von Schleiermachers religiöser Schau des Universums als ultimativer Folie des Göttlich-Unendlichen wird auch in der Romantik für den entgrenzten, verzeitlichten Weltraum um einen solchen positiven Unendlichkeitsbegriff und vor allem um dessen sinnliche Vermittlung in ästhetischer Anschaulichkeit gerungen. Wo die Imagination angesichts eines radikal unanschaulichen Unermesslichen an ihre Grenzen stößt, sieht sich auch romantische Unendlichkeitsemphase auf die Probe gestellt.

---

19 Hrn. B. H. Brockes, Lt. Com. Palat. Cæs. und Rahts-Herrn der Stadt Hamburg, Irdisches Vergnügen in Gott, bestehend in Physicalisch- und Moralischen Gedichten Erster Theil [...]. Fünfte neu-übers. und verb. Aufl., Hamburg 1732, S. 3. In Problemstellung und Lösungsoption steht Brockes' *Firmament* damit in Kontinuität zum Nachvollzug der kopernikanischen Wende in der frühneuzeitlichen Mystik, so prominent in Jacob Böhmes *Morgen-Röte im Aufgangk* von 1612, deren 19. Kapitel den Durchbruch zur bedrohten Gottes- und Heilsgewissheit just über den Anfechtungen im Anschauen der „grosse[n] Tieffe" des Alls schildert. Jacob Böhme: Morgen-Röte im Aufgangk. In: ders.: Werke, hg. v. Ferdinand van Ingen. Frankfurt a. M. 1997, S. 9–506, hier S. 335. Gerade die Unanschaulichkeit des neuzeitlichen Universums provoziert bei Böhme also die mystische Schau ‚im Geiste' als radikale „Inversion". Siehe hierzu Michael Neumann: „Wunder und Wercke des Herren". Innovation und Vermittlung im mystischen Wissen vom Himmel. In: Dynamische Figuren. Gestalten der Zeit im Barock. Hg. v. Joel B. Lande/Rudolf Schlögl/Robert Suter. Freiburg i.Br./Berlin/Wien 2013, S. 273–298, hier S. 285. Auf der „Durchschaulich-heit der sichtbaren Weldt" auch im All insistiert dagegen der frühe Böhme-Biograph und -Herausgeber Abraham von Franckenberg, der durch das teleskopische „Fern-gesicht" (und auf Basis der referierten Schriften Brunos) auch die „bißanhero versigelte Pforte zu der Gestirneten Tieffe" neu „auffgeschlossen" sieht und die Sternenschau – darin wegweisend für Brockes und die Physikotheologie – „zu höherem Erkändnüß Gottes" neu legitimiert. Abraham von Franckenberg: Aufmunterung an die Schauer in den Wundern des Allerhöchsten [...]. In: ders.: Oculus Sidereus Oder/ Neu-eröffnetes Stern-licht und Fern-gesicht [...]. Danzig 1644, o.P. Siehe hierzu Neumann: Wunder, S. 287–298.

20 D. Albrechts von Haller, königl. Groß-Britannischen Hofraths [...] Versuch Schweizerischer Gedichte. Sechste, rechtm., verm. und veränd. Aufl., Göttingen 1751, S. 203–210, hier S. 206.

21 Hartmut Böhme, Gernot Böhme: Das Andere der Vernunft. Zur Entwicklung von Rationalitätsstrukturen am Beispiel Kants. Frankfurt a. M. 1985, S. 202 (Herv. i. O.).

In Auseinandersetzung mit dem physikalischen Wissen von der Ausbreitung des Lichts wird hier nun die Vorstellung eines unsichtbaren raumfüllenden Mediums relevant, wie es die zeitgenössische Astronomie für die Fortpflanzung des Lichts im Weltraum veranschlagt: Ein derart umfassendes Medium stiftet Kontinuität und Kontiguität, eröffnet Bezüge, impliziert Alleinheit.[22] Die poetische Einbildung empfiehlt sich, dieses latente Schlüsselmedium zu versichtbaren und damit sowohl die ansonsten unsichtbare energetische Fülle des vermeintlich leeren Raums als auch die Aufgehobenheit der kreatürlichen Existenz im unübersehbaren kosmischen Ganzen fiktional zu erweisen. Hier setzt Jean Pauls spätes Prosastück *Traum über das All* aus dem letzten, unvollendeten Roman *Der Komet* an, der 1822, im Sterbejahr Herschels drei Jahre vor Jean Pauls eigenem Tod, vorliegt. In dieser Traumerzählung, die von aktuellen Größenberechnungen der interstellaren Räume ihren Ausgang nimmt, zeigt sich das im All unsichtbare Licht dem Träumer in einer überwältigenden Vision, die unter anderem an Vorstellungen der spätantiken Gnosis anschließt. Von der Dynamik der progressiven Grenzerweiterung verlagert sich das Kernproblem kosmologischer Imagination damit auf das Medium, das den vermeintlich leeren Zwischenraum der Sterne erfüllen soll und unter dem Namen ‚Äther' (griech. „der Leuchtende, Brennende") als feinstoffliches Trägerelement schon bei Bruno Grundbedingung der Philobatie, der Lust an der Weite im heimlichen „Gefühl des Getragenseins", gewesen war.[23] Im Sinne des *Horror vacui*-Postulats rettete der spekulative Äther, den auch die Physik bis Einstein als hypothetisches Hintergrundmedium zur Ausbreitung des Lichts unterstellte, noch für die augenscheinliche Leere zwischen den Welten das neuplatonische Prinzip göttlicher Fülle[24] – und eben darum ist es auch Jean Paul zu tun: Der späte All-Traum im *Komet* trotzt den unermesslichen Räumen die visionäre Erscheinung des göttlichen Lichtäthers geradezu ab, nimmt diese ultimative Überspannung des visuellen Begehrens zuletzt aber in das kindliche Wonnegefühl liebevollen Angeblicktseins zurück und legt damit als Motivation noch der ekstatischen Vision das menschliche Bedürfnis nach dem bestätigenden Wechselblick frei.

Adalbert Stifter radikalisiert diesen Rückzug ins beschränkte menschliche Maß zu einer abgründigen Verunsicherung der All-Schau von deren physikalisch-optischen Möglichkeitsbedingungen her: Die Luftschifferin, die in seiner Erstlingsnovelle *Der Condor* von 1840 ohnmächtig aus der Schwellenzone zum All unter die dichte irdische Lufthülle zurückgebracht werden muss, hat – im Sinne

22 Vgl. Stefan Börnchen: „Alles ist eins". Romantische Metaphorologie des Mediums. Paderborn 2021.

23 Böhme/Böhme: Das Andere der Vernunft, S. 185.

24 Zu Äther und Licht siehe Gernot Böhme, Hartmut Böhme: Feuer, Wasser, Erde, Luft. Eine Kulturgeschichte der Elemente. 2. Aufl., München 2010, S. 143–163.

von Jean Pauls Giannozzo – den „Rausch des Äthers“ endgültig „ausgeschlafen“.[25] Macht Jean Paul das Infinitum des neuzeitlichen Weltenraums im spekulativen Medium des Äthers zum visionären Schauplatz einer göttlichen Lichtfülle, die den Schauenden heillos überfordert, so schreibt Stifter den in anderen Traumdichtungen Jean Pauls konzedierten kosmischen Nihilismus fort und definiert die Grenzen der sichtbaren Lichtausbreitung als unwiderrufliches Ende der *aisthesis* und des Ästhetischen. Die romantische Unendlichkeitssuggestion sieht sich damit nun auch optisch-konkret auf die tellurische Zone des Atmosphärischen verwiesen, deren Schleier tatsächlich nichts (mehr) hinter sich zu verbergen hat.

Allmedium Äther: Jean Pauls *Traum über das All*

Sowohl das Romantische wie das Erhabene sind bei Jean Paul jeweils durch ihr Verhältnis zur Unendlichkeit charakterisiert. Der 1812 in die zweite Auflage der *Vorschule der Ästhetik* neu eingefügte § 22 vom „Wesen der romantischen Dichtkunst“ definiert das „Romantische“ als „das Schöne ohne Begrenzung, oder das *schöne* Unendliche“.[26] Fließend sind damit die Grenzen zum Erhabenen, welches § 27 als das *„angewandte Unendliche“*,[27] der Aufsatz *Über die natürliche Magie der Einbildungskraft* im Anhang zum *Leben des Quintus Fixlein* von 1795 als das „angeschauete[ ] Unendliche“[28] bestimmt.

Der „wahrhaft romantisch-unendliche[ ] Stoff“ besteht für die *Vorschule* in dem „Verhältnis unserer dürftigen Endlichkeit zum Glanzsaale und Sternenhimmel der Unendlichkeit“.[29] Wie bei Brockes, Klopstock und Schleiermacher dient das Universum als äußerster Vorwurf zur Vorstellung göttlicher Unendlichkeit; die Metapher degradiert es hier aber zum Bildspender, an dem nun die romantische Sehnsucht in ihrer Eigendynamik profiliert wird: Als das „Ungeheuere und Unermeßliche“ – das *immensum* des kopernikanischen Weltraums ist hier semantisch zum *horrendum* eingefärbt – hat der „Himmel“ nach der christlichen ‚Vertil-

---

25 Jean Paul: Komischer Anhang zum Titan. II. Des Luftschiffers Giannozzo Seebuch. In: Sämtliche Werke, hg. v. Norbert Miller. Darmstadt 2000, Abt. I, Bd. 3: Titan. Komischer Anhang. Clavis Fichtiana, S. 925–1010, hier S. 961.

26 Jean Paul: Vorschule der Ästhetik. In: ders.: Sämtliche Werke. Abt. I, Bd. 5: Vorschule der Ästhetik. Levana. Politische Schriften, S. 7–456, hier S. 88 (Herv. i. O.).

27 Jean Paul: Vorschule, S. 106 (Herv. i. O.).

28 Jean Paul: Leben des Quintus Fixlein. In: ders.: Sämtliche Werke. Abt. I, Bd. 4: Kleinere Erzählungen. Schriften, S. 7–260, hier S. 201.

29 Jean Paul: Vorschule, S. 88.

gung' der Sinnenwelt „seine Tiefe" für eine „unendliche Sehnsucht" geöffnet,[30] welche sich das gottgleiche *infinito* des Bruno'schen Alls selbst zum dynamischen Seinsmodus angeeignet hat. Sofern nun als zugleich anthropologisches wie kosmologisches Grundprinzip „eine Harmonie zwischen Leib und Seele, Erden und Geistern zugelassen" sei, müsse „der geistige Gesetzgeber ebenso am Weltall sich offenbaren, als der Leib die Seele und sich zugleich ausspricht". Dem Universum darf demnach eine eigene „geistige Mimik"[31] unterstellt werden – und just um diese mimische Offenbarung dessen, was Jean Paul apersonal und abstrakt die „dynamische[] Fülle der Gottheit" nennt,[32] ist es dem späten *Traum über das All* zu tun.

Das Prosastück, das die *komische Geschichte* von Nikolaus Marggraf auf das kosmische Erhabene öffnet, findet sich als letzte der *ernsten Ausschweife für Leserinnen* im Anhang des 1820 veröffentlichten ersten von drei Bändchen. Nachdem sich „Dr. Jean Paul Fr. Richter"[33] in der Vorrede des Romans als ein Himmelskundiger vorgestellt hat, tritt in dem *Traum über das All* ein diegetisches Ich auf, das nach der Lektüre eines geognostischen Aufsatzes über die Frage der Leere oder Fülle des Alls sinniert: „Himmel! dacht' ich, welche Leerheit ertränkte das All, wenn nichts voll wäre als einige schimmernde verstäubte Stäubchen, die wir ein Planetensystem nennen."[34] Jean Pauls wortspielerische Ironie um das Paradox ertränkender (nicht etwa erstickender) Leere und ein längst nicht mehr nur als Himmel über der Erde apostrophierbares All[35] zielt auf die ‚ernste' kosmologisch-theologische Frage nach der Möglichkeit eines Vakuums, wie es gegen den vorsokratischen Atomismus schon die aristotelische Naturphilosophie und später das scholastische *horror vacui*-Postulat als gottesunwürdige Nichtigung des Raums verworfen hatten. Auf der ironisch ausgestellten Absurdität unermesslicher Leere beharrt auch der Ich-Erzähler bei Jean Paul noch für ein Universum, in dem „nach Herschel"[36] räumliche Distanzen zugleich zeitliche Differenzen für

30 Jean Paul: Vorschule, S. 93.

31 Jean Paul: Vorschule, S. 97.

32 Jean Paul: Vorschule, S. 106.

33 Jean Paul: Der Komet oder Nikolaus Marggraf. Eine komische Geschichte. In: ders.: Sämtliche Werke. Abt. I, Bd. 6: Späte Erzählungen. Schriften, S. 563–1036, hier S. 573.

34 Jean Paul: Der Komet, S. 682.

35 Nach dem *Deutschen Wörterbuch* ist „himmel von der wurzel *ham* decken ausgehend […] und hat die eigentliche bedeutung einer decke oder eines daches der erde". Deutsches Wörterbuch von Jacob Grimm und Wilhelm Grimm. Bd. 10, Sp. 1332. Zit. nach der digitalisierten Fassung im Wörterbuchnetz des Trier Center for Digital Humanities, Version 01/23, https://www.woerterbuchnetz.de/DWB (letzter Zugriff: 01.06.2024).

36 Jean Paul: Der Komet, S. 682.

den Beobachter sind.[37] Die physikalische Ätherhypothese schließt er zu diesem Zweck mit der spekulativen zeitgenössischen Seelenlehre kurz: Wie das Licht die „ungeheuern Räume zwischen der Erde und dem fernsten Nebelfleck" ‚durchströme', so könne der interstellare Äther – analog zu dem im menschlichen Körper gebundenen Ätherleib der Seele – schließlich auch das All beseelen und vergeistigen: „[K]ann in diesen Lichtströmen nicht ebensogut eine Geisterwelt wohnen als im Äthertropfen des Gehirns dein Geist?"[38] Das anthropologische „Simultaneum"[39] von Körper und Geist steht damit für ein ebensolches von sichtbaren Weltkörpern und unsichtbaren ätherischen Kräften ein.

Evidenz für die schon in Brockes' *Firmament* – wider den Augenschein – unterstellte Fülle unsichtbaren Lichts im All liefert bei Jean Paul prompt ein Traum,[40] in dem sich der schimmernde Ätherleib des Ichs aus der Körperhülle befreit, um auf Geheiß einer blitzenden zweiten Gestalt, seines Seelenführers, allein kraft seiner Gedanken mit Lichtgeschwindigkeit durch das All zu fliegen.[41] Dem rasanten Flug, der dem durch die Räume Rasenden ein Werden und Vergehen von Welten im Zeitraffer suggeriert, eröffnet sich die privative Unendlichkeit einer gestaffelten Reihe von Welten, wie sie sich von der Erde aus nur teleskopisch durch fortwährend potenzierte Fernrohre andeutet. Gegenläufig zu dem Grenzüberschreitungspathos je-

37 Wie das Ich eingangs referiert, liegen die „fernsten Milchstraßen in einer Weite von uns", dass „ihr Licht, das heute in unser Auge kommt, schon vor zwei Millionen Jahren ausgegangen, so daß ganze Sternenhimmel schon erloschen sein könnten, die wir noch fortschimmern sehen". Jean Paul: Der Komet, S. 682.

38 Jean Paul: Der Komet, S. 682.

39 Jean Paul: Das Kampaner Tal. In: ders.: Sämtliche Werke. Abt. I, Bd. 4, S. 561–716, hier S. 563.

40 Es ist der Kunstgriff von Johannes Keplers 1634 postum veröffentlichtem *Somnium seu astronomia lunae* (*Der Traum*), eine empirisch (noch) nicht beweisbare wissenschaftliche Hypothese oder Theorie – bei Kepler die Erdrotation, hier das ätherische Plenum des Weltraums – in der Traumfiktion anschaulich und damit plausibel werden zu lassen.

41 Aufgegriffen wird damit eine Spekulation von Charles Bonnet: Essai analytique sur les facultés de l'ame. Copenhague 1782, p. 484: „Nous pourrons donc nous transporter au gré de la nôtre Volonté, dans différens points de l'Espace, & peut-être avec une vitesse égale à celle de la Lumière." Poetische Prätexte für den Allflug bei Jean Paul finden sich erneut bei Brockes: In dem Gedicht *Die Bewegung der Sternen* aus dem Vierten Teil des *Irdischen Vergnügens* von 1732 befreit sich der Geist des Ichs „aus seines Cörpers Schrancken, / Und wagt es, sich [...] Ins tieffen Himmels tieffste Tieffe, / [...] einzusencken". Die Fülle der himmlischen Lichter, die sich dort eröffnet, ist überwältigend. Brockes: Irdisches Vergnügen in Gott, Bd. 4, 2. Aufl., Hamburg 1735, S. 6–8, hier S. 7. In dem Gedicht *Der Wolken- und Lufthimmel* fliegt der Geist des Ichs wiederum „wie ein Strahl" durch das „Boden-lose Meer" des „nie begriff'nen Raums", um Aussicht zu gewinnen auf das am Ende angebetete „allgegenwärtige[ ] Licht", das – „ob gleich unsers Cörpers Augen" unsichtbar – „der Ewigkeit Unendlichkeit erfülle[ ]t". Barthold Heinrich Brockes: Der Wolken- und Lufthimmel. In: ders.: Irdisches Vergnügen in Gott. Bd. 2, Hamburg 1727, S. 3–13, hier S. 7, 9, 13.

doch, das Herschel nachgerühmt werden sollte, „ermattet[]" Jean Pauls Traum-Ich an der Überfülle des Alls, das, wie der Begleiter erklärt, „kein Ende" und „keinen Anfang" hat.[42]

Kants *Naturgeschichte des Himmels* hatte das All von einem definiten Anfang an zu einer gesetzmäßigen Entwicklung gebildeter Welten aus dem Chaos verzeitlicht und mit dieser Zielrichtung die Rationalität und Schönheit des antiken Kosmos zu retten versucht.[43] Die Schönheit des Himmels blieb dabei Garant der göttlichen Wohlordnung: „Wenn in der Verfassung der Welt, Ordnung und Schönheit hervorleuchten; so ist ein GOtt."[44] Was Kant postuliert, erschließt sich Jean Pauls Traum-Ich in der unübersichtlichen Flucht von Galaxien und schier endlosen dunklen Zwischenräumen gerade nicht. Als der haltlose Allflug auch noch die Lichtgeschwindigkeit übertrifft, droht der „Edelstein des lichten All" vielmehr in ein „tote[s] Meer des Nichts"[45] zu versinken, da Sehen *und* Sichtbarkeit völlig ausfallen. An diesem negativen Höhepunkt beschwichtigt der Begleiter den „Kleinglaubige[n]" und enthüllt ihm die ganze Wahrheit, die genau der Eingangshypothese des wachen Ichs entspricht:

> „Vor Gott besteht keine Leere; um die Sterne, zwischen den Sternen wohnt das rechte All. Aber dein Geist verträgt nur irdische Bilder des Überirdischen; schaue die Bilder!" Siehe! da wurden meine Augen aufgetan, und ich sah ein unermeßliches Lichtmeer stehen, worin die Sonnen und Erden nur als schwarze Felseninseln verstreut waren [...].[46]

In der Vision erschließt sich das *infinitum* des neuzeitlichen Alls als ozeanisch unbegrenzter Hort göttlichen, meta-physischen Lichts, dessen Fülle auch dort noch Kontinuität stiftet, wo die begrenzte Geschwindigkeit des empirischen Lichts Abgründe eines vermeintlichen ‚Nichts' und nur im fortgesetzten Flug des Träumen-

42 Jean Paul: Der Komet, S. 683. Überwältigung und dialogische Feststellung raum-zeitlicher Endlosigkeit haben ihr Vorbild in Schillers (von Klopstock beeinflusster) Ode *Die Gröse der Welt* von 1782, in dem zwei Wanderer im Weltall aufeinandertreffen: „‚Steh! du seegelst umsonst – vor dir Unendlichkeit!' / ‚Steh! du seegelst umsonst – Pilger auch hinter mir! – [...]'" Friedrich Schiller: Die Gröse der Welt. In: Schillers Werke. Nationalausgabe, begr. von Julius Petersen, fortgeführt von Lieselotte Blumenthal, Benno von Wiese und Siegfried Seidel, hg. v. Norbert Oellers. Bd. 1: Gedichte in der Reihenfolge ihres Erscheinens (1776–1799), hg. v. Julius Petersen/Friedrich Beißner. Weimar/Stuttgart 1992, S. 102.

43 Zu dieser „Verlegung der kosmischen Rationalität in die Zeit" siehe Blumenberg: Die Genesis der kopernikanischen Welt, S. 73.

44 Immanuel Kant: Allgemeine Naturgeschichte und Theorie des Himmels, oder Versuch von der Verfassung und dem mechanischen Ursprunge des ganzen Weltgebäudes nach Newtonischen Grundsätzen abgehandelt. Königsberg/Leipzig 1755, S. 168.

45 Jean Paul: Der Komet, S. 684.

46 Jean Paul: Der Komet, S. 685.

den, in fortlaufender Narration überbrückte Lücken im Gefüge von Raum und Zeit aufgerissen hat.[47] Was dem Visionär hier sichtbar wird, ist der ‚Leuchtende' selbst, der in der Naturphilosophie eines Lorenz Oken vergöttlichte Äther.[48] Dem Träumenden wird hier einsichtig, dass es sich mit Licht und Dunkel, Leben und Tod genau umgekehrt verhält als gedacht:

> [D]ie Unsterblichkeit wohnte in den Räumen, der Tod nur auf den Welten. – Auf den Sonnen gingen aufrechte Schatten in Menschengestalt, aber sie verklärten sich, wenn sie von ihnen zogen und im Lichtmeer untergingen [...].[49]

Dieses ‚Lichtmeer' bzw. „Licht-All",[50] das den eingangs vom wachen Ich kritisierten „Irrtum"[51] von der Leere zwischen den Welten Lügen straft, korrespondiert Vergöttlichungen des Lichts, wie sie Jean Paul in Vermittlung Herders aus der Religion des Zoroaster sowie aus der frühchristlichen Gnosis bekannt gewesen sein können.[52] Der *Traum* syn-ästhetisiert diese Vorstellungen zu einer energetischen

---

47 Die Fiktion des Allflugs, dessen Eigenzeit und Verlauf auch durch Räume jenseits des Lichts, über die Lichtgeschwindigkeit hinaus, narrative Einheit und Kohärenz schaffen, *schließt* auch „neue Lücken in der kosmologischen Ordnung", die Herschels leistungsstarke Riesenteleskope eröffnet hatten. Reto Rössler: Weltgebäude. Poetologie kosmologischen Wissens der Aufklärung. Göttingen 2019, S. 505. Nur entlang der fiktionalen Erlebniskurve des Ichs, im Prozess des eigenbewegten Beobachtens im Wechsel von Licht, Dunkel und ‚Nichts', konstituieren sich Raum und Zeit, ist das All als einheitlicher Zusammenhang darstellbar.

48 „Der Aether ist die erste Realwerdung Gottes, die ewige Position desselben. Gott und Aether sind identisch." Lorenz Oken: Lehrbuch der Naturphilosophie. Bd. 1. Jena 1809, S. 44.

49 Jean Paul: Der Komet, S. 685. Variiert ist hier die Vorstellung der interplanetaren Palingenesie, die es etwa Herders ‚Gesprächen' *Über die Seelenwandrung* von 1785 erlaubte, die von Kant im All betrachtete „Charte der Unendlichkeit" (Kant: Allgemeine Naturgeschichte, S. 116) als „glänzende Charte unsrer weitern Wallfahrt" zu begrüßen. Johann Gottfried Herder: Über die Seelenwandrung. In: ders.: Werke in zehn Bänden. Bd. 4: Schriften zur Philosophie, Literatur, Kunst und Altertum, hg. v. Jürgen Brummack. Frankfurt a. M. 1994, S. 425–476, hier S. 447. In der Unsterblichkeitsdiskussion des *Kampaner Tals* von 1797 war die „voyage pittoresque durch Planeten" von Jean Pauls Alter Ego-Figur noch verworfen worden. Jean Paul: Das Kampaner Tal, S. 611.

50 Jean Paul: Der Komet, S. 685.

51 Jean Paul: Der Komet, S. 682.

52 In seiner vielfach kritisierten, von Jean Paul verteidigten Genesis-Interpretation liest Herder die Schöpfung des Lichts in Gen 1,3 als Kernvorstellung auch der zoroastrischen Lichtreligion, die „Alles nach unendlichen Stuffen der Läuterung in [...] dem grossen Lichtmeere, woraus alles ward, zusammenfließe[n]" lasse. Johann Gottfried Herder: Älteste Urkunde des Menschengeschlechts. In: ders.: Werke in zehn Bänden. Bd. 5: Schriften zum Alten Textament, hg. v. Rudolf Smend. Frankfurt a. M. 1993, S. 179–660, hier S. 471). Ähnlich nimmt die frühchristliche Gnosis ein überströmen-

Szenographie der Kräfte und Intensitäten im neuzeitlichen All, mithin zu einem ‚dynamisch-qualitativ Erhabenen' im Sinne der *Vorschule* (§ 27):

> In den Räumen glänzte, tönte, wehte, hauchte nur Leben und Schaffen im Freien des All; die Sonnen waren nur gedrehte Spinnräder, die Erden nur geschoßne Weberschiffchen zu dem unendlichen Gewebe des Isis-Schleiers, der über die Schöpfung hing und der sich verlängerte, wenn ihn ein Endlicher hob.[53]

Anschaulich wird damit eine zwar „lebendige[ ] Unermeßlichkeit", die das Traum-Ich aber „allein"[54] und bedürftig zurücklässt, da sein seraphischer Begleiter im Glanz aufgegangen ist. Es bedarf eines An-Halts, der die göttliche Lichtfülle in den personalen Blick, in das vertraute Gegenüber einer Menschengestalt zurücknimmt:

> Da schiffte und drang aus der Tiefe durch alle Sterne ein dunkler Weltkörper fliegend das hohe Lichtmeer herauf, und eine Menschengestalt wie ein Kind stand auf ihm [...]. Endlich stand unsere Erde vor mir, und auf ihr ein Jesuskind; und das Kind blickte mich so hell und mild und liebevoll an, daß ich erwachte vor Liebe und Wonne. – –[55]

Nicht die visionäre Schau des Unendlichen im Medium energetischer Potenzen des Lichts gewährt hier für einen Augenblick die „Unsterblichkeit der Religion" wie nach Schleiermacher,[56] sondern der Liebesblick des personalen Mittlers, in dem christologisch der absolute Gegensatz von Endlichkeit und Unendlichkeit

---

des Glanz- und Lichtmeer als Reservoir göttlicher Fülle und eigentliche Heimat der in die Körperwelt versprengten Lichtseelen an: das Pleroma (griech. „die Fülle"). Kongenial bieten sich solche in Licht und Dunkelheit symbolisierten dualistischen Konzepte für Jean Pauls Vorstellung von einem ätherischen „Geisterreich" als „Träger und Meer" des „Körper- oder Welten-Reich[s]" an. Jean Paul: Vorschule, S. 97. Der geträumte Flug durch das All setzt nicht nur die von Herschel neu bemessenen Dimensionen von Raum und Zeit in Szene; die erflogene Staffel immer entfernterer Galaxien bis hin zur ultimativen Erleuchtung des Reisenden entspricht, in gleichsam umgekehrter Folge, zudem einer Vorstellung des Gnostikers Basilides, der eine Flucht von 365 angelischen Geisterreichen bei abnehmender Klarheit vom göttlichen Ursprung fort annahm. Jean Paul hat diese Idee des Basilides, den die *Levana* als „alte[n] Irrlehrer" anführt, im Rahmen seiner Recherchen zur Angelik exzerpiert. Jean Paul: Levana. In: ders.: Sämtliche Werke. Abt. I, Bd. 5, S. 515–874, hier S. 601. Siehe Monika Schmitz-Emans: Engel in der Krise. Zum Engelsmotiv in der romantischen Ästhetik und in Jean Pauls Roman *Der Komet*. In: Jahrbuch der Jean-Paul-Gesellschaft 38 (2013), S. 111–138, hier S. 134, die auf den *Traum über das All* allerdings nicht eingeht.

53 Jean Paul: Der Komet, S. 685 f.

54 Jean Paul: Der Komet, S. 686.

55 Jean Paul: Der Komet, S. 686.

56 Schleiermacher: Über die Religion, S. 115.

aufgehoben und dem All ein menschliches Sinnzentrum (zurück-)gegeben ist[57] – aber in Gestalt des Kindes, nicht des stellvertretend leidenden Erlösers.[58]

Der liebende Gegenblick des Jesuskindes[59] hebt den Blick jenes ‚toten' Christus auf, welcher in dem nihilistischen Traumbild des *Ersten* in den *Siebenkäs* eingelagerten *Blumenstücks* die Höhle des göttlichen Sonnenauges im All leer gefunden hat. In dem heilbringenden Blick schon des Christ-Kindes beschneidet der *Traum über das All* das Christentum – laut der *Vorschule* die „Mutter" der romantischen Poesie[60] – um genau jene endzeitlich-eschatologischen Dimensionen, welche die *Rede des toten Christus* ins Materialistisch-Sinnlose treibt, um den Alpträumer autosuggestiv vom Atheismus abzuhalten. Der barocken Abschreckungsästhetik der *Rede,* die schauerliche Untote in der heillosen Ewigkeit eines rein materiellen neuzeitlichen Weltraums zeigt, steht hier im *Traum über das All* die Überforderung des Sehers gerade durch die ästhetische Abundanz der Seinsfülle im göttlichen Licht gegenüber.

Die sprachliche Evokations- und Bildkraft versagt dagegen *nicht* in ihrer anschaulichen Vermittlung des abstrakten energetischen Geschehens im ‚Lichtall'. In dem „Isis-Schleier", der hier nicht den Schöpfergott, sondern die „Schöpfung" ‚zeigt und verhüllt',[61] spiegelt sich vielmehr die sprachliche Textur als ein „unendliche[s] Gewebe"[62] um das ultimative Signifikat göttlicher Liebe, das sich zuletzt

57 Gemäß dem Prolog des Johannes-Evangeliums und dem Glaubensbekenntnis von Nicäa rühmt etwa Klopstocks Ode *Das Anschaun Gottes* die Schau von „Des Vaters Klarheit / In Jesu Christi Antlitz": „Hosianna! Hosianna! / Die Fülle der Gottheit / Wohnt in dem Menschen / Jesu Christo!" Klopstock: Das Anschaun Gottes, S. 164, 166.

58 Zu Jean Pauls ambivalenter Haltung gegenüber Christus als heilsgeschichtlich notwendiger Erlöserfigur siehe Götz Müller: Jean Pauls „Rede des todten Christus vom Weltgebäude herab, daß kein Gott sei". In: ders.: Jean Paul im Kontext. Gesammelte Aufsätze. Hg. v. Wolfgang Riedel. Würzburg 1996, S. 104–124.

59 Nach § 24 der *Vorschule* speist sich der Anthropozentrismus kosmischer Weltanschauung aus der Erfahrung familialer Liebesblicke, sodass „wir diese geistige Mimik des Universums, wie ein Kind die elterliche, erstlich ganz zu verstehen wähnen und zweitens ganz auf uns allein beziehen wollen". Jean Paul: Vorschule, S. 97 f. Der späte *Traum über das All* rehabilitiert dieses Blick- und Sinnbegehren.

60 Jean Paul: Vorschule, S. 89.

61 Im synkretistischen Weltraum von Klopstocks *Messias* im Erstdruck von 1748 verbirgt ein „vom Lichte gewebte[r] ätherische[r] Vorhang" das „Allerheiligste Gottes". Klopstock: Der Messias, I. Gesang, S. 14, 20, V. 188, 329. Die angelische Lichtgestalt, die das träumende Ich bei Jean Paul begleitet, kündigt anfangs an, diesem in der Tradition der Gottesschau das „wahre All zeige[n] und verhülle[n]" zu wollen. Jean Paul: Der Komet, S. 683.

62 Jean Paul: Der Komet, S. 686.

fokussiert im Blick des göttlichen Kindes zu erkennen gibt.[63] Auch die romantische Sehnsucht kehrt an diesem Extrem um: nicht das göttliche Unendliche im Endlichen ist mehr ihr Ziel, sondern das vertraute Endliche im Unendlichen, in dessen Schranken der erschöpfte Geist ein- und heimkehren kann.[64]

Archemedium Atmosphäre im anästhetischen All: Stifters *Condor*

Stifters 1840 in der *Wiener Zeitschrift für Kunst, Theater, Literatur und Mode* veröffentlichte Erstlingsnovelle *Der Condor* nimmt nicht nur die bei Jean Paul als Traumgesicht lizenzierte Versichtbarung des über-irdischen Lichts zurück; sie dementiert vielmehr jede ästhetische Qualität des Lichts *jenseits* der atmosphärischen Diffusion – um im Gegenzug die irdische Lufthülle selbst als Archemedium des Ästhetischen zu profilieren.

Erzählt wird die doppelte Sozialisationsgeschichte des jungen Malers Gustav und seiner emanzipatorisch gesinnten Schülerin Cornelia, die „erhaben"[65] sein will über die patriarchalischen Bande ihres Geschlechts und zu diesem Zweck an einer Ballonfahrt teilnimmt. Das Luftschiff ist nach dem von Humboldt beschriebenen amerikanischen Kondor benannt, der sich von allen Vögeln am höchsten in die Luft erheben könne;[66] entsprechend gerät der Flug in extreme, von der

63 Auch das ‚Sprachgitter' des Textes – im *Hesperus*-Roman gilt der „Sternenhimmel" als „Sprachgitter" der Stille, hinter dem ein „Geist" oder „Gott" erwartet wird (Jean Paul: Hesperus oder 45 Hundposttage. Eine Lebensbeschreibung. In: ders.: Sämtliche Werke. I. Abt., Bd. 1: Die unsichtbare Loge, Hesperus, S. 471–1236, hier S. 1135) – ist in dieser Allegorie des Lesens auf ein Auge jenseits des Gitters verwiesen. Kritischer sieht Barbara Hunfeld die „kosmische Textur" des Lichtalls im *Traum über das All* in einer „dematerialisierten Sprache überirdischer Fülle" zu „Partikeln" ‚zerfallen', die am Ende „nichts bezeichnen[ ] als sich selbst". Barbara Hunfeld: Der Blick ins All. Reflexionen des Kosmos der Zeichen bei Brockes, Jean Paul, Goethe und Stifter. Tübingen 2004, S. 111.

64 Zu fragen wäre, ob Jean Paul in der Erschöpfung des träumenden Ichs angesichts der energetischen Überfülle des visionären Raums mit der Textmetapher des ‚unendlichen', bei jedem Lüftungsversuch sich noch ‚verlängernden' Gewebes nicht auch eine Erschöpfung durch das eigene Produktionsprinzip, die Überfülle sprachlicher Bildkreationen, figuriere.

65 Adalbert Stifter: Der Condor. In: ders.: Werke und Briefe. Historisch-kritische Gesamtausgabe, hg. v. Alfred Doppler/Wolfgang Frühwald. Bd. 1,1: Studien. Journalfassungen, hg. v. Ulrich Dittmann. Stuttgart/Berlin/Köln/Mainz 1978, S. 11–31, hier S. 16.

66 Breiter rezipiert als Humboldts französischsprachige Naturgeschichte des Kondor wurde sicherlich eine ausführliche Anmerkung zum andinen Kondor in den *Ideen zu einer Physiognomik der Gewächse* schon seit der ersten Ausgabe von Alexander von Humboldt: Ansichten der Natur. Tübingen 1808, S. 157–278, hier S. 212–218. Stifter setzt den von Humboldt bezogenen Titel seiner

zeitgenössischen Luftfahrt noch unerreichte Höhen zum fiktionalen Experiment auf die physikalisch-physiologischen Wahrnehmungsbedingungen am äußersten Rand der schiffbaren Luft bzw. des optischen Filters der dichteren Atmosphäre.

Die vier Prosastücke, die nach dem Vorbild des *Siebenkäs* als *Nachtstück, Tagstück, Blumenstück* und *Fruchtstück* betitelt und über Zeitsprünge und Perspektivwechsel hinweg zu einem novellistischen „Bilder-Kabinett[ ]“[67] arrangiert sind, treiben ein um dramatische Augen-Blicke kreisendes intermediales Spiel zwischen Malerei und Text, um besonders beider Vermögen in der Darstellung von Lichteffekten engzuführen.

Im Kernstück der Novelle, dem in die kosmische Nacht führenden *Tagstück,* steigt Cornelia in Begleitung wissenschaftlich-technisch versierter männlicher Luftschiffer in den „äußersten Äther“[68] auf, wie hier nun aber nicht das spekulative Allmedium der Kosmologie, sondern die höheren, dünneren Luftschichten genannt werden. Aus dieser von unbemannten Ballons erst um 1900 erreichten Grenzzone des irdischen Milieus wird der Heldin nach der vogelperspektivischen Verfremdung der Erdoberfläche zu einem Muster von Farbflecken und Lichtreflexen zuletzt auch ein proto-astronautischer Blick ins All jenseits der Atmosphäre zugemutet. Annotiert durch erläuternde Fußnoten, die im Erstdruck ikonisch durch Asteriske bezeichnet werden,[69] heißt es in Übernahme von Cornelias Erlebnisperspektive durch die auktoriale Erzählinstanz:

> [A]ber das Himmelsgewölbe, die schöne blaue Glocke unserer Erde, war ein ganz schwarzer Abgrund geworden, ohne Maß und Grenze in die Tiefe gehend** – das Labsal, das wir so gedankenlos genießen, war hier oben ganz verschwunden, die Fülle und Flut des Lichtes auf der schönen Erde. Wie zum Hohne wurden alle Sterne sichtbar*** – winzige, ohnmächtige Goldpuncte, verloren durch die Öde gestreut – und endlich die Sonne, ein drohendes Gestirn, ohne Wärme, ohne Strahlen, eine scharf geschnittene Scheibe, aus wallendem, blähenden, weißgeschmolzenen Metalle glotzte sie mit vernichtendem Glanze aus dem Schlunde – und doch nicht einen Hauch des Lichtes festhaltend in diesen wesenlosen Räumen […].[70]

Erstlingsnovelle strukturanalog zu jenem von Jean Pauls letztem Roman: ‚Der Condor‘ / ‚Der Komet‘. In der Differenz der Flugobjekte und -sphären ist auch die Wende vom All zur Erdatmosphäre markiert.

67 Jean Paul: Vorschule, S. 198.

68 Stifter: Der Condor, S. 20.

69 Ironisch reflektieren die Asteriske im Verweis auf Fußnoten auf derselben Druckseite zudem das mit der Heldin geteilte optische Orientierungsbedürfnis im Raum, hier das der Augen beim Lesen. Die Buchfassung der Novelle im ersten Band von Stifters *Studien* aus dem Jahr 1844 reduziert die fünf Fußnoten zum *Tagstück* auf drei ausgelagerte Endnoten und nimmt damit auch die Reflexion auf die Ikonizität des Druckbilds und die synchrone Zweistimmigkeit eines in Narration und Erläuterungen gespaltenen Textes zurück.

70 Stifter: Der Condor, S. 21.

Der ent-täuschende Blick auf die Sonne jenseits der irdischen Lufthülle raubt dem Zentralgestirn jede ästhetische Anmutung von Erhabenheit oder Herrlichkeit, wie sie – etwa im Strahlenkranz – erst die Diffusion des Lichts im atmosphärischen Medium erzeugt.[71] Abgeleitet aus den physikalischen Gesetzmäßigkeiten, die in den Fußnoten mitgeliefert werden, setzt Stifters Science Fiction hier astronautische Sichtbedingungen jenseits optischer Interferenzen des Lichts mit der Luft in Szene: Die strahlen-, geist- und seelenlos ‚glotzende' Metallscheibe, die Cornelia im luftleeren Raum erblickt,[72] demontiert den Kern der „solaren Ordnung"[73] in der lichtmetaphysischen Tradition der abendländischen Philosophie wie in jedem emphatischen Heliozentrismus nach Kopernikus.[74]

Invertiert ist hier auch das platonische Höhlengleichnis: Hatte der Neuplatonismus die trügerische Höhlenoptik auf die Grenzen des gesamten weltlichen Kosmos ausgedehnt, *jenseits* dessen erst das wahre Licht vorherrsche,[75] so liegt in

---

71 Siehe hierzu auch Jana Schuster: „Lichtschleier". Zu Stifters Ästhetik der Atmosphäre. In: Fleck, Glanz, Finsternis. Zur Poetik der Oberfläche bei Adalbert Stifter. Hg. v. Thomas Gann/Marianne Schuller. Paderborn 2017, S. 35–60.

72 Als Hauptbedeutung für das Verb ‚glotzen' aus der indogermanischen Wurzel *ghel- für ‚glänzen, schimmern' führt das *Deutsche Wörterbuch* „starr blicken" an; verwandt ist altnordisch *glotta* für ‚höhnisch lachen, so dasz man die zähne zeigt'. Art. ‚Glotzen'. In: Deutsches Wörterbuch von Jacob Grimm und Wilhelm Grimm. Bd. 8, Sp. 221. Zit. nach der digitalisierten Fassung im Wörterbuchnetz des Trier Center for Digital Humanities, Version 01/23, https://www.woerterbuchnetz.de/DWB (letzter Zugriff: 01.06.2024). Wie zu Beginn der Novelle, als ein leuchtendes Katzenauge zu Gustavs Dachfenster herein-„glotzt[]" (Stifter: Der Condor, S. 11), markiert das Verb gerade in der anthropomorphisierenden Verlebendigung das nicht-intentionale Glänzen von selbstleuchtender oder Licht reflektierender Materie; das Glotzen des Gestirns wie des Tiers steht damit im äußersten Gegensatz zu jenem souveränen Gottesblick, den die christliche Ikonographie analog zum Strahlenkranz der Sonne als allsehendes Auge im trinitätssymbolischen Dreieck darstellt.

73 Bettine Menke: Rahmen und Desintegrationen. Die Ordnung der Sichtbarkeit, der Bilder und der Geschlechter. Zu Stifters *Der Kondor*. In: Weimarer Beiträge 44.3 (1998), S. 325–363, hier S. 331.

74 Kopernikus sieht seine Theorie gerade durch die buchstäblich kosmische ‚Schön-Ordnung' einer zentral gesetzten Sonne bestätigt, wie Humboldt im zweiten *Kosmos*-Band zitiert: „‚Durch keine andere Anordnung', sagt er [Kopernikus; Anm. J.S.] begeistert, ‚habe ich eine so bewundernswürdige Symmetrie des Universums, eine so harmonische Verbindung der Bahnen finden können, als da ich die Weltleuchte (lucernam mundi), die Sonne, die ganze Familie kreisender Gestirne lenkend (circumagentem gubernans astrorum familiam) wie in die Mitte des schönen Naturtempels auf einen königlichen Thron gesetzt.'" Alexander von Humboldt: Kosmos. Entwurf einer physischen Weltbeschreibung. Bd. 2. Stuttgart/Tübingen 1847, S. 347.

75 Siehe Hans Blumenberg: Licht als Metapher der Wahrheit. In: ders.: Ästhetische und metaphorologische Schriften. Auswahl u. Nachwort von Anselm Haverkamp. 5. Aufl., Frankfurt a. M. 2017, S. 139–171, hier S. 144.

Stifters *Tagstück* jenseits der atmosphärischen Höhle keine Wahrheit, weil dort keine Schönheit mehr ist: Wie eine Anmerkung erläutert, wird das von der Sonne ausgehende Licht „in den gegenstandlosen Räumen"[76] des Alls nicht mehr sichtbar, weil ein vermittelndes Medium fehlt. Den defizitären Ausgangspunkt für Jean Pauls metaphysisch grundierte Äthervision, die Unsichtbarkeit des Lichts in der materiellen Leere des Alls, schreibt Stifter damit unwiderruflich fest.

Zugleich wird die Atmosphäre als vitales Milieu akzentuiert: Die Protagonistin kollabiert in der extrem dünnen Höhenluft, die mangels Schallübertragung auch ihren Hilferuf erstickt, und muss ohnmächtig zur Erde zurückgebracht werden. Die metaphysischen Implikationen ihres Blicks ins Jenseits der atmosphärischen Hülle – eines um die Licht empfangende Erde, nicht, wie in der Metaphysik des Lichts, um die Lichtquelle gelegten Schleiers – indiziert ein Zitat aus der *Rede des toten Christus:* Die heimgekehrte Luftschifferin, die am ‚unerträglichen' „Himmel" erst zum wahren, demütigen „Weib" geworden[77] und nunmehr einsichtig die Funktion der Künstlermuse zu übernehmen bereit ist, betet zu Maria als „Mutter der Waisen"[78] – eine Selbstbeschreibung, die unmotiviert bleibt, solange sie nicht im Anklang an Jean Pauls toten Christus als existentielle Deutung der *conditio humana* im neuzeitlichen All gelesen wird.[79] Die intertextuelle Referenz lädt Cornelias traumatischen Sonnenblick mit derselben buchstäblich apokalyptischen Offenbarungsqualität auf, die der Schreckensblick ins leere Weltenauge für den toten Gottessucher Christus hat:

---

76 Stifter: Der Condor, S. 21.

77 Das quasi-gottväterliche Verdikt des alten Luftschiffers lautet: „[D]as Weib erträgt den Himmel nicht – […]." Stifter: Der Condor, S. 22.

78 Stifter: Der Condor, S. 29.

79 Als Randfigur tritt bei Gustavs Besuch im Hause der wohlsituierten Familie Cornelias eine „ältliche Frau" auf, die als Cornelias „Amme" vorgestellt wird; dass eine solche Kinderfrau die noch unverheiratete Tochter des Hauses hier umsorgt, betont den sozialen Status der Familie und impliziert nicht zwingend den Tod von Cornelias Mutter, der auch sonst nicht nahegelegt wird. Stifter: Der Condor, S. 24, 28. Die gerade „vor dem Marienbilde" von Stifter ausgestellte Geschlechterpolitik – „ein demüthig Blümchen" am Revers des Künstlers will Cornelia nach ihrem Fall aus stolzer Höhe künftig sein (Stifter: Der Condor, S. 29) – bemäntelt nur den nihilistischen Unruheherd, der sich in der fiktionalen Antizipation des astronautischen Blicks jenseits der Erdatmosphäre auftut. Als Adressatin eines Gebets der Gottvaterlosen empfiehlt sich die menschlich-irdische Mutter des Gottessohnes in ihrer traditionellen theologischen Rolle der Brückenbauerin zwischen Himmel und Erde; als solche verfolgt sie auch in dem auf die *Rede* folgenden *Zweiten Blumenstück* von Jean Pauls *Siebenkäs,* dem *Traum im Traum,* neben Christus vom seligen „Ufer der zweiten Welt" aus voll Mitgefühl die Leiden der Sterblichen als Traumgesicht. Jean Paul: Siebenkäs. In: ders.: Sämtliche Werke. Abt. I, Bd. 2: Siebenkäs. Flegeljahre, S. 7–566, hier S. 277.

> „Ich ging durch die Welten, ich stieg in die Sonnen und flog mit den Milchstraßen durch die Wüsten des Himmels; aber es ist kein Gott. […] Und als ich aufblickte zur unermeßlichen Welt nach dem göttlichen *Auge*, starrte sie mich mit einer leeren bodenlosen *Augenhöhle* an […] Wir sind alle Waisen, ich und ihr, wir sind ohne Vater."[80]

‚Starrende' Höhle, ‚glotzende' Scheibe – es ist der Nullpunkt der Schau, der Ausfall des ersehnten ultimativen Gegenblicks, der die unerwidert Schauenden zu vaterlosen Waisen im kontingenten All macht.[81] Anders als Jean Pauls *Rede* nimmt Stifter sein an die Frau delegiertes Nihilismus-Experiment nicht in die Fiktion eines Alptraums zurück, verleiht diesem aber eine konstruktive Pointe, insofern sich *ex negativo* die Erdatmosphäre als Reservat und Refugium nicht nur des Lebendigen, sondern auch des Ästhetischen im All konturiert. Denn der Landschaftsmaler Stifter, dessen eigene Gemälde vor Erscheinen der Novelle in Wien ausgestellt waren,[82] führt den scharfen Kontrast von atmosphärischem Lichtspiel und kosmischer Ödnis auch mit der zeitgenössischen Konkurrenz von Malerei und photographischer ‚Lichtzeichnung' eng und verleiht seiner Wissenspoetik des Lichts und der Atmosphäre damit eine medienpolitische Volte: Das ‚starrende' „gelbe[ ] Licht" nämlich, das an der Grenze zum All die Gesichter der Luftschiffer „scharf zeichnet[ ]", lässt diese in Cornelias Wahrnehmung so „gespenstig" erscheinen „wie in einer laterna magica".[83]

Während aber die auf Wände oder wallende Schleier projizierten Phantasmagorien der Zauberlaterne durch optische Diffusion unheimlich wirkten, erschrecken die Gesichter auf Stifters Ballonfahrt durch äußerste Scharfzeichnung, die ebenso mortifizierend wirkt, wie man es den Daguerreotypien nachsagte, für deren Aufnahmen die Porträtierten zehn Minuten lang absolut reglos verharren mussten. Der extreme Hell-Dunkel-Kontrast im All jenseits des atmosphärischen Spiels von Lichtern, Farben und Schatten alludiert insofern die zeitgenössisch auch in der *Wiener Zeitschrift* vieldiskutierte Medienkonkurrenz von Malerei und

80 Jean Paul: Siebenkäs, S. 273 (Herv. i. O.).

81 Emanuels Allvision im *Hesperus* vor dem blinden Julius ist dagegen vom imaginären gottväterlichen Liebesblick getragen: „[W]enn das ewige Grab nie voll wird und der ewige Sternenhimmel nie leer: […] wer erblickt und erhält denn uns kleine Menschen aus Staub? – Du, Allgütiger, erhältst uns, du, Unendlicher, […] du siehest uns, du liebest uns –". In solcher Heilsgewissheit kann noch „das brausende schlagende Welten- und Sonnenmeer" als „ein einziges Kind in seinem [Gottes; Anm. J.S.] Arm" anthropomorphisiert werden. Jean Paul: Hesperus, S. 891.

82 Siehe Volker Mergenthaler: ‚Stücke', ‚Bilder' und ‚Daguerreotype'. Stifters „Condor" und die Künste. In: Darstellungsoptik. Bild-Erfassung und Bilderfülle in der Prosa des 19. Jahrhunderts. Hg. v. Thomas Althaus. Bielefeld 2018, S. 183–199, hier S. 183–185.

83 Stifter: Der Condor, S. 21.

Daguerreotypie.[84] Der schwarze Weltraum, aus dessen monströs zum ‚Schlund' animierter Tiefe der ‚vernichtende' Metallglanz der Sonne geistlos ‚glotzt', liest sich damit auch als invertiertes allegorisches Zerrbild einer zu riesigen Dimensionen entgrenzten *camera obscura*, einer photographischen Dunkelkammer hinter einem – hier nach innen – ‚glotzenden' Objektiv, unter dessen Belichtung die Gesichter der Luftschiffer so haltlos und ontisch fragwürdig erscheinen wie substanzlose Geister einer Zauberlaterne oder die an Platos Höhlenwände geworfenen Scheinbilder.[85] Kein göttliches Auge hinter der Blende steht hier für eine jenseitige Sphäre des Wahren – was in Stifters Inversion des Höhlengleichnisses allein ästhetisch maßgeblich bleibt, ist ein Medieneffekt: der farbige Schein unter- und innerhalb der Erdatmosphäre.[86]

Der An-Ästhetik des Weltraums, in dem sich nichts zu sehen gibt als geisterhafter Hyperrealismus, kontrastiert Stifter mit Malerei und Sprache zwei mediale Gegenmodelle, die ihre Potentiale gerade an dem entfalten, wozu die Daguerreotypie nach allgemeinem Urteil nicht fähig war: an der Darstellung atmosphärischer Reize.

Im initialen *Nachtstück* der Novelle, dem fiktiven Tagebuchauszug des Malers, der den Ballonaufstieg erwartet, wird im Medium ästhetischer Beschreibung nachvollziehbar, wie das Malerauge am Nachthimmel neu zu sehen lernt, wenn der Tagebuchschreiber die mit malerischer Sensibilität beobachteten atmosphärischen Lichtspiele einer irdischen Mondnacht sprachlich zu fassen sucht.[87] Das finale *Fruchtstück* präsentiert wiederum in der Sicht eines Ausstellungsbesuchers in Paris die malerische Umsetzung der eingangs im Tagebuch beschriebenen at-

---

84 Siehe die Zitate bei Mergenthaler: Stücke', der die Ausgestaltung dieser Konkurrenz in der Novelle selbst allerdings nicht berücksichtigt.

85 Zur historischen Komplementarität von *laterna magica* und *camera obscura* siehe Friedrich A. Kittler: Die Laterna magica der Literatur. Schillers und Hoffmanns Medienstrategien. In: Athenäum 4 (1994), S. 219–237. Bezeichnenderweise lautet der Kurztitel, den Kittlers Aufsatz in der durchlaufenden Kopfzeile dieser Zeitschrift trägt, nicht „Die Laterna magica", sondern – versehentlich oder programmatisch – „Die Camera obscura".

86 Hier unterscheidet sich Stifters physikalisch-optische Perspektive fundamental von Goethes neuplatonisch und kabbalistisch inspirierter Spekulation auf Transzendenz *hinter* dem „farbigen Abglanz" des Lebens. Johann Wolfgang Goethe: Faust II. In: ders.: Sämtliche Werke. Briefe, Tagebücher und Gespräche, hg. v. Hendrik Birus u.a., Abt. I, Bd. 7.1: Faust. Texte, hg. v. Albrecht Schöne. Frankfurt a. M. 1999, S. 206, V. 4727. Bei Stifter ist vielmehr das im atmosphärischen Medium zu Farben gebrochene und gestreute Licht selbst vitales Urbild des gespenstisch-fahlen Lichtspiels am äußersten Rand der irdischen Lufthülle.

87 „Der Mond hatte sich von den Dächern gelöset, und stand hoch im Blau, ein Glänzen und ein Flimmern und Leuchten durch den ganzen Himmel begann, durch alle Wolken schoß Silber, von allen Blechdächern rannen breite Ströme desselben nieder, und an die Blitzableiter, Dachspitzen, Thurmkreuze waren Funken geschleudert." Stifter: Der Condor, S. 12.

mosphärischen Phänomene in zwei Mondgemälden Gustavs, die ein nunmehr personaler Erzähler aufgrund ihrer eindringlichen Lichtwirkung emphatisch als „*wirkliche* Mondnächte“[88] feiert: als ästhetische Potenzierung mimetischer Abbildung – oder mechanischer Photo-Graphie.[89]

Mit gleichermaßen wissenschaftlich und malerisch geschultem Blick weist Stifter der menschlichen *aisthesis* generell und der auf Entgrenzung und Verschmelzung angelegten romantischen Ästhetik im Besonderen einen klar definierten Wirkungsraum zu – in einem Atmosphärischen, das so konkret zu verorten und so begrenzt ist wie die globale Lufthülle, die dessen physikalischen Bedingungsgrund bildet. Hatte Brentanos *Godwi* das Romantische als ein chromatisch tönendes „Perspectiv“ zur Durch-Sicht (*per-spicere*) auf eine andere, transzendente Dimension definiert,[90] hatte Goethe das Romantische mit den „Bilder[n] einer Zauberlaterne“, einem „prismatische[n] Farbenbild“ und den „atmosphärischen Farben“ verglichen,[91] so deckt Stifter die physikalischen Bedingungen auf, welche die Erdatmosphäre zum eigentlichen Archemedium des Romantisch-Diffusen machen, in dem ein Unendliches aufscheinen kann, das jenseits seiner Brechung im Endlichen gar nicht scheint.

88 Stifter: Der Condor, S. 30.

89 Die optischen Nachbilder, die das lange Betrachten der ausgestellten Mondstücke auf der Netzhaut der Betrachterin hervorruft, werden ähnlich wie die Beobachtungen des Malers im *Nachtstück* als ein „Flimmern und Leuchten und Glitzern und Regen und Weben“ evoziert. Stifter: Der Condor, S. 31. Wie der ontische Status dieser visuellen Phänomene ist hier nun aber auch jener der Diegese fundamental verunsichert: Die nunmehr homodiegetische Erzählinstanz kann der unbekannten „Dame [...] vor den Gemälden“ eine Identität ausdrücklich nur *unterstellen:* „Cornelia, hätt' ich ihr nachrufen mögen – gerade so hätte sie aussehen müssen.“ Stifter: Der Condor, S. 30, 31. Obwohl der projektive Charakter dieser Identifikation einer Ausstellungsbesucherin mit der Heldin der vorangegangenen ‚Stücke‘ derart exponiert wird, gleitet die Erzählung unversehens in eine neuerlich souveräne Übersicht, wenn die Wirkung der Bilder bis ins Augeninnere der unbekannten Schönen verfolgt und auktorial mit dem Schaffen des (wie Humboldt) inzwischen „in den Anden“ tätigen Malers synchronisiert wird. Stifter: Der Condor, S. 31.

90 „Alles, was zwischen unserm Auge und einem entfernten zu Sehenden als Mittler steht, uns den entfernten Gegenstand nähert, ihm aber zugleich etwas von dem seinigen mitgiebt, ist romantisch. [...] das Romantische ist also ein Perspectiv oder vielmehr die Farbe des Glases und die Bestimmung des Gegenstandes durch die Form des Glases.“ Clemens Brentano: Godwi oder das steinerne Bild der Mutter. Ein verwilderter Roman von Maria. In: ders.: Werke, hg. v. Friedhelm Kemp/Wolfgang Frühwald. Bd. 2: Godwi. Erzählungen. Nacherzähltes. Drei scherzhafte Abhandlungen. Beiträge aus Zeitungen und Zeitschriften, hg. v. Friedhelm Kemp. 3. Aufl., München 1980, S. 7–459, hier S. 258 f., 262.

91 Johann Wolfgang von Goethe: Tagebucheintrag 28.8.1808, notiert durch Riemer [1808]. In: ders.: Sämtliche Werke. Abt. II, Bd. 6: Napoleonische Zeit, hg. v. Rose Unterberger. Frankfurt a. M. 1993, S. 362.

Auch jene „Unendlichkeit", deren „Bild" nach Carl Gustav Carus das Blau des irdischen Himmels „als Inbegriff von Luft und Licht" vor Augen stellt,[92] erweist sich demnach als optischer Effekt der Atmosphäre, die vor dem Dunkel des Alls aufleuchtet, sobald das Sonnenlicht auf sie trifft und beide aneinander erst sichtbar werden lässt.[93] Der physisch-konkrete Hinter- und Ab-Grund dieser Ästhetik, die *nicht mehr* visionär erfüllte Ödnis des unendlichen Raumes, die Stifter gegen Jean Paul und Brockes als *factum brutum* festhält, kappt auch die für die romantische Unendlichkeitssuggestion so zentrale Dimension einer dem Seeleninneren korrespondierenden Tiefe als Reservoir des Wahren, Eigentlichen.[94]

Der Horizont des Unendlichen schließt sich, schließt sich als ästhetische Anmutung ins atmosphärische Medium selbst ein[95] – der blaue Himmel aber, der Licht und Dunkel des Alls optisch-chromatisch vermittelt, behält das Attribut des Nicht-mehr-Erhabenen, des von Jean Paul auf das kosmische *immensum* übertragenen ‚Ungeheuren': Noch bevor Cornelia ihren Schreckensblick auf eine ‚glotzende' Sonne in kosmischer Ödnis tut, der sie demütig unter den blauen Schutzmantel der Waisenmutter Maria zurückkehren lässt, schaut der Maler Gustav am morgendlichen Ende des initialen *Nachtstücks* der Novelle schon auf „einen ungeheuren, klaren, heitern, *leeren* Himmel".[96]

92 Carl Gustav Carus: Neun Briefe über Landschaftsmalerei. Geschrieben in den Jahren 1815 bis 1824, 2. verm. Aufl., Leipzig 1835, S. 203–279, hier S. 222.

93 Eine der Fußnoten zu Stifters *Tagstück* erklärt das Himmelsblau – wissenschaftshistorisch *vor* der Integration des Lichts in die elektromagnetische Wellentheorie – noch im Sinne von Goethes *Farbenlehre* aus „dem von der Erde allerseits emporgeworfenen Licht, wovon *blau* wieder gegen die Erde zurückfällt". Stifter: Der Condor, S. 20 f. (Herv. i. O.). Hier schließt sich eine Vermutung an, weshalb die auf die Erde zurückblickende Cornelia keinen blauen Planeten, sondern eine goldene Erdoberfläche wahrnimmt: „[D]aher die Erde vom äußern Weltraum gesehen, goldig glänzend erscheinen muß, wie die anderen Planeten." Stifter: Der Condor, S. 21.

94 Siehe Inka Mülder-Bach: Tiefe: Zur Dimension der Romantik. In: Räume der Romantik. Hg. v. Inka Mülder-Bach/Gerhard Neumann. Würzburg 2007, S. 83–102. Dem Realismus kommt nach Abdrängung der Tiefe verstärkt die Einstellung auf die Fläche und Oberfläche zu.

95 Eine „Schließung des Horizonts" mit „Wiederkehr der Grenze" attestiert der nachromantischen Literatur Albrecht Koschorke: Die Geschichte des Horizonts, S. 218. Stifters (Text-)Welten zeigen von hier aus zwar eine Tendenz zur planimetrischen „Einebnung" (Koschorke: Die Geschichte des Horizonts, S. 302), die Dimension des Atmosphärischen – nicht nur des engeren Meteorologischen – wirkt aber als energetischer Unruheherd am medialen Bedingungsgrund der Sichtbarkeit fort.

96 Stifter: Der Condor, S. 15 (Herv. i. O.).

Alexander Kling

Angewandte Endlichkeit

Dinge, Komik und Theater – oder: Von der Endlichkeit zur Unendlichkeit und zurück (Tiecks *Prinz Zerbino*, Hoffmanns *Der vollkommene Maschinist*)

„[D]enken Sie die Wand"

Im Wintersemester 1798/99 besuchte Henrik Steffens die Vorlesungen Johann Gottlieb Fichtes zur Wissenschaftslehre in Jena und berichtet darüber folgendes:

> „Meine Herren", sprach er [d. i. Fichte], „fassen Sie sich zusammen, gehen Sie in sich ein, es ist hier von keinem Aeußern die Rede, sondern lediglich von uns selbst." – Die Zuhörer schienen so aufgefordert, wirklich in sich zu gehen. [...] „Meine Herren", fuhr [...] Fichte fort, „denken Sie die Wand", – ich sah es, die Zuhörer dachten wirklich die Wand und es schien ihnen allen zu gelingen. – „Haben Sie die Wand gedacht?" fragte Fichte. „Nun, meine Herren, so denken Sie denjenigen, der die Wand gedacht hat." – Es war seltsam, wie jetzt offenbar eine Verwirrung und Verlegenheit zu entstehen schien. Viele der Zuhörer schienen in der That denjenigen, der die Wand gedacht hatte, nirgends entdecken zu können, und ich begriff nun, wie es wohl geschehen könnte, daß junge Männer, die über den ersten Versuch zur Spekulation auf eine so bedenkliche Weise stolperten, bei ihren ferneren Bemühungen in eine sehr gefährliche Gemüthsstimmung gerathen konnten.[1]

Steffens' Bericht wird durch Fichtes eigene Texte bestätigt.[2] Ziel des Lehrversuchs ist es, das Bewusstsein des Ichs zum Gegenstand der Reflexion zu machen. Der Weg dorthin verläuft über die Wand als paradigmatische Form einer materiellen Begrenzung. Das Ich, so Fichte, „vergißt sich" im „Denken des Objects" und „verschwindet" in diesem. Das Denken der Wand erzeugt also zunächst einen Selbstverlust, der dann durch die Rückwendung auf „das [D]enkende" umso stärker zu

1 Henrich Steffens: Was ich erlebte. Aus der Erinnerung niedergeschrieben. Bd. 4. Breslau 1841, S. 79 f.

2 Vgl. Johann Gottlieb Fichte: Wissenschaftslehre nova methodo. Kollegnachschrift K. Chr. Fr. Krause 1798/99. Hg. v. Erich Fuchs. Hamburg 1982, S. 28 f.; Johann Gottlieb Fichte: Das System der Sittenlehre nach den Prinzipien der Wissenschaftslehre [1798]. Hg. v. Hansjürgen Verweyen. Hamburg 1995, S. 18 f.

https://doi.org/10.1515/9783111426129-004

einer Bewusstwerdung des Ichs führen soll, das dabei auch die eigene „freie Thätigkeit" erkennt.[3]

Fichte geht es mit der Erkenntnis der Freiheit des Ichs auch um eine Befreiung von den materiellen Dingen. Blickt man indes auf Steffens' Bericht, fällt auf, dass dieser Vorgang Hindernisse aufweist – die Zuhörer ‚stolpern' auf dem Weg von der Wand zum Ich, und so nimmt die Szene komische Züge an. Latente Komik ist ein ständiger Begleiter der Philosophie Fichtes. Nicht nur wurde sie als Diskursparodie aufgefasst,[4] auch die von Fichte gesetzte Vormachtstellung des ‚Ichs' gegenüber dem ‚Nicht-Ich' wurde als Mittel des Spotts gebraucht, etwa nachdem ihm im Jahr 1795 Studenten mit Steinen ein Fenster eingeworfen hatten. „Sie haben also das *absolute Ich*", so schreibt Goethe in diesem Zusammenhang an Christian Gottlob Voigt, „in großer Verlegenheit gesehen, und freylich ist es von den Nicht Ichs, die man doch *gesetzt* hat, sehr unhöflich durch die Scheiben zu *fliegen.*"[5] Dadurch, dass Fichte die Freiheit des Ichs verabsolutiert, wird sein ‚Getroffen-werden' von einem materiellen Nicht-Ich zum komischen Ereignis. Fichte erinnert damit an den Philosophen Thales, der mit dem Blick in den Sternenhimmel seine Aufmerksamkeit auf die fernsten Dinge richtet, dabei aber die nächsten nicht bemerkt, in einen Brunnen stürzt und von einer thrakischen Magd verlacht wird.[6]

Die Analogie zwischen Fichte und Thales verdeutlicht, dass es sich bei der Komik, die Fichtes Philosophie wie ein Schatten begleitet, um eine strukturelle Konstellation handelt. Versuche, das Begrenzte zu entgrenzen, das Bedingte auf das Unbedingte, das Endliche auf das Unendliche auszurichten, führen immer auch die Möglichkeit eines komischen Scheiterns mit sich. Bedenkt man, dass die Ausrichtung auf das Unbedingte und Unendliche einen Kern der Epochensignatur der Romantik bildet – Walter Benjamin spricht von einem „Kultus des Unendlichen"[7] –, stellt sich die Frage, wie auf dieser Grundlage im Kontext der Romantik

3 Fichte: Wissenschaftslehre nova methodo, S. 29.

4 Vgl. David Martyn: Fichtes romantischer Ernst. In: Sprachen der Ironie – Sprachen des Ernstes. Hg. v. Karl Heinz Bohrer. Frankfurt a. M. 2000, S. 76–90. Zu denken wäre auch an Jean Pauls *Clavis Fichtiana* (1800).

5 Johann Wolfgang Goethe: An C.G Voigt, 10.04.1795. In: ders.: Werke. Sophien-Ausgabe. Abt. IV, Bd. 10: Goethes Briefe, 9. August 1792–31. December 1795, hg. v. Bernhard Suphan/Eduard von der Hellen. Weimar 1892, S. 250.

6 Zur Thales-Anekdote vgl. Hans Blumenberg: Der Sturz des Protophilosophen – Zur Komik der reinen Theorie, anhand einer Rezeptionsgeschichte der Thales-Anekdote. In: Das Komische. Hg. v. Wolfgang Preisendanz/Rainer Warning. München 1976, S. 11–64.

7 Walter Benjamin: Der Begriff der Kunstkritik in der deutschen Romantik. In: ders.: Gesammelte Schriften. Bd. I.1: Abhandlungen, hg. v. Rolf Tiedemann/Hermann Schweppenhäuser. Frankfurt a. M. 1991, S. 7–122, hier S. 25. Vgl. auch Sebastian Gießmann: Die Romantik und das

die Kippfigur zwischen dem Unendlichen und dem Endlichen in Erscheinung tritt. Dem soll im Folgenden anhand von drei Feldern nachgegangen werden: den Dingen, der Komik und dem Theater. Für alle drei Felder ist zu zeigen, dass ihnen, erstens, Merkmale der Begrenztheit, Bedingtheit und Endlichkeit zu eigen sind, die Romantik sie aber, zweitens, entgrenzt und auf das Unbedingte und Unendliche ausrichtet, dabei aber wiederum, drittens, die materiellen Dinge eine komische Widerständigkeit aufweisen können. Im Zuge dieser Vorgänge werden die Dinge komisch, die Komik wird dinglich und beides verdichtet sich, etwa in Ludwig Tiecks *Prinz Zerbino* (1797) und E.T.A. Hoffmanns *Der vollkommene Maschinist* (1814), in Szenen, die mittels der (Theater-)Dinge Parodien der Romantik ins Werk setzen, die gleichwohl als dezidiert romantisch gelten können.

Die (Un-)Endlichkeit der Dinge

„Wir suchen überall das Unbedingte, und finden immer nur die Dinge."[8] Mit dieser Sentenz eröffnet Novalis seine *Blüthenstaub*-Fragmente (1798). Das Fragment wurde häufig als Formulierung romantischer Sehnsucht verstanden, eine tiefergreifende Lesart kommt indes nicht umhin, den antithetischen und dynamischen Charakter der Sentenz zu erkennen: Nicht nur steht dem Suchen das Finden, dem entgrenzten Raum („überall") die entgrenzte Zeit („immer"), dem abstrakten Unbedingten die konkreten Dinge gegenüber, durch das fehlende *matching* von Gesuchtem und Gefundenem eröffnet das Fragment auch eine räumlich wie zeitlich entgrenzte Wiederholungsschlaufe und damit eine Spielart der romantischen Ironie.

Eine weitere Auffälligkeit im ersten *Blüthenstaub*-Fragment ist die Wahl des Personalpronomens „Wir". Damit wird die Suche nach dem Unbedingten als eine kollektive markiert. Tatsächlich wird in zeitgenössischen Texten, z. B. in Schellings Frühschrift *Vom Ich als Prinzip der Philosophie* (1794), Schleiermachers Abhandlungen *Über die Religion* (1799) oder August Wilhelm Schlegels Vorträgen *Ueber Litteratur, Kunst und Geist des Zeitalters* (1803), die Befreiung von den materiellen Dingen auf der einen, die Hinwendung zum Unbedingten und Unendlichen auf der ande-

Unendliche. Grenzgänge zwischen Ästhetik und Ökonomie. In: Weimarer Beiträge 52 (2006), H. 2, S. 165–190.

8 Novalis: Vermischte Bemerkungen / Blüthenstaub 1797/98 (Synoptischer Paralleldruck). In: ders.: Werke, Tagebücher und Briefe Friedrich von Hardenbergs. Bd. 2: Das philosophisch-theoretische Werk, hg. v. Hans-Joachim Mähl. Darmstadt 1999, S. 225–285, hier S. 227. Vgl. zum Fragment Jurij Striedter: Die Fragmente des Novalis als „Präfiguration" seiner Dichtung. München 1985, S. 24–39.

ren Seite mit einer Epochendiagnose verknüpft.[9] Das gegenwärtige Zeitalter der Aufklärung habe sich durch einen Nützlichkeitsimperativ an die materiellen Dinge und deren Endlichkeit gebunden; zum Zweck der Befreiung müsse dieser Zustand überwunden werden, und zwar durch eine Ausrichtung auf das Unendliche.[10] Gelingen könne dies, so August Wilhelm Schlegel, durch die Anwendung eines „transcendentalen Idealismus" in der Dichtung – mit diesem verfüge der „Dichter" über einen „Zauberstab", um „mit Leichtigkeit den Geist zu verkörpern, und das Materielle zu vergeistigen".[11]

Überlegungen zu einer Epochenkonstellation, die anhand eines vorherrschenden Dingbezugs formuliert werden, finden sich auch in Jean Pauls *Vorschule der Ästhetik* (1804), wenn er der antiken plastischen Poesie, die sich in den „Grenzen der Vollendung" bewege, die christlich romantische Poesie gegenüberstellt, die er als „das Schöne ohne Begrenzung, oder das *schöne* Unendliche" beschreibt.[12] Jean Pauls Unterscheidung adressiert eine historische Makroebene, ebenso weist sie aber auch einen gegenwartsdiagnostischen Charakter auf: Zwar gebe es derzeit ein

---

9 Zu den Formen des Dingbezugs der Romantik vgl. Christiane Holm/Günter Oesterle (Hg.): Schläft ein Lied in allen Dingen? Romantische Dingpoetik. Würzburg 2011; sowie Jakob Christoph Heller/Erik Martin/Sebastian Schönbeck (Hg.): Ding und Bild in der europäischen Romantik. Berlin/Boston 2021.

10 Vgl. etwa Friedrich Wilhelm Joseph Schelling: Vom Ich als Princip der Philosophie oder über das Unbedingte im menschlichen Wissen [1795]. In: ders.: Schriften. Bd. 1: 1794–1800, hg. v. Manfred Frank. Frankfurt a. M. 1985, S. 39–134, hier S. 47 f. (Vorrede), S. 85–92 (§ 14); Friedrich Schleiermacher: Über die Religion. Rede an die Gebildeten unter ihren Verächtern, (2.–) 4. Aufl. In: ders.: Kritische Gesamtausgabe, Abt. 1, Bd. 12: Über die Religion, (2.–) 4. Aufl., Monologen (2.–) 4. Aufl., hg. v. Günter Meckenstock. Berlin/New York 1995, S. 1–321, hier S. 150–175; August Wilhelm Schlegel: Ueber Litteratur, Kunst und Geist des Zeitalters. In: ders.: Kritische Ausgabe der Vorlesungen. Bd. 2.1: Vorlesungen über die Ästhetik (1803–1827), hg. v. Ernst Behler. Paderborn/München/Wien u. a. 2007, S. 197–253, hier S. 219–253.

11 Schlegel: Ueber Litteratur, S. 251.

12 Jean Paul: Vorschule der Ästhetik. In: ders.: Werke. Bd. 5, hg. v. Norbert Miller. 3. Aufl. München 1963, S. 7–456, hier S. 83, 88. Was Jean Paul hier als historisch-diachrone Unterscheidung anführt, wurde anhand der Merkmale ‚Vollendung' (Klassik/Klassizismus) und ‚Unendlichkeit' (Romantik) auf das Literatursystem um 1800 umgelegt. Vgl. Fritz Strich: Deutsche Klassik und Romantik oder Vollendung und Unendlichkeit. Ein Vergleich. 5. Aufl. Bern/München 1962. Ohne die Unterscheidung von Vollendung/Unendlichkeit als „Pole des Menschentums" (Strich: Klassik und Romantik, S. 330) zu bestimmen sowie ausgehend von der Betonung einer Komplementarität der beiden Seiten, die jeweils auf die „beginnende Moderne" reagierten, wird das Begriffspaar weiterhin zur Beschreibung der Epochensignatur um 1800 herangezogen. Vgl. Christine Lubkoll/Günter Oesterle/Stephanie Waldow: Gewagte Experimente und kühne Konstellationen. Kleists Werk zwischen Klassizismus und Romantik. Einleitung. In: Gewagte Experimente und kühne Konstellationen. Kleists Werk zwischen Klassizismus und Romantik. Hg. v. Christine Lubkoll/Günter Oesterle. Würzburg 2001, S. 7–19, hier S. 9–11.

„Geschrei nach Objektivität“, dieses müsse aber wirkungslos bleiben, „da zu Objektivität durchaus Objekte gehören, diese aber neuerer Zeit teils fehlen, teils sinken, teils (durch einen scharfen Idealismus) gar wegschmelzen im Ich.“[13] Was in anderen zeitgenössischen Positionen mit der Überwindung des Dinglichen und Endlichen gewünscht und gefordert wird, wertet Jean Paul als vorherrschende Tendenz. Ergänzend stellt er sodann fest, dass die Dinge, die Eingang in die romantische Poesie gefunden haben, „mehr als Buchstaben und Zeichen denn als Körper“ in Erscheinung treten.[14]

Die herangezogenen Beispiele veranschaulichen, dass der romantische „Kultus des Unendlichen“ mit einer dezidierten Überwindung der Dinge einhergeht: Die Dinge werden übersprungen, in ihrer Widerstrebigkeit aufgehoben, verzaubert, weggeschmolzen und in Zeichen verwandelt. Wenn nun aber August Wilhelm Schlegel davon spricht, dass mit dem „Zauberstab“ der Poesie nicht nur das Materielle vergeistigt, sondern ebenso der Geist verkörpert werden soll, wird deutlich, dass dies nur eine Seite einer Doppelbewegung ist.[15] Auch in Novalis’ programmatischem „Die Welt muß romantisiert werden“-Fragment ist eine solche Doppelbewegung zu erkennen: Im Sinn einer „Wechselerhöhung und Erniedrigung“ soll zum einen „dem Gemeinen ein[] hohe[r] Sinn, dem Gewöhnlichen ein geheimnisvolles Ansehn, dem Bekannten die Würde des Unbekannten, dem Endlichen ein[] unendliche[r] Schein“ gegeben werden, zum anderen soll aber die gleiche „Operation für das Höhere, Unbekannte, Mystische, Unendliche“ angewandt werden.[16] Die Ausrichtung auf das Unendliche und Unbedingte ist somit gekoppelt an eine Gegenbewegung, die zum Endlichen und zu den Dingen führt. Dass diese Gegenbewegung tendenziell unterbelichtet geblieben ist – Benjamins Rede vom romantischen „Kultus des Unendlichen“

---

13 Jean Paul: Vorschule, S. 73.

14 Jean Paul: Vorschule, S. 93. Als Beispiele nennt Jean Paul „Reliquien“, „Kruzifixe“, „Hostien“, „Glocken“ und „Heiligen-Bilder“. Man könnte dieses Dinginventar um Novalis’ blaue Blume, Tiecks Runentafel, Hoffmanns Nußknacker oder Eichendorffs Marmorbild erweitern.

15 Zu dieser Doppelbewegung vgl. auch Christiane Holm/Günter Oesterle: Einleitung. In: Schläft ein Lied in allen Dingen? Romantische Dingpoetik. Hg. v. Christiane Holm/Günter Oesterle. Würzburg 2011, S. 7–26, hier S. 8; Jakob Christoph Heller/Erik Martin/Sebastian Schönbeck: „Die Erkenntnis der Duplizität“. Zum Verhältnis von Ding und Bild in der europäischen Romantik. In: Ding und Bild in der europäischen Romantik. Hg. v. Jakob Christoph Heller/Erik Martin/Sebastian Schönbeck. Berlin/Boston 2021, S. 1–20, hier S. 2; Alexander Kling: Die Romantik, das Unbedingte und die Dinge. In: Dinge. Handliche Bibliothek der Romantik. Band 11. Hg. v. Alexander Kling. Berlin 2023, S. 9–17, hier S. 11.

16 Novalis: Vorarbeiten zu verschiedenen Fragmentsammlungen 1798. In: ders.: Werke, Tagebücher, Briefe Friedrich von Hardenbergs. Bd. 2: Das philosophisch-theoretische Werk, hg. v. Hans-Joachim Mähl. Darmstadt 1999, S. 311–424, hier S. 334.

mag hier als Beleg genügen –, kann darauf zurückgeführt werden, dass die Rückwendung vom Unendlichen zum Endlichen, vom Unbedingten zu den Dingen bereits in den romantischen Texten häufig als Störung der ersten Bewegung in Erscheinung tritt und dabei mithin Züge des Komischen annimmt. Das gilt nicht nur für Fichte, wenn er von den Steinen als einem materiellen Nicht-Ich getroffen wird, sondern auch für Novalis' erstes *Blüthenstaub*-Fragment. In der Forschung wurde festgestellt, dass das Finden der nichtgesuchten Dinge einem komischen Stolpern gleicht.[17] Hinzufügen ließe sich dieser Überlegung, dass es sich bei der endlosen Wiederholungsschlaufe von Suchen und Finden im Sinne Hegels um eine „*schlechte* [...] Unendlichkeit" handelt – es ist ein Vorgang, der „fortwährend dasselbe wiederholt", dadurch „immer im Endlichen stehenbleibt"[18] und so letztlich Nonsens-Züge annimmt. Das epochale „Wir" des Fragments gleicht damit einer Slapstickfigur, die auch in anderen romantischen Texten ihren Auftritt hat, etwa bei E.T.A. Hoffmann.[19]

Dass die Bewegung zum Unendlichen und Unbedingten Gefahr läuft, auf komische Weise an den banalen Alltagsdingen zu scheitern, ist in Friedrich Schlegels 54. *Lyceums*-Fragment (1797) zu beobachten: „Es gibt Schriftsteller die Unbedingtes trinken wie Wasser; und Bücher, wo selbst die Hunde sich aufs Unendliche beziehen."[20] Zunächst fällt auf, dass Schlegel die Begriffe des Unbedingten und des Unendlichen nahezu synonym verwendet. Dabei deutet sich die Möglichkeit an, dass beide Begriffe zu Floskeln eines romantischen Jargons werden. Mit Blick auf diese potentielle Floskel- und Jargonhaftigkeit polemisiert Schlegel gegen solche ‚Schriftsteller', deren Texte ein ‚schlechtes' Romantisieren betreiben, das durch den Versuch gekennzeichnet ist, alle Dinge und Wesen auf das Unendliche zu beziehen, selbst die, die sich aufgrund ihrer banalen Existenz hierfür in keiner Weise eignen. Dass solche Versuche Züge des Lächerlichen tragen, liegt auf der Hand. Ebenso ist

---

17 Vgl. Johannes F. Lehmann: „Das Vorhandenseyn einer Körperwelt" – Widerständige Dinge in der romantischen Komiktheorie von Stephan Schütze und bei E.T.A. Hoffmann. In: Schläft ein Lied in allen Dingen? Romantische Dingpoetik. Hg. v. Christiane Holm/Günter Oesterle. Würzburg 2011, S. 121–134, hier S. 125.

18 Georg Wilhelm Friedrich Hegel: Werke in 20 Bänden. Bd. 8: Enzyklopädie der philosophischen Wissenschaften im Grundrisse 1830. Erster Teil: Die Wissenschaft der Logik. Mit mündlichen Zusätzen, hg. v. Eva Moldenhauer. Frankfurt a. M. 1986, S. 199.

19 Dass Wiederholungen eine Grundfigur des Komischen darstellen, vertritt nicht erst Henri Bergson in *Le rire* (1900), bereits in Stephan Schützes *Versuch einer Theorie des Komischen* (1817) findet sich diese Überlegung. Schützes Theorie wurde als eine „erste Komiktheorie des *slapstick*" ausgewiesen und dabei auch auf die Texte E.T.A. Hoffmanns bezogen. Vgl. Lehmann: „Das Vorhandenseyn einer Körperwelt", S. 127, 129–134.

20 Friedrich Schlegel: Lyceums-Fragmente [1797]. In: ders.: Kritische-Friedrich-Schlegel-Ausgabe. Abt. 1, Bd. 2: Charakteristiken und Kritiken I, hg. v. Ernst Behler. Zürich 1967, S. 147–163, hier S. 154.

aber festzustellen, dass Schlegel damit der romantischen Doppelbewegung gerade nicht Rechnung trägt, denn nach dieser wären die genannten ‚Schriftsteller', die das Unbedingte und Unendliche in alles einprägen, was in ihre Finger kommt, nicht als schlechte Poeten abzuqualifizieren, im Gegenteil müsste ihr Verfahren als ein dezidiert romantisches anerkannt werden. Dementsprechend hat, um das Beispiel nochmals aufzugreifen, E.T.A. Hoffmann in die banalsten Alltagsdinge – Kaffeekannen, Türknaufe, Nachttöpfe – die Züge einer magischen Hinterwelt eingesenkt und so die Spannung zwischen Poesie und Prosa, Erhabenheit und Komik, Unendlichkeit und Endlichkeit zur Grundausrichtung seiner Texte gemacht.

Die (Un-)Endlichkeit des Komischen

Erscheinungsformen des Komischen stellen sich ein, wenn Handlungsintentionen in ihrem Verlauf unterbrochen und umgelenkt werden. Je enger dabei die Handlungsintention mit der Art ihrer Durchkreuzung in Kontrast steht, desto stärker ist der komische Effekt. Wenn die endlichen Dinge auf das Unendliche ausgerichtet werden sollen, sich dabei aber ihre persistente Materialität als widerständig erweist, entspricht das genau diesem Mechanismus des Komischen, der in ähnlicher Form wiederum bereits in der Thales-Episode zu erkennen ist – die Episode wurde dementsprechend zu einem zentralen Bezugspunkt verschiedener Komiktheorien.[21] Einerseits kann man damit sagen, dass für die Komik – wie auch für die Dinge – Prinzipien der Begrenzung, des Bedingten und Endlichen entscheidend sind. Andererseits ist jedoch nicht zu übersehen, dass die romantischen Theorien, etwa von August Wilhelm Schlegel und Friedrich Ast, das Komische dezidiert auf das Unendliche ausrichten. Anstatt von der Begrenzungskraft der Dinge auszugehen – Brunnen, Wände, Steine –, richten beide den Fokus auf die Freiheit und Willkür des Subjekts als dem entscheidenden Faktor des Komischen.[22] Der „Komiker", so

21 Angestoßen durch den Eröffnungsbeitrag von Hans Blumenberg ist dies etwa der Fall in einigen Beiträgen des Sammelbandes *Das Komische* der Forschungsgruppe *Poetik und Hermeneutik*. Ohne direkten Bezug auf Thales klingt dieser Mechanismus des Komischen des Weiteren bei Wolfgang Iser mit der Komik als „Kipp-Phänomen" sowie bei Karlheinz Stierle mit der „Fremdbestimmtheit" an. Vgl. Wolfgang Iser: Das Komische: ein Kipp-Phänomen. In: Das Komische. Hg. v. Wolfgang Preisendanz/Rainer Warning, München 1976, S. 398–402; Karlheinz Stierle: Komik der Handlung, Komik der Sprachhandlung, Komik der Komödie. In: Das Komische. Hg. v. Wolfgang Preisendanz/Rainer Warning, München 1976, S. 237–268.

22 Vgl. August Wilhelm Schlegel: Vorlesungen über philosophische Kunstlehre (Jena 1798–1799). In: ders.: Kritische Ausgabe der Vorlesungen. Bd. 1: Vorlesungen über die Ästhetik I (1798–1803), hg. v. Ernst Behler. Paderborn/München/Wien u. a. 1989, S. 1–154, hier S. 93–95; Friedrich Ast: Sys-

Ast, „vernichtet [...] die Welt, indem er sie aller Nothwendigkeit und Vernunftmässigkeit entfesselt“, er betreibe eine „freye[] Umbildung aller Dinge“, zudem raube er „dem Menschen alle Tugend und Selbständigkeit, um ihn rein unendlich, d. h., unbestimmt und willkührlich, in seiner Thorheit und Narrheit darzustellen.“[23]

Eine Passage, in der nicht nur der Zusammenhang von Dingen und Komik, sondern auch von Endlichkeit, Unendlichkeit und Romantik explizit aufgerufen wird, findet sich zu Beginn des siebten Programms von Jean Pauls *Vorschule der Ästhetik*:[24]

> Wir haben der romantischen Poesie im Gegensatz der plastischen die Unendlichkeit des Subjekts zum Spielraum gegeben, worin die Objekten-Welt wie in einem Mondlicht ihre Grenzen verliert. Wie soll aber das Komische romantisch werden, da es bloß im Kontrastieren des Endlichen mit dem Endlichen besteht und keine Unendlichkeit zulassen kann? Der Verstand und die Objekten-Welt kennen nur Endlichkeit. Hier finden wir nur jenen unendlichen Kontrast zwischen der Idee (der Vernunft) und der ganzen Endlichkeit selbst. Wie aber, wenn man eben diese Endlichkeit als *subjektiven* Kontrast jetzo der Idee (Unendlichkeit) als *objektiven* unterschöbe und liehe und statt des Erhabenen als eines angewandten Unendlichen jetzo ein auf das Unendliche angewandte Endliche, also bloß Unendlichkeit des Kontrastes gebäre, d. h. eine negative? Dann hätten wir den humour oder das romantische Komische.[25]

Jean Paul greift hier, erstens, nochmals die Unterscheidung von plastischer und romantischer Poesie auf. Dabei zeigt sich abermals, dass die romantische Poesie für ihn durch Unendlichkeit gekennzeichnet ist, die als solche der Auflösung der mate-

tem der Kunstlehre oder Lehr- und Handbuch der Aesthetik zu Vorlesungen und zum Privatgebrauche. Leipzig 1805, S. 231–242. Die Nähe Asts zu Schlegel ergibt sich daraus, dass er an dessen Jenaer *Vorlesungen über die philosophische Kunstlehre* teilgenommen und Nachschriften zu diesen angefertigt hat – auf der Grundlage dieser Nachschriften wurden wiederum Schlegels Vorlesungen ediert. Als Überblick zu den Komiktheorien um 1800 vgl. Alexander Kling/Johannes F. Lehmann: Stephan Schütze und seine Komiktheorie. Zur Einführung. In: Stephan Schütze: Versuch einer Theorie des Komischen. Mit weiteren komiktheoretischen Texten Schützes, Einleitung, Schriftenverzeichnis und Anmerkungen. Hg. v. Alexander Kling/Johannes F. Lehmann. Hamburg 2022, S. VII–CIV, hier S. XXV–LXXII.

23 Ast: System der Kunstlehre, S. 235, 237.

24 Es sei hier zumindest darauf hingewiesen, dass die verschiedenen Theorien ein geteiltes Reflexionsfeld bilden. So hat Ast Jean Pauls *Vorschule* rezensiert, wobei er die hier entwickelten komiktheoretischen Ausführungen auf der Grundlage seiner eigenen und Schlegels Position kritisiert. Jean Paul spricht in der zweiten Auflage der *Vorschule* dementgegen von der „neuere[n] Schlegel-Schelling-Astische[n] Definition des Komischen“; dieser stellt er die „allerneueste“ Theorie Schützes gegenüber; anschließend entfaltet er seine eigene Theorie. Jean Paul: Vorschule, S. 104. Schütze schließlich hat in seinem *Versuch einer Theorie des Komischen* explizit auf Jean Paul, implizit auf die Theorien Schlegels und Asts Bezug genommen.

25 Jean Paul: Vorschule, S. 124 f.

riellen Dinge Vorschub leistet – „wie in einem Mondlicht" verlieren sie „ihre Grenzen". Zweitens stellt Jean Paul fest, dass die Komik sich im Unterschied zum Romantischen durchgehend im Raum des Endlichen bewegt – sie ergibt sich aus dem „Kontrastieren des Endlichen mit dem Endlichen". Drittens fragt Jean Paul, wie auf dieser Grundlage das Romantische und das Komische – also das Unendliche und das Endliche – zusammenfinden können, sodass aus dieser Kombination eine Form des Komischen entsteht, die er als Humor und als das „romantische Komische" bezeichnet.[26] In der Forschung wurde die Passage als Ausgangspunkt von Jean Pauls Humorkonzeption immer wieder aufgegriffen, sie hat dabei aber auch zu einigem Kopfzerbrechen geführt.[27] Es ist hier nicht der Ort, dem genauer nachzugehen. Stattdessen sollen allein zwei Verständnisweisen von Jean Pauls Formulierung einer „angewandte[n] Endlich[keit]" diskutiert werden.

Endlichkeit auf die „Idee" als das Unendliche anzuwenden, lässt sich, erstens, so verstehen, dass das Abstrakte und Allgemeine durch das Konkrete und Besondere versinnlicht wird. Jean Paul spricht dementsprechend von einer „komische[n] Individuation" und skizziert in diesem Zusammenhang ein Schreibverfahren der Digression, das er selbst in seinen literarischen Texten umgesetzt hat.[28] Nach Ralf Simon wird mit diesem Schreibverfahren das Endliche „in sich endlos"; die ‚ange-

26 Zur argumentativen Konzeption der *Vorschule*, deren vorausgehende Passagen auf diesen Punkt zulaufen, vgl. Ralf Simon: Die Idee der Prosa. Zur Ästhetikgeschichte von Baumgarten bis Hegel mit einem Schwerpunkt bei Jean Paul. München 2013, S. 211–258. Simon kommt in diesem Zusammenhang auch auf die Dinge zu sprechen, allerdings stehen diese Ausführungen in Widerspruch zu seinen Überlegungen an anderer Stelle. So heißt es einmal: „Jean Paul bleibt die Antwort nicht schuldig: Im Komischen individualisiert sich das Allgemeine ins Körperliche, in den konkreten Zusammenstoß mit den Dingen." Simon: Die Idee der Prosa, S. 239. An anderer Stelle lautet hingegen der Befund, dass in der *Vorschule* „seltsamerweise das Ding nicht thematisiert" wird; eine theoretische Erfassung der von den Dingen ausgehenden Komik habe erst Friedrich Theodor Vischer vorgelegt. Ralf Simon: Gespensterkomik (Goethes Balladen). In: Gleichzeitigkeit des Ungleichzeitigen. Formen und Funktionen von Pluralität in der ästhetischen Moderne. Hg. v. Sabine Schneider/Heinz Brüggemann. München 2011, S. 59–75, hier S. 75. Zum einen kann man in der Gegenläufigkeit dieser Beobachtungen die Schwierigkeit erkennen, die Jean Pauls Humorkonzeption bereitet. Zum anderen ist festzustellen, dass eine von den Dingen her argumentierende Komiktheorie nicht erst von Vischer entworfen wird, sie findet sich bereits in Schützes *Versuch einer Theorie des Komischen*.

27 Vgl. Maximilian Bergengruen: Schöne Seelen, groteske Körper. Jean Pauls ästhetische Dynamisierung der Anthropologie. Hamburg 2003, S. 212 f.

28 Jean Paul: Vorschule, S. 140. Jean Paul führt folgenden Satz als Beispiel an: „[D]er Mensch denkt neuerer Zeit nicht dumm, sondern ganz aufgeklärt, liebt aber schlecht." Dieser Satz sei voller Abstraktionen, die für den Humor konkretisiert, individualisiert und versinnlicht werden müssten, etwa indem „der Mensch" zeitlich und räumlich als „Friedrichstädter" bestimmt werde. Nehme man solche Ersetzungen des Abstrakten durch das Konkrete für den ganzen Satz vor, hätte man schließlich z. B. folgende Reformulierung: „Und so erleuchtet […] der Friedrichstädter sich allein

wandte Endlichkeit' führe zu einer „listenlange[n] Aufzählung kurioser Endlichkeiten"; der dabei generierte Humor sei „als ästhetisches Prinzip der Prosa die Positivierung der schlechten Unendlichkeit".[29]

Eine zweite Verständnisweise der ‚angewandten Endlichkeit' ergibt sich, wenn das Romantische stärker in den Vordergrund gerückt wird. In dieser Hinsicht versteht Maximilian Bergengruen die Anwendung der Endlichkeit so, dass der Romantik, während sie vom Unendlichen schwadroniert, das Wissen über die Endlichkeit und Begrenztheit der Welt untergeschoben wird. „Durch diesen ‚Trick'", so Bergengruen, „wird das Romantische nicht nur lächerlich gemacht, sondern kann [...] ‚intendiert' komisch werden."[30] Mit dieser Verständnisweise der ‚angewandten Endlichkeit' wird der Romantik eine Selbstparodie unterstellt – sie wird zum Rollenspiel, wobei aus dem Unendlichkeitspathos stets die Endlichkeit hervorlugt und das romantische Komische sich in ein Komisch-werden der Romantik verwandelt.

Mit der ‚angewandten Endlichkeit', mit der das Konkrete und die Grenzen des romantischen Unendlichkeitspathos in den Blick geraten sollen, rücken die Dinge wieder verstärkt ins Zentrum der Komiktheorie. Umgekehrt lässt Jean Paul jedoch keinen Zweifel daran, dass auch in seiner Theorie das Subjekt den Vorrang hat vor dem Objekt: Das „Komische" wohne „nie im Objekte [...], sondern im Subjekte."[31] Entsprechend dieser Privilegierung muss die ‚angewandte Endlichkeit' als Operation des Subjekts verstanden werden, die ihrerseits eine Signatur des Unendlichen bzw. Endlosen trägt. So führt zum einen die Konkretion des Abstrakten durch die digressive Schreibweise gerade nicht zu einer Verfestigung, sondern einer Verflüchtigung der Dinge. Zum anderen hat Bergengruen darauf hingewiesen, dass mit der ‚angewandten Endlichkeit' zwar der „Unendlichkeit Endlichkeit parodistisch unterlegt" werde, dies könne aber „nur in der subjektiven Unendlichkeit stattfinden. Und der [...] muß wiederum Endlichkeit unterlegt werden usw. usw."[32] Die Anwendung der Endlichkeit erweist sich somit als unabschließbarer Vorgang, in dem Unendlichkeit von Endlichkeit, Endlichkeit von Unendlichkeit eingeholt wird.

In einem deutlichen Kontrast – gerade im Hinblick auf die Konstellation von Komik und Dingen, Endlichkeit und Unendlichkeit – zu den romantischen Komiktheorien sowie zu Jean Paul steht die Position Stephan Schützes. Entgegen der Gewichtung des Subjektpols geht Schütze davon aus, dass Komik nicht durch die

---

und sein Papier und verachtet Ungeheuer und Fische um sich her ganz." Das, so kommentiert Jean Paul, „ist der obige Satz". Jean Paul: Vorschule, S. 140.

29 Simon: Die Idee der Prosa, S. 250.

30 Bergengruen: Schöne Seelen, S. 217.

31 Jean Paul: Vorschule, S. 110.

32 Bergengruen: Schöne Seelen, S. 218.

„Dichtung von Möglichkeiten" geschaffen, sondern in der „objective[n] Welt" *„entdeckt"* werden müsse.[33] In der Rede vom Unendlichen sieht er einen „Scherwenzel", ein begrifflich-floskelhaftes *Passepartout*.[34] Grundsätzlich ergibt sich für Schütze das Komische aus der Spannung zwischen der menschlichen Freiheit und seinen auf Ziele gerichteten Handlungsintentionen auf der einen, den dabei in Erscheinung tretenden Abhängigkeiten von seiner materiellen Umwelt auf der anderen Seite: „So viel Dinge aber nöthig sind, um die *Freyheit* auszuüben, so viel Fälle sind auch möglich, sie zu *beschränken*. Und in jeder *möglichen Beschränkung* eröfnet sich auch wieder eine Quelle des Lächerlichen".[35]

In Zusammenhang mit Schützes allgemeinen komiktheoretischen Ausführungen ergeben sich zwei engere Bezugspunkte zur Romantik. Zum einen kommt Schütze explizit auf ein „Komische[s] *romantischer* Art" zu sprechen. Mit dieser Art des Komischen habe man es zu tun, wenn „Hindernisse", die den Menschen bei seinen Tätigkeiten stören, von „todten Gegenstände[n]" ausgehen, die „für den Augenblick selbst vernünftig scheinen".[36] Das „Komische *romantischer* Art" ergibt sich also aus einer Personifizierung der Dinge als subjektförmige Objekte, die aktiv und scheinbar bewusst die menschlichen Handlungen begrenzen und bedingen. Zum anderen stellt sich ein Bezugspunkt zur Romantik über die anthropologische Fundierung von Schützes Komiktheorie ein. Schütze versteht den Menschen, in der Tradition der aufgeklärten Anthropologie, als *homo duplex*, als geistig-körperliches Doppelwesen. Mit der Romantik hängt dies insofern zusammen, als Schütze Geist und Körper mit dem Unendlichen und Endlichen verbindet und aus der Spannung der beiden die Komik hervorgehen lässt:

> Denn so steht auch der Mensch da, der, halbverwurzelt im Boden, hinauf verlangt zum Lichte, und auf diese Weise Körper mit Geist, Sinnlichkeit mit Freyheit, das Irdische mit dem Göttlichen verbindet. Aus dieser zwiefachen Richtung geht auch die Möglichkeit des Komischen hervor [...].[37]

---

33 Stephan Schütze: Versuch einer Theorie des Komischen. In: ders.: Versuch einer Theorie des Komischen. Mit weiteren komiktheoretischen Texten Schützes, Einleitung, Schriftenverzeichnis und Anmerkungen, hg. v. Alexander Kling/Johannes F. Lehmann. Hamburg 2022, S. 1–171, hier S. 15.

34 Stephan Schütze: Rezension von Friedrich Theodor Vischer: Über das Erhabene und Komische [1838]. In: ders.: Versuch einer Theorie des Komischen. Mit weiteren komiktheoretischen Texten Schützes, Einleitung, Schriftenverzeichnis und Anmerkungen, hg. v. Alexander Kling/Johannes F. Lehmann. Hamburg 2022, S. 192–205, hier S. 193.

35 Schütze: Versuch einer Theorie des Komischen, S. 25.

36 Schütze: Versuch einer Theorie des Komischen, S. 20.

37 Schütze: Versuch einer Theorie des Komischen, S. 16.

In einer Terminologie, die an Schelling angelehnt ist,[38] entwirft Schütze hier eine Theorie jenes komischen Mechanismus, wie er dem Lachen der thrakischen Magd gegenüber Thales' Brunnensturz sowie dem Spott Goethes gegenüber Fichtes Begegnungen mit den materiellen Nicht-Ichs zugrunde liegt. Auch das von der Romantik mitgeführte Potential des eigenen Komisch-werdens durch die Spannung zwischen der Ausrichtung auf das Unendliche und Unbedingte auf der einen und dem „Vorhandenseyn einer Körperwelt"[39] auf der anderen Seite rückt so in den Fokus der Komiktheorie.

Die (Un-)Endlichkeit des Theaters – Tiecks *Prinz Zerbino*

Nachdem Ludwig Tieck ihn zuvor um ein Referenzschreiben für eine Bewerbung ans Frankfurter Theater gebeten hat, entwirft Goethe im Dezember 1801 eine ablehnende Antwort, die zugleich sein Verständnis des Theaters zu erkennen gibt. Das Theater scheine zwar „an das Ideale zu gränzen", tatsächlich hänge es aber von „gemeinen und [...] geringen Mitteln ab"; wer „Ideen" auf dem Theater „realisiren" wolle, müsse den „realistischen Theil der ganzen Anstalt" beherrschen.[40] Entsprechend seiner langjährigen Leitung des Weimarer Hoftheaters geriert sich Goethe hier als erfahrener Theaterpraktiker. Umgekehrt spricht er Tieck jegliche Ausrichtung auf das Praktische der Bühnenwirklichkeit mit der Aussage ab, dass seiner „dramatische[n] Poesie" die „theatrale Richtung" fehle.[41]

Goethes Ausführungen bestimmen das Drama über die Wirklichkeits- und Materialitätszwänge des Theaters. Seine Bewertung von Tiecks Dramatik als atheatral lässt sich auf die Komödie *Prinz Zerbino, oder die Reise nach dem guten*

38 Zum Verhältnis von Schütze und Schelling vgl. Kling/Lehmann: Stephan Schütze und seine Komiktheorie. Zur Einführung, S. L–LIX.

39 Schütze: Versuch einer Theorie des Komischen, S. 52.

40 Johann Wolfgang Goethe: An Ludwig Tieck, Konzept, 16.12.1801. In: Schriften der Goethe-Gesellschaft. Goethe und die Romantik. Bd. 1: Briefe mit Erläuterungen, hg. v. Karl Schüddekopf/Oskar Walzel. Weimar 1898, S. 295–296, hier S. 295. Der tatsächlich an Tieck geschickte Brief hat einen anderen Wortlaut. Vgl. Johann Wolfgang Goethe: An Ludwig Tieck, 17.12.1801. In: ders.: Werke. Sophien-Ausgabe. Abt IV, Bd. 15: Goethes Briefe 1801–1802, hg. v. Bernhard Suphan/Eduard von der Hellen. Weimar 1894, S. 297.

41 Goethe: An Ludwig Tieck, S. 295.

Geschmack (1799) beziehen.[42] Als *Fortsetzung des gestiefelten Katers* – so der Untertitel – steht der *Zerbino* einerseits in der Tradition von Tiecks parabatischen Komödien, in denen „die Bühne mit sich selbst Scherz“ treibe.[43] Andererseits weist die Form des *Zerbino* auf die Universaldramen voraus, die im Werk Tiecks ab 1800 an die Stelle der parabatischen Komödien treten und die in der Forschung als besonders „bühnenuntauglich[e]“ Lesedramen gelten.[44] Für den *Zerbino* steht die Bühnentauglichkeit hingegen noch zur Diskussion. Goethe hatte Tieck 1799 dazu aufgefordert, das Stück auf einen Handlungsstrang zu begrenzen, um es aufführbar zu machen.[45] Tieck lehnt dies zwar ab – er habe sich in die „Form wie vergafft“, die „so wunderbar Epik und Drama verschmelzt“[46] –, dennoch erwägt er in den folgenden Jahren eine Überarbeitung und bittet Karl Wilhelm Ferdinand Solger hierzu um eine Einschätzung. Diese fällt eindeutig aus: „Von dem Ganzen“ könne man sagen, „daß es zu sehr auseinandergeht“, „der dra-

---

42 Ludwig Tieck: Prinz Zerbino oder die Reise nach dem guten Geschmack. Gewissermaßen eine Fortsetzung des gestiefelten Katers. Ein deutsches Lustspiel in sechs Aufzügen. In: ders.: Schriften. Bd. 10. Berlin 1828.

43 Ludwig Tieck: Vorbericht. In: ders.: Schriften. Bd. 1. Berlin 1828, S. V–XLIV, hier S. VIII. Tieck verweist hier auch darauf, dass er für seine parabatischen Komödien *Der gestiefelte Kater* und *Die verkehrte Welt* „die Bühne und ihre Einrichtungen im Auge behalten“ habe. Vgl. Tieck: Vorbericht, S. XX, XXV. Vgl. zur parabatischen Komödie der Romantik Uwe Japp: Die Komödie der Romantik. Typologie und Überblick. Tübingen 1999, sowie zu den Texten Tiecks im Kontext des romantischen Dramas Claudia Stockinger: Das Drama der deutschen Romantik – ein Überblick (Tieck, Brentano, Arnim, Fouqué und Eichendorff). In: Goethezeitportal (2004). http://www.goethezeitportal.de/db/wiss/romantik/stockinger_drama.pdf, (letzter Zugriff: 03.12.2022).

44 Japp: Die Komödie der Romantik, S. 4. Das Lesedrama wurde immer wieder anhand der Trennung von Dramentext und Theater beschrieben. Vgl. etwa Georg Lukács: Zur Soziologie des modernen Dramas. In: ders.: Werkauswahl. Bd. 1: Schriften zur Literatursoziologie, hg. v. Peter Ludz. 5. Aufl. Berlin 1972, S. 261–295; sowie als knappen Überblick Peter W. Marx: Lesedrama. In: Handbuch Drama. Theorie, Analyse, Geschichte. Hg. v. Peter W. Marx. Stuttgart/Weimar 2012, S. 293–295. Das Drama der Romantik stellt in Hinsicht auf diese Trennung sicher einen Höhepunkt dar, entscheidend vorangetrieben wird sie aber bereits mit der Dramenpoetik des Sturm und Drang. Wenn sich Goethe also auf die Realität des Theaters beruft, dann wendet er sich gegen eine Form, an deren Ruf er selbst beteiligt war. Zum romantischen Drama als Lesedrama vgl. die Beiträge von Gerhard Schulz und Ludwig Stockinger in Uwe Japp/Stefan Scherer/Claudia Stockinger (Hg.): Das romantische Drama. Produktive Synthese zwischen Tradition und Innovation. Tübingen 2000.

45 Tieck selbst berichtet hiervon. Vgl. Ludwig Tieck: Schriften. Bd. 6. Berlin 1828, S. V–LIV, hier S. LII.

46 Ludwig Tieck: An Solger, 30.01.1817. In: Karl Wilhelm Ferdinand Solger: Nachgelassene Schriften und Briefwechsel. Bd. 1, hg. v. Ludwig Tieck/Friedrich von Raumer. Leipzig 1826, S. 499–502, hier S. 502.

matische Plan" sei „nicht recht gerundet", wäre er „mehr concentrirt", würde „manches Einzelne weniger auseinanderfallen und weniger weitläufig werden".[47]

Die überbordende Form des *Zerbino,* die in der Bewertung, nicht in ihrer Gestalt strittig ist,[48] lässt sich ohne Weiteres am Stück selbst nachvollziehen. Ein Handlungsstrang gilt der Reise des Prinzen Zerbino – dem Sohn Gottliebs und der Prinzessin aus *Der gestiefelter Kater* –, der zur Heilung einer Verrücktheit auf die Suche nach dem guten Geschmack geschickt wird. Die mit dem Motiv der Reise verbundene Entgrenzung wird dadurch gesteigert, dass sie an kein Ende gelangt – der gute Geschmack wird nicht gefunden, statt einer sinnhaften Schließung weist sich das Stück selbst die Kriterien der Substanzlosigkeit, Unabgeschlossenheit und Sinnlosigkeit zu.[49] Bei zwei Figuren, Zerbino und seinem Begleiter Nestor, führt dies im sechsten Akt zum Wunsch nach einer Selbstauslöschung. Die beiden

47 Karl Wilhelm Ferdinand Solger: An Tieck, 23.03.1816. In: ders.: Nachgelassene Schriften und Briefwechsel. Bd. 2, hg. v. Ludwig Tieck/Friedrich von Raumer. Leipzig 1826, S. 387–389, hier S. 388.

48 Die in der Rezeption immer wieder aufscheinende Ambivalenz der Bewertung des *Zerbino* ergibt sich aus zwei konträren Bezugspolen: Wird ausgehend vom Theater geurteilt, muss das Auseinanderstreben der Form als Mangel an Schließung und Konzentration angesehen werden – das ist die Position Goethes und Solgers. Umgekehrt kann diese Form aber affirmativ auf die romantische Universalpoesie bezogen werden. In diese Richtung verweist das wertschätzende Urteil Friedrich Schlegels. Vgl. Friedrich Schlegel: Geschichte der europäischen Literatur. In: ders: Kritische-Friedrich-Schlegel-Ausgabe. Abt. II, Bd. 11: Wissenschaft der europäischen Literatur. Vorlesungen, Aufsätze und Fragmente aus der Zeit von 1795–1804, hg. v. Ernst Behler. Zürich 1958, S. 3–188, hier S. 94. Die unterschiedlichen Bewertungen setzen sich in der Forschung fort. Armin Gebhardt: Ludwig Tieck. Leben und Gesamtwerk des „Königs der Romantik". Marburg 1997, S. 93, lehnt den *Zerbino* als unsinnig und unspielbar „bis ins Unerträgliche" ab; Eckehard Catholy: Das deutsche Lustspiel. Von der Aufklärung bis zur Romantik. Darmstadt 1982, S. 240, spricht von einer „Inkonsequenz", die auf die ästhetisch verfehlten Universaldramen vorausweise. Nach Adriana Marelli: Ludwig Tiecks frühe Märchenspiele und die Gozzische Manier. Eine vergleichende Studie. Köln 1968, S. 145, dokumentiert der *Zerbino* hingegen „eine neue Richtung des Tieckschen Schaffens", da „dieses von allem materiellen Theater entblößte Lesedrama" ein „Versuch" sei, „in das erahnte und erstrebte Neuland romantischer Kunst vorzustoßen." Die aktuellere Forschung hat ebenfalls den Status als Lesedrama betont und dies mit den Merkmalen der Entgrenzung, Unabschließbarkeit und Endlosigkeit verbunden. Vgl. Stefan Scherer: Witzige Spielgemälde. Tieck und das Drama der Romantik. Berlin 2003, S. 339.

49 Bereits im Prolog ist davon die Rede, dass „diesem lustigen, aus Luft gewebten / Gedichte der Verstand so gänzlich fehle". Tieck: Zerbino, S. 5. Auch die ungewöhnliche sechsaktige Struktur wird eigens reflektiert, wenn es heißt, dass ein „Vorhang", der „sechsmal sich aufgerollt" hat, dies mit „gleichem Grund" ein „siebentes" und „ebenso zum achten, neunten mal" machen könnte. Tieck: Zerbino, S. 311. Das Stück kommt also nach dem sechsten Akt an ein Ende, doch verweist dies auf eine potentielle Endlosigkeit, zumal das Ende „ohne alle Ursach" sei, zumindest „[w]enn Willkür nicht hinreichend Ursach' ist". Tieck: Zerbino, S. 311.

wollen das „tolle Gedicht“ zurückdrehen, um es „endlich [zu] überwinden“.[50] Während sie an einer „Maschine“ drehen, kehrt sich nach Angabe des Nebentextes der Zeitverlauf tatsächlich um: „*Verwandelt sich in das vorige Feld* [...]. *Verwandelt sich wieder in die freie Sandfläche, in der Ferne Aussicht auf Heidekraut, der Poet geht wieder sinnend umher*“.[51] Zerbino und Nestor werden schließlich aufgehalten, unter anderem mit dem Argument, dass durch das Zurückdrehen das Ende des Stücks in eine noch weitere Ferne rücke.[52]

Die Beobachtungen zum *Zerbino* legen es nahe, dass man es mit einer Komödie im Sinn der romantischen Komiktheorien zu tun hat – das Stück unterwirft sich keinen Begrenzungen, stattdessen inszeniert es eine maximale Willkür, die die Konzentration und Endlichkeit des Theaters aufbricht und so das Unendliche aufscheinen lässt. Versagt damit am *Zerbino* die bisher in Rechnung gestellte doppelte Bewegungsrichtung vom Endlichen zum Unendlichen und zurück? Zunächst ist mit Blick auf diese Frage festzustellen, dass die materiellen Dinge durchaus ihren Auftritt haben, insbesondere im fünften Akt. Nestor kommt hier in den „Garten der Poesie“, wo er auf sprechende Blumen und ein Dichterpantheon trifft, dem unter anderem Sophokles, Dante und Cervantes angehören. All dies führt bei Nestor, einer aufgeklärten Philisterfigur, jedoch zu keiner romantischen Begeisterung, statt des „phantastische[n] Narrenkram[s]“ wünscht er sich „ordentliche Eßwaaren“.[53] Es kommt zu folgendem Dialog:

> DER TISCH: O wie glücklich ist die Kreatur zu preisen, die endlich zu Erkenntniß kommt, und statt müßig zu sein, nützlich ist.
>
> NESTOR: Wer spricht denn hier so vernünftig? [...]
>
> DER TISCH: Ich bin es, der hier vor Dir steht, mit meinem Namen Tisch genannt.
>
> NESTOR: Aber mir schwindelt, mir vergehn die Sinne; ich habe so etwas noch niemals gehört.
>
> DER TISCH: Ich freue mich, daß nun das Essen bald auf meine Oberfläche wird gesetzt werden, dann nimmst Du meinen Bruder, den Stuhl, setzest Dich vertraulich und lächelnd zu mir heran, und ich bin Dir eine nützliche Bequemlichkeit.
>
> [...]

50 Tieck: Zerbino, S. 331.
51 Tieck: Zerbino, S. 330, 332.
52 Tieck: Zerbino, S. 332.
53 Tieck: Zerbino, S. 283.

DER TISCH: Wie freuen wir uns, daß wir nicht mehr draußen als elende grüne Bäume im Freien stehn, und rauschen und uns schütteln [...]. Hier sind wir zu einem nützlichen Zweck umgearbeitet und erzogen.[54]

Dass in einem so phantastischen Text wie dem *Zerbino* die Dinge aus dem diegetischen Rahmen heraustreten und als Mitspieler am Handlungsgeschehen teilnehmen, ist kaum eine Überraschung. Überraschend ist jedoch, wie sie dies tun. Schütze verknüpft das „Komische *romantischer* Art" nicht nur damit, dass die Dinge belebt und vernünftig erscheinen, ebenso ist für ihn entscheidend, dass sie gegen den Menschen und seine Intentionen handeln. In der Interaktion Nestors mit den Möbeln ist das Gegenteil der Fall: Weder verhalten sich die Dinge widerständig noch kommt es zu einem slapstickhaften Geschehen, stattdessen ergibt sich die Dingbelebung allein aus ihrer Partizipation am dramatischen Dialog – und dabei stellen sich die Möbel, in Form einer ironischen Gegenbewegung zum Text, als aufgeklärte Dinge dar, die ihre Transformation zu nützlichen Kulturdingen affirmieren und nicht im Sinn einer romantischen Geschichtstriade als Entfremdung von den ‚rauschenden Wäldern' beklagen.[55] In Hinsicht auf die Bifurkation von Aufklärung und Romantik erweisen sich die Möbel somit als verquere Wesen – ihre ironische Konzeption ergibt sich aus der Spannung, *dass* sie sprechen und *was* sie sprechen: Einerseits wurden sie, im Sinn August Wilhelm Schlegels, mittels eines poetischen „Zauberstab[s]" belebt, andererseits artikulieren sie im Zuge dieser Belebung Prinzipien, die mit diesem Zauberstab überwunden werden sollten. Sie sind als zauberhaft belebte Dinge genauso philiströs wie ihr menschliches Gegenüber; ihnen fehlt, wie Nestor feststellt, jeglicher „Idealismus", vielmehr sind sie ganz auf die „zweckmäßig[e] [...] Einrichtung der schönen Welt" bezogen.[56]

Auf die Möbel-Szene folgt mit dem anschließenden Szenenwechsel eine Öffnung ins Weite und Erhabene:

Gebirge.

Zerbino tritt auf.

ZERBINO: Verirrt wandr' ich umher und kann aus diesen Felsen, aus diesen Labyrinthen den Rückweg nicht finden. [...] Die Natur liegt groß und unermeßlich vor mir [...]. Wie nichtig und

---

54 Tieck: Zerbino, S. 284 f.

55 Ironie ist hier im Sinn der dramatischen Ironie zu verstehen, das heißt als Spannung, die sich aus den verschiedenen Kommunikationsebenen des Dramas sowie der „Diskrepanz zwischen der von der Figur intendierten Bedeutung und der Deutung durch das Publikum" ergibt. Manfred Pfister: Das Drama. Theorie und Analyse. 11. Aufl. Köln/Weimar/Wien 2001, S. 89.

56 Tieck: Zerbino, S. 287.

> klein erscheint mir hier die Existenz, die mir immer so groß dünkte, wie lächerlich der Zweck, um dessentwillen ich mich hier befinde.[57]

Der Schritt von der engen Wohnstube zum offenen Gebirge vollzieht sich in nur einem Szenenwechsel. Im Folgenden kommen Quellen, ein Bergstrom, ein Sturm sowie Berggeister zu Wort und artikulieren dabei das unendliche Gewebe der Natur. Zerbino kann diese Offenbarung der Natur jedoch nicht ertragen und muss von Shakespeare, dem er im Verlauf der Szene begegnet ist, aus dem Gebirge herausgeführt werden. Sein nächster Auftritt ist in einer Teegesellschaft.

Was hier exemplarisch an einer Passage beschrieben wurde, gilt für das gesamte Stück: Die Oppositionen von Endlichkeit und Unendlichkeit, begrenzten Kulturdingen und entgrenzten Naturdingen, Zweckmäßigkeit und Willkür, Sinn und Unsinn werden in ein dynamisches Hin-und-Her überführt. Ein wesentlicher Faktor dieser Dynamik ergibt sich aus der Gestaltung und Abfolge der einzelnen Szenen. Sämtliche Szenenbeschreibungen seien hier einmal aufgelistet:

> *[E]in dichter Wald; Pallast; Marktplatz; Zimmer des Prinzen Zerbino; Freie Landschaft, mit einem kleinen Landhause; Zimmer im Pallast; Saal der Akademie; Wald; Vorsaal der Akademie; Dorus Landhaus; Königliches Zimmer; Saal; Großes Gericht; Das Innere der Höhle des Polykomikus; Wildverwachsner Wald; Höhle des Polykomikus; Dorus Landhaus; Wald. Vor der Höhle des Polykomikus; Dorus Garten; Der Pallast; Allegorische Schmiede; Auf einem Berge; Pallast; In der Mühle, Tagesanbruch; Vor einem Wirtshause; Stube in der Schenke; Wald; Die Wüste; Polykomikus in seiner Höhle; Wald; Feld und Hain; Der Garten; Ein Zimmer; Gebirge; Der Hof; Theegesellschaft; Pallast; Freie Sandfläche; Feld; Eine andre Gegend; Die Wüste; Der Hof; Feld; Gefängniß; Platz vor Dorus Hause; Großer Cirkus*[58]

Die Liste veranschaulicht, dass im *Zerbino* Endlichkeit zwar inhaltlich in Szene gesetzt wird, die Form aber entschieden auf eine Entgrenzung ausgerichtet ist. Wie verhält sich nun aber diese Form der Darstellung, der es um Entgrenzung geht, zu ihrer eigenen dinglichen Gestaltung? Tieck, darauf ist nochmals hinzu-

---

57 Tieck: Zerbino, S. 293.

58 Zwei Szenenbeschreibungen bedürfen einer Erläuterung, Zum einen handelt es sich bei der Szene *„Eine andre Gegend“* um die Textstelle, in der Zerbino und Nestor versuchen, das Stück zurückzudrehen. Die ‚Andersheit‘ der Szene ergibt sich demnach aus dem ‚Außerhalb‘ der theatralen Illusion – es ist eine Szene unter der ‚Szene‘ – hier befand sich üblicherweise die Theatermaschinerie, mit der auch die Kulissen bewegt werden konnten. Vgl. – als Text, in dem die ‚gemeinen und geringen Mittel‘ des Theaters ausführlich dargelegt werden – Christian Ludwig Stieglitz: Schauspiel-Haus, Schauplatz, Opern-Haus, Comödien-Haus, Theater. In: ders.: Encyklopädie der bürgerlichen Baukunst, in welcher alle Fächer dieser Kunst nach alphabetischer Ordnung abgehandelt sind. Ein Handbuch für Staatswirthe, Baumeister und Landwirthe. Bd. 4: N–Sche. Leipzig 1797, S. 535–701, hier S. 645. Zum anderen stellt die Szene *„Großer Cirkus“* einen Kreis dar, in dem sich *„Gottlieb auf dem Thron“*, sein *„ganzer Hof“* sowie die *„ganze Nation als Zuschauer umher auf Gerüsten“* versammeln. Tieck: Zerbino, S. 379.

weisen, hatte ein grundlegendes Interesse an der Materialität der Bühne – das zeigen seine parabatischen Komödien, die jene ‚gemeinen und geringen Mittel' der Theaterpraxis in Szene setzen, die nach Goethe als realistische Unterlage den Idealismus des Theaters bedingen. Des Weiteren gibt sich ausgerechnet in der wohl ‚überdrehtesten' Szene des *Zerbino* eine deutliche Ausrichtung auf die zeitgenössischen Theatermittel zu erkennen: Folgt man den historischen Beschreibungen, waren die Kulissen über eine Leine miteinander verbunden und konnten über eine Drehtechnik sowohl auf die als auch von der Bühne gezogen werden.[59] Genau diese Technik kommt zum Einsatz, wenn Zerbino und Nestor das Stück zurückdrehen – das Phantastische der Zeitmanipulation und die gewöhnlichen Mittel des Theaters fallen hier zusammen.[60]

Ist man derart aufmerksam geworden für die Bühnentechnik im *Zerbino*, lässt sich diese auch anhand der Heterogenität der Szenengestaltungen weiterverfolgen. Friedrich Weinbrenner führt in einer Abhandlung aus dem Jahr 1808, die dem Neubau des Karlsruher Theaters gewidmet ist, die folgenden 16 Prospekte als Grundausstattung an:

> „Stadtprospect", „gothisch gewölbter *Rittersaal*", „*gothische Vorhalle*", „römischer *Prunksaal*", „minder kostbarer bürgerlicher Saal", „simples bürgerliches *Zimmer*", „ganz gewölbtes altes gothisches *Zimmer*", „*Bauerstube*", „*Gefängnis*", „*Gartenprospect*", „kurzer dichter" und ein „entfernter *Waldprospect*, in dessen Hintergrund man Dörfer und eine entfernte Bergkette sieht", „*Gebirgs-Prospect*", „Prospect einer *Stadt* oder *gothischen Burg*", „*Dorf*[]", „*Luft*- oder *See-Prospect*"[61]

---

59 Der technische Vorgang wird zeitgenössisch folgendermaßen beschrieben (die Buchstaben beziehen sich dabei auf eine Bildskizze): „Um nun dieses Vorziehn und Zurückziehn aller Coulissen auf beyden Seiten der Bühne auf einmahl vorzunehmen, so werden die Leinen, d, über die horizontalen Rollen, h, hinweg geführt, bis in den Grund der Bühne, wo sie alle zusammen über eine große Rolle oder Scheide, i, gehen. Vor dieser Rolle befindet sich eine Trommel, k, die an einer Welle, l, steckt, welche zugleich durch die größere Trommel, m, geht. Von der Rolle, i, werden die Leinen über die Trommel, k, geführt. Um die große Trommel, m, ist ein Seil gewickelt, das von da um den Haspel, n, herum geht. Wird nun dieser Haspel in Bewegung gesetzt, so wird durch die daran befindliche Leine die Trommel, m, herumgedreht, und zu gleicher Zeit auch die Trommel, k, wodurch alle Leinen, d, sich auf diese Trommel wickeln, und daher eine Coulisse vor, die andere zurück ziehn." Stieglitz: Schauspiel-Haus, S. 679.

60 Zur Zeitlichkeit im *Zerbino* vgl. Manfred Frank: Das Problem „Zeit" in der deutschen Romantik. Zeitbewusstsein und Bewusstsein von Zeitlichkeit in der frühromantischen Philosophie und in Tiecks Dichtung. Paderborn/München/Wien u. a. 1990, S. 354–363. Frank hebt dabei in erster Linie auf das „Spiel mit der Willkür" ab.

61 Friedrich Weinbrenner: Über Theater in architektonischer Hinsicht. Mit Beziehung auf Plan und Ausführung des neuen Hoftheaters zu Carlsruhe. Tübingen 1809, S. 28–30.

Neben dieser Aufzählung stellt Weinbrenner fest, dass die „mannichfaltigen Versetzungsstücke“ so miteinander zu kombinieren sind, dass „die meisten unserer jetzigen Theaterstücke mit denselben auf anständige Art“ aufgeführt werden können.[62] Vergleicht man diese Grundausstattung an Prospekten, die sich in ähnlicher Form auch in anderen zeitgenössischen Texten aufgelistet findet,[63] mit den Szenenbeschreibungen im *Zerbino*, ist nicht zu übersehen, dass mit dieser Ausstattung alle Szenen umgesetzt werden können. Einzige Ausnahmen sind die ‚leeren‘ Landschaften, die allerdings unter Hinzunahme einzelner Dekorationselemente – die in den entsprechenden Szenen auch genannt werden[64] – keinen großen Darstellungsaufwand erfordern, sowie die Szene *„Eine andre Gegend“*, die jedoch mit der Theatermaschine gerade im ‚Außenhalb‘ der Theaterdekorationen verortet ist. Die vermeintliche Unendlichkeit des *Zerbino* lässt sich also mit einem geringen Set an Standard-Prospekten umsetzen. Von einer ‚angewandten Endlichkeit‘ kann dabei insofern gesprochen werden, als es sich bei diesen Standard-Prospekten um Stereotype der Bühnenpraxis um 1800 handelt. Man muss sich nur vorstellen, wie Zerbino seine Rede von der unermesslichen Natur im Angesicht der klischeehaften Kulissen vorträgt, oder wie die belebten Möbel – ähnlich wie in Shakespeares *A Midsummer Night's Dream* (1595/96) und Gryphius' *Absurda Comica* (1657) – von menschlichen Darstellern verkörpert werden, um zu erkennen, auf welch komische Weise hier der romantische „Kultus des Unendlichen“ mit der materiellen Endlichkeit der Bühnenwirklichkeit in Kontrast gerät.

Schluss: E.T.A. Hoffmanns *Der vollkommene Maschinist*

Ein Problem der hier vorgelegten Lektüre des *Zerbino* liegt ohne Frage in ihrer Exklusivität – weder in der historischen Rezeption noch in der Forschung spielt die vorgeschlagene Brechung der romantischen Unendlichkeitskonzeption an der materiellen Endlichkeit des Theaters eine Rolle. Auch der Text selbst legt eher eine Lesart ausgehend von den romantischen Ding- und Komiktheorien nahe. Evidenz gewinnt die Argumentation allenfalls dann, wenn sich – neben den erkennbaren

62 Weinbrenner: Über Theater in architektonischer Hinsicht, S. 30.

63 Vgl. Stieglitz: Schauspiel-Haus, S. 684 f.

64 Für die Szenen *„Wüste“* wird z. B. ein *„Felsen“* mit einem *„Fenster“* (Tieck: Zerbino, S. 97) bzw. eine „Höhle“ benötigt (Tieck: Zerbino, S. 338), in der Szene *„Freie Sandfläche“* soll *„Heidekraut“* sichtbar sein (Tieck: Zerbino, S. 319), die Szene *„Feld“* muss einen Wald andeuten, da aus diesem im Verlauf der Szene eine Figur heraustritt. Tieck: Zerbino, S. 325.

Bezügen zu den materiellen Praktiken des zeitgenössischen Theaters *im* Text – für die Anwendung der Endlichkeit des Theaters auf die Unendlichkeitskonzeption weitere historische Beispiele anführen lassen. Abermals verweisen in diese Richtung zumindest Tiecks parabatische Komödien, die in der Darstellung das Darstellende sichtbar machen, um so den realen Untergrund des theatralen Idealismus offenlegen. Ein weiterer Text, in dem dieses Verfahren explizit reflektiert wird, ist E.T.A. Hoffmanns *Der vollkommene Maschinist* aus den *Kreisleriana 1–6* (1814). Die Logik dieses kurzen Textes besteht darin, dass ein vermeintlich von seinem Kunstenthusiasmus geheilter Johannes Kreisler einen Brief an den Maschinisten und den Dekorateur eines Theaters schreibt, um ihnen zu erklären, wie sie sich gegen die Machenschaften der Dichter und Musiker zu Wehr setzen sollen. Zunächst beschreibt Kreisler, wie Dichter und Musiker (als Vertreter des Idealen sowie der Ideen) auf der einen, Dekorateur und Mechanist (als Vertreter des Realen sowie der ‚gemeinen und geringen Mittel') auf der anderen Seite üblicherweise gemeinsam an der Hervorbringung eines theatralen „Total-Effekt[s]" arbeiten, mit dem die Zuschauenden „auf unsichtbaren Fittigen" aus dem engen „Theater heraus" in die Weite des „fantastische[n] Land[s] der Poesie getragen" werden.[65] Gerade eine solche Illusion sieht Kreisler aber als Gefahr für die Zuschauenden an, denn sie werden auf diese Weise von „fantastische[m] Zeug" überhäuft, sodass sie im Theater keine „vernünftige Erholung" mehr finden können.[66] Dem sollen sich nun Dekorateur und Maschinist mittels einer ‚Sabotagetaktik' widersetzen. Anstatt zum Zustandekommen der Illusion beizutragen, mit der das Theater zugunsten des Vogelflugs der Phantasie verschwindet, sollen sie die Illusion brechen und das Theater als Theater sichtbar machen. Die Liste an Möglichkeiten, die Kreisler hierzu aufzählt, ist lang – es sei nur ein Beispiel angeführt:

> Was soll ich von Ihren schauerlichen heimlichen Mondgegenden sagen, Herr Dekorateur, da jeden Prospekt ein geschickter Maschinist in eine Mondgegend umwandelt. Es wird nämlich in einem viereckigen Brett ein rundes Loch ausgeschnitten, mit Papier verklebt und in den hinter demselben befindlichen rotangestrichenen Kasten ein Licht gesetzt. Diese Vorrichtung wird an zwei starken schwarz angestrichenen Schnüren herabgelassen und siehe da, es ist Mondschein![67]

Hieß es bei Jean Paul noch, dass im romantischen Mondlicht die „Objekten-Welt" ihre Konturen verliert, will umgekehrt Kreisler das romantische Mondlicht in sei-

65 E.T.A. Hoffmann: Der vollkommene Maschinist. In: ders.: Werke in sechs Bänden. Bd. 2.1: Fantasiestücke in Callot's Manier. Werke 1814, hg. v. Hartmut Steinecke. Frankfurt a. M. 1993, S. 72–82, hier S. 73.

66 Hoffmann: Der vollkommene Maschinist, S. 75.

67 Hoffmann: Der vollkommene Maschinist, S. 80.

ner Kulissenhaftigkeit kenntlich machen. Hier geht es explizit um eine mittels Bühnenmaterialität vorgenommene Anwendung des Endlichen auf das von der theatralen Illusion angestrebte Unendliche. Dabei legen die Bühnendinge, die sich als solche zu erkennen geben, *en passant* die Kulissenhaftigkeit romantischer Topoi frei, die auf die ‚gemeinen und geringen Mittel' ihrer Erzeugung – Farbe, Bretter und Papier – heruntergebrochen werden.

Bei Hoffmann findet sich in aller Deutlichkeit die Brechung des (durch Illusionsmittel hervorgebrachten) Unendlichen an der Endlichkeit der Theaterapparatur. Dass dies hier so entschieden als Verfahren konzipiert wird, mag entsprechend der historischen Konstellation plausibilisieren, dass auch in Tiecks *Zerbino* diese Brechung eine Rolle spielt, wenn auch in subtilerer Form – das Stück inszeniert Formen der Entgrenzung, führt dabei aber zugleich als Gegenbewegung die Begrenzungen durch die Theaterapparatur mit sich. Die größere Eindeutigkeit in Hinsicht auf das Verfahren darf indes nicht darüber hinwegtäuschen, dass auch bei Hoffmann eine Widerständigkeit bestehen bleibt. So ist es durchaus unklar, wie man Kreisler verstehen soll: Wenn er es mit der Illusionsdurchbrechung tatsächlich ernst meint, würde er einer „vernünftige[n] Erholung" als Funktion des Theaters das Wort reden.[68] Handelt es sich hingegen um rhetorische Ironie, die das Gegenteil des Gesagten meint, würde er für ein Illusions- und Effekttheater plädieren, das aber in romantischen Texten häufig auf Ablehnung gestoßen ist.[69] Bei diesen beiden Optionen, die jeweils nicht überzeugen, liegt es nahe, dass man es

---

68 Dass es in Hoffmanns Text um die Affirmation theatraler Verfremdungstechniken geht, vertritt Manfred Momberger: Sonne und Punsch. Die Dissemination des romantischen Kunstbegriffs bei E.T.A. Hoffmann. München 1986, S. 78–82. Überzeugend ist dies insofern, als am Ende von Kreislers Brief Shakespeare als Gewährsmann zitiert wird. Jedoch muss Momberger Kreislers Rede von der „vernünftige[n] Erholung" übergehen.

69 Vgl. E.T.A. Hoffmann: Über die Aufführungen der Schauspiele des Calderon de la Barca auf dem Theater in Bamberg [1812]. In: ders.: Sämtliche Werke in sechs Bänden. Bd. 1: Frühe Prosa, Briefe, Tagebücher, Libretti, juristische Schriften. Werke 1794–1813, hg. v. Gerhard Allroggen. Frankfurt a. M. 2003, S. 625–630. Hingewiesen sei hier darauf, dass Hoffmann während seiner Zeit in Bamberg selbst Theaterkulissen gemalt hat; darüber berichtet er mehrfach in seinem Tagebuch, wobei eine Abwechslung zwischen einer poetischen und einer prosaischen Stimmung zu beobachten ist. Vgl. E.T.A. Hoffmann: Tagebücher 1803–1813. In: ders.: Werke in sechs Bänden. Bd. 1: Frühe Prosa, Briefe, Tagebücher, Libretti, Juristische Schriften. Werke 1794–1813, hg. v. Gerhard Allroggen. Frankfurt a. M. 2003, S. 325–488, hier S. 387–418. Auch im Rahmengespräch von Tiecks *Phantasus* – im direkten Umfeld von *Der gestiefelte Kater*, *Die verkehrte Welt* und einigen Theateranekdoten, die von Illusionsbrüchen und Theaterrequisiten handeln – wird ein solches Effekt-Theater zurückgewiesen. Vgl. Ludwig Tieck: Phantasus [1812]. In: ders.: Schriften in zwölf Bänden. Bd. 6: Phantasus, hg. v. Manfred Frank. Frankfurt a. M. 1985, S. 681 f.

letztlich mit einer Spielart romantischer Ironie zu tun hat, die alle Positionen verunsichert und keinen eindeutigen Sinn zustande kommen lässt. Damit aber lugt mit dem Sinnüberschuss hinter dem angewandten Endlichen wieder das Unendliche hervor. Wäre das nicht der Fall, hätte man es wohl mit einem reinen Endlichen, aber kaum mehr mit der Romantik zu tun.

Paul Strohmaier

(Paen)ultima verba

Leopardis Imaginarium des Endes

Leopardi als Krypto-Romantiker

Die Kanonisierung Giacomo Leopardis als bedeutendsten Lyriker der italienischen Romantik ist so geläufig, dass man zuweilen vergisst, dass er selbst eine solche Einordnung als ‚romantisch' wohl als Beleidigung empfunden hätte. In seinem *Discorso di un italiano intorno alla poesia romantica* (*Rede eines Italieners über die romantische Poesie*) – einer polemischen, diskursiv jedoch folgenarmen Replik auf Ludovico di Bremes *Osservazioni sul ‚Giaurro' di Byron* (*Anmerkungen zu Byrons ‚The Giaour'*), die im Januar 1818 im Mailänder *Spettatore italiano* erscheinen – lässt er an dem, was er dort als romantische Dichtung bezeichnet, kein gutes Haar.[1] Dabei geht es in dieser literarischen Mikro-Querelle bei näherer Betrachtung weniger um eine Tendenz in der Literatur der eigenen Gegenwart als vielmehr um den Stellenwert der Antike und der klassischen Literaturen.[2] Wo di Breme die Antike als Referenzgröße für eine moderne Literatur ausdrücklich verabschiedet, bleibt sie für Leopardi unabdingbar.[3] Die besonderen Merkmale,

1 Auch in einem verwandten Kontext lassen sich Leopardis Vorbehalte gegen die ‚romantische' Literatur seiner Zeit erkennen. Hatte Madame de Staël in der Januar-Ausgabe der *Biblioteca italiana* 1816 unter dem Titel *Sulla maniera e la utilità delle traduzioni* (*Über Arten und Nutzen der Übersetzungen*) einen Beitrag veröffentlicht, der dem italienischen Publikum eine Öffnung für die v. a. deutsche und englische Literatur der Gegenwart empfahl, um der italienischen Literatur zu neuer Lebendigkeit zu verhelfen, lehnt Leopardi in einer (nicht abgedruckten) Replik dieses Ansinnen grundlegend ab und favorisiert eine Ausrichtung an den bewährten Klassiker der griechischen, lateinischen und italienischen Literatur. Die Literatur der Gegenwart betrachtet er hingegen als ephemeres Modephänomen. Giacomo Leopardi: Lettera ai Sigg. Compilatori della Biblioteca Italiana in risposta a quella di Mad. la Baronessa di Staël Holstein ai medesimi. In: ders.: Poesie e prose. Bd. 2, hg. v. Rolando Damiani. 12. Aufl. Mailand 2016, S. 434–440. Zu Leopardis ablehnender Haltung gegen di Breme aber auch gegen Madame de Staël vgl. Arnaldo di Benedetto: Leopardi und die Romantik. In: Leopardi und die europäische Romantik. Hg. v. Edoardo Costadura/Diana di Maria/Sebastian Neumeister. Heidelberg 2015, S. 15–34, hier S. 23–27.

2 Die hier angedeutete italienische ‚Debatte' über die Romantik verbleibt vielfach virtuell und ist zu wesentlichen Teilen eine kontrafaktische literarhistorische Rekonstruktion. Leopardis heute als bedeutsam angesehene Texte zum Thema bleiben zu dessen Lebzeiten unveröffentlicht. Auch Alessandro Manzonis Brief *Sul romanticismo* (*Über die Romantik*) an den Marchese Cesare d'Azegli aus dem Jahre 1823 erscheint erst 1846.

3 Tatsächlich ist in der italienischen Romantik das Bemühen um eine Versöhnung von Romantik und Klassizismus weit stärker ausgeprägt als in anderen (west)europäischen Literaturen. Mi-

https://doi.org/10.1515/9783111426129-005

die er in der antiken Poesie exemplarisch vorgebildet findet, besonders *immaginazione, fantasia* und *originalità,* sind aber solche, die andernorts umstandslos als ‚romantisch' durchgehen würden.[4] Während also andere Romantiker die Spuren und Vorläufer romantischer Poesie nach der Antike suchen, findet Leopardi sie in dieser selbst.[5] Zwei wesentliche Charakteristika Leopardis, die in dieser Polemik um eine (wie auch immer gefasste) *poesia romantica* hervortreten, sind auch für die literarischen Formatierungen des Endes zentral, um die es in der Folge gehen soll: Der ungebrochene Rekurs auf die Antike einerseits, der gelegentliche Ironisierungen nicht ausschließt, andererseits eine gewisse, wohl auch absichtsvoll kultivierte Weltfremdheit, eine eingeübte Distanz zur Kultur und den politischen Leidenschaften der eigenen Gegenwart, die etwa dazu führt, dass er das Losungswort ‚romantisch' nur in einer eher marginalen Akzeption zur Kenntnis nimmt und sich für den umfangreicheren, europaweit geführten Diskurs zur literarischen Romantik nur beiläufig interessiert.[6] Leopardis Modellierungen eines allgemeinen Weltendes rekurrieren damit kaum auf die zeitgenössischen

---

chael Caesar betont so die „natura concilitatrice" (versöhnliche Natur) der italienischen Romantik, während Alberto Asor Rosa die romantische ‚Revolution' in Italien als „rivoluzione moderata" (gemäßigte Revolution) beschreibt. Michael Caesar: Romanticismo. In: Enciclopedia della letteratura italiana Oxford-Zanichelli. Hg. v. Peter Hainsworth/David Robey/Pasquale Stoppelli. Bologna 2004, S. 681–682, hier S. 682; Alberto Asor Roa: Storia europea della letteratura italiana II. Dalla decadenza al Risorgimento. Turin 2009, S. 430.

4 Edoardo Costadura, Diana di Maria und Sebastian Neumeister bemerken daher treffend: „Wie kaum ein anderer repräsentiert Leopardi das komplexe Spannungsverhältnis zwischen italienischer Moderne und europäischer Romantik, ein Verhältnis, das von einer Reihe von mehr oder minder produktiven Missverständnissen geprägt ist. Als dezidierter Gegner der ‚romantischen Poesie' setzt ihr Leopardi eine Poetik entgegen, deren Grundbausteine gleichwohl romantischer Provenienz sind oder zu sein scheinen." Edoardo Costadura/Diana di Maria/Sebastian Neumeister: Vorwort. In: Leopardi und die europäische Romantik. Hg. v. Edoardo Costadura/Diana di Maria/Sebastian Neumeister. Heidelberg 2015, S. 9–13, hier S. 13. Dennoch wird, überwiegend in der italienischen Forschung, Leopardi immer wieder auch zum Anti-Romantiker stilisiert, so etwa in Pier Vincenzo Mengaldo: Leopardi anti-romantico, e altri saggi sui ‚Canti'. Bologna 2012. Die Annahme einer (zumindest entfernten) ‚Familienähnlichkeit' (Wittgenstein) von Leopardi und ‚Romantik' scheint insgesamt jedoch interessanter und schlüssiger, weshalb die von Novella Bellucci vorgeschlagene Formel eines „romantisme anti-romantique" mit Blick auf Leopardi die wohl treffendste Kennzeichnung bleibt. Vgl. Novella Bellucci: Leopardi. Un romantisme antiromantique. In: Critique 2009, H. 6, S. 584–591.

5 Vgl. hierzu den *Zibaldone*-Eintrag vom 22. Oktober 1828. In: Giacomo Leopardi: Zibaldone. Bd. 2, hg. v. Rolando Damiani. 2. Aufl. Mailand 2015, S. 2975 [= 4415].

6 Im *Zibaldone* verfährt Leopardi weit differenzierter als in den beiden bereits angeführten, polemischen Texten. Während sich im analytischen Index des *Zibaldone* unter den Lemmata „Romantici" (Romantiker) und „Romanticismo" (Romantik) durchweg negative Urteile finden, gruppieren sich um das Lemma „Romantico" (romantisch) mehrere Reflexionen, die in Richtung

Verschiebungen im Gefüge okzidentalen Wissens, die nach Foucault etwa zum Anbruch eines „âge de l'histoire"[7] und einer neuen Episteme um 1800 führen. So sind es nicht die destabilisierenden Befunde der Geologie oder gar ein ‚Fossilien-Schock', die sich in Leopardis Ausformungen dieses Endes niederschlagen, vielmehr greift er hierin – wie im Folgenden zu zeigen sein wird – auf jüdische, christliche und antike Wissens- und Diskurstraditionen zurück, die er nicht zuletzt gegen eine aus dem achtzehnten Jahrhundert ererbte Ideologie der Perfektibilität und eines unendlichen Fortschritts wendet.

Um den gedanklichen Raum von Leopardis Reflexion von Ende und Endlichkeit abzustecken und deren leitende Grundintuition herauszuarbeiten, aus der sich die axiologische Einordnung dessen, was im Falle eines Menschheits- oder gar Weltendes verschwinden würde, ergibt, ist ein Kontrastbeispiel hilfreich, genauer eine berühmt gewordene Passage aus Alexander von Humboldts *Kosmos*. Humboldt schreibt dort:

> [D]er glanzvolle Sternenteppich, die weiten Himmelsräume gehören einem *Weltgemälde* an, in dem die Größe der Massen, die Zahl zusammengedrängter Sonnen oder aufdämmernder Lichtnebel unsere Bewunderung und unser Staunen erregen, dem wir uns aber, bei scheinbarer Verödung, bei völligem Mangel an dem unmittelbaren Eindruck eines organischen Lebens, wie entfremdet fühlen.[8]

In Humboldts Schilderung eines unendlich ausgedehnten Universums geht das Staunen über dessen unermessliche Weiten einher mit einem Gefühl der Fremdheit. Besticht die supralunare Sphäre durch ihre menschenferne Erhabenheit, gilt das eigentliche Augenmerk doch der sublunaren Sphäre, in der allein sich dank der Kategorie des Lebendigen jenes Spiel komplexer Wechselwirkungen aufzeigen lässt, was das zentrale Anliegen von Humboldts *Kosmos* ist.[9] Humboldts Haltung kontemplativer Ergriffenheit bildet einigermaßen präzise die Gegenintuition zu Leopardi, dem negativen Wertakzent, den er Mensch und Kosmos beilegt und dem man näherkommt, wenn man einen weiteren deutschsprachigen Autor zu

---

von Leopardis eigener Poetik der *rimembranza* verweisen und überdies die Bezeichnung ‚romantisch' in exemplarischer Weise für die Antike beanspruchen.

7 Michel Foucault: Les mots et les choses. Une archéologie des sciences humaines. Paris 1966, S. 229.

8 Alexander von Humboldt: Kosmos. Entwurf einer physischen Weltbeschreibung. Hg. v. Ottmar Ette/Oliver Lubrich. Berlin 2014, S. 40.

9 Dies entspricht der Blickregie in Humboldts ‚Weltgemälde', die „mit den Tiefen des Weltraums und der Region der fernsten Nebelflecke" beginnt, um sich schließlich „dem luft- und meerumflossenen Erdsphäroid, seiner Gestaltung, Temperatur und magnetischen Spannung" und „der Lebensfülle, welche, vom Lichte angeregt, sich an seiner Oberfläche entfaltet", zuzuwenden. Humboldt: Kosmos, S. 38.

Wort kommen lässt, der seinerseits ein eifriger Leser Leopardis war.[10] In *Die Welt als Wille und Vorstellung* skizziert Arthur Schopenhauer ein durchaus gegenläufiges ‚Weltgemälde':

> Im unendlichen Raum zahllose leuchtende Kugeln, um jede von welchen etwan ein Dutzend kleinerer beleuchteter sich wälzt, die inwendig heiß, mit erstarrter, kalter Rinde überzogen sind, auf der ein Schimmelüberzug lebende und erkennende Wesen erzeugt hat – dies ist die empirische Wahrheit, das Reale, die Welt.[11]

Vor dem Hintergrund dieser Unterscheidung zwischen geozentrischer Behaglichkeit und „Schimmelüberzug" tendiert Leopardi recht klar in Richtung Schimmel.

Im Folgenden soll zunächst in groben Zügen Leopardis Naturbegriff und dessen besondere Genealogie thematisiert werden, um in einem zweiten Schritt nachzuverfolgen, wie dieser in einer kleinen Serie von Texten in den *Operette morali*[12] die Grundlage eines lustvoll und in immer neuen Anläufen imaginierten Weltendes bildet. Abschließend soll das generelle Verhältnis von Nichts, Nichtung und Imagination bei Leopardi, besonders anhand des *Zibaldone dei pensieri*, Leopardis Gedankentagebuch, das er von 1817–1832 führte, näher bestimmt werden.

Natura matrigna: Leopardis Naturmythologem

In den *Operette morali* zeigt sich Leopardis Naturbegriff oder treffender: sein Mythologem von einer *natura matrigna*, einer Stiefmutter Natur, mit besonderer Prägnanz in dem *Dialogo della Natura e di un Islandese* (*Dialog der Natur mit einem Isländer*). Der Isländer hat den illusionären Charakter menschlichen Glücksstre-

---

10 Im 46. Kapitel des zweiten Buchs von *Die Welt als Wille und Vorstellung* heißt es über den Dichter von Recanati: „Keiner jedoch hat diesen Gegenstand so gründlich und erschöpfend behandelt wie in unsern Tagen *Leopardi*. Er ist von demselben ganz erfüllt und durchdrungen: überall ist der Spott und Jammer dieser Existenz sein Thema, auf jeder Seite seiner Werke stellt er ihn dar, jedoch in einer solchen Mannigfaltigkeit von Formen und Wendungen, mit solchem Reichtum an Bildern, daß er nie Überdruß erweckt, vielmehr durchweg unterhaltend und erregend wirkt." Arthur Schopenhauer: Die Welt als Wille und Vorstellung. In: ders.: Sämtliche Werke. Bd. 2, hg. v. Wolfgang Freiherr von Löhneysen. 11. Aufl. Frankfurt a. M. 2018, S. 754.

11 Schopenhauer: Welt als Wille und Vorstellung, S. 11.

12 Als Sammlung von insgesamt 24 kürzeren Prosatexten, die Dialoge, (pseudo-)mythologische Erzählungen, fingierte Fragmente und (pseudo-)wissenschaftliche Abhandlungen enthält, bilden die *Operette morali* nicht nur eine Summe von Leopardis philosophischen und anthropologischen Reflexionen, sondern zugleich den vielleicht fantasievollsten und variationsreichsten Text der italienischen Romantik.

bens durchschaut und für ein ruhiges, bescheidenes Leben fernab aller zwischenmenschlichen Verbindlichkeiten optiert. Doch auch die Natur, deren Wirkungen ihm fernab aller anthropogener Ablenkungen umso deutlicher vor Augen treten, durchkreuzt unablässig seinen Versuch, eine „vita oscura e tranquilla"[13] zu führen, sei es durch Hitze, Kälte, Sturmwinde, Erdbeben, reißende oder giftige Tiere und dergleichen mehr. Im Inneren Afrikas betritt er nunmehr einen Flecken Erde, der zuvor noch von keinem Menschen betreten wurde, und sieht sich plötzlich einer über alle Maße großen Frau gegenüber, die an einem Berg lehnt und deren Antlitz zwischen Schönheit und Schrecklichkeit changiert: die Natur selbst. Ihr klagt der Isländer sein Leid, rätselt über das Warum der menschlichen Glücklosigkeit, die Feindseligkeit des Universums, um schließlich zu folgern:

> [M]i risolvo a conchiudere che tu sei nemica scoperta degli uomini, e degli altri animali, e di tutte le opere tue; che ora c'insidii ora ci minacci ora ci assalti ora ci pungi ora ci percuoti ora ci laceri, e sempre o ci offendi o ci perseguiti; e che, per costume e per instituto, sei carnefice della tua propria famiglia, de' tuoi figliuoli e, per così dire, del tuo sangue e delle tue viscere.[14]

> [I]ch ziehe daraus den Schluss, dass du die offene Feindin der Menschen und anderen Tiere und all deiner Schöpfungen bist: Bald lauerst du uns auf, bald drohst du uns, bald greifst du uns an, bald stichst du, schlägst du oder zerreißt du uns, und ständig misshandelst oder verfolgst du uns und bist aus Gewohnheit und Konstitution der Henker deiner eigenen Familie, deiner Kinder und gleichsam deines eigenen Fleisches und Blutes.[15]

Die Natur als Folterknechtin ihrer eigenen Kinder; doch antwortet die solchermaßen Inkriminierte in einer für Leopardi typischen Weise, indem sie den impliziten Anthropozentrismus des Isländers freilegt:

> Quando io vi offendo in qualunque modo o con qual si sia mezzo, io non me n'avveggo, se non rarissime volte: come, ordinariamente, se io vi diletto o vi benefico, io non lo so; e non ho fatto, come credete voi, quelle tali cose, o non fo quelle tali azioni, per dilettarvi o giovarvi. E finalmente, se anche mi avvenisse di estinguere tutta la vostra specie, io non me ne avvedrei.[16]

13 Giacomo Leopardi: Operette morali. In: ders.: Poesie e prose. Bd. 2, hg. v. Rolando Damiani. 12. Aufl. Mailand 2016, S. 3–279, hier S. 77. Die deutschen Übersetzungen der *Operette morali* stammen aus folgender Ausgabe: Giacomo Leopardi: Opuscula moralia oder Vom Lernen, über unsere Leiden zu lachen. Übers. v. Burkhart Kroebner. Berlin 2017. Alle weiteren Übersetzungen aus dem Italienischen erfolgen durch den Verfasser, P.S.

14 Leopardi: Operette morali, S. 80.

15 Leopardi: Opuscula moralia, S. 137.

16 Leopardi: Operette morali, S. 81

> Wenn ich euch verletze, wie und womit auch immer, merke ich es nur selten, so wie ich es auch gewöhnlich nicht weiß, wenn ich euch erfreue und wohltue, denn ich habe nie etwas getan und tue nichts, um euch zu erfreuen oder zu nützen, wie ihr meint. Und selbst wenn es mir unterlaufen sollte, euer ganzes Geschlecht zu vernichten, würde ich es nicht merken.[17]

Was immer den Menschen also Glück oder Leid bringen mag, geht nicht auf eine verborgene Intention der Natur zurück. Vielmehr handelt es sich dabei um letztlich indifferente Epiphänomene, um Kollateralschäden oder Kollateralfreuden eines übergreifenden Prozesses, der vor allem der Erhaltung des Universums insgesamt dient. Schließlich bilde jenes selbst „un perpetuo circuito di produzione e distruzione"[18] (einen unablässigen Kreislauf von Hervorbringung und Zerstörung), in welchem der Mensch nur ein Element des Wandels unter anderen ist. Auf die anthropozentrischen Erwartungen des Isländers an die Natur reagiert diese, indem sie – wenn auch in Gestalt einer menschenförmigen Prosopopöie[19] – ihren radikalen ‚Allomorphismus'[20] enthüllt.

Das hier besonders deutlich hervortretende Leitmythologem von einer *natura matrigna*, die ihre eigenen Kinder schlachtet und auffrisst, gewinnt Leopardi als eminenter klassischer Philologe weniger aus zeitgenössischen Diskursen als vielmehr aus einer originellen Relektüre des antiken Kanons. Anders als in jener idealisierenden Verklärung der alten Literaturen, wie sie für den europäischen Klassizismus typisch ist, nähert sich Leopardi antiken Autoren teils aus beinahe ethnologischer Perspektive, bezieht in seine Konstruktion der Antike auch entlegenere Texte ein, die jenes kulturelle Hintergrundrauschen aus Aberglaube, Magie und wissenschaftlichen Fehlleistungen laut werden lassen, das in klassizis-

---

17 Leopardi: Opuscula moralia, S. 138.

18 Leopardi: Operette morali, S. 82.

19 Dieses enunziatorische Paradox, welches sich daraus ergibt, dass der thetische Gehalt des Textes seiner rhetorischen Formatierung zuwiderläuft, wie hier in Form der Natur, die in Frauengestalt mitteilt, dass sie anthropomorph nicht zu erfassen ist, zeigt sich auch in anderen *Operette morali*, besonders etwa in *Il Copernico. Dialogo*, wo die Entzauberungsleistung des Kopernikus in einem mythologischen Setting verhandelt wird, das nach Aussage des Textes durch die kopernikanische Wende bereits diskreditiert wurde und nur im Modus des ironisierten Als-ob noch einmal zitiert wird.

20 Der Begriff ‚Allomorphismus' als Alternative zu einem durch menschliche Maßstäbe verengten, ‚anthropomorphen' Naturbegriff stammt aus dem Bereich des *Ecocriticism*. Vgl. Greg Garrard: Ecocriticism. 2. Aufl. London 2012, S. 167–169. Ein jüngster Versuch, auch Leopardi für die Sache der *Écopoétique* in Anspruch zu nehmen, überzeugt jedoch weniger, da dieser Leopardi einen anhand von Heideggers Physis-Denken entwickelten Naturbegriff unterschiebt, der nahezu sämtliche expliziten Äußerungen Leopardis zu *natura* souverän ignoriert. Vgl. Jean-Claude Pinson: Pastoral. De la poésie comme écologie. Seyssel 2020, S. 31 f., 42, 149 f.

tischen Kontexten durch die Beschränkung auf eine kleine Klasse von Gipfeltexten üblicherweise ausgeblendet wird.[21] Durch diesen originellen Zugang zu einem an sich bis zum Überdruss bekannten Kanon gelingt es Leopardi etwa auch, eine pessimistische Strömung in der griechischen und römischen Literatur freizulegen, die seine eigene Überzeugung von der Unmöglichkeit der *felicità* beglaubigen kann. In diesem Zusammenhang erweist sich eben auch die *natura matrigna* als ein bereits in der Antike immer wieder, wenn auch verhalten anklingender Topos, wie etwa im Proömium zum siebten, der Anthropologie gewidmeten Buch von Plinius' *Naturalis historia*:

> Principium iure tribuetur homini, cuius causa videtur cuncta alia genuisse natura magna, saeva mercede contra tanta sua munera, non ut sit satis aestimare, parens melior homini an tristior noverca fuerit. ante omnia unum animantium cunctorum alienis velat opibus; ceteris varie tegimenta tribuit testas, cortices, coria, spinas, villos, saetas, pilos, plumam, pinnas, squamas, vellera; truncos etiam arboresque cortice, interdum gemino, a frigoribus et calore tutata est: hominem tantum nudum et in nuda humo natali die abicit ad vagitus statim et ploratum, nullumque tot animalium aliud ad lacrimas, et has protinus vitae principio; at Hercule, risus praecox ille et celerrimus ante Xl. diem nulli datur.[22]

> Der Vorrang wird mit Recht dem Menschen zugewiesen werden, da um seinetwillen die große Natur alles andere erschaffen zu haben scheint, wenngleich sie gegen ihre so großen Gaben einen grausamen Preis setzte, so daß man nicht klar entscheiden kann, ob sie dem Menschen mehr eine gütige Mutter oder eine herbe Stiefmutter gewesen ist. Vor allem kleidete sie ihn allein von allen Lebewesen in fremde Erzeugnisse; alle anderen versah sie in mannigfacher Weise mit Bedeckungen, mit Schalen, Rinden, Lederhäuten, Stacheln, zottigen Haaren, Borsten, Haarfäden, Flaum, Federn, Schuppen und Wolle; Stämme und Bäume hat sie sogar mit Rinde, manchmal sogar mit einer doppelten, gegen Frost und Hitze geschützt: nur den Menschen setzt sie am Tage seiner Geburt nackt und auf der bloßen Erde sogleich dem Wimmern und Weinen aus, und kein anderes von so vielen Lebewesen den Tränen, und zwar bereits beim Eintritt in das Leben; das Lächeln aber, fürwahr, jenes voreilige und ganz flüchtige, ist keinem vor dem vierzigsten Tage vergönnt.[23]

Der Mensch als Mängelwesen einer stiefmütterlichen Natur findet sich auch in Ciceros *De re publica* (3,1), in Philons *De posteritate Caini* (162) und Laktanz' *De opificio dei* (3,2).[24] Während in den genannten Texten das Mythologem von der

---

21 Exemplarisch hierfür steht Leopardis *Saggio sugli errori popolari degli antichi* (*Untersuchung über die volkstümlichen Irrtümer der Alten*), den er bereits im Alter von siebzehn Jahren verfasste.

22 Gaius Plinius Secundus: Naturkunde. Lateinisch/Deutsch. Bd. 7. Hg. u. übers. v. Roderich König. München 1975, S. 12.

23 Gaius Plinius Secundus: Naturkunde, S. 14.

24 Ausführlich hierzu vgl. Emanuela Andreoni Fontecedro: Natura di voler matrigna. Saggio sul Leopardi e su ‚natura noverca'. Rom 1993.

Natur als *noverca* (bzw. gr. *μητρυιά*) jedoch als Ausgangspunkt dient, ein Lob menschlicher Kultur anzustimmen, welche die harschen Ausgangsvoraussetzungen der Spezies Mensch durch ingeniöse Kunstfertigkeit überwindet, verharrt Leopardi bei der Negativität dieses Anfangsszenarios. Entscheidend bleibt für ihn die grundsätzliche Nicht-Gemeintheit des Menschen durch die Natur. Leopardis Naturbegriff positioniert sich damit einerseits gegen physikotheologische Modelle, die im achtzehnten Jahrhundert noch sehr präsent sind,[25] ebenso aber gegen jeglichen Begriff von Perfektibilität, wie er für aufklärerische Fortschrittsnarrative strukturbildend bleibt.[26] Zugleich unterscheidet sich Leopardis *natura matrigna* von geläufigeren romantischen Naturkonzeptionen, indem die Natur hier nicht als Grund oder Quelle konnotiert wird, als moralisch-ontologisches Fundament, dem man sich etwa gegen eine instrumentell vereinseitigte Vernunft wieder anzunähern habe.[27] Erst vor diesem Hintergrund wird nachvollziehbar, wieso die imaginative Antizipation eines Welt- oder zumindest Menschheitsendes in den drei nun zu behandelnden *Operette morali* als teils geradezu heiteres Sujet inszeniert werden kann.

Kosmoklasmus: Variationen des Endes in Leopardis *Operette morali*

Den ersten Teil dieser apokalyptisch-postapokalyptischen Mikroserie innerhalb der *Operette morali* bildet der *Dialogo di un folletto e di uno gnomo* (*Dialog zwischen einem Kobold und einem Gnom*). Der Gnom, der in seinem unterirdischen Reich der Erzadern und Edelmetalle schon länger nichts mehr von den Menschen vernommen hat, begibt sich an die Erdoberfläche, um nachzusehen, ob diese etwas im Schilde führen. Dort trifft er auf einen Kobold, der ihm vom Aussterben der Menschheit berichtet. Die Ätiologie dieses Untergangs interessiert Leopardi dabei nicht. Er wird recht allgemein auf ein Überhandnehmen menschlicher Las-

25 Vgl. hierzu Bortolo Martinelli: Il pastore e l'astronomo. La scena del ‚Canto notturno'. In: Otto/Novecento 23 (1999), H. 2, S. 5–66, der zahlreiche Beispiele besonders aus der astronomischen Traktatliteratur des achtzehnten Jahrhunderts anführt.

26 Für eine Analyse von Leopardis „antiprogressismo" am Leitfaden des *Zibaldone* vgl. Antonio Prete: Il pensiero poetante. Saggio su Leopardi. Mailand 1980, S. 125–139. Der Begriff der Perfektibilität wird auch innerhalb der *Operette morali* explizit verhandelt, sowohl in *La scommessa di Prometeo* (*Die Wette des Prometheus*) als auch im *Dialogo di Timandro e di Eleandro* (*Dialog zwischen Timandros und Eleander*).

27 Vgl. hierzu, ausgehend von Rousseau, Charles Taylor: Sources of the Self. The Making of the Modern Identity. Cambridge, Mass. 1989, S. 355–367.

ter zurückgeführt. Das Augenmerk des *Dialogo* gilt vielmehr der mehrfach getätigten Feststellung, dass mit dem Verschwinden der Menschen eigentlich nichts Nennenswertes passiert sei und dass die *machina mundi* weiter wie am Schnürchen läuft:

> FOLLETTO: Ma ora che ei [d. i. gli uomini] sono tutti spariti, la terra non sente che le manchi nulla, e i fiumi non sono stanchi di correre, e il mare, ancorchè non abbia più da servire alla navigazione e al traffico, non si vede che si rasciughi.
>
> GNOMO: E le stelle e i pianeti non mancano di nascere e di tramontare, e non hanno preso le gramiglie.[28]
>
> KOBOLD: Jetzt aber, wo sie alle verschwunden sind, hat die Erde nicht das Gefühl, dass ihr etwas fehle, und die Flüsse sind es nicht müde geworden zu fließen, und obwohl das Meer nicht mehr der Schifffahrt und dem Handel zu dienen hat, sieht man es nicht austrocknen.
>
> GNOM: Und die Sterne und Planeten gehen weiterhin auf und unter und haben keine Trauer angelegt.[29]

Kobold und Gnom treten damit in die Rolle des letzten Zeugen, dem es obliegt die Katastrophe nach deren Abschluss zu artikulieren und – womöglich – einem noch unbekannten Gedächtnis zu überantworten.[30] Leopardis Text versteht sich somit als eine Art *controcanto* jener pathetisch aufgeladenen Apokalypsen, indem das Maximalereignis möglichen Sinns – das (vermeintliche) Ende aller Dinge – zur sinnfreien Marginalie im Lauf der Welt herabgestuft wird. Die heiter-belustigte Perspektive der beiden nicht-menschlichen Sprecher zeigt sich unter anderem auch in einer infantilisierenden und abwertenden Semantik, derer sich beide bedienen, um über die untergegangene Spezies Mensch zu sprechen: die Menschen werden als „furfanti“ (Gauner), „monelli“ (Schlingel oder Lausbuben) bezeichnet und ihre Gesamtheit gar als „ciurmaglia“ (Gesindel).[31]

Während sich der *Dialogo* der Strategie einer unmöglichen Gesprächssituation bedient, wie man sie etwa aus der Tradition der Totengespräche kennt, greifen die beiden anderen *Operette* der genannten Serie auf das Format der Manuskriptfik-

---

28 Leopardi: Operette morali, S. 37.

29 Leopardi: Opuscula moralia, S. 62 f.

30 Zur Figur des letzten Menschen und dessen paradoxaler Zeugenschaft vgl. Eva Horn: Zukunft als Katastrophe. Frankfurt a. M. 2014, S. 45–76.

31 Leopardi: Operette morali, S. 33, 34, 35.

tion zurück.[32] Im *Cantico del gallo silvestre* (*Gesang des Waldhahns*)[33] betont das Herausgeber-Ich eingangs detailreich die Schwierigkeiten der Texttradition und der Übersetzung:

> [S]i è trovato in una cartapecora antica, scritto in lettera ebraica, e in lingua tra caldea, targumica, rabbinica, cabalistica e talmudica, un cantico intitolato, *Scir detarnegòl bara letzafra*, cioè *Cantico mattutino del gallo silvestre*: il quale, non senza grande fatica, nè senza interrogare più d'un rabbino, cabalista, teologo, giurisconsulto e filosofo ebreo, sono venuto a capo d'intendere, e di ridurre in volgare come qui appresso si vede.[34]

> Tatsächlich fand sich in einem antiken Pergament, geschrieben in hebräischer Schrift und in einer Sprache irgendwie zwischen Chaldäisch, Targumisch, Rabbinisch, Kabbalistisch und Talmudisch, ein Gesang mit dem Titel *Schir detarnegòl bara letzafra*, das heißt *Morgengesang des urigen Hahns*. Nicht ohne beträchtliche Mühe und nicht ohne wiederholte Nachfrage bei mehr als einem Rabbiner, Kabbalisten, jüdischen Theologen, Rechtsgelehrten und Philosophen ist es mir schließlich gelungen, ihn zu verstehen und in unser Idiom zu übersetzen, wie hier anschließend zu sehen.[35]

Der Morgengesang des Hahns, der in der Folge in Prosa mitgeteilt wird, entwirft das Los der Menschen anhand eines einzigen Tages, der exemplarisch zugleich das gesammelte Unglück menschlicher Existenz vor Augen führt. Im Zuge einer mitlaufenden Analogisierung von Tagesabschnitten und Menschenaltern, entspricht der Morgen der hoffnungsvollen Kindheit und Jugend, Mittag und Nach-

32 Die Wahl des Formats Manuskriptfiktion ließe sich, neben einer Ironisierung philologischer Praxis, mit der Leopardi bestens vertraut war, auch als Strategie der Distanzierung begreifen; eine Dimension dieses Verfahrens, auf das Umberto Eco in der *Postille* zu seinem Roman *Il nome della rosa* verweist, dessen Vorbemerkung selbst eine postmoderne Summa des Genres Manuskriptfiktion bildet. Vgl. Umberto Eco. Postille a Il nome della rosa. In: ders.: Il nome della rosa. Mailand 2020, S. 581–617, hier S. 590 f.

33 Schon die Übersetzung des Titels dieser *Operetta* bereitet Schwierigkeiten, da es sich bei dem *gallo silvestre* um eine von Leopardi erfundene, zoologisch nicht belegte Vogelart handelt. Die hier zitierte deutsche Übersetzung der *Operette morali* übersetzt *silvestre* (eig. ‚Wald-' bzw. ‚Wild-') – durchaus eigenwillig – als ‚urig' („Das Krähen des urigen Hahns"). Unter Rückgriff auf Leopardis ausgedehnte Reflexionen zur Etymologie, die den gesamten *Zibaldone* durchziehen, hat Donatella Martinelli jedoch darauf hingewiesen, dass lat. *silva*, von dem *silvestre* abgeleitet ist, eine mögliche Übersetzung des gr. *ὕλη* darstellt, das etwa Aristoteles als Bezeichnung der Materie verwendet, welches aber in seiner Erstbedeutung ‚Wald' bzw. ‚Holz' bedeutet. Das überraschende Adjektiv *silvestre* lässt sich damit vor dem Hintergrund von Leopardis etymologischen Überlegungen im *Zibaldone* so erklären, dass es den Hahn gleichsam als Stimme der Materie selbst ausweisen soll; eine Filiation, an der jede Übersetzung freilich scheitern muss. Vgl. Donatella Martinelli: ‚Ad matutinum'. Nota sul ‚Cantico del gallo silvestre' di Leopardi. In: Strumenti critici 19 (2004), S. 287–295, hier S. 293–295.

34 Leopardi: Operette morali, S. 161.

35 Leopardi: Opuscula moralia, S. 173.

mittag dem mühevollen und zunehmend desillusionierten Erwachsenenalter, der Abend mit seiner unvermeidlichen Erschöpfung schließlich dem gebrechlichen Alter. Dabei teilt der Hahn, wenig überraschend, die Überzeugung Leopardis von der Vergeblichkeit dieser allgemeinen Geschäftigkeit, deren letztes Ziel stets die Erlangung einer strukturell unmöglichen *felicità* bildet, denn, so die Worte des Hahns: „Certo l'ultima causa dell'essere non è la felicità; perocchè niuna cosa è felice.“ (Gewiss ist der letzte Grund des Seins nicht das Glück, denn nichts ist glücklich.)[36] Aus diesem Befund des Hahns ergibt sich folgerichtig, dass das Leben insgesamt nur durch die Beimischung einer kleinen Dosis Tod erträglich ist,[37] durch den Schlaf also, der die tagtäglich Altgewordenen umfängt, um sie am nächsten Tag wieder in das Spiel von Täuschung und Enttäuschung, von *inganno* und *disinganno* zu entlassen. Der Gesang des Hahns erweist sich somit als pessimistische Kontrafaktur des Schöpfungslobs, wie man es etwa im 104. Psalm oder – vielleicht noch einschlägiger für den italienischen Kontext – in den *Laudes creaturarum* des Francesco d'Assisi findet.[38] Doch auch der illusionslose Lobgesang des Hahns hält gegen Ende – zumindest nach leopardianischen Maßstäben – ein Quäntchen Trost bereit, indem er sich des Topos vom *mundus senescens*,[39] von der ihrerseits alternden Welt bedient. Unter Anlegung eines großzügigen Zeitrahmens weise nämlich auch das scheinbar ewige Universum Spuren des Alterns auf, sodass auch sein Ende und ‚Tod‘ gesichert seien. Im letzten Abschnitt wechselt das Tempus daher vom generalisierenden Präsens ins prophetische Futur:

> [C]osì l'universo, benchè nel principio degli anni ringiovanisca, nondimeno continuamente invecchia. Tempo verrà, che esso universo, e la natura medesima, sarà spenta. E nel modo che di grandissimi regni ed imperi umani, e loro maravigliosi moti, che furono famosissimi in altre età, non resta oggi segno nè fama alcuna; parimente del mondo intero, e delle infinite vicende e calamità delle cose create, non rimarrà pure un vestigio; ma un silenzio nudo, e una quiete altissima, empieranno lo spazio immenso. Così questo arcano mirabile e spaventoso dell'esistenza universale, innanzi di essere dichiarato nè inteso, si dileguerà e perderassi.[40]

36 Leopardi: Operette morali, S. 163; Leopardi: Opuscula moralia, S. 176.

37 „Tal cosa è la vita, che a portarla, fa di bisogno ad ora ad ora, deponendola, ripigliare un poco di lena, e ristorarsi con un gusto e quasi una particella di morte.“ (So ist das Leben: Um es ertragen zu können, muss man es von Zeit zu Zeit ablegen und ein bisschen Atem schöpfen, sich mit einem Vorgeschmack des Todes oder gleichsam einem kleinen Stück von ihm erquicken.) Leopardi: Operette morali, S. 163; Leopardi: Opuscula moralia, S. 176.

38 Der Text ist in kommentierter Form zugänglich: Francesco d'Assisi: Laudes creaturarum. In: Antologia della poesia italiana. Duecento. Hg. v. Cesare Segre/Carlo Ossola. Turin 1999, S. 22–24.

39 Vgl. hierzu G.J.M. Bartelink: Mundus senescens. In: Hermeneus 42 (1970), S. 91–98.

40 Leopardi: Operette morali, S. 165.

> [S]o wird auch das Universum, obwohl es sich zu Beginn des Jahres wieder verjüngt, dennoch beständig älter. Der Tag wird kommen, da dieses Universum und die Natur selbst erloschen sein werden. Und wie von den einstigen Reichen der Menschen und ihren wunderbaren Errungenschaften, die zu ihrer Zeit hochberühmt waren, heute kein Anzeichen mehr zu sehen und keine Kunde zu hören ist, so wird von der ganzen Welt und den unzähligen Wechselfällen und Katastrophen der geschaffenen Dinge keine Spur bleiben; nur nacktes Schweigen und tiefste Ruhe werden den unendlichen Raum erfüllen. Und so wird das wunderbare und schreckliche Geheimnis des universellen Seins, bevor es erklärt und begriffen worden ist, sich auflösen und vergehen.[41]

Den Endpunkt jener thanatophilen Grundtendenz des Universums selbst bildet somit die Verheißung eines unendlich ausgedehnten Schlafs, einer „quiete altissima", in welcher sich die Menschheit als bloßes Gerücht in der Stille des leeren Raums zerstreut. Der *Cantico del gallo silvestre* generalisiert das im *Dialogo* antizipierte Ende der Menschheit zum Ende des Universums selbst, indem also auch kein Kobold oder Gnom mehr übrigbleiben, um über die törichte Menschheit zu lästern. So deutlich der *Cantico* damit eschatologische Erzählmuster zitiert, so wenig gewinnt das Ende aller Dinge hier die Prägnanz eines präzisierbaren katastrophischen Ereignisses. Das Ende verdankt sich vielmehr einer in den ontologischen Code der Dinge selbst eingeschriebenen Tendenz zu Verschleiß und Obsoleszenz. Irgendwann ist das Universum eben unrettbar kaputt.

Doch ist diese Fokussierung auf ein *definitives* Ende nur eine Erzählvariante unter anderen. Bereits im unmittelbar folgenden *Frammento apocrifo di Stratone da Lampsaco* (*Apokryphes Fragment des Straton von Lampsakos*) stimmt Leopardi eine kosmologische Palinodie an. Straton lebte vom vierten bis dritten vorchristlichen Jahrhundert und übernahm etwa 288 v. Chr. als Nachfolger Theophrasts die Leitung des Peripatos.[42] Wie es sein Beiname ‚der Physiker' anzeigt, befasste er sich vor allem mit Problemen der Naturphilosophie und lehnte dabei metaphysische oder theologische Erklärungen von Naturphänomenen ab. Im siebzehnten und achtzehnten Jahrhundert wurde sein Name noch einmal bekannt, weil Naturforscher, die sich gegen eine Bevormundung ihrer Forschung durch Metaphysik und Theologie wandten, ‚Stratoniker' genannt wurden. Während der *Cantico* das Ende aus einem eher eschatologischen Erzählregister heraus thematisiert, re-

41 Leopardi: Opuscula moralia, S. 178.

42 Vgl. Art. „Straton von Lampsakos". In: Enzyklopädie Philosophie und Wissenschaftstheorie. Bd. 7: Re–Te. Hg. v. Jürgen Mittelstraß. Stuttgart 2018, S. 540 f. Für eine ausführliche Darstellung der Rezeption Stratons von Lampsakos bis ins achtzehnte Jahrhundert, die auch dem Umstand Rechnung trägt, dass hierin aus den wenigen überlieferten Fragmenten Stratons ein ganzes naturphilosophisches System herbeikonjekturiert wurde, vgl. Adolfo Forlini: Leopardi e la teologia naturale. Un contesto per il ‚sistema di Stratone'. In: Rivista di letterature moderne e comparate 50 (1997), H. 4, S. 387–420.

kurriert das *Frammento* auf das konzeptuelle Repertoire des Endes in der antiken Naturphilosophie. Auch hier wird das Fragment, das wohlweislich als apokryph ausgewiesen wird, im Rahmen einer philologisch-pedantischen Manuskriptfiktion mit Herausgeberpräambel dargeboten. Anders als der *Cantico* ist das *Frammento* jedoch überzeugt von der Ewigkeit der Materie, die zwar immer wieder neue Formen annehmen kann, selbst aber nicht aufhören kann zu sein. Aus dieser Unvordenklichkeit der Materie und dem Prinzip ewigen Wandels ergibt sich logisch auch die Perspektivierung des Endes, wie es Leopardi hier entwirft:

> Venuti meno i pianeti, la terra, il sole e le stelle, ma non la materia loro, si formeranno di questa nuove creature, distinte in nuovi generi e nuove specie, e nasceranno per le forze eterne della materia nuovi ordini delle cose ed un nuovo mondo. Ma le qualità di questo e di quelli, siccome eziandio degl'innumerabili che già furono e degli altri infiniti che poi saranno, non possiamo noi nè pur solamente congetturare.[43]

> Wenn die Planeten, die Erde, die Sonne und die übrigen Sterne verschwunden sein werden, nicht aber ihre Materie, werden sich aus dieser neue Kreaturen bilden, unterteilt in neue Gattungen und Arten, und aus den ewigen Kräften der Materie werden neue Ordnungen und eine neue Welt entstehen. Doch über die Eigenschaften dieser und jener, wie auch der zahllosen, die es früher gegeben hat, und der ebenso zahllosen, die es in Zukunft noch geben wird, können wir nicht einmal Vermutungen anstellen.[44]

Das Straton untergeschobene Fragment geht über das wenige, was über diesen selbst bekannt ist, deutlich hinaus und rekombiniert die ihm zugeschriebene atheistische Kosmologie mit dem eigentlich stoischen Konzept der Ekpyrosis, der Vorstellung eines zyklisch auftretenden, reinigenden Feuertods der Welt, nach dem alles wieder von vorne beginnt. Eine nicht unerhebliche Radikalisierung in Leopardis *Frammento* besteht jedoch in der irreduziblen Verschiedenheit der auf solche Art entstehenden und vergehenden Welten. Während die Stoa noch von einer ewigen Wiederkehr des Gleichen, von der immer neu sich vollziehenden Ausführung eines invarianten kosmologischen Bauplans ausging,[45] können hier noch nicht einmal Vermutungen über die Beschaffenheit der unendlichen Zahl vergangener und künftiger Welten und ihrer Bewohner angestellt werden. Wie das Ende der Menschheit im *Dialogo* ist hier also auch das Ende des Universums ein Ereignis ohne Ereigniswert. Die serielle Unendlichkeit der Welten garantiert die Nichtigkeit jeder einzelnen.

---

43 Leopardi: Operette morali, S. 171.

44 Leopardi: Opuscula moralia, S. 203.

45 Zu diesem Aspekt der Ekpyrosis als Palingenesie vgl. Rainer Nickel (Hg.): Stoa und Stoiker. Griechisch/Lateinisch/Deutsch. Bd. 1. Berlin/Boston 2014, S. 319–321 (= Fragment 288).

Wie diese drei *Operette morali*, in denen das Menschheits- oder Weltende verhandelt wird, erkennen lassen, geht es Leopardi kaum darum, eine letztgültige, philosophisch, theologisch oder wissenschaftlich fundierte Theorie über das Ende aller Dinge zu entwerfen. Gerade die Vielzahl der Modellierungen, die er unternimmt, zeigt vielmehr, dass das eigentliche Faszinosum in der immer wieder neu ansetzenden Beschäftigung mit der Figur des Endes liegt. Um diese Faszination des Endes besser zu verstehen, seien in aller gebotenen Kürze ein paar Bemerkungen zu Leopardis Reflexion über die *immaginazione* eingeschaltet.

Endspiele der Einbildungskraft: *immaginazione* und *nulla*

Die Rolle der Imagination in Leopardis Denken und Dichten ist grundsätzlich ambivalent. Mittels einer epochalen Zäsur, die insbesondere an Schillers Unterscheidung des Naiven und des Sentimentalischen erinnert,[46] unterteilt Leopardi die Geschichte der Menschheit in zwei Makroperioden. In der ersten, in welcher die Menschheit noch vollständig befangen in den Suggestionen ihrer Imagination leben konnte, war die anthropozentrische Ausrichtung der Natur selbstverständlich und das Weltganze konnte als harmonischer Kosmos erfahren werden. An einem bestimmten Punkt jedoch, den Leopardi nie wirklich präzisiert, wird dieser „molle / pristino velo“[47] (weiche / Schleier der ersten Zeit), den die Imagination über die tatsächliche Beschaffenheit der Welt legte, im Zuge eines irreversiblen *disinganno*, einer grundlegenden Desillusionierung zerrissen. Mit dem Anbruch dieser modernen Zeit sind die *inganni* der Imagination jedoch nicht passé. Sie nehmen nur andere Formen an und werden durchweg getragen von dem Verlangen nach *felicità*. So werden etwa Wissen, Ruhm oder Liebe zu solchen sekundären *inganni* und auch Leopardis Dichtung selbst wird zum selbstreflexiven *inganno*, da sie das Wissen um ihren Status als bloßes Als-ob in sich selbst zur Darstellung bringt. Die

46 Leopardi, der weder Deutsch noch Englisch beherrschte, hat Schillers Abhandlung *Über naive und sentimentalische Dichtung* nicht gekannt. Ein Vergleich von Schillers *Die Götter Griechenlands* mit Leopardis *Alla primavera o delle favole antiche* (*An den Frühling oder Über die Fabeln der Alten*) aus den *Canti* lässt jedoch zahlreiche Analogien erkennen, wobei die für Schiller insgesamt leitende Idee einer ‚Versöhnung‘ bei Leopardi kein Äquivalent findet. Zu dieser Unversöhnbarkeit vgl. auch Bellucci: Romantisme anti-romantique, S. 590.

47 Giacomo Leopardi: Inno ai patriarchi o De’ principii del genere umano (Hymne an die Patriarchen oder Über die Anfänge des Menschengeschlechts). In: ders.: Poesie e prose. Bd. 1, hg. v. Rolando Damiani. 12. Auf. Mailand 2016, S. 36–39, hier S. 39, V. 101 f.

Imagination ist bei Leopardi damit zunächst eine Quelle von Täuschungen, die den tatsächlichen, dysphorischen Charakter der menschlichen Existenz verbergen. Dem modernen, desillusionierten Bewusstsein jedoch bietet sie zugleich Formen der Kompensation. An eben diesem Punkt ist mit Blick auf das Ende eine originelle Entdeckung Leopardis entscheidend. Die rätselhafte Kompensationsleistung der Imagination angesichts der ungemilderten Negativität menschlicher Existenz besteht für Leopardi im besten Fall gerade nicht in deren Beschönigung oder in einer wie auch immer gearteten Form von Eskapismus. Vielmehr erreicht die Imagination in der Auslotung dieser Negativität einen Punkt, an dem Verzweiflung und Niedergeschlagenheit umschlagen in ruhige Heiterkeit, sogar Lebendigkeit.[48] Bereits in einem Eintrag aus dem *Zibaldone dei pensieri* vom 4. Oktober 1820 und damit rund vier Jahre vor Entstehung der ersten *Operette morali* schreibt Leopardi:

> Hanno questo di proprio le opere di genio, che quando anche rappresentino al vivo la nullità delle cose, quando anche dimostrino evidentemente e facciano sentire l'inevitabile infelicità della vita, quando anche esprimano le più terribili disperazioni, tuttavia ad un'anima grande che si trovi anche in uno stato di estremo abbattimento, disinganno, nullità, noia e scoraggimento della vita, o nelle più acerbe e *mortifere* disgrazie [...]; servono sempre di consolazione, raccendendo l'entusiasmo, e non trattando nè rappresentando altro che la morte, le rendono, almeno momentaneamente, quella vita che aveva perduta. E così quello che veduto nella realtà delle cose, accora e uccide l'anima, veduto nell'imitazione o in qualunque altro modo nelle opere di genio (come p. e. nella lirica che non è propriamente imitaz.), apre il cuore e ravviva.[49]

Es ist die Besonderheit genialer Werke, dass wenn sie uns auf lebendigste Weise die Nichtigkeit der Dinge vor Augen stellen, wenn sie uns das unvermeidliche Unglück des Lebens in aller Deutlichkeit vorführen und es uns fühlen lassen, wenn sie sogar die schrecklichste Verzweiflung zum Ausdruck bringen; sie einer großen Seele, die sich auch in einem Zustand äußerster Niedergeschlagenheit, Enttäuschung, Nichtigkeit, von Überdruss und Lebensunmut, oder im bittersten und *todbringenden* Unglück befinden mag, stets zum Trost gereichen, indem sie die Begeisterung neu entfachen, und indem sie von nichts handeln und nichts darstellen als den Tod, geben sie ihr [d. i. der großen Seele], zumindest für den Moment, jenes Leben wieder, das sie verloren hatte. Und so öffnet das, was in der Wirklichkeit betrachtet, die Seele betrübt und tötet, in der Nachahmung betrachtet oder in irgendeiner anderen Weise in genialen Werken (wie z. B. in der Lyrik, die im eigentlichen Sinne keine Nachahm. ist), das Herz und belebt.

---

48 Auch Karl Heinz Bohrer findet in seiner Würdigung Leopardis als Exponent „ästhetischer Negativität" keine rechte Erklärung für dieses paradox anmutende Kippmoment. Vgl. Karl Heinz Bohrer: Ästhetische Negativität. München 2002, S. 80–89.

49 Leopardi: Zibaldone, Bd. 1, S. 270–271 [= 259–260]. Arthur Schopenhauer, der den *Zibaldone*, der 1898–1900 erstmals gedruckt wurde, noch nicht kennen konnte, hat in seiner Lektüre Leopardis dieses Moment des Umschlags kongenial erkannt. Vgl. das Zitat oben in Anm. 10.

Leopardi verfährt hier rein deskriptiv und bietet keine Erklärung an für dieses ästhetische Paradox im Angesicht der Negativität. Es ist jedoch genau dieser kontraintuitive Umschlag einer *meditatio mortis* in Lebendigkeit, der die abweichenden Formatierungen des Endes in den *Operette morali* besser begreifen lässt. Die imaginative Ausmalung des Endes ist immer zugleich die Ausmalung des Endes der Imagination selbst und ihrer unablässigen Produktion von *inganni*. Sie bilden einen Modus der Einbildungskraft, in dem diese so tun kann, als gäbe es sie selbst nicht mehr; einen, wenn man so will, meta-*inganno* vom Ende aller *inganni*.[50] Hier zeigt sich also jenes Paradox, das Kant in *Das Ende aller Dinge* für die Imagination eines radikalen Endes ausgemacht hat, indem der Augenblick, der die sinnliche Welt für beendet erklärt, zugleich der erste Augenblick nach der Zeit sein soll, und beides so „in ein und dieselbe Zeitreihe gebracht wird, welches sich widerspricht."[51] Weder die oben genannten *opere di genio* noch die Imagination des Letzten und des Endes können so den ersehnten Sprung aus der Zeit realisieren. Sie funktionieren immer nur, wie Leopardi selbst einräumt, „momentaneamente" (momenthaft). Die *ultima verba* vom absoluten Ende sind somit immer nur vorletzte Worte, *paenultima verba*, und bezeichnen so ein Ende, das immer neu anfangen muss.

Schluss: Leichter leiden

Bei allem Ernst, der Leopardis Versionen des Endes in den *Operette morali* grundiert, und seiner desillusionierten Analyse des unheilbaren Unglücks menschlicher Existenz zum Trotz kann ein Beitrag zu Leopardis Enden nicht enden, ohne abschließend jenes Gegenmoment zu betonen, welches die geläufigen Einlassungen zu Leopardis *pessimismo* als einseitig erscheinen lässt. Leopardis Pessimismus jedenfalls fehlt alle gramgebeugte Schwerfälligkeit oder Verhärtung ins Misanthropische.[52] Vielmehr

---

50 Mit Blick auf den *Dialogo* versteht Gaspare Polizzi die nicht mehr anthropomorphe Perspektivierung, die der Text vollzieht, folglich als Annäherung an die Sichtweise wie sie einer indifferenten Natur zukäme („una contemplazione dello spettacolo della natura svolta dalla natura stessa"). Gaspare Polizzi: ‚Per le forze eterne della materia'. Natura e scienza in Giacomo Leopardi. Mailand 2008, S. 102.

51 Immanuel Kant: Das Ende aller Dinge. In: ders.: Werkausgabe in 12 Bänden. Bd. 11: Schriften zur Anthropologie, Geschichtsphilosophie, Politik und Pädagogik, hg. v. Wilhelm Weischedel. Frankfurt a. M. 1977, S. 173–190, hier S. 183.

52 Vgl. hierzu explizit den Eintrag vom 2. Januar 1829 im *Zibaldone*: „La mia filosofia, non solo non è conducente alla misantropia, come può parere a chi la guarda superficialmente, e come molti l'accusano; ma di sua natura esclude la misantropia, di sua natura tende a sanare, a spegnere quel mal umore, quell'odio, non sistematico, ma pur vero odio, che tanti e tanti, i quali non sono filosofi, e non vorrebbono esser chiamati nè creduti misantropi, portano però cordialmente

zeichnen sich auch die drei hier analysierten *Operette* in besonderem Maße durch jenes Moment der „leggerezza" (Leichtigkeit) aus, für die kein Geringerer als Italo Calvino in der ersten seiner *Lezioni americane* ausdrücklich Leopardi als Beispiel anführt.[53] In letzter Instanz generiert Leopardis Pessimismus damit keine distanzierte Teilnahmslosigkeit oder theatralischen Weltschmerz, sondern weit eher – wie es Antonio Prete treffend formuliert hat – eine „disperata allegrezza"[54] (verzweifelte Fröhlichkeit) oder gar verschiedene Formen der ‚Heiterkeit' in der philosophischen Tradition der *serenitas*.[55] Diese ruhige Heiterkeit findet sich auch in jener reflexiven Distanz zur Figur des Endes, die die behandelten Texte qua romantischer Ironie selbst einnehmen. Sie legen nicht nur das Paradox frei, dass das Ende nur imaginiert werden kann, indem ein Fortdauern der Imagination mitimaginiert wird, sie laden zugleich dazu ein, die Extension dieses Endes zu präzisieren. Im Zeitalter des Anthropozän und inmitten eines Überangebots wohlfeiler Endzeitformate ist es vielleicht nicht verkehrt, der Lektion Leopardis zu folgen und der apokalyptischen Vereinseitigung rezenter Zukunftsszenarien anders zu begegnen: mit der Heiterkeit der Kobolde und Gnome.

---

a' loro simili, sia abbitualmente, sia in occasioni particolari, a causa del male che, giustamente o ingiustamente, essi, come tutti gli altri, ricevono dagli altri uomini. La mia filosofia fa rea d'ogni cosa la natura, e discolpando gli uomini totalmente, rivolge l'odio, o se non altro il lamento, a principio più alto, all'origine vera de' mali de' viventi." Leopardi: Zibaldone, Bd. 2, S. 2986–2987 [=4428] (Meine Philosophie führt nicht nur nicht zur Misanthropie, wie es einem oberflächlichen Betrachter erscheinen mag und wie es ihr viele vorwerfen; vielmehr schließt sie ihrem Wesen nach die Misanthropie aus, zielt ihrem Wesen nach darauf ab, jenen Missmut, jenen Hass zu heilen und zu tilgen, den, unsystematisch, aber doch als echten Hass, so viele, die selbst keine Philosophen sind und weder Misanthropen genannt noch für solche gehalten werden wollten, doch in ihrem Herzen gegen ihresgleichen tragen, sei's als Gewohnheit, sei's zu besonderen Anlässen, aufgrund des Übels, das sie – zu Recht oder zu Unrecht – wie alle anderen von den übrigen Menschen empfangen. Meine Philosophie erlegt die Schuld an allem der Natur auf und, indem sie die Menschen vollständig von Schuld entlastet, richtet sie den Hass, oder doch die Klage auf ein höheres Prinzip, auf den wahren Ursprung der Übel der Lebenden.)

53 Italo Calvino: Lezioni americane. Sei proposte per il prossimo millennio. Mailand 2012, S. 28 f. Die besondere Wertschätzung der *Operette morali* verdeutlicht Calvinos Diktum, wonach diese ein Buch seien, das in anderen Literaturen keinerlei Entsprechung habe: „quel libro senza uguali in altre letterature che è le *Operette morali* di Leopardi." Calvino: Lezioni americane, S. 50 (jenes Buch, für das es in anderen Literaturen kein Vergleichbares gibt, das Leopardis *Operette morali* ist). In einem Brief an Antonio Prete bekennt Calvino gar, dass alles was er schreibe, sich auf die *Operette morali* zurückführen lasse: „le *Operette morali* sono il libro da cui deriva tutto quello che scrivo". Italo Calvino, Lettere (1945–1985). Mailand 2001, S. 1512 (die *Operette morali* sind das Buch, aus dem sich alles ableitet, was ich schreibe).

54 Antonio Prete: Il cielo nascosto. Grammatica dell'interiorità. Turin 2016, S. 141.

55 Vgl. hierzu mehrere Beiträge in Milan Herold/Barbara Kuhn (Hg.): Lebenskunst nach Leopardi. Anti-pessimistische Strategien im Werk Giacomo Leopardis. Tübingen 2020.

Erik Martin

Sinn des Endes – Ende des Sinns

Juliusz Słowackis *Anhelli* (1838)

Der Sinn des Endes

„Warum erwarten aber die Menschen *überhaupt ein Ende der Welt*? und, wenn dieses auch eingeräumt wird, warum eben ein Ende mit Schrecken?",[1] fragt Immanuel Kant in einem kurzen Text zur Moralphilosophie unter dem sprechenden Titel *Das Ende aller Dinge* (1794). Die Antwort, zumindest auf den ersten Teil der Frage, fällt wie folgt aus:

> Der Grund [...] scheint darin zu liegen, weil die Vernunft ihnen sagt, dass die Dauer der Welt nur sofern einen Wert hat, als die vernünftigen Wesen in ihr dem Endzweck ihres Daseins gemäß sind, wenn dieser aber nicht erreicht werden sollte die Schöpfung selbst ihnen zwecklos erscheint: wie ein Schauspiel, das gar keinen Ausgang hat, und keine vernünftige Absicht zu erkennen gibt.[2]

Das Ende stiftet demnach da einen Sinn, wo es einen *solchen* Ausgang des Lebens zeitigen kann, an dem *exitus* und *finis*[3] zusammenfallen. Die Analogie mit dem Schauspiel, bedenkt man das „Ende mit Schrecken" ist hier wohl die Tragödie gemeint, entspricht Kants Idee in der *Kritik der Urteilskraft* (1790), sowohl das Leben, im Sinne einer Naturtatsache, als auch die Kunst teleologisch, also auf ein Ende hin gerichtet, aufzufassen.[4] Der Konnex von Sinn und Endlichkeit, aber auch von Fiktion, hat seine Quelle nicht allein in der *Kritik der Urteilskraft*, sondern geht zumindest auf Aristoteles zurück[5] und zwar sowohl auf sein Konzept des (Un-)Endlichen in der (Meta-)Physik als auch auf seine Theorie der Tragödie.

Wie der Mainstream des griechischen Denkens hält Aristoteles das Unendliche, verstanden als das Unbegrenzte, das *apeiron*, als für den Logos nicht zu erfassende

---

1 Immanuel Kant: Das Ende aller Dinge. In: ders.: Werkausgabe in 12 Bänden. Bd. 11: Schriften zur Anthropologie, Geschichtsphilosophie, Politik und Pädagogik, hg. v. Wilhelm Weischedel. Frankfurt a. M. 2017, S. 173–190, hier S. 179 (Herv. i. O.).

2 Kant: Das Ende aller Dinge, S. 179.

3 So die zwei Grimm'schen Grundbedeutungen von „Ausgang". Vgl. Jacob Grimm/Wilhelm Grimm: Deutsches Wörterbuch. https://www.woerterbuchnetz.de/DWB, (letzter Zugriff: 31.03.2023). ‚Finis' hier in seiner Bedeutung als ‚Ziel', ‚Zweck'.

4 Vgl. Otfried Höffe: Immanuel Kant. 8. Aufl. München 2014, S. 279.

5 Zur Übernahme Aristotelischer Motive bei Kant vgl. Höffe: Kant, S. 266.

https://doi.org/10.1515/9783111426129-006

und daher für eine ontologisch minderwertige Erscheinung.[6] Das *apeiron* kann deshalb kein Gegenstand der Erkenntnis sein, weil es keine Einheit ist, sondern definitionsgemäß immer anderes enthält als sich selbst: „Denn nicht dasjenige ist unendlich, außerhalb dessen nichts mehr ist, sondern dasjenige, außerhalb dessen immer noch etwas ist."[7] Weil das Unendliche stets das Unbestimmte ist, kann auch Aristoteles' unbewegter Beweger nicht unendlich sein, da sonst der menschliche Geist sich nicht auf ihn als Zweckursache ausrichten könnte.[8]

Diese für die Sinnhaftigkeit notwendige Begrenzung auf ein Ende hin spielt auch in der *Poetik* eine Rolle. Aristoteles bestimmt die Tragödie bekanntlich als die Darstellung „einer in sich geschlossenen und ganzen Handlung",[9] wobei das Ganze im Sinne des Handlungskomplexes das sei, „was Anfang, Mitte und Ende"[10] habe. Karlheinz Stierle räumt in seiner Interpretation dieses Satzes eine „Priorität des Endes über den Anfang"[11] insofern ein, als dass dieses Ganze der Handlung

---

6 Diese Wertung liegt bereits bei Plato vor: „Der sinnlichen Wahrnehmung bietet sich die Welt in ihrem Werden und Vergehen, d. h. in ihrer ständigen Veränderung dar als unendliche Vielfalt. Aber insofern sie Werden und Vergehen ist, kann man ihr das Sein nicht zuerkennen, sagt das griechische Denken übereinstimmend; insofern ist sie vielmehr nichtseiend, wie im *Sophistes* erklärt wird. Sein hat sie erst, insofern sie auf das Unveränderliche bezogen ist [...]. So ist für Platon das Unendliche gerade das Merkmal der Immanenz, von wo man sich zur Transzendenz erheben soll!" Eckehard Mühlenberg: Die Unendlichkeit Gottes bei Gregor von Nyssa. Gregors Kritik am Gottesbegriff der klassischen Metaphysik. Mainz 1963, S. 42.

7 Aristoteles: Physik, 207a 1; zitiert nach Mühlenberg: Unendlichkeit, S. 43.

8 Unendlich ist der unbewegte Beweger nicht aktual, sondern potentiell, und diese, positive gewertete Unendlichkeit betrifft nicht seine Macht: „[Infinity as] a positive concept, is marked by completion, perfection and knowledge, and is applied to the power of the First Mover". Leo Sweeney: Divine Infinity in Greek and Medieval Thought. New York/Bern/Frankfurt a. M. u.a 1992, S. 143.

9 Aristoteles: Poetik. Griechisch/Deutsch. Hg. v. Manfred Fuhrmann. Stuttgart 1984, S. 25.

10 Aristoteles: Poetik, S. 25.

11 Karlheinz Stierle: Die Wiederkehr des Endes. Zur Anthropologie der Anschauungsformen. In: Das Ende. Figuren einer Denkform. Hg. v. Karlheinz Stierle/Rainer Warning. München 1996, S. 578–599, hier S. 579. Die intentionale Ausrichtung des menschlichen Denkens auf ein Ende formulierte, in gänzlich anderem Kontext, auch Max Scheler. Für ihn zeichnet sich Denken nicht durch ‚Intelligenz' also durch Operationalität innerhalb eines Verweisungszusammenhanges aus, sondern gerade durch die Fähigkeit, dem Verweisungszusammenhang ein Ende zu setzten, aus ihm herauszutreten: „Ein Problem der Intelligenz wäre zum Beispiel folgendes: Ich habe jetzt hier einen Schmerz im Arm – wie ist er entstanden, wie kann er beseitigt werden? Das festzustellen ist die Aufgabe der positiven Wissenschaft, der Physiologie, der Psychologie, der Medizin. Ich kann aber denselben Schmerz [...] auch als ‚Beispiel' auffassen für den höchst seltsamen und höchst verwunderlichen Wesensverhalt, dass diese Welt überhaupt schmerz-, übel- und leidbefleckt ist." Max Scheler: Die Stellung des Menschen im Kosmos. In: ders.: Gesammelte Werke. Bd. 9: Späte Schriften, hg. v. Manfred S. Frings. Bern/München 1976, S. 7–71, hier S. 40.

nicht von vornherein gegeben sei, sondern sich erst vom Ende her intentional konstruiere.[12]

Den aristotelischen Nexus von Endlichkeit bzw. Begrenzung und Sinn hat Frank Kermode auf die Theorie von Fiktion überhaupt ausgeweitet. Demnach sei das Leben des Menschen zunächst einmal eine Dauer, ein *chronos* im neutestamentlichen Sinne einer ‚leeren Zeit'. Diese kontingente und ungestalte Zeitmasse wird erst durch die und in der Fiktion des Endes zu einem *kairos*,[13] einer sinnvoll erfüllten und strukturierten Einheit: „[C]hronos is ‚passing time' or ‚waiting time' – that which, according to Revelation, ‚shall be no more' – and kairos is the season, a point in time filled with significance, charged with a meaning derived from its relation to the end."[14] Die paradigmatische Fiktion des Endes ist natürlich die Apokalypse, ein absolutes (und schreckliches) Ende, das allem sich je Ereignendem einen (Figural-)Sinn[15] und seine höchste Erfüllung zugleich gibt.

In dem Maße aber, in dem die Apokalypse geschichtlich selbst an ein Ende gekommen ist und im Zuge der Säkularisierung ihre Legitimität als letzte Sinnstiftungsinstanz verloren hat, hat auch die Literatur auf diese Situation reagiert. In einer Welt, in der das Ende nicht mehr imminent bevorsteht, sondern gleichsam immanent realisiert ist[16] – und zwar nicht als geschichtliche erfüllbare Heilserwartung eines säkularen ‚Himmelreiches auf Erden', sondern als permanente Krise ohne Ausgang[17] –, modelliert die Literatur ihre Werke nicht mehr nach dem Paradigma des *kairos*, sondern des *chronos*, das heißt einer offenen, unstrukturierten Zeit. Diese „Krise des Endes"[18] in der Literatur wird spätestens in der Romantik akut und zeigt sich auch in der Spannung zwischen den zahlrei-

12 Vgl. Stierle: Die Wiederkehr des Endes, S. 580.

13 „To put it another way, the interval must be purged of simple chronicity, of the emptiness of [time], humanly uninteresting successiveness. It is required to be a significant season, *kairos* poised between beginning and end. It has to be, on a scale much greater than that which concerns the psychologists, an instance of what they call ‚temporal integration' – our way of bundling together perception of the present, memory of the past, and expectation of the future, in a common organization. Within this organization that which was conceived of as simply successive becomes charged with past and future: what was *chronos* becomes *kairos*." Frank Kermode: The Sense of an Ending. Studies in the Theory of Fiction. Oxford 2000, S. 46.

14 Frank Kermode: Sense of an Ending, S. 47.

15 Vgl. Erich Auerbach: Figura. In: Mimesis und Figura. Mit einer Neuausgabe des „Figura"-Aufsatzes von Erich Auerbach. Hg. v. Friedrich Balke/Hanna Engelmeier. Paderborn 2016, S. 121–188.

16 „No longer imminent, the End is immanent." Kermode: Sense of an Ending, S. 25.

17 Tatsächlich scheint Kermode ähnliche Gedanken wie Hans Blumenberg zu formulieren, der die Säkularisierungsthese Löwiths kritisierte. Der Erstdruck von *Sense of an Ending* erschien ein Jahr nach der *Legitimität der Neuzeit*, nämlich im Jahre 1967.

18 Vgl. den Beitrag von Elisa Ronzheimer in diesem Band.

chen Endzeittexten, der millenarischen Hoffnung und der programmatischen Unabschließbarkeit romantischer *écriture*.[19]

Im Folgenden möchte ich auch Juliusz Słowackis *Anhelli* (1838), einen der zentralen Texte der polnischen Romantik, in dem Spannungsverhältnis zwischen einer dezidierten Erwartung und der kontingenten Offenheit des Endes lesen. Słowackis Text partizipiert am Diskurs des polnischen Messianismus, einer Art ‚politischer Eschatologie'. Dieser Messianismus ist ein von Adam Mickiewicz in der Pariser Emigration ausgearbeitetes Konzept, nach dem Polen zwar gestorben ist – nämlich nach den Teilungen und gleichsam endgültig nach dem gescheiterten Novemberaufstand 1830/31 –, aber auferstehen und als Christus der Völker der gesamten Welt ein neues Zeitalter der Erlösung und des Friedens bringen wird.[20] Ein literarisches Manifest des Messianismus waren Mickiewiczs *Księgi narodu polskiego i pielgrzymstwa polskiego* (*Bücher des polnischen Volkes und der polnischen Pilgerschaft*, 1832), auf die Słowacki inhaltlich und formal Bezug nimmt. Trotz dieser offenbaren Partizipation am Erlösungsdiskurs ist Słowackis Stellung innerhalb des Messianismus durchaus ambivalent und *Anhelli* scheint sowohl den messianischen Opferkult als auch die Vorstellung der Apokalypse als Endzweck der Geschichte selbst zu kritisieren.[21] Diese Ambivalenzen möchte ich vor allem am Schluss von *Anhelli* aufzeigen.

Anhelli und sein Ende

Anhelli ist eine Stilisierung biblischer Prosa[22] im Umfang von 450 Versen verteilt auf 17 Kapitel. Słowacki begann mit der Arbeit am Text im Kloster des Heiligen Antonius in Ghazir (Libanon) zwischen Februar und April 1837 und beendete das Werk im

---

19 Im 116. Athenäumfragment schreibt Schlegel über die romantische Poesie „daß sie ewig nur werden, nie vollendet sein kann" Friedrich Schlegel: Athenäums-Fragmente. In: ders.: Kritische Friedrich-Schlegel-Ausgabe. Bd. 2: Charakteristiken und Kritiken I (1796–1801), hg. v. Hans Eichner. Paderborn/München/Wien 1967, S. 165–255, hier S. 182.

20 Vgl. Jana-Katharina Mende: Das Konzept des Messianismus in der polnischen, französischen und deutschen Literatur der Romantik. Heidelberg 2020.

21 Die traditionelle Forschungsmeinung geht von einer Abhängigkeit Słowackis von Mickiewicz aus bzw. einer regelrechten ‚Einflussangst'. Vgl. die historische Übersicht in Michał Kuziak: „Anhelli" Słowackiego – efekt lektury mickiewiczo-logicznej. In: Prace filologiczne. Literaturoznawstwo 10 (2020), H. 13, S. 51–66, sowie Ewa Łubieniewska: Sen i przebudzenie Anhellego. In: Ruch literacki 243 (2000), H. 6, S. 623–642.

22 Auch hier eine formale Anlehnung an Mickiewiczs *Bücher des polnischen Volkes*.

Juni 1838 in Florenz. Sein Aufenthalt in Libanon war Teil einer größeren Orientreise, verbunden mit der Pilgerschaft zu den heiligen Stätten des Christentums.[23]

Die Handlung des Textes vollzieht sich vor dem Hintergrund der Situation der polnischen Verbannten in Sibirien. Der Ton ist postapokalyptisch: Die Katastrophe der Verbannung, des Novemberaufstandes und der Großen Emigration ist bereits eingetreten, obwohl die beide letzten Ereignisse im Text nicht explizit benannt werden. Ein Anführer der sibirischen First Nations („lud sibirskij“[24]), Schaman, erwählt aus einer Gruppe neu angekommener Verbannter den Jüngling Anhelli und macht ihn zu seinem Schüler. Gemeinsam ziehen sie durch die sibirische Eiswüste. Słowackis Sibirien mit seinen Phobotopen wie den Zuchthäusern, Bergwerken und Gruben entstammt dem Imaginarium der polnischen Romantik[25] und ist hermeneutisch überkodiert: Schaman erscheint zugleich als Moses der israelitischen Wüstenwanderung, als Dantes Höllenführer Vergil, als Johannes der Täufer oder sogar als Christus selbst. Leitmotivisch klingt das Thema der Auferweckung an, die dem polnischen Volke zuteilwerden soll:

> Aby was wskrzesił, mówię, i dobył z mogiły, i uczynił was narodem, który drugi raz kładziony jest w kołysce i spowity.[26]

> Daß er euch auferwecke, sage ich, und euch aus der Gruft hebe und euch zu einem Volk mache, zum zweitenmal in die Wiege gelegt und gewickelt.[27]

Vor diesem Aufscheinen der Auferweckungshoffnung wird aber das physische, moralische und geistliche Martyrium der Verbannten beschrieben. So wird etwa die Politik der Russifizierung Polens, die nach dem niedergeschlagenem Novemberaufstand noch intensiviert wurde, in *Anhelli* in einem dramatischen Bild kondensiert: Eine Gruppe von polnischen Kindern soll von einem orthodoxen Priester zwangskonvertiert werden:

---

23 Diese Reise war auch in den damaligen Orientdiskurses eingeschrieben. Vgl. Ryszard Przybylski: Podróż Juliusza Słowackiego na Wschód. Krakau 1982.

24 Juliusz Słowacki: Anhelli. In: ders.: Dzieła wszystkie. Bd. 3, hg. v. Juliusz Kleiner. Breslau 1952, S. 9–59, hier S. 11.

25 Vgl. Elżbieta Kiślak: Car-trup i Król-duch. Rosja w twórczości Słowackiego. Warschau 1991; Monika Kostaszuk-Romanowska: Sybir *Anhellego* – Przestrzenią mesjanistyczną? In: Przegląd Wschodni 1 (1991), H. 2, S. 359–364.

26 Słowacki: Anhelli, S. 15.

27 Juliusz Słowacki: Anhelli. Übers. v. Arnold Gahlberg. Leipzig/Wien. 1922, S. 11. Im Weiteren wird im Fließtext *Anhelli* mit der Abkürzung A und Seitenzahlen zitiert, zuerst für die polnische, dann die deutsche Ausgabe.

A we środku gromadki siedział pop na tatarskim koniu, mający u siodła dwa kosze z chlebem. / I zaczął owe dzieciątka nauczać podług nowéj wiary ruskiéj i podług nowego katechizmu. / I pytał dzieci o rzeczy niegodne, a pacholęta odpowiadały mu, przymilając się, albowiem miał u siodła kosze z chlebem i mógł je nakarmić; a były głodne.

Und in der Mitte der lieblichen Schar saß ein Pope auf einem Tartarenroß, am Sattel zwei Körbe mit Broten. / Und er hub an, die Kindlein den neuen russischen Glauben zu lehren und den neuen Katechismus. / Und er fragte nach unwürdigen Dingen, und die Jungen gaben ihm Antwort, indem sie ihm schön taten, denn er trug am Sattel Körbe mit Brot und konnte sie füttern; und sie hatten Hunger. (A 16/12)

Biblische Teufelsmotive[28] – Christi Versuchung in der Wüste, Steine in Brot zu verwandeln (vgl. Lk 4,3) – werden hier mit einer Insinuation des Kindesmissbrauchs („unwürdigen Dingen", „ihm schön taten") verflochten, um das absolut Böse zu evozieren. Glücklicherweise kann Schaman einschreiten und das Unheil abwehren, zu Anhelli gewendet sagt er:

Użyję więc przeciwko temu księdzu ognia niebieskiego, aby go spalić, i stracę go w oczach dzieciątek. / A skoro wyrzekł Szaman słowo przekleństwa, zapalił się ów pop na koniu i wyszły mu z piersi płomienie, które się złączyły w powietrzu nad głową.

Also werde ich himmlisches Feuer gegen diesen Priester senden und ihn verbrennen und vor den Augen der Kindlein will ich ihn richten. / Und als der Schaman den Fluch gesprochen hatte, begann jener Pope auf dem Pferde zu brennen und Flammen kamen aus seiner Brust und schlossen sich in den Lüften über ihm. (A 17/13)

Die erfolgreiche Intervention des Schamanen an dieser Stelle ist eher die Ausnahme denn die Regel. Der Fokus des Textes liegt nicht so sehr auf dem russischen Imperium als Inkarnation des Bösen oder Gefängnis der Völker, als vielmehr auf der polnischen ‚Schuld', die zu dem Scheitern des Novemberaufstandes geführt hätte und ein entsprechendes Sühneopfer verlangen würde. Anders als bei Mickiewicz wird das Streben nach Sühne im *Anhelli* aber durchaus kritisch gesehen. Im zehnten Kapitel wird eine Auseinandersetzung der Verbannten über das richtige politische Programm beschrieben. Es treten auf: eine Adelspartei, angeführt vom Grafen Skir; eine demokratische Partei, angeführt „vom verkommenen Soldaten mit Namen Skartabella, der den Boden aufteilen und Freiheit der Bauern und Gleichheit der Edlen mit Juden und Zigeunerns verkünden"[29] wollte; sowie schließlich eine religiöse Partei mit dem Priester Bonifaz an ihrer Spitze, welcher „zur Rettung der Heimat ein einziges Mittel [empfahl]: hinzugehen und zu sterben, sich nicht zu wehren,

28 In die semantische Reihe des Diabolischen fällt natürlich auch das „Tartarenroß".
29 Słowacki: Anhelli, S. 40. („żołnierza chudego, imieniem Skartabellę, który chciał ziemię podzielić i ogłosić wolność chłopów i równość szlachty z Żydami i z Cyganami.") Słowacki: Anhelli, S. 35.

gleich den Märtyrern."[30] Diese Positionen entsprechen, *cum grano salis*, durchaus den politischen Standpunkten, welche in der Pariser Emigration als mögliche Optionen für den zukünftigen Weg Polens diskutiert worden sind. In der Darstellung Słowackis sind sie freilich verfremdet und im Fortgang der Episode auf eine absurde Spitze getrieben. Der Disput wird nämlich auf folgende Weise entschieden:

> I rzekł do nich ów doradzca: oto postawmy trzy krzyże na naśladownictwo męki Pana naszego, i na tych trzech drzewach przybijmy po jednemu z najmocniejszych w każdéj gromadzie rycerzy; a kto najdłużéj żyć będzie, przy tym zwycięztwo. / A że umysły tych ludzi były jakoby w stanie pijanym, znaleźli się trzej rycerze, którzy za swoje przekonanie śmierć ponieść chcieli i być ukrzyżowanymi, jako Chrystus Pan przed wiekami. / [...] / I zawieszono na krzyżach ludzie owe obłąkane, i przybito im ręce ćwiekami; a ten, co był na prawo, krzyczał: równość! a ten co był z lewéj, krzyczał: krew! wiszący zaś pośrodku mówił: wiara!
>
> Und der Berater sprach zu ihnen: wir wollen drei Kreuze aufstellen, als Zeugnis vom Leiden des Herrn, und auf die drei Holzpfähle je einen der Stärksten aus den drei Kriegerhaufen schlagen: und wer am längsten lebt, dem ist der Sieg. / Und da die Gemüter dieser Menschen gleichsam berauscht [wörtl. ‚betrunken'] waren, fanden sich drei Krieger, die für ihre Überzeugung den Tod tragen und sich kreuzigen lassen wollten wie Christus der Herr vor Zeiten. / [...] / Und sie hängten jene Irren an die Kreuze, und schlugen mit Nägeln ihre Hände daran; und der zur Rechten schrie Gleichheit! und der zur Linken schrie: Blut! und der in der Mitte hing, sprach: Glaube![31] (A 35–36/41–42)

Die Imitatio Christi wird hier als karnevaleskes Sakrileg[32] inszeniert und die Idee des Sühneopfers wird nach dem nihilistischen Finale ihres Sinns beraubt:

> Wtenczas strach jakiś ogarnął tłumy i rzekły: źle czynimy! Godziż się, aby za nasze wiary ci ludzie ginęli niewinnie? / [...] / Rzekli więc do tych, co byli ukrzyżowani: chcecie, a zdejmiemy was? Lecz ci im nic nie odpowiedzieli, będąc już umarłymi.
>
> Da kam Furcht über die Menge und sie sagt: Böses tun wir! ist es denn recht, daß wegen unseres Glaubens diese unschuldig sterben. / [...] / Da redeten sie also zu den Gekreuzigten: wollet ihr, so holen wir euch herab? / Aber sie hatten keine Antwort mehr, denn sie waren tot. (A 36/42–43)

Diese Episode kann als Kritik des polnischen Messianismus mit seiner obsessiven (Selbst-)Veropferung aufgefasst werden, scheint Słowacki doch auch den Messias, sprich Mickiewicz oder seinen erkenntnistheoretischen Ort zu kritisieren. Ein Beispiel dafür ist das folgende Gleichnis Schamans:

30 Słowacki: Anhelli, S. 40 („który chciał kraj zbawić modlitwą i na ocalenie kraju podawał sposób jedyny: iść i ginąć, nie broniąc się, jak męczennicy.") Słowacki: Anhelli, S. 35.

31 Zu den politischen Debatten der Großen Emigration vgl. Sławomir Kalembka: Wielka Emigracja. Polskie wychodźstwo polityczne w latach 1831–1862. Warschau 1971, S. 76–144.

32 Vgl. Łubieniewska: Sen i przebudzenie Anhellego, S. 633.

> A oto jednego wieczora przechodzili około cichéj i stojącéj wody, nad którą rosło kilka wierzb lamentujących i mało sosen. / A Szaman, ujrzawszy wyskakujące rybki ku zorzy wieczornéj, rzekł: oto widzisz tę płotkę, co przeleciała przez powietrze i znów utonęła. / A teraz opowiada siostrom swoim na dnie, że zobaczyła niebo, i opowiada o niebie różne rzeczy, i z tego ma sławę między inszymi rybkami. / Słuchając więc powieści o niebiosach, zapłyną do sieci i jutro będą sprzedawane na rynku.
>
> Und eines Abends gingen sie an einem still stehenden Wasser vorbei, an dem Trauerweiden standen und einzelne Tannen. / Und Schaman, als er die Fischlein sah, die in der Abendröte sprangen, redete also: siehe den kleinen Fisch, der durch die Luft flog und wieder versank. / Nun sagt er seinen Geschwistern in der Tiefe, dass er den Himmel sah und erzählt vom Himmel so mancherlei und hat seinen Ruhm vor den anderen. / Und da sie das Märchen vom Himmel hören, schwimmen sie ins Netz und morgen wird man sie auf dem Marktplatz verkaufen. (A 21/20)

Diese lakonische Parodie des platonischen Höhlengleichnisses im christologischen Schlüssel ist nicht nur größtmöglicher metaphysischer Horror der Erlösungslosigkeit, sondern auch ein Seitenhieb gegen die Propheten in den Emigrantenkreisen, die für sich in Anspruch nehmen, Menschenfischer zu sein.

Aus einer solchen metaphysischen Ausganglage heraus kann es freilich auch für das Gesamtnarrativ des *Anhelli* nicht zu einem Happy Ending kommen. So sterben auch alle Figuren am Schluss des Textes. Schaman stirbt an den Verletzungen, die ihm eine aufgebrachte Menschenmenge beigebracht hatte und Anhelli zieht mit Schamans Rentieren in dessen abgelegenes Haus weit im Norden. Ellenai, eine geläuterte Verbrecherin, wird seine Begleiterin. Doch auch sie stirbt und Anhelli bleibt als eine Art Letzte-Mensch-Figur in der einsamen Eiswüste zurück. Schließlich stirbt auch er: „Anhelli był umarły." (A 75)

Doch der Tod hat ein Nachspiel. Am Grabe Anhellis sitzt der Engel Eloe, die seinen Tod beweint, als ein Ritter auftaucht und ihn auferwecken will. Doch Eloe erhebt Einspruch, womit der Text dann auch tatsächlich endet:

> On był przeznaczony na ofiarę, nawet na ofiarę serca. Rycerzu, leć daléj, nie budź go. / [...] / I poleciał ów rycerz ognisty z szumem jakoby burzy wielkiéj; a Eloe usiadła nad ciałem martwego. / I uradowała się, że serce jego nie obudziło się na głos rycerza i że już spoczywał.
>
> Er war bestimmt zum Opfer, ja, zu einem Opfer des Herzens. Ritter, wecke ihn nicht, denn er schläft. / [...] / Und der feurige Ritter flog gleich dem Rauschen eines großen Gewitters davon; und Eloe ließ sich nieder über dem Körper des Toten. / Und sie freute sich, daß sein Herz nicht erwacht war auf den Ruf des Ritters und daß er schon ruhte. (A 59/77–78)

Exitus ohne finis

Welchen Sinn hat Anhellis Ende? Legt man den Literalsinn zugrunde, ist Anhelli nun mal tot.[33] Dieses geschlossene Ende der Narration impliziert zugleich ein offenes Ende der (‚realen' polnischen) Geschichte. Mit Anhellis ausbleibender Auferstehung endet die Heilsverheißung des Messianismus – aber mit ihm auch eine schwer lastende Hypothek der polnischen Romantik. Der Opferkult und der Glaube an die eigene Auserwähltheit und weltgeschichtliche Mission wurde vor allem in neuerer Forschung als ein toxisches Erbe der Romantik angesehen.[34] Anhellis *exitus* ohne *finis* wäre, mit Kermode gesprochen, das Ende eines Finalsinns zugunsten einer wirklich offenen, zumindest imaginativen, Zukunft für Polen im Jahre 1838. Eine solche Interpretation wird in der postkolonialen Leseweise von *Anhelli* gestützt.[35] Zwar haben die sibirischen First Nations im Text keinen wirklichen politischen Subjektstatus, doch die herausgestellte Position Schamans und seine Hilfsbereitschaft gegenüber den Polen zeigt, dass zwischen den Opfern kolonialer Regimes Solidarität und nicht Opferkonkurrenz um das größte Leid herrschen sollte.[36]

Doch ist Anhelli wirklich tot? Was den Text selbst angeht sind serielle Auferstehungen und Tode nicht unüblich.[37] Auch geht der Auferstehungshoffnung bekanntlich der Tiefpunkt existentieller Verzweiflung voraus.[38] Solange Anhelli auferstehungsfähig und das Ende des Textes ein potenziell offenes ist, bleibt paradoxerweise die Rahmenbedingung der messianischen Interpretation des Werkes geschlossen; das Paradigma des Messianismus bleibt bestehen, und *Anhelli* schreibt sich darin, wenn auch widerspenstig, ein.[39]

---

33 Sogar ziemlich tot; „był umarły" statt des gebräuchlichen „był martwy" indiziert eine Art (im Polnischen nicht vorhandenes) Plusquamperfekt.

34 Die große polnische Romantikforscherin Maria Janion bezeichnete den Messianismus als „przekleństw[o], zgubą dla Polski" (ein Fluch, ein Unglück für Polen). Maria Janion: List do Kongresu Kultury, 7 października 2016. https://wyborcza.pl/7,75410,20813344,mesjanizm-to-przeklenstwo-list-marii-janion-do-kongresu-kultury.html?disableRedirects=true, (letzter Zugriff: 31.03.2023).

35 Vgl. Tomasz Ewertowski: *Anhelli* Juliusza Słowackiego – Próba odczytania postkolonialnego. In: Słowacki postkolonialny. Hg. v. Michał Kuziak. Bydgoszcz 2011, S. 101–126.

36 Diese Solidarität wurde im Zuge des Novemberaufstandes auch in der Losung „Za naszą i waszą wolność" (Für unsere und eure [d. i. russische] Freiheit) gefordert, als deren Urheber Joachim Lelewel, Mickiewiczs akademischer Lehrer, gilt.

37 Vgl. etwa Kapitel sieben, wo es zu einer mehrfachen Auferstehung und entsprechend einem mehrfachen Sterben eines Verbannten kommt. Słowacki: Anhelli, S. 26–29.

38 Vgl. Józef Ujejski: Główne idee w *Anhellim* Słowackiego. Krakau 1916, S. 76.

39 Vgl. Łubieniewska: Sen i przebudzenie Anhellego, S. 626.

Natürlich ist es in der Regel müßig, Überlegungen darüber anzustellen, was mit dem Helden einer Geschichte nach deren Ende passiert, doch Słowacki hat eine Art Fortsetzungstext zu *Anhelli* geschrieben, der allerdings erst postum herausgegeben wurde. Es ist ein Gedicht, in dessen ersten Zeilen es gleich heißt:

> I wstał Anhelli z grobu – za nim wszystkie duchy, / Szaman, Eloe ... cała ćma z grobów wstawała / I wszystkie brały dawno porzucone ciała. / [...] / Wstaliśmy i ku Polszcze szli – a na cmentarzu / Zatrzymał Szaman ową straszną duchów zgraję / I spytał głośno: „Kogo z mogilnych nie staje?“ / A wszyscy byli; – straszny i zimny grabarzu / Śmierci, gdzież jest twój oścień, gdzie zwycięstwo twoje? / Wszyscyśmy byli – i krwi naszej poszły zdroje.[40]

> Und Anhelli erhob sich aus dem Grab – und nach ihm alle Geister, / Schaman, Eloe ... alle erhoben sich aus den Gräbern / Und alle nahmen die längst abgeworfenen Körper zurück. / [...] / Wir erhoben uns und machten uns auf in Richtung Polen – und auf dem Friedhof / Hielt Schamane diese schreckliche Rotte von Geistern auf / Und fragte laut: „Wer stand von den Gräbern nicht auf?“ / Doch alle waren sie da; schrecklicher und kalter Totengräber / Tod, wo ist dein Stachel, wo ist dein Sieg? / Da waren wir alle – und unser Blut floss in Strömen.[41]

Rückprojiziert auf *Anhelli* würde dieses Gedicht also eine Auferstehung des Protagonisten und somit eine Einschreibung des Textes in den Messianismusdiskurs befürworten. Allerdings gibt es im Gedicht eine Nuance des Messianismusdiskurses: Die Auferstehung wird nämlich nicht nur mit dem Schlüssel der Schauerromantik gegeben – die „ową straszną duchów zgraję“ erinnert mehr an eine Horde Zombies[42] als an eine Gruppe Auferstandener –, sondern transformiert das „Ende mit Schrecken“ zum „Schrecken ohne Ende“. Die Ströme des Bluts evozieren erneut die messianistische Opferthematik, die, so die nahegelegte Interpretation, mit der Auferstehung nicht endet, sondern selbst durch die Apokalypse unabschließbar bleibt.

Die im Gedicht nur angedeutete Idee einer (Heils-)Geschichte als fortgesetzte Katastrophe, entfaltet Słowacki auch in einem späteren Text *Genezis z ducha* (*Genesis aus dem Geist*), der in der Forschung mehrfach mit *Anhelli* zusammengelesen wurde.[43] In *Genezis z ducha* wird die (katastrophische) Geschichte der Welt

40 Juliusz Słowacki: I wstał Anhelli z grobu ... In: ders.: Dzieła. Bd. 1: Liryki i inne wiersze, hg. v. Julian Krzyżanowski. Warschau 1959, S. 248.

41 Soweit nicht anders angegeben sind alle Übersetzungen vom Verfasser, E.M.

42 In die Romantik fällt nämlich die (Wieder-)Entdeckung des Zombies, und zwar in einer Rezension Charles Nodiers von Pierre C. Blessebois Text *Le Zombi du Grand Pérou, ou la comtesse de Cocagne* (1697). Vgl. Charles Nodier: Mélanges tirés d'une petite bibliothèque: ou Variétés littéraires et philosophiques. Paris 1829, S. 266–370.

43 Vgl. etwa Jacek Lyszczyna: Anhelli genezyjski. In: Postscriptum Polonistyczne 4 (2009), H. 2, S. 39–46. *Genezis z ducha* wurde von Słowacki mehrfach überarbeitet, blieb aber zu Lebzeiten

als eine Naturgeschichte des Geistes erzählt, in der sich in einer gleichsam aufsteigenden Spirale die Evolution[44] von der Notwendigkeit zur Freiheit vollzieht. Diese Evolution beschreibt Słowacki allerdings als eine Folge von schmerzhaften Toden der Form, die sich als Selbstopfer ausnehmen. Beispielhaft für die Verknüpfung von naturgeschichtlichen Narrativen und metaphysischer Spekulation, sei hier die stipulierte phylogenetische Entwicklung der Schnecke angegeben:

> Wtenczas to, o Panie, pierwsze a idące już ku Tobie duchy w umęczeniu ognistem złożyły ci pierwszą ofiarę. *Ofiarowały się na śmierć.* Co zaś dla nich śmiercią było, to w oczach Twoich, o! Boże, było tylko zaśnięciem Ducha w jednej, a obudzeniem się jego w drugiej, doskonalszej formie, bez żadnej wiedzy o przeszłości i bez żadnej przedsennej pamięci. Pierwsza więc ofiara tego ślimaczka, który prosił Cię, Boże, abyś mu w kawałku kamiennej materii pełniejszym żywotem rozweselić się pozwolił, a potem śmiercią zniszczył, była już niby obrazem ofiary Chrystusa Pana i niestraconą została; albowiem Tyś, Panie, nagrodził tę śmierć, pojawioną w naturze po raz pierwszy, darem, który dzisiaj nazywamy *organizmem.* Z tej śmierci jako z najpierwszej ofiary wyrodziło się najpierwsze *zmartwychwstanie.*[45]

> Damals, o Herr, haben die ersten schon von Dir emporsteigenden Geister in der feurigen Ermüdung Dir das erste Opfer gebracht. Sie haben sich dem Tode geweiht. Was aber für sie der Tod war, in Deinen Augen, o Herr, war es nur ein Einschlafen des Geistes in einer und sein Erwachen in einer anderen vollkommeneren Form, ohne irgendwelche Kenntnis der Vergangenheit und ohne irgendeine Erinnerung an das vor dem Schlaf liegende. Das erste Opfer des Schneckleins, das Dich, o Gott, bat, ihm zu gestatten, dass es sich in einem Stücke felsiger Materie eines vollkommeneren Lebens erfreue und es dann durch den Tod zu vernichten – war schon gewissermaßen ein Abbild des Opfers Christi des Herrn, und es ist nicht verloren gegangen; denn Du, o Herr, hast diesen in der Natur zum ersten Mal erschienenen Tod mit einem Geschenke gelohnt, das wir heute Organismus nennen, Aus diesem Tode als dem ersten Opfer ist die erste Auferstehung hervorgegangen.[46]

---

unveröffentlicht; Ich zitiere im Folgenden die vierte und letzte Fassung: Juliusz Słowacki: Genezis z ducha. In: ders.: Dzieła wszystkie. Bd. 14, hg. v. Juliusz Kleiner. Breslau 1954, S. 47–64. Die deutsche Übersetzung findet sich, ohne Angabe des Übersetzers in der theosophischen Zeitschrift *Lotusblüten*; Juliusz Słowacki: Genesis aus dem Geist. In: Lotusblüten 5 (1897), H. LII–LVII, S. 397–408, 440–452.

44 Es ist anzunehmen, dass Słowacki zahlreiche Quellen zu biologischen Evolutionstheorien heranzog – eventuell Buffon, Bonnet, Lamarck, Geoffroy de Saint-Hilaire und Boucher de Perthes; sie im Detail zu bestimmen bleibt schwierig, da er keine davon explizit zitiert. Vgl. Juliusz Gromadzki: „Genesis z ducha" a teorie ewolucji przyrodnej. In: Przegląd humanistyczny 358 (2000), S. 57–66; Kacper Kutrzeba: Genezis z Ducha, czyli o podmiotowości i naturze u Juliusza Słowackiego. In: Ruch literacki 368 (2021), H. 5, S. 631–656. Lutosławski meint in *Genezis z ducha* sogar eine Vorwegnahme Charles Darwins Theorien zu erkennen. Vgl. Wincenty Lutosławski: Darwin i Słowacki. Warschau 1909.

45 Słowacki: Genezis, S. 49.

46 Słowacki: Genesis, S. 400.

Die Idee hinter dieser Verwandlung ist, dass der Geist sich der trägen, aber schützenden Materie entledigen soll, sodass durch die Beschleunigung des Todes der Körper auch der geistige Schwung des Lebens beschleunigt werde,[47] was letztlich auch den Impetus der ganzen *filozofia genezyjska* ausmacht. Der Tod als Recht der Form (*śmierć jako prawo formy*)[48] hat hierbei eine ambivalente Funktion: Einerseits ist er Möglichkeitsbedingung und Exekutionsorgan der Geistesgenesis, andererseits ist er, als Teil des göttlichen Plans, eine bloße „krolową mask, powłok i szat duchowych i dotychczas jest marą bez, żadnej rzeczywistej władzy nad stworzeniem." (Königin der Masken, Verhüllungen und geistigen Gewänder und ist bis nun ein nichtiger Schatten ohne wirkliche Gewalt über die Schöpfung.)[49] Gerade diese Einverleibung in die orthodoxe christliche Soteriologie entschärft die Radikalität des Todes als einer absoluten Form und so wendet sich auch im versöhnlichen Ende der *Genezis z ducha* der Erzähler an Gott und bittet ihn, dass der eine Weg des Geistes „lud twój wybrany a drogą boleśną teraz idący, do krolestwa Bożego zaprowadziła" (das erlesene Volk, das jetzt den schmerzlichen Weg wandelt, in das Reich Gottes hinaufführe).[50]

Endlichkeit ohne Ende

Mit der gutkatholischen Entschärfung des Todes als Form des Geistes am Ende der *Genezis z ducha* verpasst Słowacki einen Gedanken, dessen Radikalität in dem Gedicht *I wstał Anhelli z grobu ...* aufschien, nämlich die Schöpfung als eine unabschließbare Serie von Vernichtungen aufzufassen. Dieser Gedanke scheint sich schon bei Friedrich Schlegel in der *Transzendentalphilosophie* (1800/01) anzudeuten. Schlegel beschreibt darin das Werden der Welt, zwar nicht wie Słowacki als Genese des Geistes, doch als eine fortwährende Selbstdarstellung Gottes: „Man könnte dies auch ausdrücken: Gott hat die Welt hervorgebracht, um sich selbst darzustellen."[51] Diese Darstellung ist aber nicht abgeschlossen, und auch prinzipiell nicht abschließbar:

47 Vgl. „bo przez przyspieszenie śmierci ciał przyśpieszał się pęd duchowy żywota." Słowacki: Genezis, S. 53.

48 Słowacki: Genezis, S. 53.

49 Słowacki: Genezis, S. 53; Słowacki: Genesis, S. 407.

50 Słowacki: Genezis, S. 64; Słowacki: Genesis, S. 452.

51 Friedrich Schlegel: Transzendentalphilosophie. In: ders.: Kritische Friedrich-Schlegel-Ausgabe. Bd. 12: Philosophische Vorlesungen I (1800–1807), hg. v. Jean-Jacques Anstett. Paderborn/München/Wien 1964, S. 1–105, hier S. 39.

> Dieser Satz, *daß die Welt noch unvollendet ist*, ist außerordentlich wichtig für alles. Denken wir uns die Welt als vollendet, so ist alles unser Thun nichts. Wissen wir aber, daß die Welt unvollendet ist, so ist unsere Bestimmung wohl, an der Vollendung derselben mitzuarbeiten. Der Empirie wird dadurch ein unendlicher Spielraum gegeben. Wäre die Welt vollendet, so gäbe es dann nur ein Wissen derselben aber kein Handeln.[52]

Um dieses Handeln geht es aber doch. Die Pointe nun ist, dass diese ‚neuen Worte' nicht nur additiv hinzukommen, sondern dass die Radikalität des unfertigen Universums darin besteht, dass vorhandene, dargestellte, Individua zerstört werden.[53] Eine Tatsache, die Schlegel in den Rang eines Axioms erhebt:

> Axiom: Das wahre Leben ist nur im Tode. Nämlich Tod ist das, was entsteht, wenn das Leben sich neutralisirt, wenn sich die Entgegensetzung aufhebt. Das gemeine Leben (in der Entgegensetzung) ist also nicht das wahre Leben, jenes muß vernichtet werden, wenn dieses hervorgehen soll. Hier haben wir die Punkte einer neuen Lehre – der Religion – berührt. Die Punkte sind: Es giebt nur eine Welt, und das wahre Leben ist nur im Tode.[54]

Diese Radikalisierung des Todes kann als ein absolutes Recht der Form des Todes verstanden werden.

Abschließend lassen sich drei mögliche Sinnstiftungen des Endes von *Anhelli* angeben. Ist das Ende des Textes geschlossen und Anhelli tot, so führt dieses Ende paradoxerweise aus dem geschlossenen System des Messianismus heraus in eine offene polnische Historiographie. Ist wiederum das Ende des Textes offen, bleibt Anhelli also auferstehungsfähig, führt dieses Ende zur semantischen Schließung der messianischen Sinnstiftung; das messianische Narrativ bleibt erfüllt und damit geschlossen. Als letzte Möglichkeit schließlich kann das Ende überwunden werden,

---

52 Schlegel: Transzendentalphilosophie, S. 42.

53 David Wellbery bemerkt zur Allegorie bei Schlegel: „Damit scheint sich der deMansche Interpretationsvorschlag zu bewähren: Allegoriebegriff *und* allegorische Praxis Schlegels tragen eine zeitlich-sprachliche Problematik aus, die die der Brüchigkeit dieser Domäne ist. Wo das Bewußtsein an ein Da gebunden und also ein radikal endliches ist, stellt sich das Unendliche nur dar als Destruktion der Darstellung." David E. Wellbery: Rhetorik und Literatur. Anmerkungen zur poetologischen Begriffsbildung bei Friedrich Schlegel. In: Die Aktualität der Frühromantik. Hg. v. Ernst Behler/Jochen Hörisch. Paderborn/München/Wien u. a. 1987, S. 161–173, hier S. 165.

54 Schlegel: Transzendentalphilosophie, S. 42.

nicht aber die Endlichkeit. Jede Welt als Selbstdarstellung Gottes oder Genese des Geistes, kann und muss in einer neuen Darstellung oder Form vernichtet werden, ohne dass eine (unendliche) Vollkommenheit erreicht wird. Tod und Auferstehung wechseln sich ab: die Weltgeschichte erscheint als fortwährender ‚Kosmoklysmus'[55] in totaler Kontingenz und Offenheit, aber ohne Offenbarung.[56]

---

55 Vgl. Philipp Weber: Das Bild des Unendlichen bei Friedrich Schlegel. In: Ding und Bild in der europäischen Romantik. Hg. v. Jakob C. Heller/Erik Martin/Sebastian Schönbeck. Berlin/Boston 2021, S. 71–92.

56 Zum Schluss kann noch die Frage aufgeworfen werden, ob dies nicht eine schlechte Unendlichkeit sei, die Hegel in seiner Synthese des Endlichen und Unendlichen in der absoluten Endlichkeit zu überwinden geglaubt hatte. Vgl. Daniel Unger: Schlechte Unendlichkeit. Zu einer Schlüsselfigur und ihrer Kritik in der Philosophie des Deutschen Idealismus. München 2015. Die Pointe bei Słowacki und Schlegel wäre aber in einer Umbesetzung der ‚schlechten Unendlichkeit' zu suchen: Endlichkeit muss als Darstellungsmedium stets bestehen – nicht dass man den Horizont immer verschieben kann, ist wichtig, sondern dass jede (menschliche) Erfahrung sich nur in einem horizontierten Medium vollzieht. Vgl. den Beitrag von Jana Schuster in diesem Band.

II Geschichte und Endlichkeit

Elisa Ronzheimer

Die Enden des romantischen Romans

Literarische Verfahren der Monumentalisierung in Ludwig Tiecks *Vittoria Accorombona* (1840)

Das Ende ist in Ludwig Tiecks spätem Roman *Vittoria Accorombona* (1840) auf vielen Ebenen imminent. Erzählt wird die Lebensgeschichte der italienischen Adeligen Vittoria Accoramboni (1557–1585), die – in Tiecks Darstellung zur Dichterin stilisiert – in die Ränke intrigierender Adelsfamilien gerät und aufgrund von Erbstreitigkeiten ermordet wird. Ihre Biographie bildet den Rahmen für die Erzählung vom Untergang der Familie Accoromboni (wie sie im Roman heißt): Vittorias Mutter sieht ihre ehrgeizigen Pläne für den gesellschaftlichen Aufstieg der Familie zerstört, verfällt dem Wahnsinn und stirbt, ebenso wie ihr Bruder Ottavio, ein in kirchliche Intrigen verstrickter Bischof. Der Bruder Marcello, der sich marodierenden Räuberbanden angeschlossen hat, wird für den Mord an Vittorias erstem Ehemann, Francesco Peretti, verurteilt und hingerichtet, und der jüngste Sohn der Familie, Flaminio, wird von den Handlangern des Grafen Luigi Orsini – Vittorias Mörder – erstochen. Der Erzähler kommentiert das Ende der Familie Accoromboni mit den Worten:

> So war das ganze Geschlecht der Accoromboni, einst so bekannt, erloschen, untergegangen und bald vergessen. Die Verleumdung verdunkelte den Namen der einst so hoch gepriesenen Vittoria, und nur mangelhafte zweideutige Zeugnisse werden von den Zeitgenossen und den Nachkommen ihrem Namen beigefügt. Nur zu oft wird das Edle und Große von den kleinen Geistern so verkannt und geschmäht.[1]

Literaturgeschichtlich gesehen deutet sich mit dieser Erzählung vom Untergang des Familiengeschlechts der Accoromboni das Ende eines für die Romanliteratur des neunzehnten Jahrhunderts einflussreichen narrativen Paradigmas an, das Patricia Tobin den „genealogischen Imperativ" genannt hat. Darunter versteht Tobin ein narratives Erzählmuster, das sich im ‚klassischen Roman' des neunzehnten Jahrhunderts etabliere und das mit der genealogischen Erbfolge den Rahmen für eine auf Linearität und Kausalität hin ausgerichtete Narration von

1 Ludwig Tieck: Vittoria Accorombona. Ein Roman in fünf Büchern. In: ders.: Schriften in zwölf Bänden. Bd. 12: Schriften 1863–1852, hg. v. Uwe Schweikert. Frankfurt a. M. 1986, S. 527–855, hier S. 855.

https://doi.org/10.1515/9783111426129-007

Zeitverläufen biete.[2] Im Anschluss an Tobin hat Ulrike Vedder die literarische Produktivität der Verweigerung des genealogischen Narrativs herausgearbeitet, die sich um 1900 zur Untergattung des „antigenealogischen Romans"[3] verdichtet, als dessen Vorläufer sich Tiecks Roman – mit seiner ostentativen Absage an genealogische Reproduktion – verstehen lässt.

Dass die Auflösung der „narrativen Linien des Familienromans"[4] inhärent verknüpft ist mit einer Destabilisierung von Geschlechterrollen, die durch die Familiengeschichten überhaupt erst hervorgebracht und festgeschrieben wurden, hat Walter Erhart in seiner Studie zur narrativen Modellierung von Männlichkeit in Familienromanen des neunzehnten und zwanzigsten Jahrhunderts gezeigt. *Vittoria Accorombona* setzt den durch die Dissoziation der Familie entfachten ‚Gender Trouble' eindrücklich in Szene: Die auffällige Abwesenheit des verstorbenen Vaters, der als „angesehener Rechtsgelehrter"[5] ein Hüter des Gesetzes gewesen ist, bildet die Folie für den Auftritt einer Protagonistin, die zeitgenössische Konventionen von Weiblichkeit herausfordert, indem sie sich dem Ehevollzug verweigert und sich durch ihre eigenständige Tätigkeit als Dichterin den Ruf einer „poetischen Amazone" erwirbt.[6] Neben Vittoria Accorombona ist hier auch die Nebenfigur der Margarete von Parma zu erwähnen, die als *virago* eingeführt wird: „Sie war groß und stark, von männlichem Ausdruck und bräunlicher Farbe, an Kinn und Oberlippe zeigte sich selbst ein leichtes Bärtchen."[7] Zugleich unterlaufen die männlichen Figuren des Romans Geschlechterkonventionen – nicht nur mit der Leerstelle des toten Familienvaters, sondern auch durch Erzähler- und Figurenkommentare, die die auf der Figurenebene als defizitär dargestellte Männlichkeit hervorheben.[8] Vittorias Bruder Flaminio wird als „schmiegsam,

2 Vgl. Patricia Drechsel Tobin: Time and the Novel. The Genealogical Imperative. Princeton/New Jersey 1978, S. 6.

3 Ulrike Vedder: Vererbung und ihre Verweigerung: Eine Form des Romans im 19. Jahrhundert. In: Lebenswissen. Poetologien des Lebendigen im langen 19. Jahrhundert. Hg. v. Benjamin Brückner/Judith Preiß/Peter Schnyder. Freiburg i.Br./Berlin/Wien 2016, S. 169–184, hier S. 176.

4 Walter Erhart: Familienmänner. Über den Ursprung moderner Männlichkeit. München 2001, S. 111.

5 Tieck: Vittoria Accorombona, S. 531.

6 Tieck: Vittoria Accorombona, S. 565. *Vittoria Accorombona* ist entsprechend als Kritik am Verfall des bürgerlichen Familienmodells gelesen worden oder auch an der frühen Frauenemanzipationsbewegung, die Gegenstand der Texte von Tiecks jungdeutschen Zeitgenossen war. Vgl. Martina Schwarz: Die bürgerliche Familie im Spätwerk Ludwig Tiecks. „Familie" als Medium der Zeitkritik. Würzburg 2002, S. 219–279.

7 Tieck: Vittoria Accorombona, S. 577 f.

8 Zur „Krise der Männlichkeit" in Tiecks Roman vgl. Martina Wagner-Egelhaaf: Verque(e)r und ungereimt. Zum Verhältnis von Gesetz, Geschlecht und Gedicht in Tiecks *Vittoria Accorom-*

fein gebaut, zart in seinem Wesen, fast mädchenhaft"[9] beschrieben, ihr Ehemann, Francesco Peretti, als „unreife[r] Jüngling"[10] bezeichnet und von den Versen Torquato Tassos bemerkt der Gelehrte Sperone: „Süß und lieblich, ja, aber die Männlichkeit fehlt."[11]

Martina Wagner-Egelhaaf hat herausgestellt, dass die Erschütterung der Gesetzesmacht, die sich in der unzureichenden Durchsetzung des römischen Rechtssystems durch den zunehmend machtlosen Papst manifestiert und durch den toten Vater symbolisiert wird, und die Destabilisierung der Geschlechterrollen in Tiecks Roman auf der poetologischen Ebene verknüpft sind mit einer Infragestellung der romantischen Romanpoetik.[12] Mit den Dichterfiguren Vittoria Accorombona und Torquato Tasso, dessen Biographie kontrapunktisch mit der Vittorias verschränkt wird, indem sich die Erzählung ihrer Lebensgeschichte an entscheidenden Wendepunkten mit der seinen kreuzt, sowie in zahlreichen poetologischen Gesprächen der Romanfiguren nimmt der Roman das Ende der (romantischen) Poesie in den Blick. So lässt sich Tiecks Roman als eine Erzählung vom Untergang zweier Dichter in einem Zeitalter kultureller und ästhetischer Dekadenz lesen – ein Dekadenznarrativ, das sich auch auf der Ebene der formalen Gestaltung ausprägt, indem lyrische Gedichte im Text ausschließlich in prosaischer Form erscheinen. Wie in Tiecks früheren Künstlerromanen – den *Herzergießungen eines kunstliebenden Klosterbruders* (1797) oder *Franz Sternbalds Wanderungen* (1798) – werden hier, mit den Gedichten der Vittoria Accorombona, die Titel tragen wie „Die Gewalt der Liebe", „Der schwarzbraune Bräutigam" oder „Ernst und Trauer des Lebens", lyrische Passagen in den Romantext integriert.[13] Vittoria Accorombona tritt damit – sowohl hinsichtlich ihrer Charakterisierung als freiheitsliebende und individualistische Künstlerin, die sich den gesellschaftlichen Zwängen der Ehe verweigert und am Ideal der Liebesheirat festhält, als auch mit Blick auf die Topoi ihrer poetischen Produktion (melancholische Liebesgedichte und fantastische Abenteuergeschichten) – als Prototyp der romantischen Dichterin auf. Ihr dramatischer Tod versinnbildlicht entsprechend das Ende der romantischen Poesie, das durch die Prosaisierung der poetischen Passagen auf formaler Ebene präfiguriert wird. Denn im Unterschied zu Tiecks früheren Künstlerromanen vollzieht *Vittoria Accorombona* keine romanti-

---

bona (1840). In: Die Prosa Ludwig Tiecks. Hg. v. Detlef Kremer. Bielefeld 2005, S. 151–170, bes. S. 162–166.

9 Tieck: Vittoria Accorombona, S. 532.

10 Tieck: Vittoria Accorombona, S. 652.

11 Tieck: Vittoria Accorombona, S. 598.

12 Vgl. Wagner-Egelhaaf: Verque(e)r und ungereimt, S. 151–170.

13 Vgl. Tieck: Vittoria Accorombona, S. 581 f., 662–665, 761–763.

sche Synthese von Poesie und Prosa, vielmehr konsolidiert der Roman die Prosaisierung der Poesie, wie sie für Literatur des Realismus charakteristisch sein wird.[14]

Schließlich wird die Endzeitperspektive des Romans durch den historischen Kontext gerahmt, in den er sich einschreibt. Dabei ist von Bedeutung, dass Tieck sich mit seiner Erzählung, die den Zeitraum zwischen den Jahren 1575 und 1585 umfasst, der Spätrenaissance zuwendet und damit einer Epoche, die – wie Tiecks eigenes Leben – von politischen Unruhen geprägt war.[15] Die politische Dekadenz zeigt sich hier in den zwischen dem Kirchenstaat und den Adelsfamilien ausgetragenen Machtkämpfen. Die römische Kirche wird als ein korruptes System dargestellt, das auf Nepotimus und Intrigen beruht. Sein Oberhaupt, Papst Gregor XIII., hat sich aus der Politik weitgehend zurückgezogen, sich vom drängenden politischen Tagesgeschäft abgewendet und „bastelt [...] immer und ewig an seinem neuen Kalender",[16] wie eine der Romanfiguren, der mit Vittoria befreundete Dichter Cesare Caporale, bemerkt. Dieses Machtvakuum wird gefüllt durch die umherstreifenden Räuberbanden, die, von den Adelsfamilien engagiert, die bestehenden Gesetze außer Kraft setzen.

Dass neben dem Mittelalter auch die Epoche der Renaissance ein wesentlicher Referenzpunkt bereits für die frühromantische Theoriebildung war, hat die Romantikforschung eingehend herausgestellt. Ernst Behler hat gezeigt, dass sich August Wilhelm und Friedrich Schlegel in ihren frühen literaturtheoretischen Texten auf die italienische Renaissance berufen – damit meinen sie in erster Linie Dante, Boccaccio und Petrarca –, um der eigenen Modernität ein literaturgeschichtliches Fundament zu verleihen. In Abgrenzung vom Kanon des Klassizismus, der sich auf die griechische Antike gründete, nahmen die Brüder Schlegel Bezug auf die „älteren Modernen", wie sie die Dichter der italienischen Renaissance auch nannten, und verliehen damit der eigenen literarischen Richtung einen anders datierten historischen Ursprung.[17] Karlheinz Stierle hat darauf hingewiesen, dass das Renaissancebild der Frühromantiker sich als Alternative zu dem der Aufklärung verstand: Entscheidend hierfür war die neue Konzeption des Verhältnisses von Renaissance und Mittelalter. Anders als viele Autor:innen der Aufklärung fassten die Brüder Schlegel die Epoche der Renaissance nicht als einen Bruch mit dem Mittelalter und seiner vermeintli-

---

14 Vgl. Wagner-Egelhaaf: Verque(e)r und ungereimt, S. 167 f.

15 Zu Tiecks ‚progressivem Konservatismus' vgl. Stefan Nienhaus: Tiecks poetisches Vermächtnis. „Vittoria Accorombona". In: ders.: Tieck-Lektüren. Von Peter Lebrecht zu Vittoria Accorombona. Dresden 2021 (Tieck-Studien. Bd. 5), S. 201–230, hier S. 218.

16 Tieck: Vittoria Accorombona, S. 563.

17 Vgl. Ernst Behler: Die italienische Renaissance in der Literaturtheorie der Brüder Schlegel. In: Romantik und Renaissance. Die Rezeption der italienischen Renaissance in der deutschen Romantik. Hg. v. Silvio Vietta. Stuttgart 1994, S. 176–195, bes. S. 181.

chen ‚Dunkelheit' auf, sondern als eine moderne Epoche, die sich dem Mittelalter geistig verpflichtet wusste.[18]

Das Bild der Renaissance, das die Brüder Schlegel entwarfen, um die Modernität der Frühromantik historisch zu legitimieren, entspricht allerdings nicht dem, das Tieck in seinem Roman heraufbeschwört. Denn im ausgehenden sechzehnten Jahrhundert ist die Blütezeit der Renaissance längst vergangen. Die literaturgeschichtlichen Referenzen sind nicht länger die *tre corone*, sondern Ariost und Tasso. Das der eigenen Kunst zugrunde liegende epigonale Verhältnis zur Renaissance bringt die Protagonistin in einem kritischen Gespräch über das Wirken der kirchlichen Inquisition und Gegenreformation zum Ausdruck:

> Ja wohl sehne ich mich in jene heitere Vorzeit zurück, in der unsre Eltern ohne Furcht vor diesem dunkeln Geist der Kirche denken und sprechen durften. Hat das Leben doch schon des Elends genug und des Grams, sind wir doch von allen Seiten beschränkt und gebunden, – so konnte man hier doch dem Spiel und dem Ernst, der Poesie wie Philosophie ihre freie Rennbahn zu Entwickelung der edelsten Kräfte gestatten.[19]

Festhalten lässt sich, dass die Romantik sich in ihren Anfängen, auf der Suche nach einem Gründungsnarrativ, wie auch gegen ihr Ende hin, mit der Reflexion der eigenen Historizität, auf die Renaissance besinnt – wobei die Renaissance der Schlegels eine andere ist als die Tiecks. Deutlich wird außerdem, dass Tieck in seinem Roman mit der Auffaltung von multiplen – genealogischen und literaturgeschichtlichen, sozialen und geschlechtertheoretischen, kunstphilosophischen, politischen und historischen – Endszenarien die Endlichkeit des eigenen Werks und seiner Epoche reflektiert. Dass Ludwig Tieck sich in seinem Spätwerk ‚selbst historisch wurde', ist bereits mit Blick auf andere Texte, vor allem hinsichtlich der Novellen der späten 1830er Jahre, bemerkt worden.[20] Die Frage, die sich mit

---

18 Vgl. Karlheinz Stierle: Italienische Renaissance und deutsche Romantik. In: „Italien in Germanien". Deutsche Italien-Rezeption von 1750–1850 (Akten des Symposiums der Stiftung Weimarer Klassik, Herzogin-Anna-Amalia-Bibliothek, Schiller-Museum, 24.–26. März 1994). Hg. v. Frank-Rutger Hausmann. Tübingen 1996, S. 373–404, bes. S. 383 f.

19 Tieck: Vittoria Accorombona, S. 722. Die Reflexion von Epigonalität in Tiecks Roman hebt Battafarano hervor. Vgl. Italo Michele Battafarano: Ludwig Tiecks Spätroman „Vittoria Accorombona". In: Romantik und Renaissance. Die Rezeption der italienischen Renaissance in der deutschen Romantik. Hg. v. Silvio Vietta. Stuttgart 1994, S. 196–218, bes. S. 198 f. Zur Epigonalität als Textstrategie und Epochenbruch bei Tieck vgl. Gustav Frank: Tiecks Epochalität (Spätaufklärung, Frühromantik, Klassik, Spätromantik, Biedermeier/Vormärz, Frührealismus). In: Ludwig Tieck. Leben – Werk – Wirkung. Hg. v. Claudia Stockinger/Stefan Scherer. Berlin/Boston 2001, S. 131–147, bes. S. 138 f.

20 Thomas Meißner hat gezeigt, dass Tieck bereits im *Phantasus* beginnt, die eigene Epoche kritisch zu reflektieren, sich von den katholisierenden Tendenzen der späteren Romantik abzugrenzen und Kritik an einer epigonalen Spätromantik zu üben. Vgl. Thomas Meißner: Erinnerte

dem Roman *Vittoria Accorombona* im Besonderen stellt, ist, mit welchen ästhetischen Verfahren Tieck das Ende – oder auch: die vielen Enden – seiner Kunstepoche hier zur Darstellung bringt. In *Vittoria Accorombona* lassen sich zwei gegenläufige ästhetische Strategien beobachten: die Auflösung der romantischen Kunst in einen prosaischen Realismus einerseits und die klassizistische Monumentalisierung der Romantik andererseits. Damit verdichtet sich in der Figur der Vittoria Accorombona und der Erzählung ihres Endes das Problem der literaturgeschichtlichen Einordnung eines Autors, dessen Werk, wie Gustav Frank gezeigt hat, von epochalen Brüchen geprägt ist, die seine Kanonisierung bedeutend erschwert haben.[21]

Das „Zerfallen der romantischen Kunst" und der literarische Realismus

Die Prosaisierung der romantischen Poesie ist eines der Endszenarien, in das Georg Wilhelm Friedrich Hegel die romantische Kunstform in seinen *Vorlesungen über die Ästhetik* einmünden lässt.[22] Hegel zufolge vollziehe sich der Zerfall der romantischen Kunst auf zweierlei Weise: Entweder als ein Überhandnehmen von Objektivität in der Kunst, die einem ungestalten Naturalismus anheimfalle, oder aber als Exzess der unkontrollierten Subjektivität, die sich den Launen des Witzes überlasse. Im ersteren Fall stelle die nachromantische Kunst die Wirklichkeit in ihrer *„prosaischen Objektivität"*[23] dar, d. h. „der Inhalt des gewöhnlichen täglichen Lebens, das nicht in seiner Substanz, in welcher es Sittliches und Göttliches enthält,

Romantik. Ludwig Tiecks „Phantasus". Würzburg 2007. Anhand der zwischen 1835 und 1840 verfassten Novellen hat Wolfgang Lukas argumentiert, dass Tieck die Romantik wiederaufleben lässt, um sie letztlich endgültig zu verabschieden. Vgl. Wolfgang Lukas: Abschied von der Romantik. Inszenierungen des Epochenwandels bei Tieck, Eichendorff und Büchner. In: Recherches germaniques 31 (2001), S. 49–83. Auf ähnliche Weise versteht auch Matthias Buschmeier Tiecks späte Novellen als Distanzierung von der Romantik, die sich in ihrer Philologisierung und ironischen Kontrafaktur bemerkbar mache. Vgl. Matthias Buschmeier: Wie beendet man eine Epoche? Überlegungen zum späten Tieck. In: Altersstile im 19. Jahrhundert. Hg. v. Gerhard Neumann/Günter Oesterle. Würzburg 2014, S. 169–192. Zur selbstreflexiven Historisierung bei Tieck vgl. Frank: Tiecks Epochalität, S. 140.

21 Vgl. Frank: Tiecks Epochalität, S. 131–133.

22 Zum „Zerfallen der romantischen Kunst" vgl. Georg Wilhelm Friedrich Hegel: Werke in zwanzig Bänden. Bd. 14: Vorlesungen über die Ästhetik II, hg. v. Eva Moldenhauer/Karl Markus Michel. Frankfurt a. M. 1986, S. 220–242, bes. S. 222.

23 Hegel: Vorlesungen über die Ästhetik II, S. 222.

aufgefaßt wird, sondern in seiner Veränderlichkeit und endlichen Vergänglichkeit",[24] wird zum Gegenstand und ästhetischen Prinzip degenerativer romantischer Kunst. Das Narrativ der Auflösung der romantischen Kunstform in den literarischen Realismus des neunzehnten Jahrhunderts ist in der Forschung immer wieder aufgegriffen worden, prominent etwa von Erich Auerbach. Auerbach leitet den Realismus ebenfalls aus der Romantik ab, begreift diesen aber nicht als Verfallserscheinung, sondern als Vollendung der Romantik.[25] Wie er in seinem Aufsatz *Romantik und Realismus*, ausgehend von Stendhal und Honoré de Balzac, argumentiert, gelinge es dem realistischen Roman, die Tragik der menschlichen Alltagsexistenz sichtbar zu machen – das „Pathos des irdischen Verlaufs",[26] wie er es an anderer Stelle mit Bezug auf Marcel Proust formuliert. Damit verwirkliche der realistische Roman ein wesentlich romantisches Projekt. Gemeinsam sei Romantik und Realismus die Abkehr vom klassizistischen Prinzip der Stiltrennung, für die sich die Form des Romans insbesondere eigne. Dazu schreibt Auerbach:

> Er [d. i. der Roman] ist, auch ohne den tragischen Realismus des Inhalts, wie ihn Stendhal und Balzac gaben, keine klassische Kunstform; dazu fehlt ihm die strenge Einheit der Handlung, die gleichsam monumentale Ausprägung jedes einzelnen Wortes und Satzes, kurz die eigentümlich klassischen Eigenschaften der formalen Zucht und des Pathos. [...] Erst der romantische Historismus und noch stärker der tragische Realismus aktualisierten die ihm innewohnende romantische Natur, indem sie seine Fähigkeit, das Prinzip der Stilmischung radikal und mühelos zu verwirklichen, offenbarten. Aber nicht nur mit *einer* der romantischen Grundpositionen ist der realistische Roman verbunden; sondern wie diese eine mit

---

24 Hegel: Vorlesungen über die Ästhetik II, S. 222.

25 Zur Adaption des Hegel'schen Narrativs in der Literaturgeschichtsschreibung des neunzehnten Jahrhunderts vgl. Norman Kasper: Ende im Alltag – Anfang der Beliebigkeit. Die Auflösung der romantischen Kunstform bei Hegel und der Ausklang der Romantik in der vormärzlichen Literaturhistoriografie. In: Die alltägliche Romantik. Gewöhnliches und Phantastisches, Lebenswelt und Kunst. Hg. v. Walter Pape. Berlin/Boston 2016, S. 13–25. Die jüngere Forschung hat die vielfältigen und vielförmigen Übergänge zwischen Romantik und Realismus eingehend herausgearbeitet. Vgl. dazu den Sammelband von Dirk Göttsche/Nicholas Saul (Hg.): Realism and Romanticism in German Literature/Realismus und Romantik in der deutschsprachigen Literatur. Bielefeld 2013. Anhand von Tiecks Lyrik hat Stefan Scherer die Transformation von Romantik in Realismus (als „Anti-Romantik") als einen „Wechsel von der Systemreferenz auf Umweltreferenz" dargestellt. Vgl. Stefan Scherer: Anti-Romantik (Tieck, Storm, Liliencron). In: Lyrik im 19. Jahrhundert. Gattungspoetik als Reflexionsmedium der Kultur. Hg. v. Steffen Martus/Stefan Scherer/Claudia Stockinger. Bern/Berlin/Frankfurt a. M. u. a. 2005, S. 205–236, bes. S. 205.

26 Erich Auerbach: Marcel Proust: Der Roman von der verlorenen Zeit. In: ders.: Gesammelte Aufsätze zur romanischen Philologie. Hg. v. Matthias Bormuth/Martin Vialon. Tübingen 2018, S. 286–290, hier S. 290.

allen anderen Grundpositionen verwachsen ist, indem alle aus der gemeinsamen Quelle *eines* Lebensgefühls stammen, so entstammt auch der realistische Roman der gleichen gemeinsamen Quelle.[27]

In Teilen realisiert Tiecks *Vittoria Accorombona* die von Auerbach konstatierte Fortführung der Romantik im Gewand des Realismus. Sie zeigt sich in der Verbindung von Tragik und Realismus, die Auerbach als gemeinsame Quelle von Romantik und Realismus ausmacht, sowie im ausdrücklichen Historismus des Romans und dem Anspruch seines Autors, durch Geschichtsrevision die tatsächliche historische Wahrheit ans Licht zu bringen. So erklärt Tieck in seinem kurzen Vorwort, er wolle das Bild seiner Protagonistin von den Lügen bereinigen, die sich darum rankten. Damit bezieht er sich insbesondere auf die Tragödie *The White Devil* des englischen Dramatikers John Webster aus dem Jahr 1612, in dem Vittoria Accorombona als liederliche venezianische Kurtisane dargestellt wurde.

Ein Gemälde der Zeit, des Verfalls der Italiänischen Staaten, sollte das Seelen-Gemälde als Schattenseite erhellen, und in das wahre Licht erheben. Diese Vittoria, oder Virginia Corombona oder Accorombona wird, so hofft der Dichter, die Herzen der reinen und starken Gemüter für sich gewinnen, und so die Verleumdung des alten englischen Tragikers verdunkeln, dessen poetischer Wert (im Gegensatz früherer Tage) von manchen neueren Kritikern viel zu hoch angeschlagen ist.[28]

Auf der Ebene der formalen Gestaltung schlägt sich die Transformation des romantischen in den realistischen Roman (mit romantischen Wurzeln) in der bereits erwähnten Prosaisierung der lyrischen Passagen nieder, die in den Text eingelassen sind. Was im frühromantischen Roman noch in poetischer Faktur in Erscheinung trat, wird hier aufgelöst in Prosa. Einige dieser Passagen sind durch Kontext und Interpunktion eindeutig als Gedichtparaphrasen markiert, wie etwa eine „Canzone", die Vittoria im Rahmen eines improvisierten Dichterwettstreits entwirft:

Sie las eine Canzone, deren Inhalt ohngefähr dieser war: –
„*Gewalt der Liebe.*"
„Alles, so sagen die Dichter und viele andre Sterbliche, wird von der Liebe regiert. Ich, zu jung, um sie zu kennen, zu schüchtern, um sie heraus zu fordern, wie soll ich sie besingen? [...]"[29]

27 Erich Auerbach: Romantik und Realismus. In: ders.: Gesammelte Aufsätze zur romanischen Philologie. Hg. v. Matthias Bormuth/Martin Vialon. Tübingen 2018, S. 383–392, hier S. 386.
28 Tieck: Vittoria Accorombona, S. 530.
29 Tieck: Vittoria Accorombona, S. 581 (Herv. i. O.).

In Prosa paraphrasiert wird ebenfalls ein in Versen verfasster Text mit dem Titel „Der schwarzbraune Bräutigam", über dessen Gattungszugehörigkeit – möglicherweise eine Ballade – sich Vittoria selbst nicht im Klaren ist und dessen Umschreibung mit den folgenden Worten beginnt:

> Ich weiß nicht, soll ich diese Erfindung Ballata, oder wie die Spanier Romanze, oder nur Grille betiteln. Sie las, und es waren in Versen ohngefähr folgende Worte: –
> *Der schwarzbraune Bräutigam.*
>
> „Der junge Fürst nahm Abschied von der Braut. Sie war ihm seit einem Monat anverlobt. Er dachte nur an sie, und ritt jetzt in das Gebirge hinein, um seinen Vater zu besuchen, und ihn auf die Ankunft der Schwiegertochter vorzubereiten."[30]

Andere in Prosa gehaltene Gedichteinlagen lassen sich statt als Umschreibung auch als direktes Zitat – und mithin als genuines Prosagedicht – lesen, wie etwa in der folgenden Passage:

> Als alles still und ruhig war, öffnete sie die Tür zum Garten und betrachtete das Licht des abnehmenden Mondes, das rätselhaft durch die Bäume schimmerte. Dann setzte sie sich und schrieb in wehmütiger Stimmung noch einige Gedichte nieder.
>
> O du süße Rosenknospe! so lauteten die Verse, warum zitterst du, den Kelch, den duftenden, zu öffnen? Der Mondschein schlummert im Grase neben dir, und breitet seine weichen, schlaftrunkenen Arme um deine grüne kräftig schwellende Hülle.[31]

Ob es sich dabei um „meisterhafte Prosagedichte"[32] handelt, mit denen Tieck das moderne *poème en prose* vorwegnimmt, wie es Stefan Nienhaus argumentiert hat, darf wohl zurecht bezweifelt werden. Unstrittig ist in jedem Fall die prosaische Transformation der Poesie, die anders als in den Verseinlagen der früheren romantischen Romane die gebundene Rede als ungebundene darstellt.

Die klassizistische Monumentalisierung der Romantik

Der Dissolution der romantischen Kunstform in den realistischen Roman und der Poesie in die Prosa steht in Tiecks *Vittoria Accorombona* zugleich eine andere

---

30 Tieck: Vittoria Accorombona, S. 662 (Herv. i. O.).
31 Tieck: Vittoria Accorombona, S. 723.
32 Nienhaus: Tiecks poetisches Vermächtnis, S. 227.

ästhetische Strategie des Zum-Ende-Kommens gegenüber, die eine Monumentalisierung der Romantik mit den Mitteln des Klassizismus betreibt, die dem (romantischen) Realismus fremd ist. Verstehen lässt sich die Monumentalisierung als der Versuch, der eigenen Kunst selbstmächtig ein Ende zu setzen und damit die eigene Endlichkeit insofern zu transzendieren, als die mittels des Monuments fixierte Erinnerung die Züge der künftigen Kommemoration des künstlerischen Werks prospektiv vorwegnimmt. Ästhetisch realisiert sich diese Monumentalisierung romantischer Kunst in Tiecks Roman durch die Adaption klassizistischer Formelemente. Bemerkenswert ist etwa, dass der Aufbau von Tiecks Roman mit seinen fünf Büchern an die Form der klassischen Tragödie angelehnt ist. Nicht nur das Figureninventar mit seinen Helden aus dem Adelsstand könnte einem Drama der französischen Klassik entstammen, auch die Anlage des Plots entspricht dem Muster klassizistischer Tragödien des siebzehnten Jahrhunderts: In der ‚Exposition' im ersten Buch wird der Fall der Familie Accorombona motivisch mit einem lebensgefährlichen Sturz Vittorias in einen Fluss vorweggenommen; das zweite Buch verschärft die Konflikte durch die Verwicklungen des Bruders Marcello und den Druck von Vittorias Verehrern, die zur Heirat drängen; im dritten Buch erfolgt die entscheidende – und tragische – Wendung durch die Begegnung mit und die neu gefasste Liebe Vittorias zu dem Herzog von Bracciano, die dann durch ihre Gefangenschaft eine vorübergehende Retardierung erfährt, bevor im fünften Buch die Katastrophe über Bracciano und Vittoria und die anderen Mitglieder der Familie Accorombona hereinbricht. Diese an die klassizistische Tragödie angelehnte Grundstruktur des Romans hat bislang vor allem in einer Quellenstudie von Christiane Keck Beachtung gefunden.[33] In ihrer Textanalyse weist Keck nicht nur auf das fünfaktige Grundmuster hin, sie zeigt auch, dass dem Roman eine symmetrische Ordnung zugrunde liegt, die unter anderem durch das Verhältnis der Kapitelanzahl pro Buch (4 – 6 – 4 – 6 – 8) oder durch spiegelbildliche Verweisungen auf der Ebene der Motivik hergestellt wird.[34]

Untermauert wird die symmetrische Anlage der Erzählung durch die Figurenkonstellation Vittoria Accorombona/Torquato Tasso.[35] Tiecks Adaption des Stoffes unterscheidet sich von anderen – der John Websters wie auch der Stendhals – vor allem dadurch, dass seine Protagonistin als Dichterin in Erscheinung tritt und dass ihr mit Torquato Tasso eine Spiegelfigur zur Seite gestellt wird, deren Lebensweg in mancherlei Hinsicht parallel zu dem Vittorias verläuft. Tasso

---

33 Vgl. Christiane E. Keck: Renaissance and Romanticism. Tieck's Conception of Cultural Decline as Portrayed in his „Vittoria Accorombona". Bern 1976, S. 55.

34 Vgl. Keck: Renaissance and Romanticism, S. 43–56.

35 Vgl. Keck: Renaissance and Romanticism, S. 82–97, sowie Nienhaus: Tiecks poetisches Vermächtnis, S. 222–225.

selbst tritt nur zu Beginn des Romans, in einer kurzen Begegnung mit Vittoria, auf, doch er wird an entscheidenden Wendepunkten der Erzählung erwähnt: Als Vittoria sich nach der Heirat mit Francesco Peretti in Rom niedergelassen hat und ihr künstlerischer und geistiger Ruhm wächst, wird von der Veröffentlichung von Tassos *Gerusalemme liberata* (1581) berichtet, das von der Öffentlichkeit mit großem Wohlwollen aufgenommen wird.[36] Der imminente Untergang der Familie Accorombona – die unglückliche Ehe, die Intrigen Perettis und Braccianos – werden präfiguriert durch die Versuche Tassos, dem Fürstenhof des Luigi d'Este in Ferrara zu entkommen.[37] Später gedenkt Vittoria als Gefangene in der Engelsburg des Dichters, der zur selben Zeit in einem „Narrenhause" festgehalten wird: „Wie glücklich, ärmster Tasso, bin ich, wenn ich mein Schicksal an dem deinigen messe!"[38]

Die Symmetrie der Figurenkonstellation bricht jedoch ab mit der Darstellung der Enden von Vittoria und Tasso. Denn während Tieck seine Heldin in der Schilderung ihres Todes monumentalisiert, verschwindet Tasso allmählich im erzählerischen Nichts. Die narrative Unterschlagung des Endes von Torquato Tasso musste vor allem den Leserinnen und Lesern Tiecks auffallen, die das imposante Ende noch im Ohr hatten, das Goethe seinem Tasso im Jahr 1790 verliehen hatte:

> Zerbrochen ist das Steuer und es kracht
> Das Schiff an allen Seiten. Berstend reißt
> Der Boden unter meinen Füßen auf!
> Ich fasse dich mit beiden Armen an!
> So klammert sich der Schiffer endlich noch
> Am Felsen fest, an dem er scheitern sollte.[39]

Karl Heinz Bohrer hat Goethes *Tasso* als Ausdruck eines „Modus [der] reflexiven Gestimmtheit gegenüber der erlebten Zeit"[40] gelesen, der ein elegisches Sprechen der Literatur des zwanzigsten Jahrhunderts vorwegnehme, das die eigene Gegenwart immer schon als bereits vergangene wahrnimmt.[41] Diese ästhetische Form des apriorischen Abschieds, die Goethe in seinem *Tasso* kultiviert, findet allerdings keinen Eingang in Tiecks Endzeiterzählung. Die paradigmatische Künstlerfi-

---

36 Vgl. Tieck: Vittoria Accorombona, S. 655.
37 Vgl. Tieck: Vittoria Accorombona, S. 703.
38 Tieck: Vittoria Accorombona, S. 789, 788.
39 Johann Wolfgang Goethe: Torquato Tasso. Ein Schauspiel. In: ders.: Sämtliche Werke, Briefe, Tagebücher und Gespräche. Bd. 5: Klassische Dramen, hg. v. Dieter Borchmeyer. Frankfurt a. M. 1988, S. 731–834, hier S. 834, V. 3448–3453.
40 Karl Heinz Bohrer: Abschied – Eine Reflexionsfigur des je schon Gewesenen (Goethe, Nietzsche, Baudelaire). In: Das Ende. Figuren einer Denkform. Hg. v. Karlheinz Stierle/Rainer Warning. München 1996, S. 59–79, hier S. 59.
41 Vgl. Bohrer: Abschied, S. 68.

gur der Weimarer Klassik und ihre moderne „Abschiedssprache“[42] werden hier zunehmend ausgeblendet; an ihre Stelle tritt mit Vittoria Accorombonas monumentaler Sterbeszene die Darstellung des Endes als Vollendung. Die Erzählung von ihrer Ermordung bildet die Kulmination der Romanhandlung und setzt der romantischen Dichterfigur der Vittoria Accorombona ein Denkmal:

> Wirf das Kleid, diese Gewänder und Tücher von der Brust zurück, wenn du eines leichten Todes sterben willst – sagte die dunkle Gestalt.
>
> Folgsam wie ein gehorsames Kind warf sie das Nachtleibchen ab, denn sie hatte sich schon zum Schlafen aus- und angekleidet. – Auch das Busentuch! – rief jener: – sie tat es – er zog hierauf selbst das letzte Leinengewand von der Brust zurück, und die edle Gestalt stand in ihrer glänzenden Schönheit, nackt bis zu den Hüften hinab, wie das herrlichste Marmorbildnis da, die festen, getrennten Brüste im Dämmer des wenigen Kerzenlichtes schimmernd. So sank sie auf den Betschemel kniend nieder. Man hätte denken sollen, der roheste Barbar, der Cannibal müßte sich bei diesem Anblick erweichen lassen. Da stieß er den scharfen Dolch zielend neben der Brust in den Leib. Sie sank zu Boden. [...] Wie ist Dir? fragte er. – Kühl ist die Schneide, sprach sie lallend, – o laß jetzt – ich fühle, das Herz ist getroffen. – Noch nicht, sprach der Schreckliche mit entsetzlicher Kälte, – noch einmal: und wieder an einer andern Stelle stach er in den edlen, marmorweißen Körper. Da sank sie ganz zu Boden, das Haar löste sich und schwamm in dem Blutstrom, der sich auf dem steinernen Fußboden hingoß.[43]

Dass diese Szene sexualisierter Gewalt zugleich die Ermordung und die Vergewaltigung Vittoria Accorombonas darstellt, hat die Forschung vielfach herausgearbeitet.[44] Hinsichtlich der Frage nach der ästhetischen Inszenierung des Endes fällt dabei die ausgeprägte Theatralik der Darstellung auf. Ganz anders als die Dichterfigur Tasso, die allmählich im Text verschwindet und in Vergessenheit gerät, prägt sich mit der plastischen Schilderung der Gewaltszene das Ende Vittorias den Lesenden ein; das Bild der Dichterin wird so vor dem Vergessen bewahrt. Versteht man Vittoria als Vertreterin einer im Untergang begriffenen Kunstepoche – sei es die der Renaissance oder die der Romantik –, dann setzt Tieck dieser Epoche ein Denkmal, das ihr Überdauern in der Zeit sichern und ihr Ende aufheben soll. Zu diesem Zweck bedient er sich klassizistischer Gestaltungsmuster, die

42 Bohrer: Abschied, S. 78.

43 Tieck: Vittoria Accorombona, S. 845 f.

44 Vgl. Wagner-Egelhaaf: Verque(e)r und ungereimt, S. 170; Nienhaus: Tiecks poetisches Vermächtnis, S. 213; Rita Morrien: „O du ewige, unbegreifliche Schönheit ..., wie roh gehn auch mit dir die Menschen um“. Die Poesie der Gewalt in Ludwig Tiecks „Vittoria Accorombona“. In: Aurora 60 (2000), S. 147–162.

quer laufen zur Auflösung der romantischen Kunstform in die „Prosa der Welt“[45]. Deutlich tritt diese ästhetische Strategie der Monumentalisierung hervor, wenn man den Text vergleicht mit Stendhals Novelle *Vittoria Accoramboni*, die wenige Jahre vor Tiecks Roman erschien.

Das intertextuelle Verhältnis zwischen Tiecks Roman und Stendhals Erzählung, die im März 1837 in der *Revue des Deux Mondes* veröffentlicht wurde, ist bis heute nicht abschließend geklärt. Obwohl belegt werden kann, dass Tieck die Zeitschrift kannte, finden sich keine Hinweise auf die Novelle in seinen ansonsten umfangreichen Lektürenotizen, sodass nicht davon auszugehen ist, dass er sie gelesen hatte.[46] Stendhals Erzählung ist deutlich kürzer als Tiecks Roman und stringenter in der Entwicklung des Plots. Beiden gemeinsam ist der Anspruch des Erzählers auf die Wiederherstellung der historischen Wahrheit, der sich bei Stendhal in einer Herausgeberfiktion äußert, die die Geschichte Vittorias als wiedergefundene Chronik aus dem späten sechzehnten Jahrhundert präsentiert.[47] Daneben aber überwiegen die Unterschiede zwischen den Erzählungen: Wenngleich neben ihrer Schönheit auch Vittoria Accorombonas außergewöhnliche Eloquenz hervorgehoben wird, tritt sie in Stendhals Darstellung nicht als Dichterin in Erscheinung. Insgesamt gilt die erzählerische Aufmerksamkeit hier nicht ausschließlich ihrer Figur, sondern in gleichem Maße etwa dem Charakter des Kardinals Montalto oder dem Prozess, der Vittorias Mördern nach ihrem Tod gemacht wird und der die politische Ordnung durch das Rechtssystem der Republik Venedig wiederherstellt. Nicht zuletzt treten die Differenzen in Stil und Form zwischen beiden Erzählungen im Vergleich der Darstellung von Vittorias Ende hervor, das bei Stendhal auf folgende Weise geschildert wird:

> La nuit suivante, quarante hommes entrèrent dans la maison de ladite dame Accoramboni. Ils étaient revêtus d’habits de toile taillés d’une manière extravagante et arrangés de façon qu’ils ne pouvaient être reconnus, sinon par la voix; et, lorsqu’ils s’appelaient entre eux, ils faisaient usage de certains noms de jargon. Ils cherchèrent d’abord la personne de la duchesse, et, l’ayant trouvé, l’un d’eux lui dit: „Maintenant il faut mourir.“ Et, sans lui accorder un moment, encore qu’elle demandât de se recommander à Dieu, il la perça d’un poignard étroit au-

---

45 Georg Wilhelm Friedrich Hegel: Werke in zwanzig Bänden. Bd. 13: Vorlesungen über die Ästhetik I, hg. v. Eva Moldenhauer/Karl Markus Michel. Frankfurt a. M. 1986, S. 199.

46 Vgl. dazu Keck: Renaissance and Romanticism, S. 26–30. Uwe Schweikert schließt in seinem Kommentar zu Tiecks Roman einen Einfluss durch Stendhals Erzählung aus und verweist hinsichtlich der Gemeinsamkeiten zwischen beiden Adaptionen des Stoffs auf gemeinsame Quellen; hier wird insbesondere der biographische Bericht von Johann Friedrich Le Bret: Magazin zum Gebrauch der Staaten- und Kirchengeschichte, wie auch des geistlichen Staatsrechtes catholischer Fürsten in Ansehung ihrer Geistlichkeit. Vierter Theil. Frankfurt/Leipzig 1774, genannt. Vgl. Uwe Schweikert: Kommentar. In: Tieck: Vittoria Accorombona, S. 1241–1357, bes. S. 1259–1280, 1289.

47 Stendhal (Henri Beyle): Vittoria Accoramboni. In: ders.: Œuvres romanesques complètes II, hg. v. Yves Ansel. Paris 2007, S. 993–1016.

dessous du sein gauche, et agitant le poignard en tout sens, le cruel demanda plusieurs fois à la malheureuse de lui dire s'il lui touchait le cœur; enfin elle rendit le dernier soupir.[48]

In der Nacht darauf drangen vierzig Männer in den Palast der Signora Accoramboni. In weite Leinenkittel gehüllt, um sich unkenntlich zu machen, und sich mit Spitznamen rufend, suchten sie zunächst nach der Person der Herzogin. Als sie diese gefunden hatte, sagte einer von ihnen: „Ihr müßt jetzt sterben." Und ohne ihr auch nur eine Minute zu kurzem Gebet zu vergönnen, durchbohrte er sie unter der linken Brust mit seinem Dolch und drehte mit der Frage, ob er ihr Herz berühre, die Waffe so lange hin und her, bis sie den Geist aufgab.[49]

Stendhals fast lakonische Beschreibung der Ermordung Vittoria Accorombonas setzt sich ab von der monumentalen Theatralik, die die Todesszene bei Tieck auszeichnet. Zwar sind einige plastische Details zu bemerken, wie die Einstichstelle unter der linken Brust (die deshalb von Bedeutung ist, weil der Mörder Vittorias, in Stendhals Erzählung ein Graf namens Paganello, später auf dieselbe Weise für ihren Tod gerächt wird). Doch setzt diese Szene der sterbenden Vittoria kein Denkmal, auch weil ihre Ermordung in der zweiten Hälfte der Erzählung stattfindet und damit nicht deren finalen Höhepunkt bildet; stattdessen richtet sich der Fokus des Erzählers am Ende auf die gerechte Bestrafung der Täter.

Was sich also im Vergleich von Tieck und Stendhal zeigt, sind zwei ästhetische Strategien, das Ende der Romantik zu denken und künstlerisch zu realisieren. Stendhal steht dabei für den Beginn eines romantischen Realismus, bei dem das Ende der Romantik sich, entsprechend dem Narrativ Erich Auerbachs, als Transformation in einen Realismus mit romantischen Wurzeln gestaltet.[50] Auch Tiecks Roman bedient sich dieses Verfahrens, doch verfolgt er daneben eine Monumentalisierung der romantischen Kunst mit klassizistischen Mitteln.

Brüchige Monumentalität

Tiecks Versuch, mit literarischen Verfahren Geschichte zu schreiben, lässt sich in Beziehung zu Überlegungen der zeitgenössischen Geschichtswissenschaft setzen,

---

48 Stendhal: Vittoria Accoramboni, S. 1008 f.

49 Stendhal (Henri Beyle): Vittoria Accoramboni. Herzogin von Bracciano. In: ders.: Werke. Bd. 5: Chroniken und Novellen. Übers. v. Friedrich von Oppeln-Bronikowski/Elida Maria Szarota/Paul Schlicht u. a. Hg. v. Carsten Peter Thiele. Berlin 1981, S. 285–308, hier S. 285 f.

50 Zum romantischen ‚Formsubstrat' von Stendhals Romanen und deren Narrativierung des Endes vgl. auch Karlheinz Stierle: Die Wiederkehr des Endes. Zur Anthropologie der Anschauungsformen. In: Das Ende. Figuren einer Denkform. Hg. v. Karlheinz Stierle/Reiner Warning. München 1996, S. 578–599, bes. S. 585.

die sich im mittleren und späteren neunzehnten Jahrhundert ebenfalls für die historiographische und erinnerungspolitische Funktionsweise des Monuments interessiert.[51] Johann Gustav Droysen unterschied in seinen Vorlesungen zur Historik, die er ab 1857 hielt, zwischen Überresten, Quellen und Denkmälern als den primären Materialien der Geschichtswissenschaft. Bei Quellen handle es sich um intentionale Überlieferungen, Überreste hingegen stellten historische Objekte dar, deren Quellenstatus ursprünglich nicht intendiert war und die zum Zwecke der historischen Erkenntnis zu Quellen umfunktioniert würden.[52] Als Denkmäler fasst Droysen eine Schnittmenge zwischen Überresten und Quellen; dazu zählen für ihn Urkunden, Inschriften, Münzen und Wappen, aber auch Kunstwerke.[53] „Monumentaler Art" seien Kunstwerke, die die Absicht verfolgten, einen historischen Moment „für künftige Zeiten fest[zu]halten":

> Das Bildwerk, das Kunstwerk ist in solchen Überresten das eigentliche Denkmal; es will in seiner Darstellung den gefeierten Vorgang für künftige Zeiten festhalten, es ist recht eigentlich historischer Natur. Die Kunst in ihren großen Schöpfungen ist wesentlich monumentaler Art, und das Kunstwerk ist erst in seiner geschichtlichen Beziehung ganz zu fassen, und in vollendeten Darstellungen so faßbar, daß es auch ohne Inschrift verständlich ist.[54]

Lisa Regazzoni hat in einer Studie des französischen Diskurses zum Monument im späten siebzehnten und frühen achtzehnten Jahrhundert, im Anschluss an Droysens Kategorien, die zeittheoretischen Implikationen des Konzepts herausgearbeitet: Denn in seiner kommemorativen Funktion war das Monument zunächst auf eine offene Zukunft hin konzipiert, für die es die Erinnerung an ein geschichtliches Ereignis festhalten sollte, bevor die Geschichtsschreibung des neunzehnten Jahrhunderts es als Quelle und damit als Schlüssel zu einer nun als offen begriffenen Vergangenheit deutete.[55]

---

51 Zu Tiecks Bezug zum Historismus des neunzehnten Jahrhunderts vgl. Walter Schmitz: Ludwig Tiecks Autorschaft. Zur Kontinuitätskonstruktion eines poetischen Lebens. In: Ludwig Tieck. Werk – Familie – Zeitgenossenschaft. Hg. v. Achim Hölter/Walter Schmitz. Dresden 2021, S. 1–44, bes. S. 20–22.

52 Vgl. Johann Gustav Droysen: Historik. Bd. 1: Rekonstruktion der ersten vollständigen Fassung der Vorlesungen (1857), Grundriß der Historik in der ersten handschriftlichen (1857/1858) und in der letzten gedruckten Fassung (1882). Hg. v. Peter Leyh. Stuttgart 1977, S. 70.

53 Vgl. Droysen: Historik, S. 79–87.

54 Droysen: Historik, S. 81.

55 Vgl. Lisa Regazzoni: Unintentional Monuments, or the Materializing of an Open Past. In: History and Theory 61 (2022), H. 2, S. 242–268, bes. S. 243. In der theoretischen und methodologischen Reflexion der Geschichtswissenschaft des zwanzigsten Jahrhunderts ist die Gegenüberstellung des als ‚fingiert' begriffenen Monuments und des als ‚faktual' definierten Dokuments zu einem zentralen Gegenstand geworden: Vgl. Michel Foucault: Archäologie des Wissens. Übers. v.

Für Droysen erlangt das Kunstwerk seine zukunftswirksame Monumentalität nicht durch eine möglichst getreue Abbildung der historischen Wirklichkeit – d. h. durch ästhetischen Realismus –, sondern durch sein Vermögen, das gewissermaßen überzeitliche Wesen eines historischen Moments oder Akteurs in eine symbolische Form zu bringen. In seinen Vorlesungen bemerkt er dazu:

> Die Statue des Helden, sein malerisches Porträt soll gleichsam die Summe seines geschichtlichen Lebens in einer plastisch einfachen Gesamtschau repräsentieren, nicht, wie er in diesem oder jenem Moment war – die photographische Ähnlichkeit ist die allerelendeste }, sie ist richtig, aber nicht wahr{ –, sondern wie ein künstlerischer Geist ihn reproduzierte, weshalb wohl ein Maler sagen durfte: ein gutes Porträt sei eine Predigt, d. h. sie zeigt den Menschen, wie er nach seinem überdauernden Wesen und rechten Inhalt ist und sein sollte.[56]

In diesem Sinne einer „plastisch einfachen Gesamtschau" lässt sich von einer Monumentalisierung der Romantik in Tiecks Roman sprechen: Seine Figur Vittoria Accorombona wird zum Sinnbild romantischer Dichtung stilisiert, das die eindrückliche Inszenierung ihres tragischen Endes dem kulturellen Gedächtnis der nachfolgenden Generationen einprägt. Diese Monumentalisierung lässt sich mithin als eine ästhetische Strategie im Umgang mit dem Ende der eigenen Epoche und der Endlichkeit des eigenen Werks fassen – ein Darstellungsverfahren, das in Antizipation künftiger (Literatur-)Geschichtsschreibung die Erzählung des Endes vorwegnimmt.[57]

Dass Tieck zu diesem Zweck auch auf ein klassizistisches Formenrepertoire zurückgreift, mag darauf zurückzuführen sein, dass die klassische Kunst in der zeitgenössischen Ästhetik mitunter als ein ‚Nullpunkt' im Narrativ vom Ende der Kunst konzipiert wurde. Das hat Eva Geulen in ihrer Lektüre von Hegels *Vorlesungen über die Ästhetik* und deren Rede vom Ende der Kunst herausgearbeitet. In seinen Überlegungen zur klassischen Kunstform und ihrer „Auflösung"[58] versuche Hegel, dem endlosen Enden der Kunst ein Ende zu setzen. Die als Vollendung begriffene klassische Kunstform verspreche eine Vereinheitlichung der

---

Ulrich Köppen. Frankfurt a. M. 1981, S. 14 f.; Jacques Le Goff: Documento/Monumento. In: Enciclopedia Einaudi. Bd. 5, hg. v. Ruggiero Romano u. a., Turin 1978, S. 38–43.

56 Droysen: Historik, S. 87.

57 Zu Ludwig Tiecks ‚Werkpolitik', vor allem hinsichtlich ihres Verhältnisses zur Philologie vgl. Steffen Martus: Werkpolitik. Zur Literaturgeschichte kritischer Kommunikation vom 17. bis ins 20. Jahrhundert mit Studien zu Klopstock, Tieck, Goethe und George. Berlin/Boston 2007, bes. S. 371–444.

58 Vgl. Hegel: Vorlesungen über die Ästhetik II, S. 107–126.

vielfältigen Enden der Kunst und damit eine Handhabe des Phänomens des Endes selbst.[59] Wenn sich die Spätromantik an ihrem Ende also auf klassizistische Formkonventionen besinnt, mag das auch dem Versuch geschuldet sein, sich selbst ein endgültiges Ende zu setzen – eines, das in seiner Monumentalität die künftige Tradierung des selbstgesetzten Narrativs bereits im Blick hat.[60]

Gebrochen wird diese Monumentalität freilich durch die eklatante Gewaltsamkeit von Vittorias Ende, das jedweder „klassischen Dämpfung"[61] entbehrt. Elisabeth Bronfen hat das dem ästhetischen Topos des toten Frauenkörpers inhärente Potenzial zur Subversion herausgearbeitet: An der Fixierung oder gar Kontrolle von ‚Weiblichkeit' scheitere die ästhetische Mortifikation der Frau zwangsläufig.[62] Diese unbeherrschbare Qualität eignet auch Tiecks Versuch, die Romantik in der Figur der Vittoria Accorombona zu monumentalisieren und das Ende der eigenen Epoche mit ihrem Tod erzählbar zu machen: Die Monumentalisierung der romantischen Poesie in Form der gewaltsamen Ermordung einer schönen Dichterin muss zwangsläufig scheitern an der Gewaltsamkeit des Szenarios und an der Unkontrollierbarkeit der evozierten Bilder. Die dem Text und seiner Bildwelt eigene Widerständigkeit zeigt sich in der Todesszene in der Verflüssigung der plastisch konturierten Gestalt Vittorias. Ihr „edle[r], marmorweiße[r] Körper"[63] löst sich in einen Blutstrom auf, der sich jeder klassizistischen Figuration verweigert und damit die Forciertheit des monumentalisierenden Verfahrens offenlegt, das einem Ende vorgreift, das ihm selbst nicht zur Verfügung steht.[64]

---

59 Vgl. Eva Geulen: Das Ende der Kunst. Lesarten eines Gerüchts nach Hegel. 2. Aufl. Frankfurt a. M. 2016, S. 49: „Die klassische Kunst als das organische und organisatorische Zentrum der *Vorlesungen* ist keinem idealistischen Vorurteil geschuldet, sondern verdankt sich, wie Hamacher mit Recht argumentiert, Hegels Bedürfnis, die endlose Vergänglichkeit der Kunst in ein gleichsam handfestes, geographisch und historisch lokales (und in der *Phänomenologie* auch gattungspoetisch begrenztes) Ende zu überführen und solchermaßen einzuhegen. Der Primat der klassischen Kunst ergibt sich aus Hegels Versuch, das Ende und die Enden der Kunst auf *ein* Ende festzulegen und zu beschränken. Dieser Versuch darf gelungen und mißlungen zugleich heißen."

60 Zur Konvention als ästhetischem Schnittpunkt zwischen der „Prosa des Alltags" und der klassischen Kunst vgl. Geulen: Das Ende der Kunst, S. 58.

61 Vgl. Leo Spitzer: Die klassische Dämpfung in Racines Stil. In: ders.: Romanische Stil- und Literaturstudien. Bd. 1. Marburg 1931, S. 135–268.

62 Vgl. Elisabeth Bronfen: Over her Dead Body: Death, Femininity and the Aesthetic. Manchester 1992, S. xii.

63 Tieck: Vittoria Accorombona, S. 846.

64 Ein weitaus harmonischeres Bild von der Monumentalisierung des späten Tieck, die auch eine Versöhnung der „epochenbildenden Stilgegensätze" Klassizismus und Romantik herbeiführe, entwirft Walter Schmitz in seinem Panorama von Tiecks Autorschaftsinszenierungen. Vgl. Schmitz: Ludwig Tiecks Autorschaft, S. 2 f.

Tiecks Roman mag auf den ersten Blick unberührt von der „Krise des Endes“[65] scheinen, in die das nachromantische Erzählen Karlheinz Stierles Diagnose zufolge gerät.[66] Denn *Vittoria Accorombona* hat keine Schwierigkeit, zum Ende zu kommen – ganz im Gegenteil. Doch die ‚ästhetische Doppelbödigkeit‘ seines Spätwerks, in dem unterschiedliche Ästhetiken des Endes – zwischen prosaischem Realismus und klassizistischer Monumentalisierung – miteinander in Konkurrenz treten, lässt das narrative Unbehagen am Ende erahnen, dass das moderne Erzählen vom neunzehnten Jahrhundert an begleiten wird.

65 Stierle: Die Wiederkehr des Endes, S. 586.
66 Vgl. Stierle: Die Wiederkehr des Endes, S. 592.

Jakob Christoph Heller

Enden der Romantik

Literaturpolitische Abschlüsse des programmatisch Unabschließbaren bei Heinrich Heine und Joseph von Eichendorff

Einleitung

Wie lässt sich die Romantik zu Ende bringen? Man kann sie beispielsweise, wie Joseph von Eichendorff, als Feuerwerk am Nachthimmel explodieren lassen:

> Noch ist kein Menschenalter vergangen, seit die moderne Romantik, wie eine prächtige Rakete, funkelnd zum Himmel emporstieg, und nach kurzer wunderbarer Beleuchtung der nächtlichen Gegend, oben in tausend bunte Sterne spurlos zerplatzte. Der Pöbel lacht, und die Gebildeten, kaum noch vom Staunen und Entzücken erholt, reiben sich die Augen von der Blendung und gehen gleichgültig wieder an ihre alten Geschäfte. Woher der rasche Wechsel? was hat diese Poesie verbrochen, daß sie überhaupt einmal Mode werden, und eben so schnell wieder aus der Mode kommen konnte? Zur Verständigung dieser befremdenden Erscheinung und ihrer historischen Notwendigkeit, wollen wir Reichtum, Schuld und Buße der Romantik in folgenden kurzen Umrissen noch einmal an uns vorübergehen lassen.[1]

Das 1847 erschienene populärliteraturhistorische Buch des Spätromantikers, *Über die ethische und religiöse Bedeutung der neueren romantischen Poesie in Deutschland*, dekretiert – „noch einmal" – das Ende der Romantik. Ereignishaft sei ihr Erscheinen, „spurlos" ihr Vorübergehen. Als „Mode" wird sie abgewertet zu einem bloßen Unterhaltungsschein,[2] als Erscheinung, die etwas „verbrochen" hätte, um

1 Joseph von Eichendorff: Über die ethische und religiöse Bedeutung der neueren romantischen Poesie in Deutschland. In: ders.: Werke in sechs Bänden. Bd. 6: Geschichte der Poesie. Schriften zur Literaturgeschichte, hg. v. Hartwig Schultz. Frankfurt a. M. 1990, S. 61–280, hier S. 62. Eichendorff zitiert (man könnte auch von einem Selbstplagiat sprechen) mit diesem Einstieg seine 1846 erschienene Artikelserie *Zur Geschichte der neuern romantischen Poesie in Deutschland*. Vgl. Joseph von Eichendorff: Zur Geschichte der neuern romantischen Poesie in Deutschland. In: ders.: Werke in sechs Bänden. Bd. 6: Geschichte der Poesie. Schriften zur Literaturgeschichte, hg. v. Hartwig Schultz. Frankfurt a. M. 1990, S. 13–60, hier S. 13.

2 Der Begriff ist bei Eichendorff negativ besetzt, wie etwa seine Verwendung zur positiven Bewertung Adalbert Stifters anzeigt, dessen Novellen „sich eben durch das auszeichnen, was sie von der jetzigen Modeliteratur unterscheidet". Eichendorff: Über die ethische und religiöse Bedeutung, S. 276.

https://doi.org/10.1515/9783111426129-008

„überhaupt einmal Mode [zu] werden", wird sie aber auch in sich differenziert in eine ‚wesenhafte' und eine nur ‚modische' Romantik. Eichendorffs furioser Abgesang, der mit einem Arnim-Zitat „Reichtum, Schuld und Buße der Romantik" darstellen will, ist neueste Literaturgeschichtsschreibung und zugleich Gegenwartsliteraturkritik; teleologische Rekonstruktion der literarischen Entwicklung der vergangenen Generationen und aufgrund der Teleologie wertende Auseinandersetzung mit den gegenwärtigen Tendenzen. In diesem Sinne entspricht Eichendorffs Vorgehen den implizit wie explizit hegelianisch argumentierenden Literaturhistoriographien seiner Zeit.[3]

Damit folgt der Text der Verzeitlichungs- und Entwicklungslogik, die die Romantik – und insbesondere einer ihrer Haupttheoretiker, Friedrich Schlegel – selbst maßgeblich instituiert hatte.[4] Dass die prozessuale Perspektive von Eichendorffs Literaturgeschichte sich einer frühromantischen Theoriebildung verdankt, ist nicht überraschend: Eichendorff verkehrte während seiner Heidelberger und Wiener Zeit in romantischen Kreisen, hörte in Wien Friedrich Schlegels Vorlesungen zur *Geschichte der alten und neuen Literatur* (1812) und beschreibt sich in seinen Memoiren selbst als Romantiker.[5] Überraschend vor diesem Hintergrund ist, dass Eichendorffs Eröffnungsgeste mit der romantischen Begriffs- und Theoriebildung nur schwer vereinbar ist, zielt doch die Schlegel'sche Definition des Romantischen, wie er sie sowohl in seinen frühen *Athenäums*-Fragmenten als auch in seiner Wiener Vorlesung vornimmt, auf ihre Unabgeschlossenheit und ihr Werden.

3 Zu dieser Doppelgestalt der Literaturhistoriographie im neunzehnten Jahrhundert vgl. Jürgen Fohrmann: Das Projekt der deutschen Literaturgeschichte. Entstehung und Scheitern einer nationalen Poesiegeschichtsschreibung zwischen Humanismus und Deutschem Kaiserreich. Stuttgart 1989, S. 69–170.

4 Für eine thetische Inblicknahme des Konnex Frühromantik und Idealismus vgl. Andreas Arndt: Die Frühromantik als Bestandteil der klassischen deutschen Philosophie. In: Europäische Romantik. Interdisziplinäre Perspektiven der Forschung. Hg. v. Helmut Hühn/Joachim Schiedermair. Berlin/Boston 2015, S. 143–156. Mit Bezug auf Friedrich Schlegels Einfluss auf Hegel vgl. Johannes Korngiebel: Schlegel und Hegel in Jena. Zur philosophischen Konstellation zwischen Januar und November 1801. In: Idealismus und Romantik in Jena. Figuren und Konzepte zwischen 1794 und 1807. Hg. v. Johannes Korngiebel/Klaus Vieweg/Michael N. Forster. Paderborn 2018, S. 181–209, hier S. 190–208; Michael N. Forster: Friedrich Schlegel and Hegel. In: Idealismus und Romantik in Jena. Figuren und Konzepte zwischen 1794 und 1807. Hg. v. Johannes Korngiebel/Klaus Vieweg/Michael N. Forster. Paderborn 2018, S. 137–180.

5 Für die Wiener Zeit vgl. Joseph von Eichendorff: Tagebücher 1798–1815. In: ders.: Werke in sechs Bänden. Bd. 5: Tagebücher – Autobiographische Dichtungen – Historische und Politische Schriften, hg. v. Hartwig Schultz. Frankfurt a. M. 1993, S. 9–347, hier S. 316–345. Für die Heidelberger Zeit vgl. Joseph von Eichendorff: Halle und Heidelberg. In: ders.: Werke in sechs Bänden. Bd. 5: Tagebücher – Autobiographische Dichtungen – Historische und Politische Schriften, hg. v. Hartwig Schultz. Frankfurt a. M. 1993, S. 416–452.

Das berühmte 116. *Athenäums*-Fragment, das die romantische Poesie als „progressive Universalpoesie"[6] fasst, attestiert ihr nicht einfach eine Zukunft, sondern geradewegs die Unmöglichkeit des Abschlusses: Die romantische Poesie habe eine „Bestimmung", sie „will, und soll auch Poesie und Prosa, Genialität und Kritik, Kunstpoesie und Naturpoesie bald mischen, bald verschmelzen, die Poesie lebend und gesellig, und das Leben und die Gesellschaft lebendig und poetisch machen".[7] Es sei „ihr eigentliches Wesen, daß sie ewig nur werden, nie vollendet sein kann. Sie kann durch keine Theorie erschöpft werden, und nur eine divinatorische Kritik dürfte es wagen, ihr Ideal charakterisieren zu wollen."[8] In einem solch ‚progressiven' Konzept freilich kann „ein Ende der ‚Epoche' nicht vorgesehen sein; sie wird nicht als Zeitraum, sondern als ein ‚Projekt' (Friedrich Schlegel) gefaßt, das sein Ziel [...] erst jenseits des Historischen in der Utopie findet."[9] Eichendorff nun lässt das Unabschließbare, das dem Schlegel'schen Romantikbegriff eigen ist, gleich zu Anfang seiner Literaturgeschichte explodieren und abbrennen; das ewig Werdende wird zusammengestaucht zu einer kurzlebigen Erhellung des Nachthimmels.

Vergleichbare Momente inszenierter Epochenenden finden sich auch bei dem Romantiker und Romantik-Kritiker Heinrich Heine. In einem Brief an Karl August Varnhagen von Ense schreibt Heine unter Verwendung des von der Romantik selbst nahegelegten theologisch-politischen Vokabulars und mit Blick auf sein Versepos *Atta Troll* (1841): „Das tausendjährige Reich der Romantik hat ein Ende, und ich selbst war sein letzter und abgedankter Fabelkönig."[10] Rund zehn Jahre vor dem Brief und fünf Jahre vor dem *Atta Troll*, dem „Schwanengesang der untergehenden Periode",[11] beendete Heine die Romantik bereits auf den ersten Seiten seiner polemischen Schrift *Die romantische Schule*: „Was *war* aber die romantische Schule in Deutschland? Sie war nichts anders als die Wiedererwe-

6 Friedrich Schlegel: Athenäums-Fragmente. In: ders.: Charakteristiken und Kritiken (1796–1801). Kritische Friedrich-Schlegel-Ausgabe. Bd. 2: Charakteristiken und Kritiken I (1796–1801), hg. v. Hans Eichner. Paderborn/München/Wien 1967, S. 165–255, hier S. 182.

7 Schlegel: Athenäums-Fragmente, S. 182.

8 Schlegel: Athenäums-Fragmente, S. 183.

9 Walter Schmitz: „Die Welt muß romantisiert werden ..." Zur Inszenierung einer Epochenschwelle durch die Gruppe der ‚Romantiker' in Deutschland. In: Germanistik und Komparatistik. DFG-Symposion 1993. Hg. v. Hendrik Birus. Stuttgart 1995, S. 290–308, hier S. 298.

10 Heinrich Heine: An Karl August Varnhagen von Ense, 03.01.1846 [Brief Nr. 1099]. In: ders.: Säkularausgabe. Werke, Briefwechsel, Lebenszeugnisse. Bd. 22: Briefe 1842–1849, hg. v. den Nationalen Forschungs- und Gedenkstätten der klassischen deutschen Literatur in Weimar und dem Centre National de la Recherche Scientifique in Paris. Berlin 1972, S. 180–181, hier S. 181.

11 Heine: Brief Nr. 1099, S. 181.

ckung der Poesie des Mittelalters, wie sie sich in dessen Liedern, Bild- und Bauwerken, in Kunst und Leben, manifestirt hatte."[12]

Mit den Texten von Eichendorff und Heine begegnen sich zwei näher zu untersuchende Relationierungen zu einem Diskurs, der mit Nachdruck die eigene Epochalität inszeniert. Die Romantik betritt die Bühne mit dem Anspruch, eine Epoche zu beenden und als bedingungslos modernes Projekt *ad infinitum* Schreiben prozessual zu re- und ‚de'-definieren. Mein Anliegen in diesem Beitrag ist es, die jeweilige Modellierung des Epochenendes bei den beiden Autoren zu analysieren. Warum und wie wird das romantische Werden beendet oder zum Abschluss gebracht? Wie inszenieren Eichendorff und Heine, zwei im romantischen Diskurs situierte Autoren, den Abschluss? Wie wird die Opposition zur romantischen Selbstbeschreibung begründet, welche Funktion übernimmt der romantische Diskurs in den jeweiligen literaturhistorischen Entwürfen? Knapp gesagt: Wie kann ein Diskurs auf sich selbst die Leichenrede halten?

Zur Beantwortung dieser Fragen soll in einem ersten Schritt die frühromantische Konstruktion von Epochalität in den Blick genommen werden. Sie bildet die Folie, vor deren Hintergrund erst die Setzungen des Endes bei Eichendorff und Heine in ihren Besonderheiten deutlich werden. Dass ich entgegen der Chronologie Eichendorff vor Heine bespreche, soll den systematischen Punkt meiner Frage unterstreichen. Heine wie Eichendorff setzen sich in Relation zur Romantik auch insofern als sie, selbst Teil des romantischen Diskurses, mit dieser fertig werden wollen: Heine ist „abgedankter Fabelkönig", dessen Resignation offenbar überhört wurde, Eichendorff ist dem vergleichbar teilnehmender Beobachter,[13] der die Notwendigkeit sieht, *„noch einmal"* die Geste des Abschlusses zu vollziehen. Wiederholte Deklarationen und misslungene Sprechakte zeigen an, dass Chronologien in der Bestimmung der mehrfachen, wiederholten, unvollendeten Enden der Romantik vernachlässigbar sind.

---

12 Heinrich Heine: Die romantische Schule. In: ders.: Historisch-kritische Gesamtausgabe der Werke [Düsseldorfer Ausgabe]. Bd. 8.1: Zur Geschichte der Religion und Philosophie in Deutschland. Die romantische Schule, hg. v. Manfred Windfuhr. Hamburg 1979, S. 121–249, hier S. 126 (Herv. J.C.H.).

13 Die Position des teilnehmenden Beobachters – bzw. des Beobachters, der teilzunehmen trachtet –, inszeniert Eichendorff eindrucksvoll in seiner Erinnerungsschrift *Halle und Heidelberg*, wo ein namenlos bleibender „junge[r] Poet [...] vergeblich durch das Gittertor" des Reichardt'schen Gartens linst. Eichendorff: Halle und Heidelberg, S. 427–428.

Frühromantische Inszenierungen der Epochenschwelle

Am Anfang des romantischen Diskurses steht eine Doppelbewegung: der Abschluss der Klassik und die Eröffnung einer definitorisch unerschöpflichen – tendenziell unendlichen – romantischen Schreibweise; genauer gesagt: die terminologische Festlegung einer Epoche, die ihren Anfang im Mittelalter nahm und erst in den Jahren vor der Jahrhundertwende auf den Begriff gebracht wird. Es ist insbesondere das *Athenäum*, das zum Organ der programmatischen Doppelsetzung wird. Die systematische Grundlage dafür leistet Friedrich Schlegel in seinem Aufsatz *Über das Studium der griechischen Poesie* (entstanden 1795, veröffentlicht 1797). Im Anschluss an die *Querelle* behauptet Schlegel die antike Dichtkunst als „allgemeine Naturgeschichte der Dichtkunst; eine vollkommne und gesetzgebende Anschauung",[14] wohingegen die moderne Poesie eine künstliche sei. Sie bedürfe der „ästhetische[n] Theorie" als „zuverlässige[n] Wegweiser der Bildung",[15] um das der griechischen Poesie ‚naturhaft' Gegebene auf künstlichem und also bewusstem Wege zu erreichen. Und zu übertreffen: Denn während das Maximum der antiken Poesie schon erreicht – sie vollendet – sei,[16] könnte die moderne Poesie potenziell höherwertige Werke produzieren, da „Kunst [...] unendlich perfektibel [ist] und ein absolutes Maximum [...] in ihrer steten Entwicklung nicht möglich"[17] sei. Es ist dieses Moment der unendlichen Perfektibilität, das Schlegel wenige Jahre später im 116. *Athenäums*-Fragment in seiner Definition der romantischen Poesie wiederaufnimmt und universalisiert: Als „progressive Universalpoesie" sei die romantische – die moderne und aktuelle – Poesie der „höchsten und allseitigsten Bildung fähig; nicht bloß von innen heraus, sondern auch von außen hinein, indem sie jedem, was ein Ganzes in ihren Produkten sein soll, alle Teile ähnlich organisiert, wodurch ihr die Aussicht auf eine grenzenlos wachsende Klassizität eröffnet wird."[18] Der Schein des Natürlichen wird durch Selbstähnlichkeit als Organisationsprinzip erzeugt, deren „grenzenlos wachsende Klassizität" die *aemulatio* der Naturpoesie ankündigt. Im Unterschied aber zur Formulierung im *Studium*-Aufsatz kann sich hier die Poesie auf eine Theorie, die dort noch die Leitung der Produktion leistet, nicht mehr beziehen:

---

14 Friedrich Schlegel: Über das Studium der Griechischen Poesie. In: ders.: Kritische Friedrich-Schlegel-Ausgabe. Bd. 1: Studien des klassischen Altertums, hg. v. Ernst Behler. Paderborn/München/Wien 1979, S. 217–366, hier S. 276.

15 Schlegel: Studium, S. 272.

16 Vgl. Schlegel: Studium, S. 287.

17 Schlegel: Studium, S. 288.

18 Schlegel: Athenäums-Fragmente, S. 182 f.

> Andre Dichtarten sind fertig und können nun vollständig zergliedert werden. Die romantische Dichtart ist im Werden; ja das ist ihr eigentliches Wesen, daß sie ewig nur werden, nie vollendet sein kann. Sie kann durch keine Theorie erschöpft werden, und nur eine divinatorische Kritik dürfte es wagen, ihr Ideal charakterisieren zu wollen. Sie allein ist unendlich, wie sie allein frei ist, und das als ihr erstes Gesetz anerkennt, daß die Willkür des Dichters kein Gesetz über sich leide. Die romantische Dichtart ist die einzige, die mehr als Art, und gleichsam die Dichtkunst selbst ist: denn in einem gewissen Sinn ist oder soll alle Poesie romantisch sein.[19]

Diese neue romantische Poesie, die für die Kritik unerschöpflich ist (an der die Kritik aber mitwirken kann), ist Aufgabe und Signum der sich konstituierenden Gruppe der Romantiker:innen. Allenthalben inszenieren sie in ihren Texten den Bruch mit der Vergangenheit; „in den verschiedenen Genera kultureller Rede – in der Geschichtsphilosophie, im literarischen Werk, in der Literaturkritik – wird eine je entsprechende Rhetorik dieses Deutungsmusters der Zeitenwende entfaltet",[20] die von der soteriologischen Erwartung in Novalis' *Die Christenheit oder Europa* (1799) über Ludwig Tiecks Terzinen *Die neue Zeit* (1799)[21] bis hin zum kurzen Abriss der Dichtungsepochen in Friedrich Schlegels *Gespräch über die Poesie* (1800)

19 Schlegel: Athenäums-Fragmente, S. 183. Gegen die Annahme einer Diskontinuität zwischen dem Klassischen und dem Romantischen setzt Matthias Buschmeier in seiner Lektüre der nach dem *Studium*-Aufsatz entstandenen altertumswissenschaftlichen Manuskripte Schlegels die These, dass das Romantische mit Schlegel als „Synthesebegriff der antithetischen Struktur von Antike und Moderne" zu verstehen sei: „Das Romantische, so ließe sich pointieren, ist das Klassische unter modernen Bedingungen". Matthias Buschmeier: Friedrich Schlegels Klassizismus. In: Antike – Philologie – Romantik. Friedrich Schlegels altertumswissenschaftliche Manuskripte. Hg. v. Christian Benne/Ulrich Breuer. Paderborn 2011, S. 227–250, hier S. 245. Buschmeiers überzeugende Interpretation stützt sich vor allem auf Schlegels Auseinandersetzung mit Friedrich August Wolfs *Prolegomena ad Homerum* (1795). Auch mit Bezug auf die *Athenäums*-Fragmente hat die These explikative Kraft, etwa mit Blick auf das recht dunkle Ende des 116. Fragments – „[I]n einem gewissen Sinn ist oder soll alle Poesie romantisch sein". Für die mich leitende Fragestellung erscheint mir die Unterscheidung zwischen einerseits revolutionärem Bruch zwischen Antike und Moderne (die traditionelle Interpretation in der Romantikforschung) und andererseits synthetischem Modell, der „sich steigernde[n] Erfüllung" im „Geschichtsablauf" (Buschmeier: Klassizismus, S. 245), nicht signifikant, bleibt doch Kennzeichen des von Schlegel formulierten romantischen Diskurses die *bewusste* Arbeit von Philologie und Poesie an der Herstellung einer solchen perfektiblen Klassizität, die (mit Buschmeier) gleichermaßen die antiken wie die modernen Werke betreffen kann. Entscheidend ist somit das historisch neue Bewusstsein, an der unendlichen Perfektibilität der Poesie zu mitzuarbeiten; es stellt den (inszenierten) Epochenbruch dar. Auch scheint mir die Differenziertheit der Schlegel'schen philologischen Arbeit in den literarischen und polemischen Texten der Frühromantik nur bedingt gegeben; hier überwiegt die Innovationsrhetorik in Verbindung mit dem Unendlichkeitstopos.

20 Schmitz: Epochenschwelle, S. 296.

21 „Bald öffnet sich der wundervollen Blume / Geheimnisreiche Knospe, plötzlich bricht / Der Kelch der ewgen Kunst zu Deutschlands Ruhme." Ludwig Tieck: Schriften in zwölf Bänden. Bd. 7: Gedichte, hg. v. Ruprecht Wimmer. Frankfurt a. M. 1995, S. 412.

und – die Gleichzeitigkeit von Praxis und Theorie ausstellend – zu August Wilhelm Schlegels Berliner *Vorlesungen über schöne Literatur* (1802/03) reicht. In allen diesen Texte wird aus der Teilnehmerrolle eine Beobachterperspektive auf die Gegenwart behauptet. Die Aufklärung und das achtzehnte Jahrhundert seien, so August Wilhelm Schlegel, „gar nicht als etwas für sich bestehendes, sondern als ein[] Übergang, eine Vorbereitung, eben als [...] Verbrennungsproceß“[22] zu betrachten, dessen Abschluss mit den Romantikern erreicht sei:

> Mehrere meiner Freunde und ich selbst haben den Anfang einer neuen Zeit auf mancherley Art, in Gedichten und in Prosa, im Ernst und im Scherz verkündigt, und gewisse ehrenfeste Männer, die von keiner andern Zeit einen Begriff haben, als der, welche die Thurmglocken anschlagen und die Nachtwächter ausrufen, haben uns aus diesen frohen Hoffnungen ein großes Verbrechen gemacht. [...] Wir schmeicheln uns also keinesweges einer schon erfogten [sic] allgemeinen Anerkennung; wir behaupten nur es seyen Keime eines neuen Werdens ausgestreut: unter welchen Zeitbedingungen sie sich fruchtbar erweisen werden, läßt sich nicht im voraus bestimmen.[23]

Für August Wilhelm Schlegel haben die neue Zeit und die neue Dichtung begonnen; ihre Rezeption ist noch von Unverständnis geprägt, bewegen sich ihre aufklärerischen Kritiker doch noch in den überkommenen Kategorien der vergangenen Epoche. Diese Ungleichzeitigkeit zwischen den Paradigmen der Produktion und denen der Rezeption benennt August Wilhelm Schlegel als Problem der Kritik, nicht der neuen Dichtung. Er verweist dabei auf die unvorhersehbaren Umstände zukünftiger Rezeption. Sein Bruder Friedrich Schlegel gibt sich in seinem Aufsatz *Über die Unverständlichkeit* (1800) deutlich selbstbewusster, indem er das bei August Implizite – die Wechselwirkung von Kritik und Schreibweise – ausbuchstabiert. Ironisch setzt er sich mit der aufklärerischen Kritik an der Dunkelheit des *Athenäums* auseinander und attestiert, dass es wohl die Ironie gewesen sei, die „unverständlich, weil [...] noch neu war [...] in der Morgendämmerung des neuen Jahrhunderts“, nun aber an der „Tagesordnung“ sei.[24] Mit revolutionärer Verve[25] und in romantischer Entwendung der Aufklärungsmetaphorik wird die Unverständlichkeit als

---

22 August Wilhelm Schlegel: Vorlesungen über schöne Literatur (1802–1803). In: ders.: Kritische Ausgabe der Vorlesungen. Bd. 1: Vorlesungen über Ästhetik I (1798–1803), hg. v. Ernst Behler. Paderborn/München/Wien 1989, S. 473–781, hier S. 537 f.

23 Schlegel: Vorlesungen, S. 538 f.

24 Friedrich Schlegel: Über die Unverständlichkeit. In: ders.: Kritische Friedrich-Schlegel-Ausgabe. Bd. 2: Charakteristiken und Kritiken I (1796–1801), hg. v. Hans Eichner. Paderborn/München/Wien 1967, S. 363–372, hier S. 368.

25 Zur Revolutionsmetaphorik, die der Aufsatz in verschiedensten Diskursfeldern in Anschlag bringt, vgl. Eckhard Schumacher: Die Ironie der Unverständlichkeit. Johann Georg Hamann, Friedrich Schlegel, Jacques Derrida, Paul de Man. Frankfurt a. M. 2000, S. 192–217.

Übergangswahrnehmung unfähiger Leser:innen behauptet, die aber schließlich zur Heranbildung neuer Rezipient:innen beitrage:

> Die neue Zeit kündigt sich an als eine schnellfüßige, sohlenbeflügelte; die Morgenröte hat Siebenmeilenstiefel angezogen. – Lange hat es gewetterleuchtet am Horizont der Poesie; [...] bald [...] werden euch alle eure kleinen Blitzableiter nicht mehr helfen. Dann nimmt das neunzehnte Jahrhundert in der Tat seinen Anfang, und dann wird auch jenes kleine Rätsel von der Unverständlichkeit des *Athenäums* gelöst sein. Welche Katastrophe! Dann wird es Leser geben die lesen können.[26]

Es ist die Naherwartung der *Erfüllung* der Zeitenwende, die mit den romantischen Texten bereits angebrochen ist. Der romantische Diskurs behauptet sich auf Produktions- und Rezeptionsseite als neue Epoche, die keinen Abschluss kennt, sondern im ‚sympoetischen' Zusammenwirken von Dichtung und Kritik nur die Fortentwicklung. Die „sich steigernde Erfüllung bestimmt [...] den Geschichtsablauf; er vollzieht sich in fortschreitenden, immer mehr sich vergrößernden Evolutionen und die Zukunft liefert dabei gleichsam die Praxis zum Text der Gegenwart."[27]

„Wie eine prächtige Rakete": Das romantische Ende der Romantik bei Eichendorff

Als Joseph von Eichendorff im Jahr 1846 seinen ersten literaturhistorischen Rückblick auf die Romantik in den *Historisch-politischen Blättern für das katholische Deutschland* veröffentlicht, sind viele der Akteure und Akteurinnen der Romantik bereits verstorben, so etwa Achim von Arnim, Clemens Brentano, Karoline von Günderrode und Friedrich Schlegel, andere – wie Ludwig Tieck, der seine letzte Novelle 1840 veröffentlicht hatte – haben die literarische Bühne verlassen. Eichendorff selbst war zu dem Zeitpunkt der Veröffentlichung in einer relativ unproduktiven Schaffensphase; erst in den 1850er Jahren sollten die drei Versepen *Julian, Robert und Guiscard* und *Lucius* erscheinen. Und so ist der Knall, mit dem „die moderne Romantik, wie eine prächtige Rakete, funkelnd zum Himmel emporstieg, und nach kurzer wunderbarer Beleuchtung der nächtlichen Gegend, oben in tausend bunte Sterne spurlos zerplatzte",[28] auch als Selbstkommentar auf

26 Schlegel: Vorlesungen, S. 370 f.
27 Schmitz: Epochenschwelle, S. 298.
28 Eichendorff: Über die ethische und religiöse Bedeutung, S. 62.

seine Novelle *Aus dem Leben eines Taugenichts* (1826) zu lesen, in der ein prächtiger Sommerabend samt beleuchtetem Himmel den Schlussakkord bildet:

> Sie lächelte still und sah mich recht vergnügt und freundlich an, und von fern schallte immerfort die Musik herüber, und Leuchtkugeln flogen vom Schloß durch die stille Nacht über die Gärten, und die Donau rauschte dazwischen herauf – und es war alles, alles gut![29]

Dem Schweigen der Akteure folgte die historiographische Einordnung: Eichendorffs Artikelserie *Zur Geschichte der neuern romantischen Poesie in Deutschland* fiel nicht in ein Vakuum, sondern war Teil der öffentlichen Deutungskämpfe um die in der zeitgenössischen Kritik sowohl von den Junghegelianern als auch von den Protestanten als katholisch-reaktionär eingeschätzte Romantik. Eichendorffs Artikelreihe ist dabei maßgeblich von einer konfessionell ‚oppositionellen' Literaturgeschichte angeregt, namentlich von Heinrich Gelzers *Die deutsche poetische Literatur seit Klopstock und Lessing nach ihren ethischen und religiösen Gesichtspunkten* (1841) und wurde (wie auch das auf sie folgende Buch) primär im Kontext der interkonfessionellen Polemiken rezipiert.[30] Kurz nach den Artikeln, die in Guido Görres' Magazin erschienen, veröffentlichte Eichendorff 1847 die katholische Verteidigung der Romantik in Buchform: *Über die ethische und religiöse Bedeutung der neueren romantischen Poesie in Deutschland.*

Eichendorffs Buch vollzieht zwei Grundoperationen, die beide in Relation zu Gelzers Literaturgeschichte stehen: die Zitation (von Zitaten) – Eichendorff übernimmt die meisten der behandelten Autoren und Werkauszüge von diesem[31] – und die (zu Gelzer konträre) Wertung vor dem Hintergrund der konfessionellen Zugehörigkeit – wo es Gelzer zu papistisch wird, sieht Eichendorff die Romantik zu sich selbst kommen. Dies geht so weit, dass ein Autor wie Zacharias Werner, der mit drei geschiedenen Ehen nur schwerlich als Musterkatholik gelten kann und dem Gelzer so auch bescheinigt, ein „innerlich zerrissene[r], von Leidenschaften aufgewühlte[r] und herumgeschleuderte[r] Sklave[] seiner Sinne"[32] zu sein, von Eichendorff aufgrund seiner Konfession verteidigt wird:

---

29 Joseph von Eichendorff: Aus dem Leben eines Taugenichts. In: ders.: Werke in sechs Bänden. Bd. 2: Ahnung und Gegenwart. Erzählungen I, hg. v. Wolfgang Frühwald/Brigitte Schillbach. Frankfurt a. M. 1985, S. 445–561, hier S. 561.

30 Vgl. Hartwig Schultz: Kommentar. In: Joseph von Eichendorff: Werke in sechs Bänden. Bd. 6: Geschichte der Poesie. Schriften zur Literaturgeschichte, hg. v. Hartwig Schultz. Frankfurt a. M. 1990, S. 1075–1474, hier S. 1154–1168.

31 Eine Aufschlüsselung der Übernahmen bzw. Plagiate bietet der Stellenkommentar von Hartwig Schultz. Vgl. Schultz: Kommentar, S. 1168–1217.

32 Heinrich Gelzer: Die deutsche poetische Literatur seit Klopstock und Lessing. Nach ihren ethischen und religiösen Gesichtspunkten. Leipzig 1841, S. 434.

> Doch wenn wir im Obigen Werners Verirrungen zu beleuchten versucht, so ist es gerecht und zur Herstellung des ganzen Bildes unerläßlich, eben so getreu und unbefangen nun auch Ziel und Streben aus seinen letzteren Lebensjahren näher nachzuweisen. Auch hier sind es, wie gesagt, wiederum seine religiösen Überzeugungen, die Alles beseelen und erklären [...].[33]

Während Gelzer – konsequent im Rahmen der von ihm aufgestellten sittlichen Normen – Werner, E.T.A. Hoffmann, Heinrich von Kleist und Clemens Brentano über einen Kamm schert und ‚charakterlich' aburteilt,[34] muss Eichendorff die diffizile Operation vollbringen, Werner zu verteidigen und etwa Hoffmann abzulehnen – aufgrund mangelnder Ernsthaftigkeit und fehlender katholischer Überzeugung: Hoffmann habe nur „schwachgestimmte Innerlichkeit" und „vage Schwärmerei"[35] gezeigt.

Was sich an solchen Detailurteilen zeigt, gilt auch für Eichendorffs Schrift als Ganze: Das ‚Wesen' der Romantik ist ihm eine heilsame Reorientierung hin zur positiven Religion – zum Katholischen – als Reaktion auf die mit der Reformation beginnende und in der Aufklärung sowie im Sturm und Drang ihren Höhepunkt findende „Selbstvergötterung"[36] bzw. „Vergötterung des Subjekts".[37] Eichendorff versteht, im Einklang mit zahlreichen literaturhistorischen Entwürfen seiner Epoche,[38] Dichtung als „Ausdruck, gleichsam der seelische Leib der inneren Geschichte der Nation".[39] Im Unterschied zum Gros der zeitgenössischen Literaturhistoriographie allerdings ist ihm

> die innere Geschichte der Nation [...] ihre Religion; es kann daher die Literatur eines Volkes nur gewürdigt und verstanden werden im Zusammenhange mit dem jedesmaligen religiösen Standpunkt derselben. So erscheint auch die deutsche Poesie der neuern Zeit von der sogenannten Reformation und deren verschiedenen Entwickelungen und Verwickelungen wesentlich bedingt. Die Reformation aber hat einen, durch alle ihre Verwandlungen hindurchgehenden Faden: sie hat die revolutionäre Emanzipation der Subjektivität zu ihrem Prinzip erhoben, indem sie die Forschung über die kirchliche Autorität, das Individuum über das Dogma gesetzt; und seitdem sind alle literarischen Bewegungen des nördlichen Deutschlands mehr oder minder kühne Demonstrationen nach dieser Richtung hin gewesen.[40]

---

33 Eichendorff: Über die ethische und religiöse Bedeutung, S. 160.

34 Vgl. Gelzer: Die deutsche poetische Literatur, S. 437 f.

35 Eichendorff: Über die ethische und religiöse Bedeutung, S. 250.

36 Eichendorff: Über die ethische und religiöse Bedeutung, S. 268.

37 Joseph von Eichendorff: Der deutsche Roman des achtzehnten Jahrhunderts in seinem Verhältnis zum Christentum. In: ders.: Werke in sechs Bänden. Bd. 6: Geschichte der Poesie. Schriften zur Literaturgeschichte, hg. v. Hartwig Schultz. Frankfurt a. M. 1990, S. 393–629, hier S. 616.

38 Vgl. Fohrmann: Das Projekt der deutschen Literaturgeschichte, S. 69–130.

39 Eichendorff: Über die ethische und religiöse Bedeutung, S. 13.

40 Eichendorff: Über die ethische und religiöse Bedeutung, S. 62.

Der Sturm und Drang habe das subjektiv-negative Prinzip radikalisiert und schließlich zum Umschlag geführt:

> Aber der deutsche Geist fand hierin kein Genüge und keine Ruhe; [...]. Die Vermittelung zwischen der sichtbaren Natur, wie sie bei Goethe unter der schönsten Form in ihrer symbolischen Bedeutung erschienen war, und der Welt des Unsichtbaren, unternahm ein neues Geschlecht. Allegorie und Symbolik genügten ihm nicht mehr; es verlangte nach einem wesentlicheren Inhalte, nach einer nahrhafteren Speise für den hungernden, an sich selbst nagenden Geist. So wurde es auf das Positive wieder hingeführt. Goethe's Wirklichkeit und Schillers Ideal hatten für dasselbe nur Bedeutung in Bezug auf ein Drittes über ihnen, wo beide bereits versöhnt und Eins sind: auf die Menschwerdung Christi, des göttlichen Vermittlers von Natur und Freiheit.[41]

Eichendorff beschreibt, vergleichbar mit Friedrich Schlegels Wiener Vorlesungen von 1812,[42] einen historischen Prozess der Nation und Nationalliteratur, der sich in radikaler Negation erschöpft und in eine Positivität führt, die nicht dialektisch zu verstehen ist, sondern als Rückkehr zum ‚wahren' Weg – für ihn ist Geschichte eine Pendelbewegung von Abweichung und Kurskorrektur.

Es ist offensichtlich, dass die von Eichendorff vorgenommene Koordination der drei Größen – Nation, Konfession und Subjekt bzw. individuelles Werk – keine innere Notwendigkeit hat, sondern von Setzungen des Verfassers abhängt. Exemplarisch – und überdies informativ für die uns leitende Fragestellung nach den literaturhistoriographischen Enden der Romantik – lässt sich das an Eichendorffs Behandlung von Novalis zeigen. An erster Stelle von Eichendorffs Ahnengalerie der Romantik stehend – auf ihn folgt Wilhelm Heinrich Wackenroder –, hätte Novalis erkannt und programmatisch postuliert, dass nur eine „aufrichtige Rückkehr der Völker zur Religion [...] die alleinige Rettung"[43] darstelle. Zeugnis dieser Position sei, wenig überraschend, *Die Christenheit oder Europa* – ein Text, der offen transnational argumentiert und als Einheiten nur das imaginiert-mittelalterliche ‚katholische Europa' und das projektiert-utopische wiedervereinigte christliche Abendland kennt, „ein[e] sichtbare Kirche ohne Rücksicht auf Landesgränzen".[44] Eichendorff

41 Eichendorff: Über die ethische und religiöse Bedeutung, S. 83.

42 Vgl. Andrea Polaschegg: Unbotmäßige Literaturgeschichtsschreibung deutsch. Friedrich Schlegels Wiener Vorlesungen Geschichte der alten und neuen Literatur (1812). In: Über Wissenschaft reden. Studien zu Sprachgebrauch, Darstellung und Adressierung in der deutschsprachigen Wissenschaftsprosa um 1800. Hg. v. Claude Haas/Daniel Weidner. Berlin/Boston 2020, S. 100–124; Jakob Christoph Heller: Beschränkte Universalität? Friedrich Schlegels Wiener Vorlesungen zwischen Nation und Konfession. In: Zeitschrift für deutsche Philologie 141 (2022), H. 4, S. 515–533.

43 Eichendorff: Über die ethische und religiöse Bedeutung, S. 91.

44 Novalis: Die Christenheit oder Europa. In: ders.: Werke, Tagebücher und Briefe Friedrich von Hardenbergs. Bd. 2: Das philosophisch-theoretische Werk, hg. v. Hans-Joachim Mähl. Darmstadt 1999, S. 732–750, hier S. 750.

muss in seiner Lektüre die Identität der „sichtbare[n] Kirche“ mit der katholischen supplementieren, „[n]ur die Rückkehr zur *wahren* Religion daher, d. h. zur katholischen Kirche“,[45] die Mehrdeutigkeit des Textes auflösen und vor allem die in Novalis’ Modell angelegte – und in der Forschung breit diskutierte[46] – triadische Bewegung der Vereinigung zu höherer (und damit nicht mit der mittelalterlichen katholischen Kirche identischen) Religion ausblenden. Ähnlich selektiv verfährt er in seiner Lektüre des Poesieverständnisses Novalis’: Zwar sei die „Erfüllung dieser Hoffnung [...] unmöglich, solange jene asthenische radikalprosaische Gesinnung das Leben nieder[halte]“, und die „als notwendig erkannte Rückkehr zur Kirche [...] nur durch die *Poesie*“[47] möglich. Allerdings sei Novalis über das Ziel hinausgeschossen, indem bei ihm „Poesie und Religion sich gewissermaßen identifizierten.“[48] Eichendorff kommt in seiner Novalis-Lektüre nicht umhin anzuerkennen, dass sich „dem Dichter unvermerkt und wider seinen Willen [...] das Christentum selbst in bloße Poesie“[49] verwandle. Ob dies, wie Eichendorff behauptet, Novalis tatsächlich „wider seinen Willen“ unterlaufe, sei dahingestellt. Wogegen Eichendorff hier argumentiert ist die kunstreligiöse Auffassung, die die Forschung auf die Formel bringt, Kunst ermögliche einen „hinsichtlich existierender Institutionen des Religiösen zwar andersartigen, jedoch zumindest gleichberechtigten Zugang[] zum Numinosen“.[50] Die kunstreligiöse Vorstellung geht in der Regel – und so auch bei Novalis – von einer subjektiven Affizierung aus; das Individuum empfindet im Kunstgenuss ‚das Heilige‘, und zwar unabhängig von bestehenden Normen und Institutionen. Freilich ist diese Position Eichendorff in seiner Katholisierung Novalis’ ein Dorn im Auge, den er als Mangel der Charakterentwicklung abzutun versucht:

---

45 Eichendorff: Über die ethische und religiöse Bedeutung, S. 95.

46 Aus der umfangreichen Forschungsliteratur sei exemplarisch verwiesen auf Herbert Uerlings: Das Europa der Romantik. Novalis, Friedrich und August Wilhelm Schlegel, Manzoni. In: Das Europa-Projekt der Romantik und die Moderne. Ansätze zu einer deutsch-italienischen Mentalitätsgeschichte. Hg. v. Dirk Kemper/Eugenio Spedicato/Silvio Vietta. Tübingen 2005, S. 39–72, hier S. 43; Wilfried Malsch: „Europa“. Poetische Rede des Novalis. Deutung der französischen Revolution und Reflexion auf die Poesie in der Geschichte. Stuttgart 1965; Hans-Joachim Mähl: Die Idee des goldenen Zeitalters im Werk des Novalis. Studien zur Wesensbestimmung der frühromantischen Utopie und zu ihren ideengeschichtlichen Voraussetzungen. Tübingen 1994, S. 372–385.

47 Eichendorff: Über die ethische und religiöse Bedeutung, S. 95.

48 Eichendorff: Über die ethische und religiöse Bedeutung, S. 98.

49 Eichendorff: Über die ethische und religiöse Bedeutung, S. 99.

50 Heinrich Detering: Was ist Kunstreligion? Systematische und historische Bemerkungen. In: Kunstreligion. Ein ästhetisches Konzept der Moderne in seiner historischen Entfaltung. Bd. 1: Der Ursprung des Konzepts um 1800. Hg. v. Albert Meier/Alessandro Costazza/Gérard Laudin. Berlin/New York 2011, S. 11–27, hier S. 12.

> So sucht [Novalis], weil in sich selbst noch nicht fertig, unermüdlich die Wahrheit am Zweifel, den Zweifel an der Wahrheit zu prüfen, dann wieder beide miteinander in Konkordanz zu bringen, zwischen unversöhnlichen Widersprüchen mit dem Scharfsinn der Verzweiflung zuweilen die Kirche selbst willkürlich zu deuten, ja eine *neue* Kirche in Aussicht zu stellen; und es ist gradezu ein peinlicher Anblick, wie er – oft dem Verständnis so nahe, daß es nur noch des passenden Ausdrucks dafür zu bedürfen scheint – sich plötzlich wieder abwendet, um das offen zu Tage Liegende auf den ausschweifendsten Umwegen [...] immer und immer wieder von neuem aufzusuchen.[51]

Die romantische Bewegung wird einer Purifikation unterworfen, die all das verwirft, was einer Rückkehr zum Katholischen widerspricht. Deutlich spricht Eichendorff diese Absage an Vorstellungen linearer Entwicklung in seiner Besprechung Friedrich Schlegels aus:

> Die Romantik wollte das ganze Leben religiös heiligen; das wollte Schlegel auch; in dem Grundgedanken also sind und waren beide einig. Aber die Romantik, nur noch ahnend und ungewiß umhertastend, wollte es bis dahin mehr oder minder durch eine unklare symbolische Umdeutung des Katholizismus. Schlegel dagegen erkannte, daß das Werk der Heiligung alles Lebens schon seit länger als einem Jahrtausend, gründlicher und auch schöner, in der alten Kirche still fortwirke, und daß die Romantik nur dann wahr sei und ihre Mission erfüllen könne, wenn sie von der Kirche ihre Weihe und Berechtigung empfange. Durch Fr. Schlegel daher, den eigentlichen Begründer der Romantik, ist diese in der Tat eine religiöse Macht geworden, gleichsam das Gefühl und poetische Gewissen des Katholizismus.[52]

Die Rückkehr zum überwunden Geglaubten wird so das Signum der Romantik; genauer: die Erkenntnis der Wahrheit des fälschlich Verworfenen. In Eichendorffs Text hat das eine Spaltung zur Folge in einerseits eine ‚falsche' und andererseits eine ‚eigentliche Romantik', wobei letztere dadurch gekennzeichnet ist, dass sie den unendlichen Progress, den der frühe Schlegel zum Kennzeichen der romantischen Poesie erklärte, negiert: Nicht mehr Fortschreiten einer unendlich wachsenden Klassizität, sondern stattdessen Affirmation des katholischen Glaubens in seiner institutionellen, kirchlichen Form.

Es ist zu fragen, ob eine innere Notwendigkeit zwischen der Ausblendung der Nation, deren Ausdruck die Literatur laut Eichendorff doch sei, und dem katholisch-kirchlichen Anspruch Eichendorffs besteht. Sie spielt jedenfalls entgegen der systematischen Ankündigung der Einleitung keine Rolle in seiner Diskussion der Autorenprofile. Einzig im Schlusskapitel, welches die Urteile über die romantischen Schriftsteller Revue passieren lässt, hat sie einen weiteren programmatischen Auftritt: „[A]lle Nationalität ist durchaus positiv. [...] Gegen diese göttliche Offenbarung im Leben, wie gegen die geoffenbarte Religion, gegen diese höhere Waltung und

51 Eichendorff: Über die ethische und religiöse Bedeutung, S. 100.
52 Eichendorff: Über die ethische und religiöse Bedeutung, S. 115 f.

Erziehung der Völker-Individuen, sträubt sich das für mündig erklärte Subjekt".[53] Diese logische Unterordnung des Nationalen unter das Katholische bildet den Schlussakkord, der freilich nicht die dortigen Invektiven gegen die Weltliteratur erläutert. Denn ebenso wenig wie die anfangs angekündigte Interpretation der Nationalliteratur vor dem Hintergrund der Religion es legitimiert, die Kategorie der ‚Religion' auf *eine* Konfession zu verengen, legitimiert es umgedreht der katholische Universalismus, den etwa Novalis an den Tag legt, die Nation (oder Nationalliteratur) als Subjekt der Geschichte zu verstehen. Eichendorffs Schlussakkord macht darüber hinaus deutlich, wie hier Geschichte – und ihre Anfänge und Enden – gedacht wird, nämlich figural.[54] Die figurale Struktur von Typos und Antitypos wird dabei erstens über Novalis' Figura referenziert und zweitens selbst als Textstrukturierung – *durch* den Verweis auf Novalis, der die Reihe der Romantiker eröffnet und nun schließt – realisiert:

> Ungeachtet dieser ephemeren Erscheinungen indes, ja zum Teil aus natürlicher Opposition dagegen, haben die Stimmungen der Welt seitdem sich mannigfach wieder anders verteilt und gestaltet. Schon Novalis, wie wir oben gesehen, sagte prophetisch: daß die Zeit der Auferstehung gekommen, und grade die Begebenheiten, die gegen ihre Belebung gerichtet zu sein schienen, die günstigsten Zeichen ihrer Regeneration geworden. Aus der Vernichtung alles Positiven hebe die Religion ihr glorreiches Haupt als neue Weltstifterin empor; in Deutschland könne man schon mit voller Gewißheit die Spuren einer neuen Welt aufzeigen.[55]

Die Romantik als kulturgeschichtliche Begebenheit ist für Eichendorff vorbei; das heilsgeschichtliche Versprechen, das sie formulierte, bleibt und werde in Erfüllung gehen – ganz so, wie Novalis es in *Die Christenheit oder Europa* mit Bezug auf die europäische (Religions-)Geschichte prophezeit hatte. Eichendorffs Arbeit überträgt somit die makrohistorische Triade Novalis', die aus Mittelalter, ‚zerrissener' Gegenwart und utopischer Vereinigung besteht, auf die Kultur- und Literaturgeschichte der letzten fünf Jahrzehnte. Damit setzt Eichendorff ein anderes Geschichtsmodell als der frühe Friedrich Schlegel ein. An die Stelle des unendlichen Fortschreitens tritt das in Diskontinuitäten operierende, deterministische heilsgeschichtliche Modell. Seiner Literaturgeschichte ist das Ende der Romantik kein Ende, sondern folgerichtiges Ergebnis der verfehlten konfessionellen Selbsterkenntnis; ein aus der „katholische[n] Gesinnung"[56] heraus das ‚Wesen' der Romantik realisierendes Dich-

53 Eichendorff: Über die ethische und religiöse Bedeutung, S. 274.

54 Zur Figuraldeutung als Verfahren vgl. Erich Auerbach: Figura. In: ders.: Gesammelte Aufsätze zur romanischen Philologie. Bern/München 1967, S. 55–92; Friedrich Ohly: Typologie als Denkform der Geschichtsbetrachtung. In: Typologie. Internationale Beiträge zur Poetik. Hg. v. Volker Bohn. Frankfurt a. M. 1988, S. 22–63.

55 Eichendorff: Über die ethische und religiöse Bedeutung, S. 274 f.

56 Eichendorff: Über die ethische und religiöse Bedeutung, S. 275.

ten bleibt, alle historische Differenz negierend, zwangsläufig bestehen: „Wandeln doch die alten Sterne noch heut, wie sonst, die alten Bahnen und weisen noch immer unverrückt nach dem Wunderlande, das jeder echte Dichter immer wieder neu entdeckt. Wo daher ein tüchtiger Schiffer, der vertraue ihnen, und fahr' in Gottes Namen!“[57] An die Stelle der (täuschenden, ephemeren, modisch-spektakulären) Rakete des Eingangs treten die (ewig ruhenden, Orientierung bietenden) Sterne als Leitmetapher. Eichendorff betreibt gewissermaßen astronomisch-astrologische Analysearbeit, indem er die Erscheinungen des literarischen Abendhimmels untersucht, und den künstlichen Knall (Romantik als Modephänomen) vom fixen Stern (katholische Dichtung) zu unterscheiden weiß.

Periodisierung durch Personalisierung: Heines Ende der Romantik

Rund zehn Jahre vor Eichendorffs Katholisierung der Romantik erschien 1835 (vordatiert auf 1836) mit der Buchfassung von Heinrich Heines *Die romantische Schule* ein Werk, das als erste Generalabrechnung mit der romantischen Bewegung gelten kann – und zugleich als „erste zusammenfassende Darstellung der engeren Romantik“ und damit „Pionierarbeit innerhalb der Romantikgeschichtsschreibung“.[58] Eichendorff, der Heine vorwirft, das „Christentum [...] für eine unausführbare Idee“ zu erklären, „weil es, als bloßer Spiritualismus, die Sinnlichkeit vernichten wolle“,[59] hat damit dessen Grundopposition angemessen wiedergegeben: Heines zuerst an ein französisches Publikum gerichtete und als Artikelserie erschienene Darstellung der Romantik[60] war eine Antwort auf die durch Madame de Staëls *De l'Allemagne* (1813)

57 Eichendorff: Über die ethische und religiöse Bedeutung, S. 280.

58 Manfred Windfuhr: Die romantische Schule [Kommentar]. In: Heinrich Heine: Historisch-kritische Gesamtausgabe der Werke [Düsseldorfer Ausgabe]. Bd. 8.2: Zur Geschichte der Religion und Philosophie in Deutschland. Die romantische Schule. Apparat, hg. v. Manfred Windfuhr. Hamburg 1981, S. 1013–1461, hier S. 1048.

59 Eichendorff: Über die ethische und religiöse Bedeutung, S. 273. Bezeichnenderweise wird in Eichendorffs Rekonstruktion Heines These in Beziehung zu Bettina von Arnims Konzept der ‚Schwebereligion' gesetzt, ganz so, als hätte Heines Romantikkritik eine nur partikulare Geltung.

60 Die ersten Artikel erschienen nahezu zeitgleich auf Französisch in der Zeitschrift *Europe littéraire* (ab März 1833) und auf Deutsch (Ende März 1833, die ersten drei Artikel in Buchform). Zur Entstehungs- und Druckgeschichte vgl. Windfuhr: Die romantische Schule [Kommentar], S. 1013–1031.

ausgelöste Begeisterung für die deutsche Gegenwartsliteratur und die idealistische Philosophie.[61] Heine bezieht mit der *Romantischen Schule* doppelt Position gegen das ‚geistige' Deutschlandbild, zum einen, indem er die Verklärung vor allem der deutschen Romantik als Verkennung ihrer lebens- und lustfeindlichen Herkunft aus dem Christentum denunziert –

> Was war aber die romantische Schule in Deutschland? Sie war nichts anders als die Wiedererweckung der Poesie des Mittelalters, wie sie sich in dessen Liedern, Bild- und Bauwerken, in Kunst und Leben, manifestirt hatte. Diese Poesie aber war aus dem Christenthume hervorgegangen [...]. [...] Ich spreche von jener Religion in deren ersten Dogmen eine Verdammniß alles Fleisches enthalten ist, und die dem Geiste nicht bloß eine Obermacht über das Fleisch zugesteht, sondern auch dieses abtödten will [...][62]

– und zum anderen, indem er auf die politisch-sozialen Implikationen dieser ideologischen Herkunft aufmerksam macht, den Bund der Romantiker mit der kirchlichen Institution einerseits, dem Feudalsystem andererseits. Die polemischen Kontraste, die Heine dabei – vor allem für eine französische Leserschaft – ausgestaltet, bringt Gerhard Höhn treffend auf den Punkt:

> Vor der Folie von Geistesfreiheit, Emanzipation und Kosmopolitismus muß die Romantische Schule unmißverständlich als unfrei, feudal, katholisch, national und antifranzösisch erscheinen. Die taktische Anwendung dieses polemischen Ansatzes bewirkt, daß die Romantiker im einzelnen künstlerisch epigonal oder ohnmächtig dastehen, philosophisch systemlos, psychologisch wahnsinnig, medizinisch krank, politisch fürstentreu, sexuell impotent und geographisch als Münchner oder Wiener.[63]

Die „Münchner oder Wiener" sind zum Entstehungszeitpunkt von Heines Decouvrierung der romantischen Katholizität noch recht lebendig, unter anderem Clemens Brentano und Bettina von Arnim, August Wilhelm Schlegel, Ludwig Tieck sind noch Teil der literarischen Öffentlichkeit; letzterer befindet sich sogar in seiner zweiten hochproduktiven Phase, die unter anderem auch eine polemische Auseinandersetzung mit dem Jungen Deutschland bedeutet.

Wie also, mit welchen Argumenten und im Rahmen welcher Epochenkonstruktion kommt Heine dazu, die Romantik für beendet zu erklären? Einen Hinweis auf eine mögliche Antwort liefert Heine selbst an einer Stelle der *Romantischen Schule*: „Die Literaturgeschichte ist die große Morgue wo jeder seine Todten aufsucht, die er liebt oder womit er verwandt ist."[64] Literaturgeschichte ist bei ihm als Einfluss-

---

61 Vgl. Ruth L. Jacobi: Heines „Romantische Schule". Eine Antwort auf Madame de Staëls „De l'Allemagne". In: Heine-Jahrbuch 19 (1980), S. 140–168.

62 Heine: Die romantische Schule, S. 126.

63 Gerhard Höhn: Heine-Handbuch. Zeit, Person, Werk. 3. Aufl. Stuttgart/Weimar 2004, S. 314.

64 Heine: Die romantische Schule, S. 135.

geschichte, als Geschichte der Wahlverwandtschaften konzipiert. Aus seiner eigenen Wunschgenealogie macht Heine keinen Hehl. Bereits 1828 behauptete er in seiner Rezension von Wolfgang Menzels *Die deutsche Literatur*, die deutschsprachige Literatur seiner Zeit habe Goethe zum Zentrum:

> Ist doch die Idee der Kunst zugleich der Mittelpunkt jener ganzen Literaturperiode, die mit dem Erscheinen Goethes anfängt und erst jetzt ihr Ende erreicht hat, ist sie doch der eigentliche Mittelpunkt in Goethe selbst, dem großen Repräsentanten dieser Periode [...].[65]

Friedrich Schlegel, der Goethes Rolle in seinen (von Heine hoch geschätzten) Wiener Vorlesungen[66] – verglichen mit der frühromantischen Goethe-Begeisterung – mäßiger bewerte, habe so nur aus verletzter Eitelkeit geurteilt:

> Die Schlegel, geleitet von der Idee der Kunst, erkannten die Objektivität als das höchste Erforderniß eines Kunstwerks, und da sie diese im höchsten Grade bey Goethe fanden, hoben sie ihn auf den Schild, die neue Schule huldigte ihm als König, und als er König war, dankte er, wie Könige zu danken pflegen, indem er die Schlegel kränkend ablehnte und ihre Schule in den Staub trat.[67]

Es ist also weniger Goethe selbst – und noch weniger das Schlegel'sche Romantik-Konzept – als vielmehr die Goethe-Rezeption,[68] die die neue Schule ausmacht. Die Romantiker sind in Heines Verständnis etwas verworrene Eleven der herausragendsten Personifikation der Kunstperiode. Und wie die *Romantische Schule* mit Goethes Tod beginnt und ihr erstes Buch mit ihm endet,[69] so auch die Kunstperiode, die – wie Heine auf sich selbst verweisend formuliert – eigentlich die „goethesche[] Kunstperiode"'[70] zu heißen habe. Das Konzept der ‚Kunstperiode' kann dabei mit

65 Heinrich Heine: Die deutsche Literatur von Wolfgang Menzel, 1828 [Rez.]. In: ders.: Historisch-kritische Gesamtausgabe der Werke [Düsseldorfer Ausgabe]. Bd. 10: Shakespeares Mädchen und Frauen. Kleinere literaturkritische Schriften, hg. v. Jan-Christoph Hauschild. Hamburg 1993, S. 238–248, hier S. 239.

66 Zum Verhältnis – und sogar zur Abhängigkeit – Heines zu Schlegels Wiener Vorlesungen vgl. Peter Uwe Hohendahl: Geschichte und Modernität. Heines Kritik an der Romantik. In: ders.: Literaturkritik und Öffentlichkeit. München 1974, S. 50–101, hier S. 69–77.

67 Heine: Die deutsche Literatur von Wolfgang Menzel, S. 239.

68 Zu dieser Einschätzung mit Bezug auf die *Romantische Schule* vgl. Peter Uwe Hohendahl: Heinrich Heine. Europäischer Schriftsteller und Intellektueller. Berlin 2008, S. 164.

69 Vgl. Heine: Die romantische Schule, S. 125, S. 164.

70 Heine: Die romantische Schule, S. 125. Heine bezieht sich auf seine Rezension von Menzels Literaturgeschichte. Vgl. Heine: Die deutsche Literatur von Wolfgang Menzel, S. 239. Michael Ansel hat das Argument aufgenommen, die Bezüge zwischen Gervinus und Heine detaillierter ausgearbeitet sowie die Bedeutung von Heines Schrift für die disziplinär eindeutige zuzuordnende Literaturhistoriographie des neunzehnten Jahrhunderts verdeutlicht. Vgl. Michael Ansel: Auf dem Weg zur Verwissenschaftlichung der Literaturgeschichtsschreibung. Heines Abhandlun-

Karl-Heinz Götze, der Heines *Romantische Schule* in einen ideengeschichtlichen Zusammenhang mit Georg Gottfried Gervinus' Literaturgeschichte bringt, im Sinne der hegelianischen Geschichtsphilosophie verstanden werden, die bei Gervinus wie bei Heine eine dreiteilige Entwicklung „von der religiösen über die literarische bis zur politischen Befreiung"[71] impliziert. Goethe ist Höhe- und Schlusspunkt dieser ‚literarischen Periode' bzw. Kunstperiode,[72] womit der Publikationszeitpunkt der *Romantischen Schule* in die Übergangsphase zwischen der literarischen und der politischen Periode fällt.

Heines Epochenkonstruktion, die das Ende der Romantik verbürgt, wird nun deutlicher: Im Rahmen von Heines geschichtsphilosophischer Konstruktion steht Goethe für den Höhepunkt der Kunstperiode, die mit seinem Tod endet. Die Romantik stellt gleichsam einen Nachzügler dar, begründet als Goethe-Schule, die den Meister – in Teilen – überlebte. Die romantische Epochenkonstruktion samt ihrer unabschließbar wachsenden Klassizität klassifiziert Heine implizit als *Effekt* der Kunstperiode, der (immerhin) die spezifische Funktion der Kunst *innerhalb* dieser Periode expliziert: Die Kunstkritik artikuliert die ‚Befreiung' der Kunst in der Epoche, da diese erreicht ist. Allerdings ändern sich mit der Übergangsphase zwischen der literarischen und der politischen Periode die Bewertungsmaßstäbe, die der geschichtlichen Situation angemessen sind und die veränderte – nunmehr politische – Funktion auch der Kunst evaluieren können. Heines Insistieren auf die politische Dimension des romantischen Programms verdankt sich genau dieser ‚Gegenwärtigkeit' im geschichtsphilosophischen Moment. Die Romantik als Literaturepoche *war*, weil mit Goethes Tod die Kunstperiode endete, als Index der geschichtlichen Bewegung ist sie somit *passé*.

gen Zur Geschichte der Religion und Philosophie in Deutschland und Die Romantische Schule. In: Internationales Archiv für Sozialgeschichte der deutschen Literatur 17 (1992), H. 2, S. 61–94; Michael Ansel: Die Bedeutung von Heines „Romantischer Schule" für die hegelianische Romantik-Historiographie im 19. Jahrhundert. In: Heine-Jahrbuch 40 (2001), S. 46–78.

71 Karl Heinz Götze: Grundpositionen der Literaturgeschichtsschreibung im Vormärz. Frankfurt a. M. 1980, S. 430.

72 Und nebenbei bemerkt war Goethes Tod 1832 auch Anlass für die Abfassung der *Romantischen Schule*, wie Heine in einem Brief an Heinrich Laube deutlich macht. Vgl. Heinrich Heine: An Heinrich Laube, 08.04.1833 [Brief Nr. 428]. In: Säkularausgabe. Werke, Briefwechsel, Lebenszeugnisse. Bd. 21: Briefe 1831–1841, hg. v. Nationale Forschungs- und Gedenkstätten der klassischen deutschen Literatur in Weimar, Centre National de la Recherche Scientifique in Paris. Berlin 1970, S. 52–53, hier S. 52.

Fazit

Wie also deklamiert man das Ende der Romantik in der Spätromantik? Während Heine dafür eine hegelianisch inspirierte Geschichtsphilosophie auf die Romantik anwendet, greift Eichendorff auf ein figurales Geschichtsmodell zurück. Beide negieren den romantischen Eigenbegriff, der die unendliche Progressivität im Mittelalter beginnen lässt und die geschichtliche Bewegung der Kunst und Literatur von da an als potenziell unabschließbar konzipiert. Heine kann vor dem Hintergrund des Zu-sich-selbst-Kommens des Geistes damit nichts anfangen, Eichendorff vor dem Hintergrund der heilsgeschichtlichen Triade – beide Modelle bedürfen des Endpunktes.

Als einschneidenden geschichtsphilosophischen Marker greifen Heine wie Eichendorff auf die Reformation zurück, die freilich in den beiden Geschichtsmodellen gänzlich unterschiedlich besetzt ist: hier leere Subjektivität, dort Prozess der Befreiung. Entsprechend dieser unterschiedlichen Evaluierung der Reformation hat auch das Ende der Romantik bei beiden eine unterschiedliche Begründung. Bei Heine ist sie eingespannt in die Bewegung des Geistes – Religion, Kunst, Politik –, die Epoche ist mit Goethes Tod an ihr Ende gekommen, indem sie ihre historische Aufgabe erfüllt hat. Eichendorffs Begründung ist geradezu gegenteilig: Die Romantik ist beendet, weil ihre Akteure und Akteurinnen ihre ‚heilsgeschichtliche' Aufgabe verkannt hätten.

An Heine und Eichendorff zeigt sich, welche strategische Funktion der programmatisch literaturkritisch-literaturgeschichtliche Schlussstrich unter die Romantik in den Werken ihrer späten Akteure hat. Sowohl Eichendorff wie auch (wenn auch anders gelagert) Heine sind zum Zeitpunkt der Publikation ihrer jeweiligen Abschlüsse prominente Akteure im literarischen Feld und behaupten diese Position auch selbstbewusst: Heine mit der binationalen Publikation, die den Franzosen wie den Deutschen die Bedeutung der deutschen Romantik erklärt, Eichendorff als prononciert katholischer und volkstümlich-zugänglicher Dichter, der in einer (konfessionellen) Teilöffentlichkeit der deutschsprachigen literarischen Welt eine herausgehobene Position einnimmt.[73] Beide Gesten, so unterschiedlich ihr ‚ideologischer' Gehalt, sind möglich durch die programmatische Offenheit und (zumindest proklamierte) literarische Unabgeschlossenheit und kritische Uneinholbarkeit der Romantik. Heine und Eichendorff nahmen erste Herausforderung auf und lehnten zweite Zumutung ab: Mit Schlegel gesprochen treiben sie divinatorische Kritik.

---

73 Zur Bedeutung Eichendorffs als Modell einer katholischen Literatur und Alternative zu Goethe vgl. Jutta Osinski: Goethe oder Eichendorff? Katholische Literaturmodelle des 19. Jahrhunderts. In: German Life and Letters 53 (2000), S. 143–161.

Philipp Kohl

Die Enden der Erdgeschichte

Osip Senkovskijs Cuvier-Erzählung *Wissenschaftliche Reise zur Bäreninsel* (1833)

Einleitung

Der vorliegende Aufsatz interessiert sich für die literarische Rezeption des Pariser Naturforschers Georges Cuvier (1769–1832) in den späten 1820er und frühen 1830er Jahren in Russland. Dessen *Discours sur les révolutions du globe* (1812) beschreibt die Erdgeschichte als serielle Abfolge von geologischen Umwälzungen und Auslöschungen des Lebens, die in der apokalyptischen Imagination der russischen Dichtung als finale, endzeitliche Szenarien umgedeutet werden. Wenn der Aufsatztitel von „Enden der Erdgeschichte" spricht, dann lässt sich das auf dreierlei Weise verstehen: Zum einen als Widerspruch der wiederholten Auslöschungen des Lebens zur christlichen Eschatologie, die das Ende nur im Singular kennt. Zum zweiten – als Anspielung auf den deutschen Titel von Thomas Pynchons Roman *Die Enden der Parabel* (*Gravity's Rainbow*, 1973) –, als Metapher für Linearität und Irreversibilität, die für die Geschichte der Geologie und die literarische Narration von Zeit gleichermaßen bedeutsam sind. Der dritte und wichtigste Aspekt ist die Frage nach dem Wozu: Zu welchem Ende – im Sinne von Zweck – liest die romantische Literatur die Erdgeschichte, welche Fragen und welche Antworten richtet die literarische Imagination an sie?

Cuviers russische Rezeption wird in zwei Schritten betrachtet, zunächst mit einem kurzen Blick auf Bilder der Apokalypse in der romantischen Lyrik, die von einem populären Wissen um Cuviers erdgeschichtliche Revolutionen geprägt sind. Es folgt eine ausführliche Auseinandersetzung mit einem Prosatext des Publizisten Osip Senkovskij (1800–1858), der im Jahr 1833 einen großen Publikumserfolg feiert und damit auch zur Popularität Cuviers im lesenden Russland beiträgt: *Učenoe putešestvie na medvežij ostrov* (*Wissenschaftliche Reise zur Bäreninsel*) über zwei Naturforscher, die in Sibirien auf vermeintliche Zeugnisse des letzten Menschen vor der Sintflut stoßen. Senkovskijs Text löst Cuvier aus dem apokalyptischen Paradigma heraus: Die Vorstellung, eine Sintflut habe eine frühere Warmzeit beendet und einem letzten Menschen den Garaus gemacht, wird der Lächerlichkeit preisgegeben. Senkovskij kennt die naturwissenschaftlichen Diskurse der Zeit und macht Cuviers vergleichende Anatomie zum ideellen Zentrum seiner Erzählung: als ein

https://doi.org/10.1515/9783111426129-009

potentiell multiple Wissensbereiche der Welt durch die Operationen des Sammelns und Vergleichens erschließendes Instrument, von dem die Figuren im Übermaß Gebrauch machen. Die dilettantische Wissensproduktion, die Senkovskij inszeniert, erschließt Geologie und Paläontologie für das russische Publikum und bringt sie in Austausch mit Archäologie und Philologie. Sein Text lässt sich auf verschiedene Arten lesen, als Gelehrtensatire, Proto-Science-Fiction und Antizipation des *lost world*-Abenteuergenres, als Expeditionstext, als Petersburg- und Sibirien-Imagination. Thomas Grob hat in seinen Arbeiten gezeigt, dass die Frage der Endlichkeit in der Erzählung mit einem Umweg über geologische und astronomische Diskurse auch der Epoche der russischen Romantik zugeordnet wird. Wenn innerfiktional das Weltende und der letzte Mensch vor der Sintflut als fiktionales Konstrukt parodiert wird, geht es auf der Ebene der Epochenreflektion um nichts weniger als das Ende der Romantik, das mit ästhetischen und politischen Umbrüchen in der russischen Gesellschaft einhergeht. Grob positioniert Senkovskij epochentypologisch als Grenzfigur einer „Postromantik" – der Begriff ist hier einerseits analog zu „Postmoderne" zu verstehen,[1] andererseits im Sinne der „Zwischenzeit" (*promežutok*) des russischen Formalismus.[2]

Senkovskij veröffentlicht seine *Fantastičeskie putešestvija Barona Brambeusa* (*Phantastischen Reisen des Baron Brambeus*), deren dritter Teil die *Wissenschaftliche Reise* ist, 1833 nicht unter seinem wirklichen Namen, sondern als Baron Brambeus, eine romantische Autormystifikation. Seine Stilisierung als wertkonservativer und patriotischer Autor Brambeus ist notorisch unzuverlässig. Wegen dieses oszillierenden *self-fashioning* wird Senkovskij als dämonisch rezipiert und „Mephisto der nikolaitischen Epoche" genannt.[3] Gleichzeitig verhilft ihm seine wirtschaftlich überaus erfolgreiche Zeitschrift *Biblioteka dlja čtenija* (*Lesebibliothek*), die Literatur und verschiedene Wissenschaften umfasst, auch zum Ruf eines Aufklärers. Seine Cuvier-Erzählung soll im Folgenden als exemplarische Konstellation gelesen werden, in der die späte russische Romantik ihr Ende mit Bezügen zu außerliterarischen Diskursen reflektiert. Sie erschöpft sich nicht in der Persiflage eines Missverständnisses, eines einseitigen, gescheiterten Ideentransfers. Stattdessen apostrophiert die Erzählung Sibirien, Schauplatz der fiktiven Expedition, als Teil des russischen Imperiums und Wiege der empirischen Geologie, wie sie der deutsche Naturforscher Peter Simon Pallas in den 1770er Jahren beschreibt, den Cuvier später als Gründervater einer modernen Geologie bezeichnet. Erdgeschichte wird dabei nicht nur als Modell-, Metaphern- und Parodieraum für Ge-

1 Thomas Grob: Russische Postromantik. Baron Brambeus und die Spaltungen romantischer Autorschaft. Frankfurt a. M. 2017, S. 15.

2 Grob: Russische Postromantik, S. 38–44.

3 Ein Aleksandr Gercen zugeschriebenes Zitat. Vgl. Grob: Russische Postromantik, S. 153.

schichte lesbar, sondern auch als eine Wissensordnung, die sich nicht von der historischen Praxis in der imperialen Raumaneignung trennen lässt.

Ur- und Endzeit in der russischen Lyrik der 1820er Jahre

Mit dem *Discours sur les révolutions du globe* (der später separat veröffentlichte erste Teil seiner *Recherches sur les ossements fossiles des quadrupèdes,* 1812) überträgt Cuvier den Revolutionsbegriff von der Geschichte zurück auf die Natur. In der Naturforschung hat er seinen Ausgang genommen, beschrieb doch Kopernikus die *revolutiones* der Himmelskörper.[4] Im Frankreich der Restauration erscheint der Revolutionsbegriff gewagt, auch in Russland gibt es Missverständnisse. Aleksandr Gercen erzählt eine Anekdote über seinen Mitstreiter Nikolaj Ogarev: Ein Polizist habe bei einer Hausdurchsuchung Schriften beschlagnahmt, die im Titel das Wort ‚Revolution' trugen. Dem fiel auch ein Exemplar von Cuviers *Discours* zum Opfer.[5] Friedrich Engels nennt seine Theorie später „revolutionär in der Phrase und reaktionär in der Sache".[6] Er wiederholt den oft vorgebrachten Vorwurf, Cuvier sei Kreationist, der an die Stelle einer göttlichen Schöpfung wiederholte Schöpfungsakte gesetzt habe. Wie jedoch Martin Rudwick gezeigt hat,[7] verwendet Cuvier biblische Darstellungen nicht aus religiösen Gründen, sondern als historische Dokumente, um mit Erzählungen von Sintfluten seine These von der letzten Revolution zu belegen, die da lautet: Diese letzte Katastrophe ist nicht so lange her, dass es keine menschlichen Zeugnisse davon gäbe. Das rezente Ereignis markiert den Übergang von der Erdgeschichte zur Geschichte. Die Faszination von Cuviers Theorie liegt nicht in den großen Zeiträumen der geologischen Tiefenzeit, die um 1800 englische und schottische Forscher beschäftigt, vielmehr regen die großen Maßstäbe von Flora und Fauna der ausgestorbenen Welt die populäre Imagination an.

4 Vgl. Wolfert von Rahden: Revolution und Evolution. In: Forum Interdisziplinäre Begriffsgeschichte 20 (2012), H. 1, S. 1–20, hier S. 2–6.
5 Vgl. Aleksandr Gercen: Byloe i dumy. In: ders.: Sobranie sočinenij. Bd. 8:. Byloe i dumy 1852–1868, hg. v. Dmitrij Blagoj. Moskau 1956, S. 112.
6 Friedrich Engels: Dialektik der Natur [1873–1883]. In: Karl Marx/Friedrich Engels: Werke. Bd. 20, hg. v. Institut für Marxismus-Leninismus beim ZK der SED. Berlin 1975, S. 305–570, hier S. 317.
7 Vgl. Martin J.S. Rudwick: Georges Cuvier, Fossil Bones, and Geological Catastrophes. New Translations and Interpretations of the Primary Texts. Chicago/London 1997, S. 257–259.

Was den Menschen betrifft, so rückt das Ende der Tiefenzeit in den Mittelpunkt, also der Übergang zwischen dem, was Paläontologie und Archäologie erforschen.

Wie wird Cuvier in Russland rezipiert? Unter Zar Nikolaus I. herrscht zwischen 1825 und 1855 eine strenge Wissenschaftszensur, hier steht geologisches und paläontologisches Wissen an sich unter Verdacht, da die Theorie einer langen Erdgeschichte der biblischen Lehre widerspricht. Ein zwischen den 1820er und 1850er Jahren wirksames Zensurdekret betraf insbesondere Publikationen, die aufgrund ihrer Behandlung des zeitlichen Umfangs der Naturgeschichte von den 7000 Jahren des Alten Testaments abwichen, also solche zur physischen Bildung der Erde, zu geologischen Epochen, dem Ursprung der Arten, Neandertalern sowie menschlichen Fossilien.[8] Da Cuvier sich mit der biblischen Schilderung in Einklang bringen lässt, ist er im publizistischen Russland durchaus präsent.[9] Ein Rezensent von Cuviers *Recherches* hebt in der Zeitschrift *Moskovskij telegraf* 1826 Cuviers Argument hervor, die gegenwärtige Zivilisation könne nicht sehr alt sein, da die Geologie die „bürgerliche Geschichte“ in einer ununterbrochenen Kette mit der Naturgeschichte verbinde.[10] Es sind vor allem der populäre publizistische Diskurs und die Dichtung, mit denen Cuviers Ideen mehr oder weniger explizit Eingang in die Kultur Russlands finden. Im Gegensatz zur Romantik im deutsch-, französisch- und englischsprachigen Raum setzt die poetische Rezeption Cuviers in Russland Ende der 1820er Jahre verspätet, aber konzentriert ein. Hier seien zwei prominente Beispiele kurz dargestellt, die Figuren des Letzten als ein endzeitliches Ereignis im Gewand eines neuen, erdgeschichtlichen Diskurses imaginieren. Evgenij Baratynskijs Gedicht *Poslednjaja smert'* (*Der letzte Tod*, 1827) imaginiert die Endzeit als Urzeit, als einen Neubeginn der Natur nach dem Tod des letzten Menschen. Die Natur hüllt sich in einen „wilden Purpur“ der Schöpfung.[11] Wie zuvor schafft die Sonne Leben,[12] doch kein menschliches Wesen ist mehr da, um ihren Aufgang zu begrüßen. Das Bild spielt auf das

8 Afanasij Ščapov: Sočinenija. Bd. 3. St. Petersburg 1908, S. 187. Vgl. dazu Alexander Vucinich: Science in Russian Culture: A History to 1860. Stanford 1963, S. 248 f.

9 Eine ausführliche Abhandlung zu den im *Discours* beschriebenen ausgestorbenen Tierarten erscheint 1816 in der Zeitschrift *Vestnik Evropy* (*Bote Europas*): N. N.: O životnych, koi sovsem istrebilis' na zemnom šare. In: Vestnik Evropy 85 (1816), H. 1, S. 29–46. Übersetzt wird das Werk 1840 und 1937. Vgl. dazu Ėduard Kolčinskij: Edinstvo ėvoljucionnoj teorii v razdelennom mire XX veka. St. Petersburg 2015, S. 258.

10 „[Ч]то оно беспрерывной цепью связывает историю гражданскую с историей естественной“. N. N.: Discours sur les révolutions du globe [Rez.]. In: Moskovskij telegraf 12 (1826), S. 84–102, hier S. 85.

11 „И в дикую порфиру древних лет / Державная природа облачилась“. Evgenij Baratynskij: Poslednjaja smert'. In: ders.: Polnoe sobranie stichotvorenij. Hg. v. Elizaveta Kuprejanova. Leningrad 1957, S. 129–132, hier S. 131.

12 „По-прежнему животворя природу“. Baratynskij: Poslednjaja smert', S. 131.

scharlachrote Gewand der Hure Babylon aus der Johannesoffenbarung an – nun tritt sie als „wilde“ Natur auf, die vom Ende der Menschheit kündet. Später wird Baratynskijs Bild des „wilden Purpurs“ zum Namensgeber des ersten dezidiert paläontologischen Werks der russischen Lyrik: 1913 benennt der Dichter Michail Zenkevič sein Buch *Dikaja porfira* danach.[13] Der Titel des Vierzeilers *Poslednij kataklizm* (*Der letzte Kataklysmus*, 1829)[14] von Fedor Tjutčev lässt sich als wörtliches Cuvier-Zitat lesen.[15] Ähnlich wie Baratynskij imaginiert das Gedicht eine Erde ohne Menschen. Es nimmt den Begriff Kataklysmus im Wortsinn (gr. ‚kataklysmos‘: ‚Überschwemmung‘) und blickt auf einen rundum überschwemmten Globus. Im letzten Vers spiegelt sich das göttliche Antlitz in einem die Erde bedeckenden Ozean. Damit spiegelt Tjutčev Cuviers Theorie einer katastrophischen planetarischen Vergangenheit in eine eschatologische Zukunft. Während Cuvier mit dem letzten Kataklysmus einen Endpunkt verschiedener sukzessiver Katastrophen aus der Erdgeschichte meint, macht Tjutčev den Kataklysmus zum Sinnbild einer (wieder-)kommenden, apokalyptischen Sintflut. Wenn bei Baratynskij das Aussterben durch Degeneration und bei Tjutčev durch die Sintflut geschieht, sind zwei ältere, für Bilder des Weltendes immens einflussreiche geologische Theorien zu erwähnen: Der Vulkanismus, der die Entstehung des Planeten aus unterirdischen Kräften erklärt – im Gegensatz zum Neptunismus, der die Bewegungen des Wassers dafür verantwortlich macht. Als wirkmächtiges Bild ist hier Karl Brjullovs *Poslednij den' Pompei* (*Der letzte Tag Pompejis*, 1833) zu nennen.

Cuviers Theorie der sich wiederholenden Umwälzungen wird in ihrer poetischen Deutung zum Bildspender für die finale Katastrophe. Ein Dazwischen der Tiefenzeit gibt es hier nicht, nur einen Anfang und ein Ende. Das geologische und paläontologische Wissen wird in der Lyrik also apokalyptisch umgedeutet. Auch

13 Vgl. Philipp Kohl: „O temnoe, utrobnoe rodstvo“: Dunkle Zeiträume der Natur bei Michail Zenkevič. In: Welt der Slaven (im Druck).

14 Fedor Tjutčev: Poslednij kataklizm. In: ders.: Polnoe sobranie sočinenij i pis'ma v šesti tomach. Bd. 1: Stichotvorenija 1813–1849, hg. v. Lidija Gromova-Opul'skaja. Moskau 2002, S. 74.

15 Es ist bezeichnend, dass Cuvier die Formulierung „dernier cataclysme“ in seinem Werk von 1812 – dem Jahr von Napoleons Russlandfeldzug – nur an einer Stelle verwendet, als er den Blick nach Osten richtet. Hinter den „tatarischen Steppen“ lebe ein Volk mit einsilbigen Wörtern und willkürlichen Hieroglyphen, ohne Religion und Moral. Nach der „großen Katastrophe“, so vermutet er, habe es die Völker auf zwei verschiedene Seiten verschlagen. Es gibt für ihn also buchstäblich ein vorsintflutliches Volk, dessen kulturelle Rückständigkeit er aus einer Umwälzung in der Natur ableitet. Georges Cuvier: Recherches sur les ossemens fossiles de quadrupèdes. Paris 1812, S. 102 f. Zu „Tatarien“, das zu dieser Zeit ein ausgedehntes asiatisches Territorium meint und nicht mit der heutigen Region zu verwechseln ist, als geopolitischem Raum der Naturforschung vgl. Svetlana Gorshenina: L'invention de l'Asie centrale. Histoire du concept de la Tartarie à l'Eurasie. Genève 2014.

bei Aleksandr Puškin, der Cuviers Werk besitzt,[16] findet sich dies im Verspoem *Mednyj vsadnik* (*Der eherne Reiter*, 1833) über die Petersburger Überschwemmung von 1824 wieder.[17] Zur Popularität Cuviers trägt auch der in Russland vielgelesene Roman *La Peau de chagrin* (*Das Chagrinleder*, 1831) von Honoré de Balzac bei. Hier wird Cuvier als der „größte Dichter“ des neunzehnten Jahrhunderts bezeichnet. Zur imaginativen Kraft seiner Paläontologie heißt es:

> Erwärmt von seinem nach rückwärts schauenden Blick können die kläglichen, gestern geborenen Menschen das Chaos überschreiten, einen Hymnus ohne Ende anstimmen und sich die Vergangenheit des Weltalls in einer Art rückläufiger Apokalypse [*Apocalypse rétrograde*] vorstellen.[18]

Senkovskijs Cuvier-Polemik zwischen Fiktion und Populärwissenschaft

Während die Lyrik die Lehren Cuvier als Ur- und Endzeitwissenschaft rezipiert, nimmt ein Prosatext diese Rezeption mit profunder Kenntnis der naturwissenschaftlichen Debatten aufs Korn, der im Folgenden genauer betrachtet werden soll. Er stammt vom Publizisten Osip Senkovskij, geboren in einer Adelsfamilie als Józef Julian Sękowski, der 1833 mit seinen *Fantastičeskie putešestvija Barona Brambeusa* (*Phantastischen Reisen des Baron Brambeus*) einen großen Publikumserfolg feiert. Die dritte der vier Erzählungen, *Učenoe putešestvie na medvežij ostrov* (*Eine Wissenschaftliche Reise zur Bäreninsel*, 1833) handelt von einer Expedition des Brambeus, der als Ich-Erzähler auftritt, mit seinem deutschen Begleiter an den sibirischen Fluss Lena. Auf einer Insel im arktischen Ozean stoßen die beiden auf eine Höhle und entziffern, was sie für die Aufzeichnungen des letzten Menschen vor der Sintflut halten. Den Inhalt der Endzeiterzählung verstehen sie als Beleg für Cuviers Theorie von einer letzten Sintflut, die eine gesamte Population auslöscht. Die vermeintlichen Schrifttafeln, so die Schlusspointe, stellen sich jedoch als sonderbare Va-

16 Vgl. Aleksandr Formozov: Puškin i drevnosti. Nabljudenija archeologa. Moskau 1979, S. 22.
17 Vgl. dazu Thomas Grob/Riccardo Nicolosi: Russland zwischen Chaos und Kosmos. Die Überschwemmung, der Petersburger Stadtmythos und A.S. Puškins Verspoem „Der eherne Reiter“. In: Naturkatastrophen. Beiträge zu ihrer Deutung, Wahrnehmung und Darstellung in Text und Bild von der Antike bis ins 20. Jahrhundert. Hg. v. Dieter Groh/Michael Kempe/Franz Mauelshagen. Tübingen 2003, S. 367–394, hier S. 389.
18 Honoré de Balzac: Das Chagrinleder. Übers. v. Ernst Sander. München 1998, S. 29; Honoré de Balzac: La peau de chagrin. Hg. v. Sylvestre de Sacy. Paris 1974, S. 48.

rianten von Stalagmiten heraus, wie sie schließlich ein Begleiter belehrt. Der Erzählung ist ein Dialog aus zwei fiktiven Zitaten vorangestellt:

> Итак, я доказал, что люди, жившие до потопа, были гораздо умнее нынешних; как жалко, что они потонули!..
>
> Барон Кювье
>
> Какой вздор!..
>
> Гомер в своей „Илиаде“[19]

> Und so habe ich bewiesen, dass die Menschen, die vor der Sintflut lebten, viel klüger als die heutigen waren; wie schade, dass sie ertrunken sind! ...
>
> Baron Cuvier
>
> Was für ein Unsinn! ...
>
> Homer in seiner „Ilias“

Die Vorstellung, dass vor der Katastrophe eine der heutigen Menschheit überlegene Zivilisation gelebt haben soll, stammt nicht von Cuvier. Es erscheint plausibel, dass Senkovskij hier eine Cuvier-Fiktion von Byron aufgreift, der dessen Ideen in seinem Drama *Cain* (1821) als degeneratives Weltmodell auffasst.[20] Die Epigraphe bringen die Erzählung in ein Spannungsfeld aus naturwissenschaftlicher Theorie (Cuvier) und Epik (Homer), wobei sich das literarische Erzählen als ein Korrektiv zur ebenfalls narrativ verfassten Theorie positioniert. Senkovskijs Spott über Cuvier ist wohlfundiert, beschäftigt er sich doch intensiv mit der geologischen Forschung der Zeit. In seinem populärwissenschaftlichen Journal *Biblioteka dlja čtenija* (*Lesebibliothek*), mit dem Senkovskij ab 1834 die erste russische Zeitschrift mit enzyklopädischem Charakter und enormem wirtschaftlichen Erfolg herausgibt,[21] verfolgt er eine Doppelstrategie: Einerseits wird Cuviers Theorie darin für ein breites Publikum zusammengefasst,[22] andererseits polemisiert Senkovskij selbst gegen Cuvier, dessen Anhänger er als „geologische Revolutionäre“

19 Osip Senkovskij: Fantastičeskie putešestvija Barona Brambeusa. In: ders.: Sočinenija Barona Brambeusa. Hg. v. Vjačeslav A. Koševel/Aleksej E. Novikov. Moskau 1989, S. 25–18, hier S. 63.

20 So das Vorwort: „The assertion of Lucifer, that the pre-adamite world was also peopled by rational beings much more intelligent than man, and proportionably powerful to the mammoth, etc. etc. is, of course, a poetical fiction to help him to make out his case.“ George Gordon Byron: Lord Byron's Cain: A Mystery. London 1830, S. viii. Zu Byrons Cuvier-Rezeption vgl. Ralph O'Connor: Mammoths and Maggots: Byron and the Geology of Cuvier. In: Romanticism 5 (1999), S. 26–42.

21 Vgl. dazu Grob: Russische Postromantik, S. 274–304.

22 Vgl. O.: Zemnoj šar do potopa. Po sisteme Kjuv'e. Iz reči Doktora Parize. In: Biblioteka dlja čtenija 2 (1834), S. 169–175; Maksim Maksimovič: O granicach i perechodach carstv prirody. In: Biblioteka dlja čtenija 2 (1834), S. 176–182.

verspottet.[23] In einem Artikel aus dem Jahr 1836 berichtet er über die Entwicklung von der Theorie plötzlicher Revolutionen Cuviers hin zur Theorie gleichförmiger Veränderungen Lyells – später etablieren sich für diesen Gegensatz die Begriffe ‚Katastrophismus' und ‚Uniformitarismus'. Lobend erwähnt er – ohne die Mystifikation aufzulösen – die Erzählung des Baron Brambeus, die bereits drei Jahre zuvor Cuvier mit Spott übergossen habe, und verteidigt sie gegen die damaligen Kritiker.[24] Senkovskij wettert bildreich gegen die

> фантастическое учение, которое, для объяснения каждого подобного последствия, расплавляет земной шар в тигле, растворяет в стакане воды, приводит все в хаотическое брожение и играет в потопы, вулканы, взрывы, перевороты, как в шашки.[25]

> fantastische Lehre, die zur Erklärung jeglicher derartiger Folgen die Erdkugel in einem Schmelztiegel schmilzt, sie in einem Glas Wasser auflöst, alles in chaotische Gärung versetzt und mit Überschwemmungen, Vulkanen, Explosionen, Umwälzungen wie Dame spielt.

Wie ein spielender Demiurg bringt Cuvier mit seiner spektakulären Theorie Floren und Faunen zu Fall, eine kosmologische Metapher, die Gustave Flaubert später in der wohl bekanntesten Cuvier-Satire in theatraler Form entfaltet: In einer Episode seines Romans *Bouvard et Pécuchet* (1881) ersteht Cuviers Theorie vor dem inneren Auge der titelgebenden Protagonisten als Märchenspiel, als „féerie".[26] Referiert wird Cuvier in der Erzählung von Brambeus' Begleiter, dem deutschen Philosophen Špurcmann,[27] in den spöttischen Worten Brambeus' ein „persönlicher Freund der

23 Osip Senkovskij: Soveršenie velikich perevorotov na zemnoj poverchnosti pri našich glazach. In: ders.: Sobranie sočinenij Senkovskogo (Barona Brambeusa). Bd. 9. St. Petersburg 1859, S. 69–71, hier S. 70. Nikolaj Černyševskij wirft ihm später vor, er hätte diese Polemik in akademischen Zeitschriften ausfechten sollen und sich stattdessen mit einer „liliputskaja arena" (Liliput-Arena) begnügt. Vgl. Nikolaj Černyševskij: Očerki gogolevskogo perioda russkoj literatury. In: ders.: Polnoe sobranie sočinenij. Bd. 3, hg. v. Valerij Kirpotin. Moskau 1947, S. 5–309, hier S. 52.

24 Osip Senkovskij: Drevnie perevoroty zemnogo šara. In: ders.: Sobranie sočinenij Senkovskogo (Barona Brambeusa). Bd. 9. St. Petersburg 1859, S. 67–69, hier S. 67 f.

25 Senkovskij: Soveršenie velikich perevorotov, S. 70.

26 „Toutes ces époques avaient été séparées les unes des autres par des cataclysmes, dont le dernier est notre déluge. C'était comme une féerie en plusieurs actes, ayant l'homme pour apothéose." (Alle diese Epochen waren voneinander durch Katastrophen getrennt worden, deren letzte unsere Sintflut ist. Es war wie ein Märchendrama in mehreren Akten, das den Menschen zum Schlußbild hatte.) Gustave Flaubert: Bouvard et Pécuchet. Œuvre posthume. Hg. v. Alphonse Lemerre. Paris 1881, S. 103; Gustave Flaubert: Bouvard und Pécuchet. Übers. v. Erich Wolfgang Skwara. Berlin 2010, S. 103 f.

27 Grob vermutet eine Anspielung auf Alexander von Humboldt, der 1829 nach Sibirien aufbricht, ein Jahr nach der Zeit der Handlung; Poljanskij und Schwartz verweisen auf Johann Spurzheim, Begründer der Craniologie. Vgl. Igor J. Poljanskij/Matthias Schwartz: Petersburg als Unterwasserstadt. Geologie, Katastrophe und der *Homo diluvii testis*. Diskursive Ausgrabungen

Natur“, der zur Unterhaltung seiner Beziehungen zu ihr Mittel vom Hannoverschen König erhalten habe. Der Deutsche erklärt, die Natur habe das unwirtliche Klima nicht freiwillig geschaffen:

> она была принуждена к тому внешнею силою, одним из великих и внезапных переворотов, превративших прежние теплые краи, где росли пальмы и бананы, где жили мамонты, слоны, мастодонты, в холодные страны, заваленные вечным льдом и снегом, в которых теперь ползают белые медведи и с трудом прозябают сосна и береза.[28]

> [sondern] dazu von einer äußeren Kraft gezwungen worden, einer der großen und plötzlichen Umwälzungen, welche die früher warmen Gebiete, in denen Palmen und Bananen wuchsen, in denen Mammuts, Elefanten, Mastodonten lebten, in kalte Länder verwandelt habe, die von ewigem Eis und Schnee bedeckt sind, in denen nun Eisbären klettern und Kiefer und Birke nur mit Mühe dahinvegetieren.

Špurcmann erklärt das Aussterben klimatisch, mit fossilen Funden, aus einer früheren Warmzeit, mit Skeletten ausgestorbener, elefantenähnlicher Arten und kommt damit zu einer zivilisatorischen Verfallsthese. Er nimmt nämlich an, dass vor der „Umwälzung“ auch eine antike, südliche Kultur im warmen Sibirien gelebt habe.

Senkovskijs Gelehrtensatire ist eine paläontologische Donquijoterie: Zwei Männer ziehen aus, um Bestätigung für das zu finden, was sie in Büchern gelesen und falsch verstanden haben. Der Ich-Erzähler Brambeus oszilliert zwischen Faszination und Sarkasmus: Zunächst der ansteckenden Wirkung von Cuviers Theorie verfallen – Theorien seien „прилипчивы, как гнилая горячка“[29] (klebrig wie ein faules Fieber) –, gewinnt er anschließend wieder Distanz und beginnt, die Idee der Sintflut zu verballhornen. Senkovskijs Erzählung pointiert das Verhältnis von Theorie und Empirie als ein krankhaftes, infektiöses. Gleich einer Injektion verändert Cuvier das Bewusstsein:

> [O]каянный немец [...] привил мне свою теорию, что она вместе с кровью расходится по всему моему телу и скользит по всем жилам, что жар ее бьет мне в голову, что я болен теориею. На другой день я уже был в бреду: мне беспрестанно грезились великие перевороты земного шара и сравнительная анатомия с мамонтовыми челюстями, мастодонтовыми клыками, мегалосаурами, плезиосаурами, мегалотерионами, первобытными, вторичными и третичными почвами][30]

bei Senkovskij, Puškin und Odoevskij. In: Wiener Slawistischer Almanach 53 (2004), S. 5–42, hier S. 8.

28 Senkovskij: Fantastičeskie putešestvija, S. 64.

29 Senkovskij: Fantastičeskie putešestvija, S. 64.

30 Senkovskij: Fantastičeskie putešestvija, S. 65.

> [D]er verfluchte Deutsche [...] hat mir seine Theorie derart eingeimpft, dass sie zusammen mit dem Blut durch meinen ganzen Körper geht und durch alle Adern kriecht, dass ihre Hitze mir zu Kopfe steigt, dass ich an der Theorie erkrankt bin. Anderntags war ich schon im Fieber: ununterbrochen träumte ich von großen Umwälzungen des Globus, von der vergleichenden Anatomie mit Mammutkiefern, Mastodonzähnen, Megalosauriern, Plesiosauriern, Megalotherien [sic], Primär-, Sekundär- und Tertiärböden.

Brambeus revanchiert sich bei Špurcmann mit ausführlichen Erzählungen von seiner wissenschaftlichen Faszination – der vom französischen Sprachforscher Jean-François Champollion entzifferten ägyptischen Hieroglyphenschrift, die der Deutsche zunächst als „филологическим мечтательством“[31] (philologische Träumerei) abtut, dann jedoch von ihren Ergebnissen begeistert ist. Dass die Figur Brambeus Senkovskijs Alter Ego ist, äußert sich hierin am deutlichsten: Der Autor lernt bereits als Kind orientalische Sprachen, bereist unter anderem Ägypten und lehrt bereits in den 1820er Jahren Orientalistik an der Petersburger Universität, gibt die Tätigkeit jedoch in den 1830er Jahren zugunsten der Publizistik wieder auf.

Die *Wissenschaftliche Reise* inszeniert Senkovskij als eine pikareske Spurensuche in den Fußstapfen großer europäischer Forscherautoritäten. Er knüpft dabei ein dichtes Netz aus (natur-)historischem Wissen und literarischer Imagination. Zur sagenumwobenen Höhle auf der Bäreninsel gelangen die beiden durch Hinweise von früheren deutschen Sibirienreisenden. Tatsächlich erwähnen Peter Simon Pallas und Johann Georg Gmelin in ihren Reiseberichten Steine mit Schriftzeichen, was der Darstellung von Brambeus entspricht. Dass Pallas jedoch eine Höhle mit der Bezeichnung „Pisan[naja] komnat[a]“ (Schreibzimmer) erwähnt,[32] ist eine Mystifikation Senkovskijs durch einen fingierten Verweis in einer Fußnote.[33] Die Bootsfahrt auf der Lena führt die beiden ans Ende der Flora, in einen kargen Norden, der als Schauplatz ewiger Konflikte zwischen der Erde und ihrer Atmosphäre beschrieben wird. Hier entblößt sich der Planet

> скинув свое красивое растительное платье, нагою грудью сбирается встретить неистовые стихии, свирепость которых как будто хочет она устрашить видом острых, черных исполинских членов и железных ребр своих.[34]

> der sein schönes Pflanzenkleid abwirft, sich mit nackter Brust den gewalttätigen Elementen entgegenstellt, deren Wildheit er gleichsam mit dem Anblick scharfer, schwarzer, riesiger Glieder und eiserner Rippen erschrecken möchte.

31 Senkovskij: Fantastičeskie putešestvija, S. 67.
32 Senkovskij: Fantastičeskie putešestvija, S. 70.
33 Vgl. Viktor Guminskij: Vzgljad skvoz' stoletija. Moskau 1977, S. 312.
34 Senkovskij: Fantastičeskie putešestvija, S. 71.

Die Natur fasziniert hier nicht als erhaben, sondern als groteske Entstellung. Knüpft die *Wissenschaftliche Reise* an deutsche Autoren wie E.T.A. Hoffmann und Novalis an, die die räumliche und zeitliche Tiefendimension der Erde mit der Tiefe der dichterischen Psyche in Resonanz bringen,[35] so ist diese Faszination hier mehrfach gebrochen. Die *Wissenschaftliche Reise*, so kündigt Brambeus im vorhergehenden Teil an, sei derart langweilig, dass sie dem Publikum seine Gelehrsamkeit aufs Trefflichste demonstrieren werde.[36] Die Begeisterung der beiden Höhlenforscher wird als Dilettantismus entlarvt – eine zentrale Wissenspraxis der Zeit der *ljubomudry* (Weisheitsfreunde), die Schellings Naturphilosophie in Russland rezipieren. In der darauffolgenden Erzählung der *Phantastischen Reisen*, die die russischen Schellingianer parodiert, zeigt sich Brambeus erleichtert, dass ihn niemand mehr mit Theorien über die Erdrevolutionen verwirre.[37] Die „scenes from deep time", wie Martin Rudwick die zentrale Visualisierungsstrategie der geologischen und paläontologischen Vorzeit nennt,[38] erweisen sich hier als imaginative Abfälle, als Delirium von zwei durch eine Theorie ‚infizierten' Dilettanten. Aus Cuviers Methode der vergleichenden Anatomie schlägt Senkovskij in poetologischer Hinsicht Profit – als eine auf einen prinzipiell grenzenlosen Phänomenbereich anwendbare Methode, die einerseits eine neue, induktive Sicht auf die Welt ermöglicht (von einem Fragment kann auf einen ganzen Organismus geschlossen werden), andererseits jedoch die dilettantischen Forscher in einen epistemologischen Größenwahn treibt.

Die Reise an den äußersten Norden Sibiriens und die Rückschau auf eine mythische Warmzeit schreibt nicht nur das kulturgeschichtlich reiche Motiv der warmen Arktis fort,[39] sondern geht auch an einen geologiegeschichtlich bedeutsamen Ort: Die seit dem siebzehnten Jahrhundert bekannt gewordenen Funde von im Permafrost erhaltenen Mammuts dienen in der Zeit der Aufklärung zum Beleg für Diluvialtheorien. Ende des achtzehnten Jahrhunderts belegen Funde von Resten tropischer Tiere, dass hier dereinst ein warmes Klima geherrscht hat. In der Nähe der Lena stößt der preußische Naturforscher Peter Simon Pallas auf den Kopf eines Rhinozeros. Dass hier eine plötzliche Überschwemmung eine Fauna

35 Vgl. z. B. Inka Mülder-Bach: Tiefe: Zur Dimension der Romantik. In: Räume der Romantik. Hg. v. Inka Mülder-Bach/Gerhard Neumann. Würzburg 2007, S. 83–102.

36 Vgl. Senkovskij: Fantastičeskie putešestvija, S. 62.

37 Vgl. Senkovskij: Fantastičeskie putešestvija, S. 141.

38 Vgl. Martin J.S. Rudwick: Scenes from Deep Time. Early Pictorial Representations of the Prehistoric World. Chicago 1992.

39 Zur Erzählung im Kontext dieses Topos vgl. Sjuzanna Frank [Susanne Frank]: Teplaja arktika: k istorii odnogo starogo literaturnogo motiva. In: Novoe literaturnoe obozrenie 108 (2011), S. 82–97, hier S. 84.

ausgelöscht habe, erscheint auch Cuvier in seiner Besprechung von Pallas' Fund plausibel. Aus seiner 1777 veröffentlichten Abhandlung *Betrachtungen über die Beschaffenheit der Gebirge* wird in Cuviers Worten eine „nouvelle géologie" (neue Geologie) geboren.[40] Anders als sein Zeitgenosse Buffon, der Paris selten verlässt, kann Pallas durch seine ausgedehnten Russlandexpeditionen auf umfangreiches Material aus erster Hand zurückgreifen. Immer wieder hebt er hervor, welche Bedeutung die geographische Weite und geologische Vielfalt des Katharinischen Reiches für seine Theoriebildung hat:

> Aus der Betrachtung der Kalk- und Tonflöze folgt, daß alle die Ebenen, welche einst das Vaterland der mächtigen russischen Nation, eine Pflanzschule von Helden, der letzte Zufluchtsort der Wissenschaften und Künste, der Schauplatz für die Wunder des ausgebreiteten und schöpferischen Geistes Peters des Großen und für seine große Nachfolgerin ein Feld, um Millionen Untertanen zu beglücken und sich den Königen der Erde zum Muster und den Völkern zur Bewunderung darzustellen, abgeben sollten, daß, sage ich, alle Ebenen von Groß-Rußland vorzeiten Meeresgrund gewesen sind.[41]

Einerseits wird also in seiner vielgelesenen Schrift Russland als geologisches Imperium beschrieben, andererseits die Erdgeschichte als ein dezidiert imperiales Unterfangen in Angriff genommen, der Erneuerer Peter der Große mit Bildern einer Naturgewalt besungen. Es ist dieser Raum, den Senkovskijs Figuren betreten.

Die Erfindung des letzten Menschen und die Binnenerzählung des *homo diluvii testis*

Zwar lautet der Titel von Senkovskijs Erzählungszyklus *Phantastische Reisen*, doch die *Wissenschaftliche Reise* ist nicht phantastisch motiviert. Senkovskij verlagert den in Frankreich bereits drei Jahrzehnte alten Typus der Erzählung vom letzten Menschen[42] an einen fiktiven, aber geographisch-geologisch plausiblen Ort. Und auch die Manuskriptfiktion hat eine Motivierung: Brambeus entdeckt Schriftzeichen in der Höhle, die er rasch als Aufzeichnungen des letzten Menschen vor der Sintflut identifiziert – was bei seinem deutschen Freund auf helle Begeisterung

40 „On peut dire que ce grand fait, nettement exprimé, en 1777, dans un mémoire lu à l'académie en présence du roi de Suède Gustave III, a donné naissance à toute la nouvelle géologie". Georges Cuvier: Éloges historiques. Paris 1860, S. 180.

41 Peter Simon Pallas: Über die Beschaffenheit der Gebirge und die Veränderungen der Erdkugel [1777]. Hg. v. Folkwart Wendland. Leipzig 1986, S. 22–55, hier S. 44.

42 Vgl. den Beitrag von Sebastian Schönbeck in diesem Band.

stößt. Dieser hält das Zeugnis für ein Dokument der „vorsintflutlichen“ Kultur der Ägypter, die im warmen Sibirien gelebt hätten. Seine Bemerkung ergebe sich ganz natürlich aus der „schönen, unvergleichlichen Theorie der vier Sintfluten, vier Böden und vier ausgelöschten organischen Naturen“ (естественно и само собою проистекает из прекрасной, бесподобной теории о четырех потопах, четырех почвах и четырех истребленных органических природах).[43] Für den Protagonisten der Erzählung hat der Deutsche einen wissenschaftlichen Namen parat, den *homo diluvii testis*. Der Schweizer Naturforscher Andreas Scheuchzer hat damit ein 1726 gefundenes Fossil benannt und einem Menschen vor dem Diluvium zugeordnet (Abb. 1). Die Erzählung, so der Deutsche, widerspreche Cuvier, denn für jenen gebe es keine menschlichen Fossilien. Lapidar heißt es bei Cuvier: „Il n'y a point d'os humains fossiles“[44] (Es gibt keinerlei fossile Menschenknochen). Der Mensch ist für ihn erst nach den großen Umwälzungen in die Erdgeschichte eingetreten; allenfalls die letzte große Revolution mag er erlebt haben, wovon am Meeresboden Fossilien zeugen könnten.[45] Cuvier selbst verwirft Scheuchzers Bestimmung des Fossils als Mensch. Zu seinem Fund schreibt er, es handele sich um einen *Proteus*,[46] und sorgt dafür, dass die Riesensalamander-Spezies 1831 in *Andrias scheuchzeri* umbenannt wird – in Karel Čapeks Science-Fiction-Roman *Válka s Mloky* (*Krieg mit den Molchen*, 1936) wird sie zur lebendigen literarischen Figur werden.

In der Binnenerzählung, die Brambeus *Zapiski poslednego dopotopnogo čeloveka* (*Aufzeichnungen des letzten vorsintflutlichen Menschen*) nennt,[47] hat der vermeintlich letzte Mensch sein Schicksal in der Höhle verewigt. Damit spielt Senkovskij auf die zu dieser Zeit kontroversen Hinweise der Naturforschung an, dass es materielle Zeugnisse von menschlichem Leben vor der Sintflut gibt, die von dem abweichen, was in religiösen Schriften dazu geschrieben steht.[48] Stein des Anstoßes sind dabei weniger die Funde fossiler Tiere, die auf ausgestorbene Arten und damit auf eine unfertige Schöpfung hindeuten. Den größeren Skandal stellt der fossile Urmensch dar, der erahnen lässt, dass die menschliche Gattung weniger vollkommene Vorfahren hatte. Weit weniger Aufmerksamkeit als den vermeintlichen Schriftzeugnissen schenkt die Erzählung den fossilen Knochen des *homo diluvii testis*.

---

43 Senkovskij: Fantastičeskie putešestvija, S. 76.

44 Cuvier: Recherches, S. 82.

45 Vgl. Cuvier: Recherches, S. 84 f.

46 Vgl. Cuvier: Recherches, S. 83. Vgl. Martin J.S. Rudwick: Bursting the Limits of Time: The Reconstruction of Geohistory in the Age of Revolution. Chicago 2005, S. 275–277, 499–501.

47 Senkovskij: Fantastičeskie putešestvija, S. 77.

48 Vgl. Aleksandr Formozov: Problema drevnejšego čeloveka v russkoj pečati XIX stoletija (nauka, cerkov', cenzura). In: ders.: Stranicy istorii russkoj archeologii. Moskau 1986, S. 175–202.

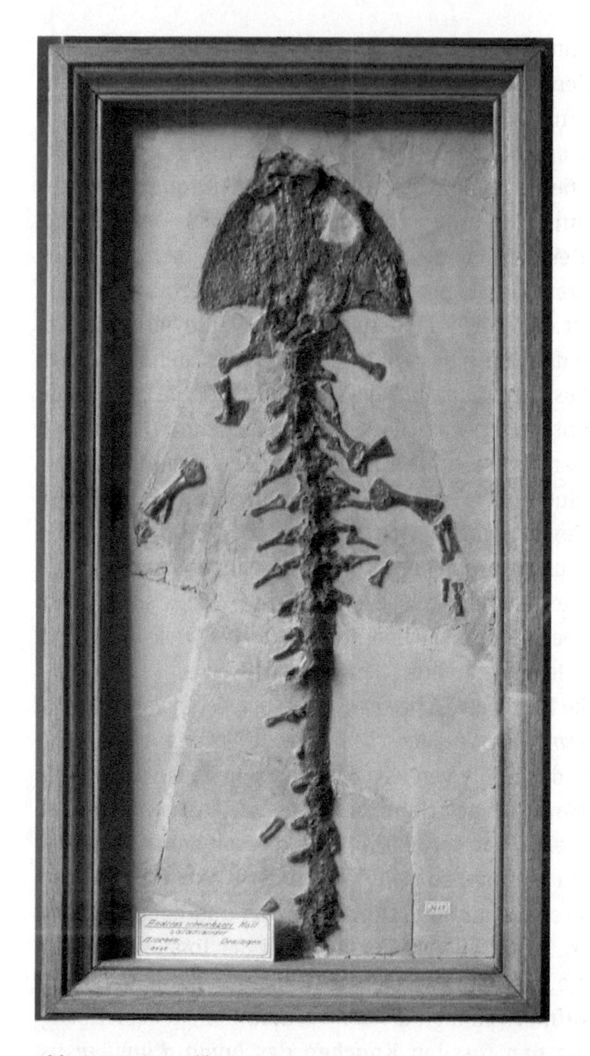

Abb. 1: Der *Homo diluvii testis*, vom Schweizer Naturforscher Andreas Scheuchzer 1726 als Überrest eines vorsintflutlichen Menschen beschriebenes Fossil, heute nach ihm benannte Salamanderart *Andrias scheuchzeri*, Exponat des Teylers Museum in Haarlem.

Nachdem die beiden die Tafeln entziffert haben, findet der enthusiastische Špurcmann die Knochen des letzten Menschen und seiner Frau. Statt sie jedoch einer vergleichend-anatomischen Analyse zu unterziehen, schlägt er sie im Freudentaumel gegeneinander. Am weichen Klang eines Knochens meint er, weibliches Gebein zu erkennen.[49] Zweifach ist also der Topos der Naturforschung als einer der empirischen Natur gegenüber blinden (Kultur-)Theorie realisiert – die Höhle wird gelesen, die Knochen werden gehört, und dabei ihre materielle Phänomenalität ignoriert. Sowohl als Autor einer Erzählung als auch in Form des Knochenfunds gibt es den ‚letzten Menschen' nur als Fiktion.

Die Entdeckung des fossilen Menschen findet in Senkovskijs Zeitschrift *Lesebibliothek* in den 1830er Jahren publizistisch statt. Der baltendeutsche Biologe Karl Eduard Eichwald kündigt dem Publikum 1838 an, die Entdeckung eines fossilen Menschen sei nicht mehr weit. Er schlägt zwei Gattungsbezeichnungen vor, die noch mit Funden zu belegen seien: *palaeanthropos* und *megalanthropos*, die sich von den heutigen „Neu" oder „Klein-Menschen" unterschieden – analog zu Cuviers Bezeichnungen *palaeotherium* und *megatherium* für Tiere.[50] Ein Jahr später erscheint in einer populären Zeitschrift eine Illustration eines als „fossil" bezeichneten prähistorischen Menschen.[51] Die allmähliche Bewusstwerdung der gleichzeitigen Existenz früher Menschen und ausgestorbener Tiere lässt sich im weiteren Verlauf des neunzehnten Jahrhunderts an populären Urzeitdarstellungen nachverfolgen.[52] Erst in den 1860er Jahren, als Thomas Henry Huxleys *Evidence as to Man's Place in Nature* (1863) und Charles Lyells *Geological Evidences of the Antiquity of Man* (1863) die lange Genese der menschlichen Spezies betonen, weicht die Zäsur zwischen der antediluvianen und der gegenwärtigen Welt auf, eine Veränderung, die Thomas R. Trautmann als „revolution in ethnological time" bezeichnet hat.[53] Das Ergebnis dieser Entwicklung lässt sich prominent an den veränderten Illustrationen von Louis Figuiers *L'homme avant le déluge* (1863)[54] und der zweiten Ausgabe von Jules

---

49 Vgl. Senkovskij: Fantastičeskie putešestvija, S. 131.

50 Vgl. Ėduard Ėjchvald [Karl Eduard Eichwald]: Drevnosti carstv životnogo i rastitel'nogo, preimuščestvenno v Rossii. In: Biblioteka dlja čtenija 31 (1838), H. 2, S. 77–128, hier S. 128.

51 Es handelt sich um eine Illustration aus Pierre Boitards Essay *L'Homme fossile* (1838) in der Zeitschrift *Živopisnoe obozrenie* (*Malerische Umschau*). Vgl. dazu Thomas Newlin: Tropical Moscow. Narratives of Deep Time in Nineteenth-Century Russia. In: Russian Literature 114/115 (2020), S. 175–201, hier S. 182.

52 Vgl. zu dieser Entwicklung die Studie von Lena Kugler, die auch ein Kapitel zu Senkovskijs Erzählung enthält. Lena Kugler: Die Zeit der Tiere. Zur Polychronie und Biodiversität der Moderne. Konstanz 2021, S. 45–112.

53 Thomas R. Trautmann: The Revolution in Ethnological Time. In: Man. New Series 27 (1992), H. 2, S. 379–397, hier S. 380.

54 Vgl. Peter Schnyder: Paläontopoetologie. Zur Emergenz der Urgeschichte des Lebens. In: Die biologische Vorgeschichte des Menschen. Zu einem Schnittpunkt von Erzählordnung und Wissensformation. Hg. v. Johannes F. Lehmann/Roland Borgards/Maximilian Bergengruen. Freiburg/Berlin/Wien 2012, S. 109–131, hier S. 129–131.

Vernes *Voyage au centre de la terre* (1864/67)[55] sehen, in der die Untergrundreisenden auf menschliche Fossilien und riesige Urzeitmenschen stoßen. Die russische Übersetzung von Vernes erster Fassung weist 1865 in einem ausführlichen Anhang auf die fossilen Menschenfunde hin – und gerät dadurch in Konflikt mit der Zensur.[56] Wie Aleksandr Formozov materialreich gezeigt hat, greift die Zensur hauptsächlich dann, wenn es sich um Schriften handelt, die einer breiten Masse, insbesondere jüngeren Lesern anschauliche Ideen von einer nicht-biblisch verbrieften Tiefenzeit der menschlichen Spezies geben.[57] Senkovskij, vor seiner literarischen Karriere selbst als Zensor tätig, weiß um die Brisanz von erdgeschichtlichem Wissen. Und er spielt ironisch mit der Selbstzensur: Špurcmann bittet Brambeus, bei der Transkription des Worts „Frauen" das Epithet „vorsintflutlich oder fossil" zu ergänzen, damit weder die heutigen Frauen noch die Zensur daran Anstoß nehmen könnten.[58] Senkovskijs Binnenerzählung schildert die gleichzeitige Existenz des Menschen mit ausgestorbenen Tieren auf derart groteske Weise, dass sie aus einer christlich-dogmatischen Sicht nicht beanstandet werden kann. Der vorsintflutliche Mensch ist hier kein Wilder, sondern ein Edler. Die Endzeitgeschichte enthält eine Geschichte moralischen Verfalls, der auch den klimatischen Verfall Sibiriens und seine heutige, menschenleere Gestalt erklären soll. Damit klingt die anthropozentrische Erklärung der Sintflut durch einen Sündenfall an – im Deutschen hält sich dafür lange die Volksetymologie der ‚Sündflut'.

Vor ihrem Untergang ist die vorsintflutliche Welt moralisch verkommen. Der König entdeckt die Untreue seiner Frau, größer als die Angst vor dem Weltende erscheint ihm daraufhin sein Schmerz. Diese rhetorische *amplificatio* korrespondiert mit Cuviers Darstellung ausgestorbener Populationen mit ihren Megalosauriern und Megatherien, die das Publikum ja vor allem dadurch faszinieren, dass sie wesentlich *größer* als die Wesen der Gegenwart sind. Dem *Discours sur les révolutions du globe*, der den aus der Astronomie entlehnten politischen Revolutionsbegriff wieder auf einen das menschliche Maß überschreitenden Raum bezieht, wohnt eine Skalierbarkeit zwischen groß und klein, zwischen allumfassenden und partiel-

55 Vgl. Allen A. Debus: Re-Framing the Science in Jules Verne's ‚Journey to the Center of the Earth'. In: Science Fiction Studies 33 (2006), H. 3, S. 405–420; Jörg Dünne: Die katastrophische Feerie. Geschichte, Geologie und Spektakel in der modernen französischen Literatur. Konstanz 2016, S. 77–83.

56 Žjul' Vern [Jules Verne]: Putešestvie k centru zemli. S priloženiem stati: Očerk proischoždenija i razvitija zemnogo šara. St. Petersburg 1865. Zum Skandal um die Verne-Übersetzung vgl. Ljudmila Saraskina: Besy. Roman-preduprežděnie. Moskau 1990, S. 63–67.

57 Vgl. Formozov: Problema.

58 So liest Brambeus: „Все наши (предпотопные или ископаемые) женщины ужасные кокетки." (Alle unsere (vorsintflutlichen oder fossilen) Frauen sind abscheuliche Koketten.) Senkovskij: Fantastičeskie putešestvija, S. 84.

len Katastrophen inne, deren komisches Potenzial Senkovskij ausnutzt.[59] So kommen die Forscher zum Schluss, schlichtweg alles müsse vor der Sintflut ungeheuer groß gewesen sein, auch die menschliche Untreue.[60] Nach vollendeter Transkription merkt Brambeus an, man müsse noch einige versteinerte Adjektive zum Text hinzufügen, um ihn zu verschönern – eine Anspielung auf Senkovskijs publizistische Bemühungen, die russische Sprache von Archaismen zu bereinigen.[61] Mit dem omnipräsenten Attribut „vorsintflutlich"[62] parodiert Senkovskij die Sprache des englischen Theologen und Geologen William Buckland, einem der Begründer der modernen Höhlenforschung.[63] In den 1820er Jahren prägt Buckland den Begriff des geologischen Diluviums – also eine am biblischen Wort orientierte Bezeichnung für die heute Pleistozän genannte Epoche – und rekonstruiert aus Sedimenten in Stalagmiten eine antediluviale Fauna. Dass die Forscher ihren Text ausgerechnet von Stalagmiten ablesen, ist also kein Zufall. Denkbar sind auch Anspielungen auf Bucklands satirische Rezeption in England, eine berühmt gewordene, dem Geologen William Conybeare zugeschriebene Karikatur aus dem Jahr 1822 (Abb. 2). Darauf leuchtet Buckland mit einer Fackel in eine Höhle, in der sich Hyänen über allerlei Knochen hermachen – als ob der Forscher selbst Zeuge der urzeitlichen Szene gewesen sei.[64] Als Senkovskijs Figuren die Höhle entdecken, wirft sich Špurcmann auf die fossilen Knochen wie eine hungrige Hyäne, während Brambeus ihm leuchtet.[65] Der deutsche Naturforscher wird so selbst zum wilden, vorzeitlichen Le-

---

59 Offen bleibe, ob die „Umwälzung" eine allumfassende Sintflut oder eine der partiellen Überschwemmungen, die die heilige Schrift nicht einmal erwähne, sei („всеобщий потоп или один из частных потопов, не упомянутых даже в священном писании"). Senkovskij: Sočinenija, S. 64. Im Russischen wird die geologische Umwälzung als *perevorot* wiedergegeben. Das Wort kann auch einen politischen Umsturz meinen, während die politische Revolution *revoljucija* heißt. Eine lexikalische Unterscheidung zwischen partiell und umfassend gibt es also auf politischer Ebene. Vgl. Viktor Vinogradov: „Perevorot". In: ders.: Istorija slov. Moskau 1994, S. 448–451.

60 Vgl. Senkovskij: Fantastičeskie putešestvija, S. 132.

61 Vgl. Guminskij: Skvoz' stoletija, S. 313.

62 „[Н]азывайте их нынешними именами с присовокуплением общего прилагательного antediluvianus, ‚предпотопный'. Мы в сравнительной анатомии так называем все то, что неизвестно, когда оно существовало. Это очень удобно." Senkovskij: Fantastičeskie putešestvija, S. 80.

63 Bucklands Name fällt in der Erzählung als Teil einer Aufzählung von Geologen, zu denen Špurcmann vermerkt, bei ihnen sei von „окаменелых кокетках" (vorsintflutlichen Koketten) keine Rede. Senkovskij: Fantastičeskie putešestvija, S. 83.

64 Vgl. Rudwick: Scenes, S. 39: „So this scene from the almost inconceivable recesses of deep ‚antediluvial' time is made conceivable by being at the same time a scene of the amiably eccentric Buckland crawling into the cave like one of his hyenas. The scientist becomes an actor within the scene that he has reconstructed."

65 Vgl. Senkovskij: Fantastičeskie putešestvija, S. 73 f.

bewesen – im Gegensatz zum edlen Urmenschen, den er zu entdecken meint. Der letzte Mensch und sein Ende werden von den Entdeckern als kulturstiftende Fiktion produziert. Es handelt sich dabei um eine Erfindung, deren Fiktivität ihren Produzenten nicht bewusst ist. Völlig überzeugt von der Authentizität ihrer Funde, projizieren sie die Zeichensysteme der vergleichenden Anatomie auf die Welt. Wenn Senkovskij mit der *Wissenschaftlichen Reise* eine Art paläontologisches Höhlengleichnis schreibt, dann wird dies hier am deutlichsten. Das Ende der Erzählung und die Desavouierung dieser Fiktion sind denn auch ‚Höhlenausgänge', wie sie Hans Blumenberg in seiner gleichnamigen Studie beschrieben hat.[66]

BUCKLAND ENTERING THE KIRKDALE CAVERN. FROM A CARICATURE BY THE REV. W. CONYBEARE.

Abb. 2: Als Illustration zum Gedicht *The Hyaena's Den at Kirkdale* (1822) von William Conybeare abgedruckte Karikatur, in der der Fossilienforscher William Buckland eine Höhle mit Hyänen betritt.

66 Vgl. Hans Blumenberg: Höhlenausgänge. Frankfurt a. M. 1989.

Innenansicht der Katastrophe: Eine ägyptisch-sibirische Endzeitparodie

Die vorsintflutliche Welt der Binnenerzählung ist ein Goldenes Zeitalter. Der Herrscher des Staates Barabija mit dem pseudoägyptischen Namen Šabachubosaar berichtet von einer bukolischen Welt, deren Bewohner auf Mammuts reiten und vom warmen Klima profitieren. Die Erde ist von einem Kometen bedroht, dessen kommender Aufprall vom Astronomen prophezeit und vom Oberpriester geleugnet wird. Die globale Katastrophe tritt ein, der Komet löscht große Teile der Erdbevölkerung aus. Im Gegensatz zu Cuviers Theorie der geologischen Katastrophen wird der Planet hier von einer astronomischen heimgesucht – ein Widerspruch, der den beiden Reisenden nicht auffällt. Der Astronom legt dar, dass die Bildung der Erdoberfläche wesentlich durch Einschläge von Kometen geprägt sei – in der Bildungsphase des Planeten seien sie wie faulige Früchte auf die Erde gefallen. Ohne sie wäre sie glatt geblieben, was der König scherzhaft auf die Haut des Astronomen bezieht.[67] Senkovskij spielt hier offensichtlich auf eine von Cuvier selbst verworfene[68] Theorie des englischen Physikotheologen William Whiston an, die dieser in seiner Schrift *A New Theory of Earth* (1696) vertritt: Darin wird die Verwüstung der Erde durch einen Kometen mit dem biblischen Sündenfall erklärt.[69] Die Panik vor einem alles Leben auslöschenden Kometen hat im Jahr 1833 einen konkreten Hintergrund: 1826 hat der Biela-Komet in Europa für Aufsehen gesorgt, für das Jahr 1832 ist ein gewaltiger Komet prophezeit worden, mit dessen Ankunft sich Endzeitphantasien verbinden. Michail Pogodin, Herausgeber des *Moskovskij vestnik* (*Moskauer Boten*), veröffentlicht 1828 – im Jahr der Handlung der *Wissenschaftlichen Reise* – eine Meldung über eine drohende Kollision mit beruhigendem Kommentar[70] und 1833 eine satirische Erzählung über

67 Vgl. Senkovskij: Fantastičeskie putešestvija, S. 91.

68 Cuvier zitiert die Ausgabe von 1708, Cuvier: Recherches, S. 26.

69 William Whiston: A New Theory of the Earth. London 1708, S. 345 ff.; vgl. James E. Force: William Whiston, honest Newtonian. Cambridge 1985, S. 46–48.

70 N. N.: O komete 1832 goda. Übers. v. Michail Pogodin. In: Moskovskij vestnik 10 (1828), S. 96–101. Diese Beruhigung verwirft der königliche Astronom, der auf die Ähnlichkeit mit Pogodins Meldung verweist. Vgl. Guminskij: Skvoz' stoletija, S. 313. Zum Kometen erscheint im Jahr seiner Prophezeiung ein Buch des französischen Astronomen François Arago auf Russisch, das ein ausführliches Kapitel zur Frage enthält, ob ein Komet eine weltumspannende Sintflut auslösen könne – und diese am Schluss negativ beantwortet. Vgl. Fransua Arago: O kometach voobšče i v osobennosti ob ožidaemom v 1832 godu i soveršajuščej svoj oborot v 6 3/4 goda, perevod Gr. Jakovlev. St. Petersburg 1832, S. 187. Im gleichen Jahr erscheint eine satirische Erzählung darüber: Ivan Gur'janov: Kometa 1832 goda. Otryvok iz neizdannogo romana, osnovannyj na astronomičeskich nabljudenijach. Moskau 1832.

den für 1835 angekündigten Halleyschen Kometen.[71] Auf die Gegenwart populärkultureller apokalyptischer Erwartungen reagiert Senkovskij als Moralist. Er versieht seine Endzeiterzählung mit zahlreichen Seitenhieben auf die Sitten der Petersburger Gesellschaft.[72]

Der letzte Mensch, der den Einschlag zunächst überlebt, schaut wie aus einer kosmischen Vogelperspektive auf das Panorama einer postkatastrophischen Ruinenlandschaft, die mit einem Mal zur archäologischen Grab(ungs)stätte geworden ist:

> На необозримой могиле пятидесяти самолюбивых народов и пятисот развратных городов вдруг соорудился огромный, неприступный, гремящий смертельным эхом и скрывающий куполы свои за облаками гробовый памятник, на котором судьба вселенной разбросанными в беспорядке гранитными буквами начертала таинственную надпись: „Здесь покоится половина органической жизни этой тусклой зеленой планеты третьего разряда.“[73]

> Auf dem unüberblickbaren Grab von fünfzig eitlen Völkern und fünfhundert verdorbenen Städten war mit einem Mal ein Sargdenkmal errichtet worden, riesig, unzugänglich, mit tödlichem Echo donnernd und seine Kuppeln hinter den Wolken verbergend. Darauf hatte das Schicksal des Universums eine geheimnisvolle Inschrift in ungeordnet verstreuten Granitbuchstaben hinterlassen: „Hier ruht die Hälfte des organischen Lebens dieses mattgrünen Planeten der dritten Kategorie.“

In einem Panorama liegt die ausgestorbene Population als planetarische Grabstätte da, ihr Denkmal trägt eine groteske Inschrift, aus der der Kosmos über das Schicksal der Erde zu urteilen scheint. Das spiegelt den archäologischen Diskurs der Geologie wider, die die ‚Archive der Natur‘ erforscht, eine Idee, die sich bereits in Pallas' Gebirgsschrift findet und sich in den 1770er Jahren durch Buffon durchsetzt.[74] Nachdem sich die „blasse, hässliche Kometenleiche“ über den Planeten gelegt hat, beendet eine neue Eiszeit das Goldene Zeitalter der sibirischen Ägypter

71 Michail Pogodin: Galleeva kometa. In: Kometa Bely, al'manach na 1833 god. St. Petersburg 1833, S. 1–23.

72 Igor' Poljanskij und Matthias Schwartz gehen sogar so weit, die Erzählung als eine Chiffre für den seit Ende des achtzehnten Jahrhunderts etablierten Katastrophen- und Überschwemmungstext Petersburg zu lesen. Dies leuchtet nicht nur literatur-, sondern auch wissensgeschichtlich ein, hat doch Pallas seine Diluvialtheorie unter dem Eindruck mehrerer Überschwemmungen in Petersburg formuliert. Vgl. Pallas: Über die Beschaffenheit der Gebirge, S. 51. Vgl. dazu auch Ryan Tucker Jones: „These plains of Great Russia were once the bottom of the sea“. Peter Simon Pallas, Siberian geohistory, and empire. In: Russia in Asia. Imaginations, Interactions, and Realities. Hg. v. Jane F. Hacking/Jeffrey S. Hardy/Matthew P. Romaniello. London/New York 2020, S. 13–27.

73 Senkovskij: Fantastičeskie putešestvija, S. 116.

74 Vgl. zum Konzept in Westeuropa (u. a. bei Soulavie und Buffon) Georg Toepfer: On Similarities and Differences Between Cultural and Natural Archives. In: Arctic Archives. Ice, Memory and Entropy. Hg. v. Susi K. Frank/Kjetil A. Jakobsen. Bielefeld 2019, S. 21–36.

(im Hintergrund steht hier das ‚Kältejahr' 1816).[75] Mit dem Finale der Endzeiterzählung erreicht ihre Metareflexivität ihren Höhepunkt: Der König findet seine abtrünnige Frau wieder, doch sie stirbt, und er verspeist ihre Leiche. Den Kältetod sterbend, ritzt er seine letzten Worte in die Höhlenwand: „Я мерзну, умира ...“[76] (Ich friere, ich ster ...).

Mit den Aufzeichnungen des letzten Menschen liefert Senkovskij die Innenansicht einer planetarischen Katastrophe durch die Augen ihres letzten Überlebenden – ein Herrscher, der durch das Weltende zum Höhlenmenschen wird und die geologische Umwälzung als karnevaleske Umkehrung der Verhältnisse erlebt. In der Erzählung ist er nur in einer Manuskriptfiktion möglich, indem ein Beleg für das Weltende fabriziert wird. Der Paläontologe Cuvier wird mit dem Ägyptologen Champollion gelesen – beide Forscher sind ein Jahr zuvor, 1832 gestorben. Und so lässt sich Senkovskijs Satire auch als Gelehrtennekrolog lesen. Ähnlich satirisch wie mit Cuviers Paläontologie verfährt Senkovskij mit Jean-François Champollions Sprachwissenschaft. Die Verbindung von Ägyptologie und Cuviers vergleichender Anatomie ist keine zufällige, denn Cuvier beansprucht für sich, eine neue Art von Altertumswissenschaftler zu sein,[77] der sich nicht nur auf die Genesis als historisches Zeugnis, sondern auch auf Zeugnisse der Ägypter stützt. Mit astronomischen Beobachtungen versucht er, die ‚letzte Katastrophe' zu datieren, von Tierfiguren der Hieroglyphenschrift auf ausgestorbene Arten zu schließen. Die Faszination für Ägypten hat auch politische Gründe: Napoleons Ägyptenkampagne macht zu Beginn des neunzehnten Jahrhunderts wichtige Funde in Europa bekannt, zum einen den Rosettastein, mit dessen Entzifferung Champollion 1822 berühmt wird, zum anderen den Tierkreis von Dendera, der sowohl Champollion als auch Cuvier beschäftigt.[78] Senkovskij behauptet später, er habe bei einer Reise nach Kairo 1821 vergeblich versucht, den Tierkreis nach Russland zu bringen.[79] Mit dem Erzähltopos der sibirischen Ägypter bedient Senkovskij einen doppelten Orientalismus der

75 Vgl. Eva Horn: Zukunft als Katastrophe. Frankfurt a. M. 2014, S. 45–76.

76 Senkovskij: Fantastičeskie putešestvija, S. 130.

77 Cuvier nennt sich einen „[a]ntiquaire d'une espèce nouvelle“. Cuvier: Recherches, S. 1.

78 Vgl. Cuvier: Recherches, S. 106 f. Vgl. Jed Z. Buchwald/Diane Greco Josefowicz: The Zodiac of Paris: How an Improbable Controversy over an Ancient Egyptian Artifact Provoked a Modern Debate between Religion and Science. Princeton 2010, S. 212–221. Ich danke Andrea Polaschegg für den Hinweis auf diesen Zusammenhang.

79 Vgl. Pavel S. Savel'ev: O žizni i trudach O. I. Senkovskogo. In: Sobranie sočinenij Senkovskogo (Barona Brambeusa). Bd. 1. St. Petersburg 1858, S. 11–112, hier S. XXXII. Eine Mystifikation ist dabei nicht ausgeschlossen. Vgl. Grob: Russische Postromantik, S. 186.

europäischen Wissenschaften: Sibirien als eine Geburtsstätte der modernen Geologie, Ägypten als Beginn der der modernen Archäologie.[80]

Schriftfiguren des Endlichen im Buch der Natur

Die beiden Figuren des Endlichen, der ‚letzte Kataklysmus' der Natur und der ‚letzte Mensch' vor der Sintflut, erweisen sich als Fiktionen. Den Schritt, sich dieser Fiktionalität bewusst zu werden, gehen Senkovskijs Figuren stellvertretend für die Wissenschaften des neunzehnten Jahrhunderts. Durch die Befunde der Paläoanthropologie wird der Mensch Teil der Tiefenzeit, eine katastrophische Zäsur zwischen einem vorzeitlichen und einem heutigen Menschen lässt sich nicht mehr behaupten. Senkovskijs Erzählung inszeniert nicht nur die Erfindung dieser Zäsur, sondern auch ihre schriftliche Verfassung als Problem des medialen Aufschreibens: Um die Fiktionen erzeugen zu können, müssen seine Figuren das Instrumentarium der Philologie auf die Natur übertragen können, die sie als ‚Buch der Natur' in Schriftform codieren. Mit der Verschaltung von Geologie und Philologie weist der Text auf eine wissenschaftsgeschichtliche Konjunktur voraus, die sich erst Mitte des neunzehnten Jahrhunderts in ihren methodischen und institutionellen Gemeinsamkeiten sowie gegenseitigen epistemologischen Anleihen zeigen wird.[81]

Die Idee, eine Endzeiterzählung von einem natürlichen Schriftträger abzulesen, geht auf Mary Shelleys populären Roman *The Last Man* (1826) zurück: Während es bei Shelley beschriebene Baumblätter und Rindenstücke sind, die in der durch ein Erdbeben verschlossenen sibyllinischen Höhle auf wundersame Weise konserviert wurden,[82] finden Senkovskijs Forscher Schriftzeichen auf Stalagmiten. Die Pointe, dass die vermeintlichen Höhleninschriften nur Ergebnisse natürlicher Kristallformationen sind, demonstriert die Grenzen der Epistemologie des Lesens in den ‚Archiven der Natur': Philologie findet dort Zeichen, wo nur zufällige visu-

---

80 Zur Geburt der Archäologie als einer modernen ‚Spatenwissenschaft' (das Schlagwort der ‚Wissenschaft des Spatens' wird Heinrich Schliemann zugeschrieben) und ihren Parallelen zur Entwicklung der Geologie vgl. Christiane Zintzen: Von Pompeji nach Troja. Archäologie, Literatur und Öffentlichkeit im 19. Jahrhundert. Wien 1998, S. 25 ff.

81 Vgl. dazu Bernd Naumann/Frans Plank/Gottfried Hofbauer (Hg.): Language and Earth. Elective Affinities Between the Emerging Sciences of Linguistics and Geology. Amsterdam/Philadelphia 1992.

82 Mary Shelley: The Last Man. Vol. 1. Paris 1826, S. x.

elle Formationen sind. Senkovskij weiß als Orientalist, wogegen er polemisiert. Die Hieroglyphen des letzten Menschen nennen die Forscher „vorsintflutliche Lettern“, „literae antediluvianae“.[83] Die Regeln der Entzifferung beschreibt Brambeus als Parodie einer Hermeneutik, die buchstäbliche, figurative und kombinierte Lesarten zulässt:

> Я растолковал ему, что, по нашей системе, всякий иероглиф есть или буква, или метафорическая фигура, изображающая известное понятие, или вместе буква и фигура, или ни буква, ни фигура, а только произвольное украшение почерка.[84]
>
> Ich legte ihm dar, dass in unserem System jede Hieroglyphe entweder ein Buchstabe ist oder eine metaphorische Figur, die einen bekannten Begriff darstellt, oder Buchstabe und Figur zusammen, oder weder Buchstabe noch Figur, sondern nur eine willkürliche Ausschmückung der Schrift.

Es kommt also nicht auf eine vollständige und lückenlose Rekonstruktion der Schriftzeichen an, sondern auf eine je nach Belieben buchstäblich oder metaphorisch synthetisierte Ganzheit des Sinns. Nichtarbitrarität, Natürlichkeit und Universalität zählen, wie Jan und Aleida Assmann gezeigt haben, zu den grundlegenden Eigenschaften, die Hieroglyphen insbesondere während ihrer romantischen Neuentdeckung zugeschrieben werden. Im Moment, als Champollion sie entziffert, haben die ‚heiligen‘ ägyptischen Schriftzeichen diesen Status verloren – was der romantischen Hieroglyphenfaszination jedoch keinen Abbruch tut,[85] die Senkovskij hier ins Visier nimmt.

Das Motiv vom ‚Buch der Natur‘ findet sich bei Cuvier nicht. Charles Lyell dagegen macht ausführlichen Gebrauch von bibliophilen Bildern. In seinen *Principles of Geology* (1832) hat die Natur ihre gleichsam schriftlich dargelegte Chronologie in Kapitel und Abschnitte gegliedert. Dass der Naturforscher bei Lyell auch ein Archäologe ist, der in den Ruinen der Natur liest, macht das Frontispiz zu seinem Werk deutlich, auf dem ein einsamer Betrachter vor drei Säulen des Serapis-Tempels steht.[86] In der russischen Ausgabe von 1866 ist dieser Betrachter wie in späteren englischen Ausgaben abgeschnitten und nur die Säulen, also das Symbol für

---

83 Senkovskij: Fantastičeskie putešestvija, S. 75.
84 Senkovskij: Fantastičeskie putešestvija, S. 67 f.
85 Vgl. Aleida Assmann/Jan Assmann: Einleitung: Hieroglyphen. Altägyptische Ursprünge abendländischer Grammatologie. In: Hieroglyphen. Stationen einer anderen abendländischen Grammatologie. Archäologie der literarischen Kommunikation VIII. Hg. v. Aleida Assmann/Jan Assmann. München 2003, S. 9–25, hier S. 15–23.
86 Vgl. den Beitrag von Oliver Völker in diesem Band.

Abb. 3: Frontispiz zur russischen Ausgabe von Charles Lyells *Principles of Geology* (1832) mit einer Darstellung des Serapistempels bei Neapel, wobei der im Original dargestellte Betrachter am Rand abgeschnitten ist.

die Ruinen der Vorzeit, sind zu sehen (Abb. 3).[87] Bei Senkovskij schaut nicht ein einsamer Betrachter auf die Natur, sondern es sind zwei Dilettanten, die das Dokument der Natur zuallererst produzieren. Das Lesen im Buch der Natur fällt mit seiner Hervorbringung in eins.

Schluss

Im Gegensatz zu den poetischen Imaginationen der Apokalypse, die Cuviers Theorie der Erdrevolutionen apokalyptisch umdeuten, zeugt Senkovskijs Wissenschaftssatire von einer profunden Durchdringung von Geologiegeschichte und -gegenwart. Doch Senkovskij, das wird aus seinen populärwissenschaftlichen Schriften deutlich, lehnt eine Theorie ab, die die Bildung des Planeten durch schnelle, plötzliche Veränderungen erklärt – was heute als ‚Katastrophismus' bezeichnet wird. Für seinen Erzählzyklus der *Phantastischen Reisen* lässt sich diese antikatastrophistische Position auch gattungspoetologisch beobachten: Beginnt sie mit der Parodie einer elegischen Künstlerreflexion *Osenjaja skuka* (*Herbstmelancholie*) und der *Poėtičeskoe putešestvie po belu-svetu* (*Poetischen Reise durch die weite Welt*), endet die *Wissenschaftliche Reise* keinesfalls katastrophisch, sondern mit der Feststellung von Brambeus, fortan keine wissenschaftlichen Expeditionen mehr zu unternehmen. Der letzte Teil, eine Parodie der populären Gattung der Untergrundreise, *Sentimental'noe putešestvie na goru Ėtnu* (*Sentimentale Reise auf den Berg Ätna*) endet damit, dass die Reisenden von einem Vulkan ausgespuckt werden und dies – nun in der Tat so plötzlich und unmotiviert wie Cuviers Darstellung, also phantastisch – unbeschadet überstehen. Übertragen auf die Epochendiagnose des ‚Endes' der Romantik ergibt sich auch hier kein endzeitliches, sondern ein serielles Modell. Nicht nur die ‚Enden der Erdgeschichte' sind multipel, auch die ‚Enden der Romantik' sind es, in denen sich Senkovskij als Grenzfigur situiert.

---

87 Čarlz Ljajėll [Charles Lyell]: Osnovnye načala geologii. Novejšie izmenenija zemli i ee obitatelej. Bd. 1. Übers. v. Andrej Min. Moskau 1866.

Bildnachweise

Abb. 1 Fossil *Andrias scheuchzeri*, Teylers Museum, Haarlem (Niederlande). https://commons.wikimedia.org/wiki/File:Andrias_scheuchzeri_Teylers_Museum_7112012.jpg, letzter Abruf 14.06.2024.

Abb. 2 E.O. Gordon: The Life and Correspondence of William Buckland. London 1894, S. 61. Public Domain, Quelle: Wellcome Collection. https://wellcomeimages.org/indexplus/obf_images/2d/4b/f8395f8929fdbd4e32e942e48200.jpg, letzter Abruf 14.06.2024.

Abb. 3 Frontispiz von Čarlz Ljajėll [Charles Lyell]: Osnovnye načala geologii. Novejšie izmenenija zemli i ee obitatelej. Bd. 1. Übers. v. Andrej Min. Moskau 1866.

Dirk Uffelmann

Die Endlichkeit des Klassenfriedens

Krasińskis katastrofische ‚Komödie'

> Człowiekiem być nie warto – […] Trza być Bogiem lub nicością.
> (Es lohnt nicht, Mensch zu sein. […] Man soll Gott sein oder gar nichts.)[1]

> Sens każdej akcji i każdego nowego zjawiska może zostać
> określony w odniesieniu do obrazu końca.
> (Der Sinn jeder Handlung und jedes Phänomens
> lässt sich in Bezug auf das Bild des Endes bestimmen.)[2]

Die Endlichkeit von Staatlichkeit

Seit dem 24. Februar 2022 ist die Weltöffentlichkeit Zeugin der brutalen Demontage eines Staates. Dieser Angriff auf ihre Grundfesten wird die ukrainische Kultur über lange Zeit prägen. Was bis in informierte diplomatische Kreise hinein bis zuletzt undenkbar schien – der Versuch der Auslöschung einer Kultur und eines Staatswesens –, hat historische Vorläufer, im östlichen Europa etwa die drei Teilungen Polens von 1772, 1793 und 1795 und das nachfolgende 123-jährige Fehlen polnischer Eigenstaatlichkeit. Wie kaum eine andere Epoche der europäischen Kulturgeschichten ist die polnische Romantik geprägt von diesem Trauma der Endlichkeit von Eigenstaatlichkeit. Gegen diese Folie erfindet die romantische Literatur, allen voran die großen drei *wieszcze* (Dichter-Seher) Adam Mickiewicz, Juliusz Słowacki und Zygmunt Krasiński, die Nation als kulturelle, religiöse und literarische Tradition wieder.[3]

Während Mickiewicz und Słowacki dieses Nation-Building vorrangig polnisch-aufständisch entwerfen bzw. ironisieren, ist bei Krasiński die ständische Dimension – der Untergang des Adelsprimats – geeignet, die gesamteuropäische Sozialgeschichte anzusprechen, insbesondere in seiner in Prosa geschriebenen

1 Poln. Zygmunt Krasiński: Nie-Boska komedia. In: Dzieła. Bd. VII, hg. v. Leon Piwinski. Warschau 1931, S. 74; dt. Zygmunt Krasiński: Die ungöttliche Komödie. O.Ü. Weimar 1917, S. 162. Alle weiteren Übersetzungen aus dem Polnischen stammen, sofern nicht anders ausgewiesen, vom Verfasser, D.U. Im Weiteren im Fließtext zitiert mit der Abkürzung NBK und bloßen Seitenzahlen, zuerst für die polnische, dann die deutsche Ausgabe, z. B. NBK 74/162.

2 Michał Masłowski: Gest, symbol i rytuały polskiego teatru romantycznego. Warschau 1998, S. 215.

3 Vgl. Dirk Uffelmann: Polska literatura postkolonialna. Od sarmatyzmu do migracji poakcesyjnej. Krakau 2020, S. 59–84.

https://doi.org/10.1515/9783111426129-010

Nie-Boska komedia (*Ungöttliche Komödie*, 1833/35), in der es um Revolution und Ständekonflikte jenseits der Betonung polnischer Realia geht.[4] Dazu passt die in der Sekundärliteratur verbreitete Einschätzung, dass, wenn Krasińskis Protagonisten den „głód rzemieślników – nędza włościan“ (Hunger der Arbeiter – die Not der Bauern) (NBK 58/122) beschwören und eine geschichtliche Mission der untersten Schichten postulieren (NBK 44/87), hier erstmals in der Weltliteratur protomarxistisch etwas wie Proletariat und Klassenkampf thematisiert werde.[5]

Die Endlichkeit der Adelsherrschaft

Zygmunt Krasiński (1812–1859), mit vollem Namen Napoleon Stanisław Adam Feliks Zygmunt Krasiński herbu Ślepowron, wurde kurz vor dem Russlandfeldzug Napoleons in Paris geboren. Kein geringerer als Napoleon selbst fungierte als Taufpate des hochadligen Knaben. Zygmunts dominanter Vater Wincenty (1782–1858) jedoch lief von Napoleon zum Zaren über und verdammte den russischen Dekabristen- wie den polnischen Novemberaufstand von 1825 bzw. 1830, worin er den Sohn stark beeinflusste.[6] Indem Revolte und Aufstand im familiären Diskurs perhorresziert werden, finden sich – im Kontrast zur Mickiewicz'schen nationalrevolutionären Teleologie[7] – im geschichtsphilosophischen Denken des Sohnes in vielen, gerade auch diskursiven, nicht-fiktionalen Werken eschatologische Reflexe.[8] Sein bedeutendstes Drama, die *Nie-Boska komedia* (*Ungöttliche Komödie*, geschrieben 1833 in Wien und Venedig im Alter von 20 bis 21 Jahren, veröffentlicht 1835, Uraufführung aufgrund der bühnenfernen narrativen Vorspanne der Akte erst 1902) erscheint als Serie von multiplen Endlichkeiten: Da enden die Liebe, das

4 Vgl. Monica M. Gardner: The Anonymous Poet of Poland, Zygmunt Krasińki. Cambridge 1919, S. 95; Władysław Folkierski: Od Boskiej do Nieboskiej Komedii. Szkice z zakresu europejskiej psychologii religijnej. London 1962, S. 339 f. Genau das stört Mickiewicz mit seiner nationalistischen Hermeneutik an Krasiński. Vgl. Adam Mickiewicz: Literatura słowiańska. Kurs trzeci i czwarty. In: Dzieła. Bd. XI. Warschau 1955, S. 89.

5 Vgl. Gardner: The Anonymous Poet, S. 93; Maria Janion: Zygmunt Krasiński. Debiut i dojrzałość. Warschau 1962, S. 210.

6 Vgl. Jadwiga Otwinowska: Ojciec i syn. In: Krasiński żywy. Książka zbiorowa wydana staraniem Związku Pisarzy Polskich na Obczyźnie. London 1959, S. 91–103; Folkierski: Od Boskiej do Nieboskiej Komedii, S. 341; Alina Witkowska: Wielcy romantycy polscy. Sylwetki. Mickiewicz. Słowacki. Krasiński. Norwid. Warschau 1980, S. 190–193.

7 Vgl. Dirk Uffelmann: Teleologie statt Kausalität in Mickiewicz' „Dziady“. In: Wiener Slavistisches Jahrbuch 39 (1993), S. 159–175.

8 Vgl. Marian Zdziechowski: Wizya Krasińskiego. Ze studiów nad literaturą i filozofią polską. Krakau 1912.

Dichten, die romantische Innerlichkeit, der Klassenfrieden und – zusammen mit dem Dramentext – der Klassenkampf und die menschliche („nicht-göttliche") Welt überhaupt.

In der bisherigen Forschung sind die Registrierung der verschiedenen thematischen Dimensionen des Dramas – „a domestic drama, a personal drama, a drama of the poet, a drama of the child, a social drama, a religious drama"[9] – und die Beobachtung von diversen Enden[10] nicht zur Gesamteinschätzung einer Proliferation von Endlichkeiten zusammengedacht worden. Das soll hier passieren. Meine Lektüre der vielen Enden in Krasińskis ‚menschlicher Komödie' fokussiert dazu auf die diversen dramatischen wie epischen Mechanismen der Antizipation, Metonymisierung und Rekapitulation von Enden. Besonderes Augenmerk gilt bei meinem Beitrag zur „Morphologie [der Denkform] des Endes"[11] den metapoetischen Ankündigungen einer „pieśń ostatnia" (letztes Lied) (NBK 68/148), die anders als die finale Apokalypse jedoch immer noch eine Fortsetzung erfahren.

Das Ende der Liebe und der romantischen Innerlichkeit

Krasiński gliedert seine *Ungöttliche Komödie* in vier Akte, von denen, wie die Sekundärliteratur fast einhellig festhält, je zwei zusammenhängen und ein „Dramat rodzinny" (Familiendrama) und ein „Dramat społeczny" (Gesellschaftsdrama),[12] ein „domestic drama" und ein „social drama"[13] bzw. ein „drame du Poète" und ein „drame du Chef"[14] bilden. Wenn diese Zweigliederung auch die soziale Dimension des Privaten der des Öffentlichen gegenüberstellt, so werden doch die Dialoge aller vier Teile metaphysisch durch die Anwesenheit von guten und bösen Geistern und deren Einflüsterungen moralisch-religiös überhöht. Das gesamte dramatische Geschehen ist damit nicht allein irdisch, sondern stets zusätzlich auch übernatürlich motiviert; Sudolski spricht hier treffend von der „dwupłaszczyznowość" (Zwei-

9 Wacław Lednicki: The Undivine Comedy. In: The Polish Review 4 (1959), H. 3, S. 106–125, hier S. 107.

10 Vgl. Lednicki: The Undivine Comedy, S. 123.

11 Karlheinz Stierle/Rainer Warning: Vorwort. In: Das Ende. Figuren einer Denkform. Hg. v. Karlheinz Stierle/Rainer Warning. München 1996, S. IX–X, hier S. IX.

12 Józef Kallenbach: Zygmunt Krasiński. Życie i twórczość młodych lat (1812–1838). Bd. 2. Lwów 1904, S. 70.

13 Gardner: The Anonymous Poet, S. 92, 115.

14 Edmond Marek: La „Comédie non-divine" de Zygmunt Krasiński (Réflexions sur un drame romantique). Lille 1988, S. 5.

Ebenen-Struktur) von Krasińskis Drama.[15] Darin orientiert sich die *Nie-Boska komedia* nicht nur am romantischen „metaphysischen Drama" sowie an Schillers „Ideendrama",[16] sondern gemahnt an mittelalterliche Moralitäten.[17]

Wie Krasińskis endgültiger Dramentitel auf Dantes religiöses Weltentheater *La Divina Commedia* (1307–1321) anspielt, so erhebt Krasińskis erste Titelvariante *Mąż* einen anthropologisch allgemeinen Anspruch. Im neunzehnten Jahrhundert ist die Bedeutung von poln. *mąż* noch nicht ausschließlich beschränkt auf ‚Ehemann' (wie bei Gardner „Husband"[18] oder bei Marek „Le Mari"[19]), sondern bezeichnet auch (patriarchal stellvertretend gedacht) ‚Mensch' und *mąż wśród ludzi* (‚Führungspersönlichkeit').[20] Erst gegen Ende des dritten Akts erhält der Protagonist Mąż mit der Anrede Pankracys „Witam hrabiego Henryka" (Ich grüße den Grafen Henryk) (NBK 57/120) einen Eigennamen.

Im Ehedrama des ersten Aktes betrügt der Dichter Graf Henryk seine Frau aus ehelicher Langeweile mit einer schon vor der Eheschließung begehrten „nałożnica" (Dirne) (NBK 13/11), woraufhin die Ehefrau in geistige Umnachtung fällt und stirbt. In den schnellen Wechseln kurzer Szenen ist die Ehe praktisch sofort nach ihrer Schließung bereits wieder am Ende. Im Verhältnis des Mąż zu seiner Ehefrau schlägt eine vehement frauenfeindliche Note durch, wenn er sie als „Kobieto z gliny i błota" (Weib aus Lehm und Kot) (NBK 18/23) anspricht. Angeekelt von der irdischen Materialität des Eheverhältnisses, strebt der romantische Dichterheld nach einer geistigen Muse. Diese findet er in der Geliebten, die als Personifikation namens Poezja (Dichtung) erscheint. Henryk erscheint sie als lebensschön, der betrogenen Ehefrau dagegen als Vampir:

> *Żona.* [...] to widmo blade jak umarły – oczy zgasłe, i głos jak skrzypienie woza, na którym trup leży. / *Mąż.* Twe czoło jasne, twój włos kwieciem przetykany, o luba. – *Die Frau:* [...] Es ist das Gespenst einer Toten, – die Augen sind erloschen, und die Stimme klingt wie das Knarren eines Leichenwagens. / *Der Mann:* Deine Stimme ist heiter, deine Haare sind mit Blumen durchflochten, Geliebte! (NBK 18/22 f.)

Als Henryk der Geliebten in eine Hochgebirgslandschaft folgt, ist er versucht, in den Abgrund zu springen, um sie zu erreichen (NBK 21/28 f.). Das Streben nach dichterischer Vergeistigung zeigt sich so als thanatophiler Sog in den Abgrund

15 Zbigniew Sudolski: Zygmunt Krasiński. Warschau 1974, S. 153.

16 Sudolski: Zygmunt Krasiński, S. 132.

17 Vgl. Ljudmila A. Sofronova: Pol'skaja romantičeskaja drama. Mickevič – Krasin'skij – Slovackij. Moskau 1992, S. 191.

18 Gardner: The Anonymous Poet, S. 107.

19 Marek: La „Comédie non-divine", S. 4.

20 Vgl. Janion: Zygmunt Krasiński, S. 201.

(NBK 21/31). Erst da erkennt auch der Mann, dass seine Idealprojektion von Dichtung–Geliebter schon lange vor seiner Einsicht ihr Ende gefunden hat: „*Mąż.* Deszcz kapie z włosów – kości nagie wyzierają z łona. –" (*Der Mann:* Von deinen Haaren tropft Regen herab – nackte Knochen schauen dir aus der Brust hervor.) (NBK 21/30).

Nachdem die Ehefrau verstorben und die Geliebte als tote Wiedergängerin enttarnt ist, bleibt der Mann mit seinem vierzehnjährigen Sohn Orcio zurück. Die sterbende Mutter formuliert refrainartig die Erwartung, der Sohn möge sich durch seine Dichtergabe die ihr verwehrte Liebe des Vaters erwerben: „*Żona.* By ojciec twój / Kochał ciebie –" (*Die Frau:* Es soll dir zum Lohn / Vaters Liebe werden.) (NBK 31/52). Doch im zweiten Akt zeigt sich der dichtbegabte Sohn als kränklich, früh erblindet und lebensunfähig. Das dichterische Talent ist hier nicht Gabe, sondern Fluch und Zwang: „*Orcio.* Kiedy mi te słowa się nawijają i bolą w głowie tak, że, proszę Papy, muszę je powiedzieć. –" (*Orcio:* Wenn mir aber diese Worte von selbst zufliegen und mir im Kopfe schmerzen, muß ich sie doch aussprechen, Vater!) (NBK 29/48 f.). Krasiński macht hier einen Antagonismus von Lebenskraft einerseits und Denk- und Dichtgabe andererseits auf: „*Lekarz.* Myśl w nim ciało przepsuła" (*Der Doktor:* Der Gedanke hat in ihm gänzlich den Körper besiegt) (NBK 34/60). Das Drama nimmt dekadente Topoi wie *ennui* und Lebensunfähigkeit von ästhetisch Hochsensiblen vorweg: „*Żona.* Kto jest poetą, ten nie żyje długo." (*Die Frau:* Wer Dichter ist, der lebt nicht lange.) (NBK 25/41).

Orcios Krankheit verheißt in Krasińskis (anti-)romantischem Kontext keine erstrebenswerte ästhetische Verfeinerung, sondern bedeutet eine Strafe für den Vater.[21] Orcio und der Chor sprechen dem Vater als Angeklagtem beim Jüngsten Gericht das Urteil:

> *Chór głosów.* Zato, żeś nie kochał, nic nie czcił, prócz siebie, prócz siebie i myśli twych, potępion jesteś – potępion na wieki. –
>
> *Chor von Stimmen:* Dafür, daß du nichts liebtest, nichts achtetest außer dir selber, außer dir und deinen Gedanken, bist du verdammt – verdammt für alle Ewigkeit. (NBK 69/152),

– und zwar zu ewigen Höllenfoltern (NBK 70/154). Das moralische Verdikt decouvriert die ästhetische Welthaltung[22] als Egotismus.

Wir haben es, wie Maria Janion herausarbeitet, mit einer durchaus romantischen „[d]emaskacja"[23] (Demaskierung) romantischer Topoi zu tun, die lediglich

---

21 Vgl. Stanisław Tarnowski: Studia do historyi literatury polskiej. Wiek XIX. Zygmunt Krasiński. Krakau 1892, S. 97 f.; Kallenbach: Zygmunt Krasiński, S. 77.

22 Vgl. Tarnowski: Studia, S. 87.

23 Janion: Zygmunt Krasiński, S. 204.

ein bestimmtes Paradigma der Romantik abwählt, nämlich das kontemplative. Es ist ähnlich wie beim Wertherismus in Mickiewiczs *Dziady*[24] nicht die Abwahl der Romantik als ganzer, sondern eines romantischen Paradigmas unter anderen – hier des Paradigmas der Innerlichkeit und des egotistischen Individualismus.[25]

Der 21-jährige romantische Dichter Krasiński verwirft die Hingabe ans Dichten als Verderben, und zwar von Anfang an. Bereits im Prosavorspann zum ersten Akt wählt er ein reines Dichterdasein ab:

> Nie przeto wyrzekam na ciebie, Poezyo, matko Piękności i Zbawienia. – Ten tylko nieszczęśliwy, kto na światach poczętych, na światach mających zginąć, musi wspominać lub przeczuwać ciebie – bo jedno tych gubisz, którzy się poświęcili tobie, którzy się stali żywemi głosami twej chwały. –
>
> Aber nicht darum klag ich dich an, Poesie, Mutter der Schönheit und der Erlösung. – Nur der ist unglücklich, der auf werdenden Welten oder auf Welten, die dem Untergang geweiht sind, dazu verurteilt ist, sich deiner zu erinnern oder dich zu ahnen, – denn du stürzest nur den ins Verderben, der sich dir geweiht hat und eine lebendige Stimme deines Ruhmes geworden ist. (NBK 12/8 f.)

Direkt vor seiner Entscheidung für die *vita activa* im politischen Kampf beklagt dann auch der Mann die Lähmung der ästhetischen Existenz des Sohnes:

> *Mąż.* [...] Gdzie się ty podziejesz, sam jeden i wśród stu przepaści, ślepy, bezsilny, dziecię i poeto zarazem, biedny śpiewaku bez słuchaczy, żyjący duszą za obrębami ziemi, a ciałem przykuty do ziemi –
>
> *Der Mann:* [...] Was wirst du tun, allein zwischen hundert Abgründen, blind, kraftlos, Kind und Dichter zugleich, armer Sänger ohne Zuhörer, dessen Seele jenseits der irdischen Grenzen lebt und dessen Körper an die Erde gefesselt ist?! (NBK 37/68)

Die vorbereitende Funktion der Teile eins und zwei für die nachfolgenden politisch-eschatologischen Akte drei und vier von Krasińskis *Ungöttlicher Komödie* ist daher weniger, wie Tarnowski[26] meint, durch das Zeitporträt einer romantischen Dichterpersönlichkeit gerechtfertigt, als durch deren Austreibung. Krasińskis Ideendrama deklariert gleich in seiner ersten Hälfte ein doppeltes Ende – das Ende privater Liebe und das Ende der Romantik als kontemplativer Welthaltung.

---

24 Vgl. Uffelmann: Teleologie.

25 Vgl. Andrzej Waśko: Zygmunt Krasiński. Oblicza poety. Krakau 2001, S. 161.

26 Vgl. Tarnowski: Studia, S. 101–103.

Die Endlichkeit des Klassenfriedens

Wie die ersten beiden Akte der *Ungöttlichen Komödie* sich am Ende romantischer Liebe und romantischen Dichtens abarbeiten, so die zweite Hälfte des Dramas an den sozialen Konflikten der Zeit, und zwar nicht minder von der Warte eines doppelten Endes her – des Endes des sozialen Friedens und gleich darauf auch des sozialen Kampfes. Der junge Verfasser steht in den frühen 1830er Jahren unter dem Eindruck der europäischen Revolutionen und polnischen Aufstände, wofür die Sekundärliteratur gerne aus Krasińskis umfangreichem Briefwechsel zitiert. Diese Privilegierung von extrafiktionalen Selbstzeugnissen des Verfassers verleitet viele Forscher:innen zu biografistischen Lesarten,[27] sowohl im Hinblick auf Krasińskis eigene Augenkrankheit als auch auf die Zerrissenheit zwischen seiner Ehefrau Eliza Branicka und seiner Geliebten Delfina Potocka. Die fiktionalen Helden Henryk und Pankracy werden zu Chiffren für Krasińskis Jugendfreunde Henry Reeve und Edwin Handley erklärt,[28] sein ideologischer Gegner Leon Lubieński als Vorlage für den Revolutionär Pankracy identifiziert[29] und vieles mehr. Graf Henryk wäre in dieser biografistischen Lesart ein Porträt des Vaters, General Wincenty Krasiński, aufgrund der Metareflexion über romantisches Lieben und Dichten aber zugleich auch ein summarisches Selbstporträt, wenngleich Orcios Erblindung auch auf Zygmunts eigene Augenkrankheit anspielen könnte und der Dichter sich dann eher im dekadenten Sohn porträtieren würde. Auch wenn Frank Kermode Recht haben mag, dass „[t]he End they [i. e. men] imagine will reflect their irreducibly intermediary preoccupations",[30] zeigen diese Ambiguitäten biografischer Identifikationen,[31] dass eine Eins-zu-eins-Zuordnung zwischen Zeitgenoss:innen des Dichters und seinen fiktionalen Figuren wenig produktiv ist.

Wie Sudolski plausibel macht, bewegt sich der junge Krasiński sukzessive weg von autobiografischer Selbstbespiegelung und hin zu historiosophischer Einordnung.[32] In seiner *Ungöttlichen Komödie* wird die Historiosophie stärker als im

27 Siehe dazu Maciej Szargot: „Kochany Poeto Ruin ...". Studia o Krasińskim. Lodz 2020, S. 215–226.

28 Vgl. Julian Baczyński: Zygmunt Krasiński (1812–1859). Jego życie i dzieła. W stuletnią rocznicę jego urodzin. Posen 1912; Folkierski: Od Boskiej do Nieboskiej Komedii u. a. m.

29 Vgl. Juliusz Kleiner: Zygmunt Krasiński. Dzieje myśli. 1. Lwów 1912, S. 177 f.; Sudolski: Zygmunt Krasiński, S. 101 f.

30 Frank Kermode: The Sense of an Ending: Studies in the Theory of Fiction, with a New Epilogue. 2. Aufl. Oxford 2000, S. 7.

31 Vgl. Szargot: „Kochany Poeto Ruin ...", S. 219.

32 Vgl. Sudolski: Zygmunt Krasiński, S. 90.

geschichtsphilosophischen Spätwerk von Krasiński[33] sozial geerdet. Der hochadlige Autor laboriert dabei an einer binären Gegenüberstellung der historischen Rollen von Elite und Volksmassen. Seine konservative Perspektive auf den Konflikt der Stände, die sich nach kurzfristigem Schulterschluss beim Kościuszko-Aufstand 1794 wieder entfremdet hatten, insbesondere bei der Konfrontation zwischen Hochadel und Warschauer Stadtbevölkerung im Novemberaufstand 1830/31, befördert eine Hochkonjunktur von akademischer Beschäftigung mit Krasiński und seinem Drama um 1900 und in der Emigration nach 1945, während das Interesse in der Zwischenkriegszeit und während des Sozialismus abebbt.[34]

Von der marxistischen Sekundärliteratur wird statt des historischen Ständebegriffs die Kategorie sozialer Klassen veranschlagt, obwohl Krasińskis Drama vor dem Marxismus entstanden ist,[35] auf den Saint-Simonismus rekurriert[36] und eher den Stammes- bzw. Rassen-Begriff[37] verwendet: „*Leonard.* [...] upadające rasy energii nie mają – mieć nie powinny, nie mogą. –“ (*Leonard:* [...] Die zugrundegehenden Rassen haben keine Energie – sie dürfen, sie können keine haben.) (NBK 44/86).

In der Retrospektive mochte es vielen Interpret:innen so scheinen, dass Krasiński in seiner Vision über Saint-Simon hinaus geht in Richtung (proto-)kommunistischer Konzepte.[38] Entsprechend wurde sein Drama politisch als vermeintlich prophetisches Werk appropriiert.[39] Unterstützt werden solche politisierenden Lektüren durch die literaturwissenschaftlich durchaus plausible These, dass die Akte drei und vier in der Zukunft spielen, wenn sie den aktuellen Niedergang mit künftiger Wiedergeburt verbinden: „odrodzenie się rodu ludzkiego przez krew i zniszczenie form starych –“ (nahe Wiedergeburt des Menschengeschlechts durch das Blut und [...] den Untergang aller alten Formen) (NBK 31/53).

---

33 Vgl. Dirk Uffelmann: Nationalstaat und Religion – direkt oder umgekehrt proportional? Die gespannte Historiosophie von Zygmunt Krasińskis „Przedświt“ (1843). In: Nationalisierung der Religion und Sakralisierung der Nation im östlichen Europa. Hg. v. Martin Schulze Wessel. Stuttgart 2006, S. 255–272.

34 Vgl. Witkowska: Wielcy romantycy polscy, S. 189.

35 Vgl. Karel Krejčí: Geschichte der polnischen Literatur. Halle 1958, S. 279.

36 Vgl. Kallenbach: Zygmunt Krasiński, S. 81–102; Kleiner: Zygmut Krasiński, S. 105–120, 171–174.

37 Der sich aus der sarmatischen Selbstnobilitierung des Adels durch eine imaginierte iranische Herkunft speist.

38 Vgl. Kallenbach: Zygmunt Krasiński, S. 113.

39 Vgl. dazu Stefania Skwarczyńska: U źródła nowatorskiego tematu „Nie-Boskiej Komedii“. In: Zygmunt Krasiński w stulecie śmierci. Warschau 1960, S. 7–31, hier S. 8–11.

Dabei weist Vieles im Drama selbst auf ältere Konzepte und historische Revolutionen zurück.[40] Der Revolutionsbegriff selbst wird bei Krasiński von Kopernikus aus der Astronomie entlehnt (NBK 32/53 f.). Im dritten Akt werden aufklärerische Emanzipationsideen zitiert: „*Filozof.* [...] to jest nieodbitą, samowolną wiarą we mnie, że czas nadchodzi wyzwolenia kobiet i murzynów –" (*Der Philosoph:* [...] es ist meine feste und freie Überzeugung, daß die Emanzipation der Frauen und Neger vor der Türe steht.) (NBK 31/53).[41] Weiter evoziert Krasiński das Trauma der Französischen Revolution; schon im ersten Teil ist von Jakobinern und der Guillotine die Rede (NBK 23/35), im dritten und vierten Akt begegnet das Leitmotiv der roten Freiheitsmütze.

Auch Henryk setzt sich diese der Tarnung halber auf, als er inkognito das Feldlager der Gegner inspiziert und sich auf den Kampf des alten Adels mit dem Pöbel vorbereitet. Der Abschied von der *vita contemplativa* und Henryks Selbstneuerfindung aus dem zweiten Teil war letztlich, was die ältere Sekundärliteratur nicht wahrhaben wollte, ein unmotivierter Wandel in der Einstellung des Protagonisten,[42] ein abruptes Streben nach Beendigung aller früheren Routinen: „*Mąż.* [...] Matko naturo, bądź mi zdrowa – idę się na człowieka przetworzyć, walczyć idę z bracią moją. –" (*Der Mann:* [...] Mutter Natur, lebe wohl! – Ich verlasse dich, um Mensch zu werden, ich ziehe aus, um mit meinen Brüdern zu kämpfen.) (NBK 33/58). Jetzt sei die Stunde der Tat: „*Mąż.* [...] dobija godzina, w której będę musiał walczyć, działać z kilkoma ludźmi, przeciwko wielu ludziom." (*Der Mann:* [...] Es schlägt die Stunde, die mich in den Kampf ruft, in den Kampf Weniger gegen Viele.) (NBK 37/68). Im dritten Akt gewinnt der programmatische Wandel des zweiten Teils nun wenigstens äußerliche Gestalt in Form von Henryks Abstieg in die sozialen Konflikte der Moderne.

Das von Henryk inkognito ‚inspizierte' Feldlager des revolutionären tanzenden „motłoch" (Gesindel bzw. Pöbel) (NBK 59, 62/126, 132) im Wald stellt sich als eine postchristliche Farce dar, die an Dantes Inferno gemahnt.[43] Janions Auslegung des Dramentitels geht in diese Richtung:

---

40 Vgl. Kermode: The Sense of an Ending, S. 30. Zur Politizität von Krasińskis Gesamtwerk jüngst Arkadiusz Bagłajewski: Inny Krasiński. Lublin 2021, S. 81–99, bes. S. 85.

41 Auch Pankracy wirft dem korrupten Adel Misshandlung von Frauen und Juden vor: „*Pankracy.* [...] Ów, starosta, baby strzelał po drzewach i żydów piekł żywcem." (*Pankracy:* [...] Dieser Landvogt da pflegte im Walde auf Weiber zu schießen und Juden bei lebendigem Leibe zu verbrennen.) (NBK 62/133).

42 Vgl. Sofronova: Pol'skaja romantičeskaja drama, S. 203.

43 Vgl. Masłowski: Gest, S. 189.

Komedia, która się tutaj rozgrywa wbrew Bogu i mimo Boga, jest przecież jednocześnie dialektyczną częścią boskiego planu świata. Dlatego w tytule jest ‚nie', ale jest i ‚boska' komedia.[44]

Die Komödie, die sich hier gegen Gott und an Gott vorbei abspielt, ist schließlich gleichzeitig dialektischer Teil des göttlichen Heilsplans. Daher gibt es im Titel die ‚Nicht-', aber auch die ‚göttliche' Komödie.

Die postrevolutionäre Szene im Wald ist, wenn nicht ohnehin in der Zukunft angesiedelt, so doch zumindest durch einen zeitlichen Hiat von den Akten eins und zwei getrennt. Der dritte Teil spielt bereits *nach* dem grausamen, gar nicht mehr im Detail geschilderten Endkampf der früheren Ständeordnung, dessen Dauer mit vierzig Tagen angegeben wird (NBK 50/102), für den Interpreten Mickiewicz aber mehrere Jahre gedauert haben muss.[45] Das Ende der jetzigen Ordnung ist also für Krasiński in der *Ungöttlichen Komödie* nicht darstellbar, sondern lediglich überspringbar.

Der getarnte Graf, den ein jüdischer Cicerone (Przerzchta) führt,[46] erlebt, wie die Revolutionäre die früheren Herrschenden verfluchten („*Chór chłopów.* [...] Panom tyranom śmierć –" (*Chor der Bauern:* [...] Tod den Herren und Tyrannen!), NBK 49/100). Die Berufsgruppen, die Krasiński dabei anführt, sind in der Tat schon mehr in Klassen- als in Ständehinsicht definiert: „*Rzemieślnik.* Przekleństwo kupcom, dyrektorom fabryki –" (*Handwerker*: Fluch den Kaufleuten, den Fabrikherren!) (NBK 48/96). Die Plebejer rühmen sich der eigenen Grausamkeiten gegen ihre früheren Herren (NBK 46/92), Könige (NBK 52/107) bzw. despotischen Ehemänner (NBK 47/94). Auch Graf Henryk wird als Zielscheibe künftiger Rache genannt (NBK 54/113).

Die aufständischen Massen haben bereits neue rituelle Grußformeln für ihren Blutdurst etabliert: „*Drugi.* Przez śmierć panów witam was obu. –" (*Ein Anderer:* Beim Tode der Herren begrüße ich euch beide.) (NBK 50/103). Aufnahme in den revolutionären Bund erhält man durch ein „święcenie zbójeckie" (Mörderweihe) (NBK 52/108).

Zugleich erleben wir in Henryks Mauerschau die atheistische Verdammung der unheiligen Allianz von Herrschenden und Kirche im Geiste der Anarchie:

Przerzchta. Na wolności bez ładu, na rzezi bez końca, na zatargach i złościach, na ich głupstwie i dumie osadzim potęgę Izraela – tylko tych panów kilku – tych kilku jeszcze zepchnąć w dół – trupy ich przysypać rozwalinami Krzyża. –

---

44 Janion: Zygmunt Krasiński, S. 229. Eine der früheren Titelvarianten hatte „Ludzka Komedia" gelautet. Vgl. Baczyński: Zygmunt Krasiński, S. 10.

45 Vgl. Mickiewicz: Literatura słowiańska, S. 82.

46 Zu antisemitischen Einflüsterungen in der Revolutionsfeindschaft durch den Vater vgl. Sudolski: Zygmunt Krasiński, S. 148.

> *Getaufter:* Auf einer Freiheit ohne Ordnung, auf einem Schlachten ohne Ende, auf Zwist und Bosheit, auf ihrer Dummheit und ihrem Hochmut wollen wir die Macht Israels gründen – nur diese wenigen Herren noch, – nur diese wenigen noch müssen wir in den Abgrund stürzen – und ihre Leichen mit den Trümmern des Kreuzes zuschütten. (NBK 41/78)

Mit dem Sturz des Kreuzes soll auch eine nochmalige, endgültige Marterung Christi (NBK 41/79) ohne Auferstehung einhergehen. Während der neue orgiastische Kult von Pankracys Gehilfen Leonard dirigiert wird (NBK 50–52/101–106), dirigiert der Oberrevolutionär den Pöbel mittels einer Kadertruppe mit absolutem Gehorsam und instrumentellem Umgang mit den ‚nützlichen Idioten' (NBK 42, 44/81, 84 f.). Aus Henryks angewiderter adliger Perspektive erscheint all dies wie das Ende jeglichen politischen Anstands. Das Drama inszeniert in dieser unmissverständlichen Wertung keine marxistische Geschichtsentelechie, sondern einen christlich-strukturkonservativen „moralitet[] o walce klas"[47] (Moralität über den Kampf der Klassen). Ganz im Sinne Kants, demzufolge „die Idee eines Endes aller Dinge ihren Ursprung nicht von dem Vernünfteln über den *physischen*, sondern über den moralischen, Lauf der Dinge in der Welt hernimmt",[48] malt Krasiński das Weltende als beispiellosen Niedergang sozialer Moral aus.

Die letzten Aristokraten haben sich vor dem Ansturm der revolutionären Massen unter Henryks Führung in einer Trutzburg eingeschlossen:

> *Leonard.* [...] Arystokraty w bezsilności swojej zawarli się w Św. Trójcy i czekają naszego przybycia jak noża giliotyny.
>
> *Leonard:* [...] Die Aristokraten haben sich in ihrer Ohnmacht in der Burg zur Heiligen Dreifaltigkeit eingeschlossen und warten auf unsere Ankunft wie auf das Messer der Guillotine. (NBK 43/84)

Dort kommt es zum geschichtsphilosophisch entscheidenden Streitgespräch von Henryk und Pankracy in der Ahnengalerie der Adelsburg (NBK 56/119) vor Henryks Wappen (NBK 59/126) über das Erbe der alten Adelskultur und ihres „język[] umarłych" (Sprache der Toten) (NBK 57/121). Pankracy verwirft mittelalterliche Ritterwerte – „*Pankracy.* [...] honor rycerski wystąpił na scenę – zwiędły to łachman w sztandarze ludzkości" (*Pankracy:* [...] Ritterehre – sie ist ein vermoderter Lumpen in der Standarte der Menschheit) (NBK 59/125) – und verlacht den Adel als verarmt, isoliert, aber weiter in Dünkel befangen:

---

47 Janion: Zygmunt Krasiński, S. 213

48 Immanuel Kant: Das Ende aller Dinge. In: ders.: Werkausgabe in 12 Bänden. Bd. 11: Schriften zur Anthropologie, Geschichtsphilosophie, Politik und Pädagogik, hg. v. Wilhelm Weischedel. Frankfurt a. M. 1977, S. 173–190, hier S. 176 (Herv. i. O.).

> *Pankracy.* Otóż mi stara szlachta – zawsze pewna swego – dumna, uporczywa, kwitnąca nadzieją, a bez grosza, bez oręża, bez żołnierzy.
>
> *Pankracy:* Daran erkenn ich den alten Adel – immer seines Sieges sicher – hochmütig, eigensinnig, vor Hoffnung blühend, doch ohne Geld, ohne Waffen und Soldaten. (NBK 57/121)

Während Henryk als letzter Vertreter seines Standes personifiziert wird – „ostatni hrabi[a]" (der letzte Graf) (NBK 59/124) –, erhebt Pankracy den Anspruch, selbst „plemie, ostatnie, najwyższe, najdzielniejsze" (das letzte, höchste und tüchtigste Geschlecht) (NBK 60/127) zu vertreten. Nach Jahrhunderten versäumten Ausgleichs und dem Scheitern einer Verständigung über Pankracys Sicherheitsgarantien für Henryk im Falle von dessen Kapitulation ist Friede zwischen den jeweils subjektiv letzten Klassenvertretern nicht mehr möglich: „*Mąż.* [...] ale teraz, wiem – teraz trza mordować się nawzajem – bo teraz im tylko chodzi o zmianę plemienia. –" (*Der Mann:* [...] jetzt weiß ich, jetzt müssen wir uns gegenseitig morden, – denn jetzt ist es ihnen nur um die Ausrottung der Rasse zu tun.) (NBK 61/130).

Wieder wird ein letztes Wort der alten Dichtung beschworen:

> *Mąż.* [...] Ogarniam wzrokiem, raz ostatni podchwytuję myślą ten chaos, dobywający się z toni czasu, z łona ciemności, na zgubę moją i wszystkich braci moich – [...] / [...] w jedno słowo zamknę świat ten nowy, ogromny – on siebie sam nie pojmuje. / Lecz to słowo moje będzie poezyą całej przyszłości. – / *Głos w powietrzu.* Dramat układasz. –
>
> *Der Mann:* [...] Zum letztenmal umfasse ich mit meinem Blick, umfange ich mit meinem Gedanken dieses Chaos, das aus der Tiefe der Zeit, aus dem Schoße der Finsternis emporsteigt, mir und meinen Brüdern zum Verderben. [...] / [...] ich will diese ganze neue ungeheure Welt, die sich selbst nicht begreift, in ein Wort einschließen. / – Aber dieses eine Wort wird die Poesie der ganzen Vergangenheit sein. / *Eine Stimme in der Luft*: Du dichtest ein Drama! (NBK 55/114 f.)

Dies liest sich wie ein metapoetischer Kommentar Krasińskis zu seinem eigenen Werk, der *Ungöttlichen Komödie*: Mit „Drama" hat selbst beim Krieg der Klassen erneut die Dichtung das letzte Wort, wenn auch das letzte Wort vor dem Endkampf. Obsiegt also – ganz entgegen Henryks eigenen Ankündigungen im zweiten Teil – doch der Dichter?

Monica Gardner erblickt auch im dritten Akt noch keinen existenziellen Ernst bei Henryk, sondern eine ästhetische Perzeption des revolutionären Treibens als „wild and romantic poem".[49] Dagegen versuchen andere Interpret:innen, die Krasiński'sche Poesie zu ‚entpoetisieren'. Für Sofronova identifiziert Krasiński Poesie und Aristokratie (des Geistes).[50] Und Mickiewicz erläutert, dass Krasiński

---

49 Gardner: The Anonymous Poet, S. 119.

50 Vgl. Sofronova: Pol'skaja romantičeskaja drama, S. 219.

einen weiten Poesie-Begriff veranschlage, der über die künstlerische Sprache hinausgehe:

> Hrabia jest poetą w pospolitym tego słowa znaczeniu, lud bowiem nadaje miano poety każdemu, kto swym postępowaniem wykracza poza ubite koleje życia, kto w działaniu swym powoduje się prawdą wyższą niż ta, którą gmin uznaje za prawidło czynów życia codziennego.[51]

> Der Graf ist ein Dichter im umgangssprachlichen Sinn. Das Volk verleiht nämlich jedem den Titel eines Poeten, der durch sein Verhalten die ausgetretenen Pfade des Lebens verlässt, der in seinem Handeln von einer höheren Wahrheit geleitet ist als derjenigen, die das gemeine Volk als Verhaltensmaßregel für das alltägliche Leben anerkennt.

Das Ende des Klassenkampfes, des Dramas und der Welt

Der vierte Teil, der die Antwort auf die ungelöste Frage nach der Extension des Poesie-Begriffs bringen muss, zerfällt in zwei Teile mit verschiedenen Protagonisten. In der ersten Hälfte schildert der vierte Akt den Endkampf aus der Perspektive des letzten adligen Befehlshabers Henryk „w tym zamku, ostatniem państwie naszem“ (über diese Burg, unsern letzten Besitz) (NBK 65/142) und der letzten Christen: „*Chór kapłanów.* Ostatnie sługi Twoje, w ostatnim kościele Syna Twego, błagamy Cię za czcią ojców naszych.“ (*Chor der Priester:* Wir, Deine [d. i. Gottes] letzten Diener, flehen in der letzten Kirche Deines Sohnes für die Ehre unserer Väter zu Dir.) (NBK 65/141). Das Jüngste Gericht dient zunächst nur als Vergleich für diesen Endkampf: „Lud ciągnie zewsząd do niej, jak do równiny Ostatniego Sądu. –“ ([D]as Volk zieht von allen Seiten hin wie in das Tal des Jüngsten Gerichts.“) (NBK 64/140). Vor dem Endkampf, der Henryk und seinen wenigen adligen Mitkämpfern den sicheren Tod bringen wird (immer wieder werden Henryks Truppen Kapitulationsüberlegungen ausgetrieben; NBK 66/144 f.), gibt Henryk sich nun maximal entschieden:

> *Mąż.* [...] Teraz już nie marnym głosem, nie mdłem natchnieniem będę walczył z wami, ale żelazem i ludźmi, którzy mnie się poddali. –

> *Der Mann:* [...] Jetzt werde ich nicht mehr mit hohler Stimme und leerer Begeisterung gegen euch kämpfen, sondern mit dem Stahl und den Menschen, die sich mir unterworfen haben. (NBK 67/147)

---

51 Mickiewicz: Literatura słowiańska, S. 63.

Aber auch diese Abwahl der Poesie wird erneut als Dichtung metaphorisiert, als „moja pieśń ostatnia“ (mein letztes Lied) (NBK 68/148) eingestuft.

Die große Endschlacht hat zwischen zwei Szenen bereits stattgefunden, die letzte Munition ist verbraucht (NBK 73/161). Als Orcio in den Armen des Vaters von einer Kugel getroffen wird (NBK 75/165) und die Gegner in die Burg eindringen, wirft Henryk den Säbel weg und richtet sich selbst:

> *Mąż.* Biegną, zobaczyli mnie – Jezus, Maryja! – Poezyo, bądź mi przeklęta, jako sam będę na wieki! – Ramiona, idźcie i przerzynajcie te wały! – (*skacze w przepaść*)
>
> *Der Mann:* Sie rennen her, sie haben mich entdeckt – Jesus, Maria! – Sei mir verflucht, du Poesie, wie ich es selbst sein werde in alle Ewigkeit. – Vorwärts, ihr Arme, durchschneidet diese Wogen! – (*wirft sich in den Abgrund.*) (NBK 75 f./167)

Der Selbstmord Henryks erscheint als Autoverdikt Krasińskis über seine Klassenlage als Hochadliger, aufgrund der wiederholten Poesie-Metaphern, also der Fixation auf Dichtung an den scheinbar unpassendsten Stellen aber zugleich als Verdammung seiner eigenen Rolle als romantischer ‚Poetisierer‘.

Nach Henryks Todessprung kippt das Setting endgültig ins Metaphysische, in Richtung Jüngstes Gericht.[52] Angebahnt wird dies durch Orcios Kerkervision: „*Orcio.* Widzę duchem blade ich postacie, poważne, kupiące się na sąd straszny.“ (*Orcio:* Ich sehe im Geiste die bleichen, strengen Gestalten, die sich zum Jüngsten Gericht versammelt haben.) (NBK 69/151). Gehalten wird Gericht über den Angeklagten Henryk, der einmal mehr als Letzter apostrophiert wird:

> *Głos jeden.* Na tobie się kończy ród przeklęty – w tobie ostatnim zebrał wszystkie siły swoje, i wszystkie namiętności swe, i całą dumę swoją, by skonać. –
>
> *Eine Stimme:* Mit dir endet das verdammte Geschlecht – in dir, dem Letzten hat es alle seine Kräfte, alle seine Leidenschaften, seinen ganzen Hochmut gesammelt, um zugrunde zu gehen. (NBK 69/152)

Das Epizentrum der christlichen Vision vom katastrophischen Weltende ist der Antichrist, das Zentrum die zweite Parusie Christi. Pankracy hatte gegenüber seinen Gefolgsleuten bereits die Christusrolle für sich beansprucht (NBK 61/129), wogegen Henryk auf dem Sieg des Kreuzes beharrt (NBK 60/128). Der Atheismus des dritten Akts soll damit überwunden werden, so Henryk im Streitgespräch mit Pankracy: „*Mąż.* [...] Ateizm to stara formuła“ (*Der Mann:* [...] Der Atheismus ist

52 Schon im ersten Teil verkündet ein „*Głos z za lewej ściany.* Kometa na niebie już błyska – dzień strasznego sądu się zbliża. –“ (*Stimme von links:* Am Himmel strahlt schon der Komet – der Tag des Jüngsten Gerichts naht!)] (NBK 23/36).

eine veraltete Formel) (NBK 58/122). Krasiński greift hier zur Kosmogonie des christlichen Millenarismus, der zufolge innerweltlicher Fortschritt nicht möglich erscheint, sondern das Reich Gottes auf Erden allein durch Gott selbst herbeigeführt wird. So spürt der siegreiche Pankracy im Gespräch mit Leonard plötzlich die Anwesenheit eines Dritten: „*Pankracy.* [...] sami jesteśmy, a zda mi się, jakoby tu był ktoś trzeci. –" (*Pankracy:* [...] wir sind allein, und doch ist es mir, als wäre jemand dritter mit uns.) (NBK 77/171). Der Anführer der Revolution hat die Vision des Gekreuzigten am Himmel (den Leonard nicht sehen kann) und wird zum Sprachrohr dieser Mauerschau der zweiten Parusie:

> *Pankracy.* Jak słup śnieżnej jasności, stoi ponad przepaściami – oburącz wspart na krzyżu, jak na szabli Mściciel. – Ze splecionych piorunów korona cierniowa. – *Pankracy:* Wie eine Säule schneeigen Glanzes steht er über dem Abgrunde – stützt sich mit beiden Händen auf das Kreuz wie ein Rächer auf den Säbel. – Seine Dornenkrone ist aus Blitzen geflochten. (NBK 78/173)

Wie Doktor August Bécu in Mickiewiczs *Dziady* (Szene III 8) als Strafe Gottes vom Blitz getroffen wird, fällt Pankracy daraufhin tot um. Seine letzte Interjektion ist ein Julian-Apostata-Zitat[53] in der zweiten Person Singular Perfekt Aktiv: „*Galilaee vicisti*" (NBK 78/174). Der thetisch behauptete Sieg des „Galiläers" Christus erscheint in Krasińskis Drama als einzig mögliche Auflösung des sozialen Krieges. Mit ihr endet der zu Beginn des dritten Akts begonnene Klassenkampf. Die Erscheinung des Gekreuzigten ist das einzige ideelle Ende, das sich im Drama präsentisch ereignet.

Auch wenn Christus lediglich in Pankracys Vision erscheint, so bedeutet das nicht, dass mit dieser nicht alles auf der Welt endet.[54] Die Poetik der Kürze bedingt, dass auch die Vision des Endes im Verbund mit dem Textende genug des Endes für ein apokalyptisches Bild ist. Das Lebensende Pankracys koinzidiert mit dem Ende der irdischen Welt[55] und zugleich des Dramas. Krasiński beendigt damit die Welt und/als Komödie.

---

53 Vgl. Bogdan Burdziej: Izrael i krzyż. U podstaw ideowych Nie-Boskiej Komedii Zygmunta Krasińskiego. In: Zygmunt Krasiński – nowe spojrzenia. Hg. v. Grażyna Halkiewicz-Sojak/Bogdan Burdziej. Toruń 2001, S. 201–249.

54 Wie Waśko: Zygmunt Krasiński, S. 175 und Burdziej: Izrael, S. 247 meinen.

55 Vgl. Burdziej: Izrael, S. 248.

Zur literarischen Morphologie von Endlichkeit

Wie gesehen, serialisiert Krasiński in seiner *Ungöttlichen Komödie* einander überbietende Enden. Bis auf Orcios und Pankracys Tod und das mit letzterem zusammenfallende Welt- und Dramenende sind diese diversen Enden aber immer nur *ex ante* oder *ex post* sagbar. Das Ende des romantischen Egotismus und der Poesie wird so oft beschworen, dass sie gänzlich unglaubwürdig erscheinen. Aber auch auf Henryks Tod wird bloß metonymisch geschlossen: „*Pankracy*. [...] Ślady krwi na rękojeści“ (*Pankracy*: [...] Spuren von Blut auf dem Griff) seines Wappensäbels und Augenzeugenerzählungen (NBK 77/170). Dass das Ende selbst nicht erhascht werden kann, sagen die Teilzeugen explizit: „*Różne głosy*. Zniknął przy samym końcu.“ (*Einige Stimmen*: Er verschwand kurz vor dem Ende.) (NBK 76/168).

Die vielen Enden verdanken sich nicht zuletzt der skizzenhaften Rumpfartigkeit des Dramas,[56] einer fast avantgardistischen Poetik der lakonischen Kürze und der Personifizierung von sozialen Gruppen und Typen in den wenigen Protagonist:innen.[57] Die Tatsache, dass die diversen Enden nur angerissen, avisiert oder aus Indizien geschlossen werden, sollte aber nicht über den kosmologischen Anspruch des Dramas hinwegtäuschen: Krasiński gibt sich jede erdenkliche Mühe, alles auf einmal abzuschließen.

Insofern scheint es nicht sehr plausibel, wenn die Forscher:innen sich die Frage stellen, was nach dem Ende (des Klassenkampfs, des Dramas und der Welt) komme. Mag dieses dreifache Ende auch nur durch den theatralischen Effekt des Erscheinens des Gekreuzigten als *deus ex machina*[58] erreichbar sein, so bleibt der ideologische Paukenschlag dieses Verfahrens doch unabweisbar. Unter den Auslegungen des Dramenendes ist entsprechend der katastrophisch-apokalyptischen Lesart[59] der Vorzug zu geben vor der soteriologischen Interpretation der Vision des Gekreuzigten als Anbruch eines Reiches der Liebe.[60] Bezeichnenderweise kann die Suggestion der Forschung, dass nach der apokalyptischen Allvernichtung ein neues Positives folgen müsse, ebenfalls nur mit doppelter Negation eines unbeendeten Endes operieren: „Zostaje więc w konkluzji nicość najzupełniejsza. Ale nie nicość nieskończona.“[61] (Es bleibt also am Schluss das maximale Nichts.

---

56 Vgl. Tarnowski: Studia, S. 114.
57 Vgl. Waśko: Zygmunt Krasiński, S. 151.
58 Vgl. Masłowski: Gest, S. 171.
59 Vgl. Janion: Zygmunt Krasiński, S. 231.
60 Vgl. Witkowska: Wielcy romantycy polscy, S. 219; Marek: La „Comédie non-divine“, S. 20.
61 Tarnowski: Studia, S. 146.

Aber kein unendliches Nichts.) Das Negiert-Negierte wird nicht inhaltlich gefüllt, Krasiński bleibt bei der doppelten Negation (in meiner Lesart: einem doppelten, dreifachen, vielfachen Ende) stehen.[62] In der dritten und finalen Fassung des Schlusses[63] hat Christus auf jeden Fall bloß eine destruktive Funktion, keine erlösende: „Christ here appears an image of terror: an avenger, not a saviour."[64] Schon Mickiewicz hält dazu fest, Krasiński habe keine Lösung denken können;[65] daher lässt er alles zu Ende gehen.

62 Vgl. Kallenbach: Zygmunt Krasiński, S. 126 f.
63 Vgl. Masłowski: Gest, S. 201.
64 Gardner: The Anonymous Poet, S. 133.
65 Vgl. Mickiewicz: Literatura słowiańska, S. 109.

III Erfahrungsräume der Endlichkeit und Endliche Naturen

Sebastian Schönbeck

Geteiltes Wissen vom Ende

Grainvilles Erster und Letzter Mensch

Während Karoline von Günderrode 1804 in Frankfurt am Main an ihrem *Apokaliptischen Fragment* arbeitet, in dem sich die Konturen des Endlichkeitsdenkens der Frühromantik abzeichnen,[1] schreibt Jean-Baptiste Cousin de Grainville in Amiens an seinem letzten Werk, dessen autorisierte Publikation nach seinem Suizid am ersten Mai 1805 erfolgt. Der erste Band des Textes wird im selben Jahr als Vorstufe und ‚ouvrage posthume' unter dem Titel *Le dernier homme* in der Librairie Deterville in Paris publiziert. Grainvilles letzter Text bleibt ein Fragment, das in den Folgejahren ins Englische (1806)[2] und ins Deutsche (1807)[3] übersetzt wird. Es trägt einen sprechenden Titel: *Der letzte Mensch*. Im Paratext erscheint damit prominent jene Figur, die aus dem Endlichkeitsdiskurs bis heute nicht mehr wegzudenken ist. Sie repräsentiert das Phantasma der unumkehrbar gewordenen Selbstzerstörung des Menschen auf dem Planeten Erde; ihre Lebenszeit fällt mit der Endzeit der menschlichen Spezies zusammen.

Im Kontrast zur heutigen Prominenz der Figur findet der Text ungeachtet seiner unmittelbaren europäischen Verbreitungs- und Übersetzungsgeschichte unter den Zeitgenossen vergleichsweise wenig Leser:innen: „il y a eu seulement quatre ou cinq exemplaires sortis du magasin de libraire", schreibt Marta Sukiennicka im Rückgriff auf Jules Michelet.[4] Nichtsdestotrotz führt ihn die Forschung immer wieder als ersten Typ einer neuen Gattung an, einer neuen „futuristic fiction", die die Apokalypse säkularisiert[5] und die zugleich als Initiation einer neuen Endlichkeitsprosa sowie als Vorläufer zu Mary Shelleys Roman *The Last Man* (1926) gilt. Paul

1 Vgl. die Einleitung zum vorliegenden Band.

2 Jean-Baptiste François Xavier Cousin de Grainville: The Last Man, or Omegarus and Syderia. A Romance in Futurity. 2 Bde. London 1806.

3 Jean-Baptiste François Xavier Cousin de Grainville: Der letzte Mensch. Eine romantische Dichtung. Übers. v. Johann Anton Wilhelm Gessner. Leipzig 1807.

4 Marta Sukiennicka: Les imaginaires de la fin de l'homme. Grainville et Nodier face à l'économie de la nature. In: Littérature française et savoirs biologiques au XIXe siècle. Traduction, Transmission, Transposition. Hg. v. Thomas Klinkert/Gisèle Séginger. Berlin/Boston 2020, S. 31–49, hier S. 33.

5 Vgl. Paul K. Alkon: Origins of Futuristic Fiction. Athen 1987, S. 4, zu Grainville bes. S. 158–191.

https://doi.org/10.1515/9783111426129-011

Atkin zufolge vollendet Shelley die von Grainville beschleunigte Säkularisierung der biblischen Apokalypse.[6]

Darüber hinaus soll – so etwa Amy Ransom – Grainvilles Text „The First Last Man" zur Darstellung bringen.[7] Diese These aufgreifend zeige ich im Folgenden, welche Diskursstränge Grainvilles Epos, sowohl auf der Ebene der Handlung als auch auf formaler Ebene, verwebt, um damit an einer säkularisierten Fassung des Wissens über Endlichkeit zu arbeiten. Gerhard Poppenbergs Nachwort zur Neuauflage des Romans (2015), die sich an der Edition von Charles Nodier (1811) orientiert, weist in eine ähnliche Richtung, wenn er mit Blick auf die Denkfigur des Letzten Menschen schreibt, diese stehe „im Spannungsfeld von religiöser Heilsgeschichte und politischer Weltgeschichte" und sei „aus dieser Spannung [heraus] zu verstehen".[8] Beim Letzten Menschen handele es sich also, so Poppenberg weiter, „um die Konfiguration des Endes nach der religiösen Deutung der Welt."[9]

Mein Beitrag richtet den Fokus auf genau diese Konfiguration des Endes. Dabei geht es insbesondere um die Spezifik des säkularen Wissens vom Ende und von der Endlichkeit. Die Ausführungen Poppenbergs ergänzend verfolge ich die These, dass der Text im Rahmen der Spannung von religiöser Heilsgeschichte und säkularer Weltgeschichte die Zeitvorstellung der Naturgeschichte der Aufklärung – wie sie in Comte de Buffons *Histoire naturelle* (1749–1789) entwickelt wird – aufgreift. Dabei bearbeitet der Text ein Problem poetologisch, das auch für die Theorie der deutschsprachigen Frühromantik zentral ist: die Vermittlung des Spannungsverhältnisses zwischen Individualität und Allgemeinheit, Dinge und

6 Alkon: Origins of Futuristic Fiction, S. 190. Dass sich die Säkularisierung der Apokalypse in einer Vielzahl an Texten der Europäischen Romantik zeigt, verdeutlicht Werner von Koppenfels: Le coucher du soleil romantique. Die Imagination des Weltendes aus dem Geist der visionären Romantik. In: Poetica 17 (1985), S. 255–298, hier S. 258: „In bitter säkularer Parodie der Offenbarung, wo die Verfinsterung der Sonne, das Blutigwerden des Mondes und das Herabfallen der Sterne den Jüngsten Tag ankündigen, sind es Bilder von außerordentlicher, die Nationalliteraturen übergreifender Kontinuität, die das Zeitende als materiellen und spirituellen Dunkel- und Kältetod der Erde, ja des Weltalls beschwören." Zur Bedeutung der Apokalypse für die Romantik vgl. auch Ingrid Oesterle: Romantische Poesie der Poesie der Apokalypse. Neue Kunst, neue Mythologie und Apokalyptik in der Heidelberger Romantik und im Spätwerk Friedrich Schlegels. In: Poesie der Apokalypse. Hg. v. Gerhard R. Kaiser. Würzburg 1991, S. 103–128.

7 Amy J. Ransom: The First Last Man. Cousin de Grainville's Le Dernier homme. In: Science Fiction Studies 41 (2014), H. 2, S. 314–340.

8 Gerhard Poppenberg: Figuren des Endes. Der letzte Mensch – ein Mythos der Moderne. In: Jean-Baptiste Cousin de Grainville: Der letzte Mensch. Übers. v. Sylvia Schiewe. Berlin 2015, S. 209–253, hier S. 213.

9 Poppenberg: Figuren des Endes, S. 213.

Unbedingtheit, Endlichkeit und Unendlichkeit.[10] Grainvilles *Le dernier homme* wird demnach im Folgenden als narrative Ausfaltung eines Vermittlungsversuchs verstanden.

Das Fortpflanzungskriterium

Le dernier homme ist zwar als Epos im Stil von Miltons *Paradise Lost* (1667) geplant, aber vor der Realisierung dieses Vorhabens hat Grainville nur den heute bekannten Prosa-Entwurf fertiggestellt.[11] Der Text ist in zehn Gesängen unterteilt, trägt somit strukturelle Züge eines Epos, ist aber nicht in Versen verfasst, sondern gleicht der Form nach einem Roman. Er stellt ein Endzeitszenario vor Augen und wirft verschiedene Probleme der Erzählbarkeit von Endlichkeit auf. Am Beginn der Handlung steht ein ‚Ich', das im syrischen Palmyra zunächst in Begleitung einiger Syrer vor den Eingang einer Höhle tritt, um sich daraufhin von einem geheimnisvollen Mann unter vehementem Protest seiner Gefährten in die Tiefen locken zu lassen. Der unheimliche Höhlenmensch wird dabei von der Erzählinstanz der Rahmenhandlung als zeitlose Gestalt gedeutet, als jemand, der immer schon in der Gegenwart gelebt haben musste. Nach langer Wanderung in die Tiefen der Höhle trifft der Ich-Erzähler in einem größeren Raum auf einen Thron aus Saphir, einen Dreifuß, an dessen Fuß ein Mann mit schlaffen Flügeln gekettet ist, über ihm schweben Wolken. An den Wänden des Raumes sind diverse „miroir magique" („magische Spiegel") befestigt.[12] Dass eine defekte Uhr Teil dieses Ding-Gebildes ist, spricht für jene Zeitlosigkeit, die die Ich-Figur mit dem rätselhaften Mann assoziiert. Schließlich spricht aus dem Ding-Gebilde heraus ein „esprit céleste" („himmlischer Geist") zum Ich:

> J'ai puni de mort les téméraires qui méprisant la crainte que ma demeure inspire, crurent que leur audace pouvoit s'en frayer l'entrée; ne crains pas la même destinée, toi que j'y viens d'appeler: je suis l'esprit céleste à qui l'éternel avenir est connu; tous les événements sont pour moi comme s'ils étaient écoulés. Ici le temps est chargé de chaînes, et son empire détruit. [...] Si j'ai

10 Die frühromantische Fragmentpoetik trägt eine vergleichbare Spannung aus. Schlegel etwa beschreibt das Fragment in Analogie zum Igel so, dass es „von der umgebenden Welt ganz abgesondert", dabei aber „in sich selbst vollendet sein" soll „wie ein Igel". Friedrich Schlegel: Athenäums-Fragmente. In: ders.: Kritische Friedrich-Schlegel-Ausgabe. Bd. 2: Charakteristiken und Kritiken I (1796–1801), hg. v. Hans Eichner. Paderborn/München/Wien 1967, S. 165–255, hier S. 197.

11 Vgl. Poppenberg: Figuren des Endes, S. 219.

12 Jean-Baptiste François Xavier Cousin de Grainville: Le dernier homme. Bd. 1. Paris 1805, S. 4 f.; Jean-Baptiste Cousin de Grainville: Der letzte Mensch. Übers. v. Sylvia Schiewe. Berlin 2015, S. 9. Der Kurznachweis „Granville: Der letzte Mensch" bezieht sich im Folgenden auf diese Ausgabe.

conduit tes pas dans cette caverne, j'ai voulu lever pour toi le voile qui dérobe aux mortels le sombre avenir, et te rendre spectateur de la scène qui terminera les destins de l'univers. Dans ces miroirs magiques qui t'environnent, le dernier homme va paroître à tes yeux. Là, comme sur un théâtre où des acteurs représentent des héros qui ne sont plus, tu l'entendras converser avec les personnages les plus illustres du dernier siècle de la terre; tu liras dans son ame ses plus secrètes pensées, et tu seras le témoin et le juge de ses actions.[13]

Mit dem Tode habe ich die Verwegenen bestraft, die die Furcht, welche meine Behausung einflößt, missachteten und glaubten, ihre Kühnheit könne den Eintritt bahnen; fürchte nicht das gleiche Schicksal, du, den ich soeben hereinrief: ich bin der himmlische Geist, dem die ewige Zukunft bekannt ist; alle Ereignisse sind für mich so, als wären sie bereits vergangen. Hier liegt die Zeit in Ketten, und ihre Macht ist zerstört. [...] Wenn ich deine Schritte in diese Kaverne gelenkt habe, so geschah es, weil ich für dich den Schleier, der den Sterblichen die düstere Zukunft verhüllt, lüften und dich zum Zuschauer der Szene machen wollte, die die Geschicke des Universums beschließen wird. In diesen magischen Spiegeln, die dich umgeben, wird vor deinen Augen der letzte Mensch erscheinen. Wie auf einer Bühne, wo die Schauspieler Helden darstellen, die nicht mehr sind, wirst du ihn sich dort mit den berühmtesten Personen des letzten Zeitalters der Erde unterhalten hören; du wirst in seiner Seele seine geheimsten Gedanken lesen, und wirst der Zeuge und der Richter seiner Handlungen sein.[14]

Angekündigt wird also ein Wissen über die Zukunft, über den letzten Menschen am Ende der Geschichte. Narratologisch betrachtet wird der himmlische Geist zum Medium einer gewaltigen historischen Prolepse, in dessen Rahmen die Zukunft als bereits vergangene darstellbar ist. Das Ich – und mit ihm die Lesenden – sollen zu Zeugen einer Figur des Letzten Menschen werden – dessen Taten kein Mensch mehr bezeugen können wird. Zentrales Anliegen des Geistes ist es, das drohende Unwissen über den letzten Menschen mit seiner Zukunftserzählung zu kompensieren. Die Menschen sollen sich schon jetzt an ihn erinnern, was der Vorstellung eines fiktiven und hypothetischen Endes gleichkommt. Der Geist fordert das Ich auf, die Geschichte vom letzten Menschen weiterzuerzählen, bevor das Ich seine Bewegung zurückerlangt, der Mann seine Flügel wieder anlegt, die Ketten sprengt und davonfliegt.

Eine Stimme hinter den Spiegeln präsentiert daraufhin die beiden zukünftigen „derniers habitants de la terre" („letzten Bewohner der Erde")[15] – Omégare und Sydérie – sowie nach einem Szenenwechsel „Adam, le premier père des hommes" („der erste Vater der Menschen"),[16] der wiederum von einem Engel (Ituriel) auf die Erde geschickt wird, um eine geheime Mission zu erfüllen. Auf der Erde angekommen trifft Adam auf Omégare und Sydérie. Die beiden Letzte-Mensch-

13 Grainville: Le dernier homme. Bd. 1, S. 5–7.
14 Grainville: Der letzte Mensch, S. 9 f.
15 Grainville: Le dernier homme. Bd. 1, S. 9; Grainville: Der letzte Mensch, S. 11.
16 Grainville: Le dernier homme. Bd. 1, S. 13; Grainville: Der letzte Mensch, S. 13.

Figuren werden also mit der des ersten Menschen konstelliert. Nach Adams Rückkehr auf die Erde bemerkt er, dass der Planet sich nunmehr am Ende einer fatalen Entwicklung befindet („tu n'es plus qu'une ruine immense" („du bist nur mehr eine große Ruine"))[17] und bittet, als er auf Omégare und Sydérie trifft, ersterer möge ihm die „Geheimnisse seines Lebens"[18] enthüllen. Adam will erfahren, wie die Erde in ihren versehrten Zustand geraten war, woraufhin Omégare am Beginn des zweiten Gesanges sein Leben im Rahmen einer Binnenerzählung rekapituliert:

> Lorsque je vis le jour, l'hymen depuis vingt ans n'étoit plus fécond. Les hommes avançant tristement vers le terme de leur course, sans être suivis d'une jeune postérité qui dût les remplacer, pensoient que la terre alloit perdre en eux ses derniers habitans. Ma naissance fut un phénomène qui causa leur surprise et les transports de leur joie : ils la célébrèrent par des fêtes. On dit que des femmes accoururent des extrémités de l'Europe pour voir l'homme enfant: c'est ainsi qu'elles me nommèrent. Mon père me prit dans ses bras, et s'écria: le genre humain vit encore ! Ô Dieu ![19]

> Als ich das Licht der Welt erblickte, hatte es bereits seit zwanzig Jahren keine fruchtbare Vermählung mehr gegeben. Die Menschen, die traurig auf das Ende ihres Weges zuschritten, ohne dass eine junge Nachwelt ihnen folgte, die dereinst ihren Platz einnehmen sollte, dachten, die Erde verliere mit ihnen ihre letzten Bewohner. Meine Geburt war ein Phänomen, das ihr Erstaunen und ihren Freudentaumel auslöste: sie begingen sie mit Festen. Man sagt, die Frauen seien von den äußersten Rändern Europas herbeigeströmt, um das Menschenkind zu sehen: so nannten sie mich. Mein Vater nahm mich in seine Arme und rief: „Die menschliche Gattung lebt weiter! O Gott!"[20]

Nach der Prolepse des Geistes, der hinter den Spiegeln zum Protagonisten spricht, erzählt uns Omégare sein Leben in Form einer Analepse. Durch diese Wende mag sich die erzählte Zeit wieder dem Zeitpunkt des Erzählens in der Rahmenhandlung annähern. Zudem wechselt mit dieser erneuten Binnenerzählung die Rolle des Erzählers vom Ich-Erzähler zu Omégare, dessen direkte Rede wiedergegeben wird, bevor wieder das Ich und andere Figuren erzählen. Wichtiger als diese verschachtelte Erzählstruktur, die an die spätere Prosa E.T.A. Hoffmanns erinnert, ist indes, dass hier erstmals das Hauptproblem der prekären Fruchtbarkeit für den Fortbestand der menschlichen Spezies beschrieben wird. Die Menschen scheinen ihre Fertilität eingebüßt zu haben, sodass Geburten zu seltenen und gefeierten Anlässen geworden sind. Die Geburt Omégares wird als Ereignis, das Hoffnung auf den Fortbestand der Gattung stiftet, wahrgenommen. Die Bezeichnung „l'homme enfant"

---

17 Grainville: Le dernier homme. Bd. 1, S. 22; Grainville: Der letzte Mensch, S. 18.
18 Grainville: Le dernier homme. Bd. 1, S. 32; Grainville: Der letzte Mensch, S. 23.
19 Grainville: Le dernier homme. Bd. 1, S. 33 f.
20 Grainville: Der letzte Mensch, S. 24.

(„Menschenkind") für Omégare schürt den Verdacht, dass der generische Singular, der sich im Titel des Buches findet, diese Figur bezeichnen könnte.

Mit dem Fortpflanzungskriterium trägt der Text das naturgeschichtliche Kriterium zur essentialistischen Definition einer Art in den Text, das in der Naturgeschichte der Neuzeit an Bedeutung gewinnt. Maßgeblich geprägt wurde es durch den englischen Naturhistoriker John Ray, der in seiner *Historia plantarum generalis* (1686) eine Art folgenreich als jene Individuen von Pflanzen (und von Tieren) versteht, die ihre Unterscheidungsmerkmale über den Samen – und also über Fortpflanzung – weitergeben. Carl von Linné greift diese Definition in seinem *Systema naturae* (1735) auf, indem er seiner Vorstellung des Naturreichs das Prinzip der Fortpflanzung zugrunde legt, wenn er schreibt, dass jedes Lebewesen einer Art einen Nachkommen zeugt, der dem Erzeuger ähnelt.[21] Zugleich rubriziert Linné im *Systema naturae* den Menschen als erster Naturforscher als Teil des Tierreiches neben Faultieren und Affen. Das Tier- und Pflanzenreich (nicht hingegen das Steinreich) setzt sich seiner Ansicht nach aus nebeneinander existierenden, realen Artgemeinschaften zusammen, deren einzelne Vertreter auf gemeinsame „Abstammungslinien"[22] zurückzuführen sind. Georges-Louis Leclerc de Buffon nimmt den linnéischen Artbegriff in seiner *Histoire naturelle* (1749–1789) auf, gewichtet dabei aber die individuelle Sukzession von Vertretern einer Art und damit die Reproduktionslogik stärker, wobei religiöse Bestände in der Erklärung in den Hintergrund rücken. Im ersten Band, der 1749 in Paris erscheint und dessen deutsche Übersetzung durch Albrecht von Haller ein Jahr später vorgelegt wird, heißt es zum Artbegriff:

> [O]n doit regarder comme la même espèce celle qui, au moyen de la copulation, se perpétue & conserve la similitude de cette espèce, & comme des espèces differentes celles qui, par les mêmes moyens, ne peuvent rien produire ensemble.[23]

> Außerdem hat man noch einen Vortheil, die Arten der Thiere zu erkennen, und sie von einander zu unterscheiden, weil man naemlich diejenigen als Thiere von einer Art ansehen kann, die das Aehnliche ihrer Art durch die Vermischung fortpflanzen und erhalten; da Ge-

21 Vgl. Carl von Linné: Natur-Systema oder Die in ordentlichem Zusammenhange vorgetragene Drey Reiche der Natur, nach ihren Classen, Ordnungen, Geschlechtern und Arten. Übers. v. Johann Joachim Lange. Halle 1740, S. 1.

22 Georg Toepfer: Art. In: ders.: Historisches Wörterbuch der Biologie. Geschichte und Theorie der biologischen Grundbegriffe. Bd. 1: Analogie – Ganzheit. Stuttgart/Weimar 2011, S. 61–131, hier S. 66.

23 Georges Louis Leclerc de Buffon: Histoire des Animaux. In: ders.: Œuvres, hg. u. übers. v. Stéphane Schmitt. Paris 2007, S. 133–178, hier S. 139.

> gentheils die, welche durch die Vermischung nichts zusammen vorbringen koennen, als verschiedene Arten anzusehen sind.[24]

In dieser Erklärung wird die Fortpflanzungsfähigkeit zum entscheidenden Kriterium. Legt man diese Definition der Art – wie sie weitläufig in der Naturgeschichte des späten achtzehnten Jahrhunderts vertreten wird[25] – zugrunde und wendet den Blick zurück auf Grainvilles *Le dernier homme*, so gelten darin, wie sich im Verlauf des Textes zeigt, ausschließlich Omégare und Sydérie als Vertreter – und in ihrer Singularität eben als Stellvertreter – der Art *homo sapiens*. Im Rahmen der Handlung sind also lediglich zwei Vertreter der Art zu finden: Omégare und Sydérie. Mit ihnen verbindet sich die entscheidende Frage, ob die Art fortbestehen oder aussterben wird.

Schon als Omégare seine Geburt im Rahmen seiner Lebensgeschichte rekapituliert, stellt er sie als Ausnahmefall dar. Die Nachricht verbreitet sich rasant unter den noch lebenden Individuen. Denn dass die Zeugungsfähigkeit keineswegs mehr selbstverständlich ist und der Fortbestand der menschlichen Spezies auf dem Spiel steht, ist geteiltes Wissen. Auf dieser epistemologischen Grundlage wird die Geburt Omégares zum populären Naturereignis. Mit ihr verbindet sich die Hoffnung, dass er nicht nur der letzte geborene Mensch, sondern auch ein potentieller Anfang einer neuen Genealogie des Menschen sein könnte.

Das Wissen um den möglichen Fortbestand wird durch den sogenannten „génie terrestre" („Genius der Erde"), eine metaphysische Figur, die die Erde erhalten will, bereitgestellt. Nach dem Tod seiner Eltern will Omégare aufbrechen, um nach letzten Menschen in Europa zu suchen. Dann erscheint ihm in einem Wirbel der Genius der Erde, der an die Erzählinstanz aus der Rahmenhandlung erinnert, wobei unklar bleibt, ob er mit dieser identisch ist:

> [I]l n'est plus qu'une seule femme et toi qui pouvez aujourd'hui perpétuer la race des humains. Qu'elle périsse ou que tu meures, la terre va se dissoudre, rentrer dans le chaos, et je suis anéanti pour jamais.[26]

---

24 Georges Louis Leclerc de Buffon: Geschichte der Thiere. In: ders.: Allgemeine Historie der Natur: nach allen ihren besonderen Theilen abgehandelt; nebst einer Beschreibung der Naturalienkammer Sr. Majestät des Königes von Frankreich. Bd. 1.2. Übers. v. Albrecht von Haller. Hamburg/Leipzig 1750, S. 3–198, hier S. 9.

25 Vgl. Ernst Mayr: Die Entwicklung der biologischen Gedankenwelt. Vielfalt, Evolution und Vererbung. Übers. v. Karin de Sousa Ferreira. Berlin u. a. 2002, S. 296–298.

26 Grainville: Le dernier homme. Bd. 1, S. 41.

> [H]eute gibt es nur noch eine einzige Frau und dich, die ihr das Menschengeschlecht fortbestehen lassen könnt. Wenn sie umkommen wird oder du stirbst, wird die Erde sich auflösen, ins Chaos zurückkehren, und ich bin auf immer vernichtet.[27]

Der Schöpfer selbst hatte ihm angekündigt, dass sein Tod zugleich das Ende der Erde bedeuten würde. Der Genius verfolgt also mit seiner Unterstützung Omégares das Ziel, sein eigenes Überleben zu sichern. So offenbart der Genius auch den anderen Figuren (Palémos, Idamas) den Auftrag Omégares, Sydérie, den letzten fruchtbaren weiblichen Menschen des Planeten, zu finden. Omégare ist sich bewusst, dass diese Suche keinen Aufschub erlaubt und macht anderen gegenüber deutlich, dass er eine immense Verantwortung trägt: „Mes momens [...] ne m'appartiennent plus, ils sont au genre humain." („Meine Zeit [...] gehört nicht mehr mir, sie gehört der menschlichen Gattung.")[28]

Zeitliche Abstraktionen

Zum Problem-Komplex der Erkennbarkeit und Unterscheidbarkeit von Arten gehört indes nicht nur die Fortpflanzungsfähigkeit der Individuen einer Art, sondern auch die Frage nach ihrem Ursprung und ihrem potentiellen Ende. Bei beiden Aspekten handelt es sich um naturgeschichtliche Probleme der zeitlichen Abstraktion. In der Zeit, in der Grainville *Le dernier homme* schreibt, war die zeitliche Veränderbarkeit von Arten bereits durch die Popularität der europäischen Naturgeschichte ins Bewusstsein gerückt. Exemplarisch dafür stehen etwa die in Paris in den 1790er Jahren geführte Debatte um das Aussterben von Arten, in die auch Jean Baptiste Lamarck verwickelt war,[29] sowie die Arbeiten Georges Cuviers, der anhand von fossilen Knochenfunden die Umrisse einer „untergegangenen Urzeitfauna"[30] skizzierten wollte.

Das Problem einer Darstellung der Früh- oder Vorzeit von Arten erkennen aber im achtzehnten Jahrhundert schon Linné und Buffon. Zwar hält Linné die Arten noch für unveränderbar und – abgesehen von reversiblen Umwelteinflüssen – konsistent, aber auf der Basis des Fortpflanzungsprinzips stellt sich ihm der Artursprung auch als Problem dar. Denn wenn nur durch Reproduktion hervor-

---

27 Grainville: Der letzte Mensch, S. 28.

28 Grainville: Le dernier homme. Bd. 1, S. 51; Grainville: Der letzte Mensch, S. 34.

29 Vgl. Richard W. Burkhardt: The Spirit of the System. Lamarck and Evolutionary Biology. Cambridge, Mass. 1995, S. 130 ff.

30 Lena Kugler: Die Zeit der Tiere. Zur Polychronie und Biodiversität der Moderne. Konstanz 2021, S. 33.

gebrachte, zeugungsfähige Vertreter:innen zu einer Art gehören, wie wurden dann die allerersten Individua einer Art hervorgebracht? Linné, der im *Systema naturae* davon ausgeht, „daß alles, was lebet durch ein Ey fortgepflanzet werdet" und demnach die Anzahl der Arten sich nicht vergrößern kann, sieht „in einem einzigen Erzeugungs-Ursprung" einen „einzigen Zwitter", der sich in beide Geschlechter geteilt hätte.[31] Die Schöpfungsinstanz, die diesen Zwitter hervorgebracht habe, findet er in „Gott, dessen WErck die Schöpfung genennet wird".[32] Linnés Naturgeschichte bedient sich also indirekt der christlichen Schöpfungsgeschichte (des Buches Genesis), um den Ursprung der Arten vorzustellen. Das adamitische Urpaar, das keine real existierenden Vorfahren haben kann, wurde Linné zufolge vom Schöpfer selbst gezeugt.

Auch Buffon hält an der These von der Stabilität und Invarianz der Arten bis zu einem bestimmten Punkt fest und beschreibt Anomalien als individuelle Abweichungen, ausgelöst etwa durch geographische und klimatische Bedingungen, die jedoch den zugrundeliegenden Typus einer Art niemals verändern können.[33] Gleichwohl bedient sich auch Buffon im Rahmen seiner *Histoire naturelle* der Figur des ersten Menschen, wenn er in einem epistemologischen Gedankenexperiment die menschlichen Erkenntnisfähigkeiten reflektiert. In der *Histoire naturelle de l'homme*, einem Teil, der im dritten Band der *Histoire naturelle* im Jahr 1749 erscheint, denkt Buffon grundsätzlich über die Epistemologie der Sinne nach. Zunächst richtet sich sein Interesse auf die ontogenetische Entwicklung des Menschen, bevor er den Fokus auf die menschliche Phylogenese richtet und hierbei eine Adam-Figur imaginiert:

> J'imagine donc un homme tel qu'on peut croire qu'était le premier homme au moment de la création, c'est-à-dire, un homme dont le corps et les organes seraient parfaitement formés, mais qui s'éveillerait tout neuf pour lui-même et pour tout ce qui l'environne. Quels seraient ses premiers mouvements, ses premières sensations, ses premiers jugements? Si cet homme voulait nous faire l'histoire de ses premières pensées, qu'aurait-il à nous dire?[34]

Ich stelle mir einen solchen Menschen, wie den ersten Menschen in dem Augenblick seiner Schöpfung, oder wie einen Menschen, vor, welcher, bey vollkommen ausgebildeten sinnlichen Werkzeugen, zum erstenmal erwacht, um sich selbst, und alles, was ihn umgiebt, zu betrachten. Wie mögten wohl die ersten Bewegungen, die ersten Empfindungen, und ersten

31 Linné: Natur-Systema, S. 1.

32 Linné: Natur-Systema, S. 1.

33 Vgl. Hans-Jörg Rheinberger: Buffon: Zeit, Veränderung und Geschichte. In: History and Philosophy of Life Sciences 12 (1990), H. 2, S. 203–223, hier S. 205 f.

34 Georges Louis Leclerc Comte de Buffon: Histoire naturelle de l'homme. In: ders.: Œuvres, hg. v. Stéphane Schmitt. Paris 2007, S. 179–407, hier S. 302:

> Urtheile desselben beschaffen seyn? Was würde wohl ein solcher Mensch, wenn er uns die Geschichte seiner ersten Gedanken erzählen wollte, uns zu sagen haben?[35]

Im weiteren Verlauf wird allein anhand der Ich-Form, die Buffon verwendet, deutlich,[36] dass er als Prothese seines eigentlichen naturgeschichtlichen Vorgehens sich der poetologischen Mittel des Erzählens – genauer einer Prosopopoiia – bedient.[37] Den Anfang naturgeschichtlich zu denken schürt den Bedarf an Fiktionalisierung, die dem Text eine säkulare Note verleiht und die aus der vollen Einsicht in die empirische Unzugänglichkeit des Ersten, Ursprünglichen hervorgeht. Strukturell gilt diese Angewiesenheit auf Fiktionalisierung nicht nur für die Figur des ersten, sondern eben auch für die des letzten Menschen, worauf später zurückzukommen sein wird.

Vor diesem naturgeschichtlichen Hintergrund ist verständlich, weshalb Grainville Adam und Omégare fiktional zusammenführen kann und die Figuren des ersten und des letzten Menschen – Alpha und Omega – im ersten Gesang in eine Konstellation bringt, die zugleich Beginn und Ende der genealogischen Reihe der Art *Homo sapiens* repräsentiert. So wie sich Linné den Beginn der Spezies gedacht hatte, so imaginiert Grainville den ersten und zugleich den letzten Menschen. So wie Buffon dem ersten Menschen eine Stimme gibt, so gibt Grainville sie dem ersten und den letzten Menschen. Und diese Operationen deuten auf die Möglichkeit hin, dass die letzten zu den ersten Menschen avancieren könnten. Bei Grainville sind die ersten/letzten Menschen, die Figuren Adam, Omégare und später auch Sydérie, umzingelt von menschlichen Helferfiguren und von metaphysischen Kräften. Hinzu kommt, dass die Lesenden am Ende des ersten Gesangs von *Le dernier homme* bereits wissen, dass Adam und Omégare verschiedene Interessen vertreten. Adam weiß vom Engel Ituriel, dass seine Befreiung von jener Insel, auf die er verbannt wurde, „am Tage der Zerstörung der Erde“[38] eintreten soll. Omégare dagegen – so führt es seine Lebensgeschichte vor – will das Ende aufhalten, indem er durch die Zeugung eines neuen Nachkommens mit Sydérie wieder zum ersten Menschen wird. Damit wird der Fortbestand der Erde zu einem Problem, das nicht mehr allein aus einer „prophetischen-eschatologischen Perspektive“ als unabänderlich vorherbestimmt gezeigt wird, sondern Eva Horn zufolge zu einem individuel-

35 Georges Louis Leclerc Comte de Buffon: Naturgeschichte des Menschen. In: ders.: Herrn von Buffons allgemeine Naturgeschichte. Eine freye mit Anmerkungen vermehrte Uebersetzung. Bd. 5. Übers. v. Friedrich Heinrich Wilhelm Martini. Berlin 1773, S. 330.

36 Vgl. Buffon: Naturgeschichte des Menschen, S. 277–281.

37 Vgl. Frederike Middelhoff: Literarische Autozoographien. Figurationen des autobiographischen Tieres im langen 19. Jahrhundert. Stuttgart 2020, S. 193 f.

38 Grainville: Der letzte Mensch, S. 15. Vgl. Grainville: Le dernier homme. Bd. 1, S. 16: „Du succès de ta mission va dépendre ta délivrance, qui doit arriver le jour même de la destruction de la terre; le reste m’est inconnu.“

len. Die Handlungen von Individuen können hier die Zukunft der Erde ermöglichen oder sie werden das Schicksal des Menschen zu verantworten haben. Der Text bediene sich zwar aus dem „Motivarsenal der Apokalypse“, weiche aber eben durch seine Individualisierung von der Vorlage ab, so Horn weiter.[39] Erstaunlich sei, dass die Figuren im Roman „eine Wahl“[40] hätten. Die Zukunftsvision, die Gott Omégare vor Augen führt, um ihn von seiner Entscheidung, die Erde fortbestehen zu lassen, abzubringen, gleiche einer modernen Theorie der Prävention, die darauf abziele, eine katastrophale Zukunft zu verhindern.[41]

Diese subjektiv-individuelle Perspektive ließe sich näher als eine duale beschreiben. Sie wird im Figurenarsenal des Textes anhand von zwei einander entgegenlaufenden Interessenverbünden ausgestaltet. Der erste Mensch – Adam – agiert im Verbund mit Gott, der Figur Ormus und dem personifizierten Tod, sie wollen das Ende der Erde besiegeln. Der letzte Mensch – Omégare – handelt gemeinsam mit dem Genius der Natur und den Figuren Idamas, Palémos aber vor allem mit Sydérie – sie wollen den Erhalt der Gattung *homo sapiens* organisieren.

Aus der Perspektive des Endes des Textes erscheint es als eine Notwendigkeit des Plots, dass dieser in der Auslöschung des Menschen kulminiert, da Gott letztlich die Geschicke der Menschen lenkt und schließlich auch Omégare manipuliert. Auf diese Weise wird auch die Handlungsmacht des Menschen wieder fragwürdig. Der Rahmenhandlung zufolge lesen wir Zukunftswissen, mit dem uns der Genius der Natur zum „témoin“ („Zeugen“) und „juge“ („Richter“) machen will,[42] was die Offenheit des Geschichtsverlaufs an die Freiheit und Handlungsmacht menschlicher Individuen, Figuren wie Leser:innen, disponiert. Die Handlung lehrt dabei aber zugleich auch eine deutliche Skepsis gegenüber metaphysischen Instanzen, denn Gott *will* hier den Untergang der Erde.[43] Grainvilles apokalyptisches Denken läuft darauf hinaus, dass die Heilsgeschichte erst dann an ihr Ende kommt, wenn der Mensch von der Erde getilgt wird. Die Offenheit des Plots wird über weite Strecken des Textes über den Konflikt der Figuren des ersten und des letzten Menschen produziert. Dass Buffon auch die Erzählbarkeit des Letzten, der Endlichkeit, bereits in seiner Naturgeschichte erprobt, wird im Folgenden dargelegt.

---

39 Eva Horn: Zukunft als Katastrophe. Frankfurt a. M. 2014, S. 101.

40 Horn: Zukunft als Katastrophe, S. 105.

41 Vgl. Horn: Zukunft als Katastrophe, S. 106 f.

42 Grainville: Le dernier homme. Bd. 1, S. 7; Grainville: Der letzte Mensch, S. 10.

43 Vgl. Grainville: Der letzte Mensch, S. 153 f.

Abkühlung der Erde

In Grainvilles *Le dernier homme* spiegelt sich der verheerende Zustand des Planeten und der des Menschen. Der Zusammenhang von Mensch und Erde wird im Roman über verschiedene Instanzen hergestellt. Aufschlussreich für den Zustand der Erde ist Adams Ankunft und seine Bemerkungen über ihre „décadence" („Verfall"),[44] vom Zustand des Menschen auf der Erde zeugt wiederum Omégares Lebensgeschichte. Omégare berichtet, wie sich ihm der Schöpfer mitteilt, der in seiner Rede zwischen der abnehmenden Fruchtbarkeit des Menschen und der Erkaltung der Erde bzw. – umgekehrt – der potentiellen Reproduktion durch Omégare und Sydérie und der Wiedererwärmung der Erde eine Verbindung herstellt.[45] Initiiert durch eine Reihe von göttlichen Weissagungen und Ankündigen bildet sich eine Reisegruppe, die sich mit einem Heißluftballon auf den Weg nach Brasilien macht, um dort Sydérie zu finden. Auf der Reise werden weitere Binnenerzählungen wiedergegeben, in denen abermals vom Verfall der Erde die Rede ist. Idamas berichtet etwa von Philantor, der die Unsterblichkeit erfinden sowie vom Klima-Ingenieur Ormus, der durch die Trockenlegung von Flussbetten die Fruchtbarkeit des Bodens zurückgewinnen wollte, bis schließlich die Menschen einen Mangel an Arbeitskraft zeigten. Zugleich berichtet Idamas von einem unvorhergesehenen Ereignis, das alle Projekte zum Erliegen brachte:

> Le soleil donna tout-à-coup des signes de vieillesse, son front pâlit et ses rayons se refroidirent. Le nord de la terre craignit de périr, ses habitans se hâtèrent de quitter des climats dont la froidure augmentoit de jour en jour, ils emportent leurs richesses, et courent à la zone torride se presser sous les regards du soleil.[46]

> Die Sonne zeigte plötzlich Anzeichen ihres Alters, ihre Stirn erblasste, und ihre Strahlen erkalteten. Der Nordteil der Erde fürchtete den Untergang, seine Einwohner beeilten sich, die Klimazone zu verlassen, deren Kälte mit jedem Tag zunahm, sie schleppen ihre Reichtümer mit sich und hasten in die tropische Zone, um sich unter den Blicken der Sonne zusammenzudrängen.[47]

---

44 Grainville: Le dernier homme. Bd. 1, S. 21; Grainville: Der letzte Mensch, S. 27.

45 Vgl. Grainville: Le dernier homme. Bd. 1, S. 42: „Mais je suis instruit que l'astre qui doit rallumer les soleils près de s'éteindre descendra bientôt sur notre sphère pour rendre à l'astre du jour sa chaleur et son premier éclat." („Doch bin ich darüber unterrichtet, dass der Stern, der die nahezu verlöschenden Sonnen neu entfachen soll, bald in unsere Sphäre hinabsteigen wird, um dem Taggestirn seine Wärme und seinen ersten Glanz zurückzugeben.") Grainville: Der letzte Mensch, S. 29.

46 Grainville: Le dernier homme. Bd. 1, S. 109 f.

47 Grainville: Der letzte Mensch, S. 64 f.

Dass die Erde sich abgekühlt hatte, wissen die Leser:innen an dieser Stelle schon durch Adam, durch die göttliche Stimme, die zu Omégare gesprochen hat, durch das heilige Buch, das sich der Reisegruppe im Ballon mitteilt. Nun erfahren sie es noch einmal durch Idamas' Bericht von Ormus' Klimaprojekten (später noch einmal durch Eupolis nach ihrer Ankunft in Brasilien). Die Wiederholungsstruktur zeigt, dass es sich um einen Gemeinplatz der Diegese handelt: Die Sonne ist fahl geworden und die Erde hat eine Abkühlung erfahren, auf die umfassende klimabedingte Migrationsbewegungen und Hungerkrisen folgten. Alle Figuren, menschliche wie metaphysische, wissen es.

Dass die Geschichte der Erde in Epochen verläuft und ihr Entwicklungsprozess maßgeblich als klimatische Abkühlung beschreibbar ist, dieser Gedanke wurde bereits in Buffon *Epoques de la nature* (1778) formuliert. Hier stellt Buffon sich die Entwicklung von Sonnensystem, Erde und Organismen als Prozess der Abkühlung vor, als einen – wie Hans-Jörg Rheinberger es beschreibt – „nichtzyklischen, gerichteten, irreversiblen Verlauf",[48] der sich in sieben Epochen vollziehe. Im Rahmen dieses Geschichtsverlaufs findet sich nun jedoch – und darauf haben Eva Horn[49] und Noah Heringman[50] hingewiesen – der Gedanke des Menschen als geophysischer Kraft. Der Grundgedanke des Anthropozäns, auf dem die Spannung von *Le dernier homme* basiert, findet also vor Grainville erstmals in Buffons *Epoques* Erwähnung:

> Je donnerais aisément plusieurs autres exemples, qui tous concourent à démontrer que l'homme peut modifier les influences du climat qu'il habite, et en fixer pour ainsi dire la température au point qui lui convient: et ce qu'il y a de singulier, c'est qu'il lui serait plus difficile de refroidir la Terre que de la réchauffer; maître de l'élément du feu, qu'il peut augmenter et propager à son gré, il ne l'est pas de l'éléement du froid, qu'il ne peut saisir ni communiquer.[51]

> Ich koennte leicht noch mehrere Beyspiele anfuehren, welche alle beweysen, daß der Mensch den Einfluß der Himmelsgegend, welche er bewohnt, veraendern, und ihr gleichsam die Temperatur geben kann, welche er will. Sonderbar ist es aber, daß es ihm weit schwerer ist, die Erde kaelter zu machen, als sie zu erwaermen; er ist Herr des Elements des Feuers, welches er nach Gefallen vermehren und verbreiten kann, aber nicht Herr des Elements der Kaelte, welche er weder anfangen, noch mittheilen kann.[52]

48 Rheinberger: Buffon, S. 217.

49 Vgl. Eva Horn: Klimatologie um 1800. Zur Genealogie des Anthropozäns. In: Zeitschrift für Kulturwissenschaften 1 (2016), S. 87–102.

50 Vgl. Noah Heringman: Buffons Époques de la Nature (1778) und die Tiefenzeit im Anthropozän. In: Zeitschrift für Kulturwissenschaften 1 (2016), S. 73–85.

51 Vgl. Georges Louis Leclerc de Buffon: Des époques de la Nature. In: ders.: Œuvres, hg. v. Stéphane Schmitt. Paris 2007, S. 1191–1342, hier S. 1337.

52 Georgs-Louis Leclerc de Buffon: Epochen der Natur. Übers. aus dem Französischen. St. Petersburg 1781, S. 161–165.

Buffons Argument steht demjenigen Grainvilles diametral gegenüber: „[s]on discours paraît comme le négatif (dans le sens photographique du terme) de l'image enthousiastique de l'économie de la nature du XVIIIe siècle."[53] Bei Grainville schafft es der Mensch gerade nicht, Wärme zu produzieren und damit der Kälte etwas entgegenzusetzen. Vielmehr geht die Erde ihrem Untergang entgegen, bis zu dem Punkt, an dem das Ende gerade noch abzuwenden wäre. Gleichwohl gehen sowohl Buffon als auch Grainville in ihren Darstellungen von einem Prozess der sukzessiven Abkühlung aus, auf den der Mensch seinen Einfluss ausüben *kann*. Diese mögliche Einflussnahme geht bei Buffon mit einem anthropozentrischen Optimismus einher, der Prozess der globalen Abkühlung könne nämlich durch die besondere Gabe des Menschen, Wärme zu erzeugen, verlangsamt oder gar rückgängig gemacht werden. Diesen Optimismus teilt Grainville offensichtlich nicht, wenngleich auch er dem Menschen (also Omégare und Sydérie) zunächst die Möglichkeit zuschreibt, den Verfall menschlichen Lebens aufzuhalten und umzukehren. Doch Gott und sein Gehilfe Adam trennen Omégare und Sydérie im siebten Gesang, was sie potenziell zugrunde richtet. Die auf den Wunsch Omégares, Sydérie wiederzusehen, folgende Apostrophe Adams zeugt von einer tiefen Verachtung gegenüber den Menschen, die er für den Niedergang der Erde verantwortlich macht

> O mon Dieu! l'homme créé par toi n'est pas changé! je le retrouve encore tel que je fus moimême, toujours présomptueux lorsqu'il promet, et le plus foible des êtres si-tôt qu'il agit.[54]

> O mein Gott! Der Mensch, den du erschufst, hat sich nicht verändert! Ich finde ihn noch immer so vor, wie ich selbst war, stets anmaßend, während er verspricht, und das schwächste Wesen, sobald er handelt.[55]

Am Ende des Textes steht folglich das selbstverschuldete Ende des Menschen. Zwar entscheidet sich Omégare zunächst gegen den Rat Adams, wird kurz darauf jedoch von einer göttlichen Vision überrascht, die ihm ein abgründiges Bild seiner Nachkommen liefert, das seine Kinder als blutbeschmierte, monströse Kannibalen zeigt. Im zehnten und letzten Gesang trifft der Genius der Erde, dem der Text immer noch zutraut, die Erde fortbestehen zu lassen, auf den figurierten Tod, der ihm „le terme de toutes les choses" („das Ende aller Dinge")[56] verkündet. Gegenstand des letzten Gesangs ist daraufhin ein abschließender finaler Schlagabtausch zwischen dem Tod und dem Genius der Erde, an dessen Ende die Hand-

---

53 Sukiennicka: Les imaginaires de la fin de l'homme, S. 39.

54 Grainville: Le dernier homme. Bd. 2, S. 69.

55 Grainville: Der letzte Mensch, S. 151.

56 Grainville: Le dernier homme. Bd. 2, S. 146; Grainville: Der letzte Mensch, S. 191.

lung wieder in jene Kaverne zurückkehrt, in der sie ihren Ausgang nahm. Am Boden des Altars liegt Sydérie von Omégare verlassen und schläft. Diese poetologische Klammer verbindet Anfang und Ende des Textes. Wurde in der Rahmenerzählung die Geschichte vom letzten Menschen als Wissen einer entfernten Zukunft angekündigt, scheint der damit angezeigte Aufschub am Textende schon verbraucht. Der Genius der Erde schwenkt in seinem Endkampf mit dem Tod so heftig seine Fackeln, dass die Kaverne explodiert und die Erde aus ihrer Umlaufbahn geschleudert wird.

Ende

Der schwer allegorische und als Endzeitepos geplante Text *Le dernier homme* zeichnet sich durch eine komplexe Figurenkonstellation und eine verwickelte mit starkem Pathos beladene Handlung aus. Es treten sowohl weltliche als auch metaphysische Figuren in zwei konfligierenden Interessenverbünden auf. Weltliche und metaphysische Figuren bilden aber keine Fronten, sondern Allianzen und Kooperationen mit den Menschen, die wiederum am Ende oder am Fortbestand des Menschen und mit ihm der Erde arbeiten. Mit seiner literarischen Figuration der Darstellungsprobleme zeitlicher Abstraktion, wie sie die wenigen Lesenden der Zeit etwa aus Buffons *Histoire naturelle* und seinen *Époques de la nature* kennen konnten, zeigt Grainville ungeachtet des literarischen Niveaus seines geplanten Epos zumindest die Umrisse der Darstellungsspielräume von Endlichkeit an und mag damit bis in die Narrative der Climate Fiction, wie sie im zwanzigsten Jahrhundert entstehen, hineinwirken.[57]

Das Wissen, dass der Mensch seine Zeugungsfähigkeit eingebüßt hat und dass mit ihm die Erde ihrem Ende entgegengeht, ist unter den Figuren und – ließe sich ergänzen – unter einer möglichen zeitgenössischen Leserschaft geteiltes Wissen, wohingegen die Hoffnung in die letzten zeugungsfähigen Vertreter:innen der Gattung *homo sapiens* mit divergierenden Werten versehen ist. Die variablen Bewertungen und Notwendigkeiten der Darstellung eines möglichen zukünftigen Endes bleiben Teil der Wissensgeschichte der Figuren des ersten und letzten Menschen. Anknüpfungspunkte für eine optimistische und eine pessimistische Spielart der Rezeption von *Le dernier homme* finden sich dabei im Text selbst. Optimistische Lektüren haben die Möglichkeit, auf die Handlungsspielräume jener Figuren hinzuweisen, die an einem Fortbestand des Menschen arbeiten. Zudem können sie

57 Zur Climate Fiction vgl. u. a. Axel Goodbody/Adeline Johns-Putra (Hg.): Cli-Fi. A Companion. Oxford 2019.

darauf deuten, dass zumindest der Tod Omégares nicht erzählt wird und die Morgenröte am Ende des Textes auf einen neuen Anfang verweisen könnte. Pessimistische Lektüren wären in der Lage zu unterstreichen, dass sich das Ende in der Handlung nie abwenden ließ, da Gott es wollte und letztlich auch herbeigeführt hat. Schließlich könnte die zweifelhafte Qualität des Textes das notwendige Nachdenken über den menschlichen Einfluss auf dem Planeten, dessen Dringlichkeit keine rein literaturhistorische Beobachtung ist, sondern eine ökokritische Lektüre motiviert, unterminieren.

Der zentrale Gegenstand des ‚Epos' ist also der Handlungsspielraum angesichts eines geteilten Wissens von der Endlichkeit des menschlichen Daseins und des Planeten. Damit zeigt sich der Text nicht nur hochaktuell, er greift zudem eine Hauptbestimmung des Epos nach Schelling auf. Schelling beschreibt in seinen Vorlesungen zur *Philosophie der Kunst*, die er ebenfalls 1804/1805 in Würzburg wiederholt (erstmals 1802/03 in Jena), ein Epos müsse die *„Identität der Freiheit und Nothwendigkeit"* darstellen, ohne *„Gegensatz des Unendlichen und Endlichen, ohne Streit und deswegen ohne Schicksal."*[58] Grainville verhandelt genau diese systematischen Bestandteile der Schelling'schen Gattungspoetik, indem er deren Vorgaben auf der Ebene des Plots in ihr Gegenteil zu verkehren scheint. Das Schicksal ist gerade die drohende Endlichkeit des Menschen und des Planeten, die auch eine Fülle an Unendlichkeitspathos nicht zu kompensieren vermag. Nur insofern, als es bei Grainville um die Halbwertszeit von allem geht, handelt es sich in einem Schelling'schen Sinne um die „objektivste[] und allgemeinste[] Dichtart".[59] Verglichen mit den gattungstheoretischen Gedanken Schellings ist also Grainvilles Text unter anderem auch deshalb kein vollendetes Epos, da er den Konflikt zwischen menschlicher Handlungsmacht und metaphysischem Schicksal zu seinem Hauptanliegen macht und dabei den Menschen an sein Ende kommen lässt.

58 Friedrich Wilhelm Joseph Schelling: Philosophie der Kunst. In: ders.: Historisch-kritische Ausgabe. Nachlass 6.1, hg. v. Christoph Binkelmann/Daniel Unger. Stuttgart 2018, S. 1–405, hier S. 334 (Herv. i. Original).

59 Schelling: Philosophie der Kunst, S. 340.

Rebekka Rohleder

Endliche Zeiten, Räume und Ressourcen in Mary Shelleys *The Last Man* (1826)

Einleitung

Eine der Formen von Endlichkeit, die in der englischen wie auch in anderen Literaturen der Romantik eine Rolle spielen, ist die Vorstellung, dass die Menschheit endlich sein kann, dass das unerwartete Eintreten einer Katastrophe zu ihrem Aussterben führen kann. Mary Shelleys Roman *The Last Man* (1826) ist einer der Texte, die diese Spielart von Endlichkeit thematisch zentral machen. Der Roman spielt in der Zukunft, gegen Ende des einundzwanzigsten Jahrhunderts; es ist allerdings eine Zukunft, die mit Shelleys Gegenwart Anfang des neunzehnten Jahrhunderts immer noch vieles gemeinsam hat. An Science Fiction ist dieser Roman kaum interessiert; technischer Fortschritt spielt nur eine äußerst geringe Rolle. Gesellschaftspolitische Entwicklungen interessieren schon mehr, aber hier ändert sich im Roman zwischen dem neunzehnten und dem einundzwanzigsten Jahrhundert verhältnismäßig wenig. In dieser imaginierten Zukunft bricht im Roman jedoch die Pest aus, und einige Jahre später ist der Erzähler des Romans, Lionel Verney, soweit er das nach dem Zusammenbrechen aller Kommunikationsstrukturen wissen kann jedenfalls, der letzte Überlebende auf der Welt. Das heißt: der letzte Vertreter der Gattung Mensch – umgeben von einer im Wesentlichen unbeeindruckten Natur.

Es handelt sich bei diesem auf eine Gattung begrenzten Aussterben außerdem um ein rein weltliches: Der Katastrophe fehlt jeder heilsgeschichtliche Rahmen. Es gibt zwar Figuren, die einen solchen zu sehen meinen, deren Perspektive ist im Roman jedoch als fehlgeleitet markiert. Eine biblische Apokalypse bleibt aus. Die Gründe für das Ende der Menschheit sind zwar als außergewöhnlich aber doch als natürlich markiert.[1] Anstelle einer heilsgeschichtlichen Einbettung wie sie etwa noch in Jean-Baptiste Cousin de Grainvilles *Le dernier Homme* eine Rolle spielt, liegt das Hauptinteresse dieses Romans, wie etwa auch in Lord Byrons Gedicht *Darkness* (1816), auf dem Erleben der letzten Menschen. Es bleibt jedoch nicht bei dessen psychologischer Grenzerfahrung. In *The Last Man* markiert das Ende der Menschheit nicht allein eine zeitliche Grenze, sondern auch eine räumliche. Diesen Zusammenhang möchte ich im Folgenden als einen Chronoto-

1 Vgl. Kaitlin Mondello: The „Grim Unreality“: Mary Shelley’s Extinction Narrative in The Last Man. In: Essays in Romanticism 24 (2017), H. 2, S. 163–178, bes. S. 163 f.

https://doi.org/10.1515/9783111426129-012

pos der Endlichkeit analysieren und auf politische Diskurse der Endlichkeit rückbeziehen, spezifisch auf einen politisch-ökonomischen Chronotopos der Endlichkeit, der sich in Thomas Robert Malthus' Theorie des Bevölkerungswachstums beobachten lässt. Die Endlichkeit der Menschheit, des Raumes und der Ressourcen als Chronotopos im Bachtin'schen Sinne zu lesen bietet sich dabei aus zwei Gründen an. Zum einen, weil in Bachtins Konzept des Chronotopos, des Zusammenspiels von Raum und Zeit im Roman, die „sich historisch entwickelnd[e] sozial[e] Welt"[2] immer schon mitgedacht ist: Die Zeit, um die es geht, ist auch historische Zeit, und steht in Zusammenhang mit sozialen und politischen Gegebenheiten. Vor allem jedoch macht das Konzept des Chronotopos im vorliegenden Fall Parallelen zwischen verschiedenen Formen von Endlichkeit sichtbar. Diese Parallelen zwischen eigentlich unterschiedlichen Formen von Endlichkeit erlauben es dem Roman, scheinbar absolute Grenzen und die damit verbundenen sozialpolitischen Setzungen zu hinterfragen, wie ich im Folgenden zeigen werde. Zunächst jedoch werde ich konkret auf die räumlichen und zeitlichen Grenzen eingehen, die *The Last Man* zusammenbringt, und auf die Art und Weise, wie der Roman diese Grenzen miteinander verbindet.

The Last Man und der Chronotopos der Endlichkeit

Die bedeutsamste zeitliche Grenze des Romans, das Ende der Menschheit, ist in diesem Text zwar auf das Jahr 2100 terminiert, ist aber eigentlich doch wieder gar nicht endgültig festgelegt. Die Geschichte ist hier gerade nicht teleologisch. Über weite Strecken ist zwar der letzte Mensch selbst Erzähler, und für ihn ist, da er im Rückblick erzählt, beim Erzählen bereits klar, dass seine Geschichte mit dem Ende der Menschheit enden wird. Auch für die Lesenden ist das bei einem Roman, der *The Last Man* heißt, nicht eben eine Überraschung. Vorangestellt ist diesem Bericht aber eine Rahmenhandlung, in der zwei Personen im frühen neunzehnten Jahrhundert auf einem touristischen Besuch in Italien die Höhle der Sibylle entdecken. Die Erzählfigur dieser Rahmenhandlung setzt den Bericht Lionel Verneys, der den Hauptteil des Romans bildet, dann aus Fragmenten in mehreren Sprachen zusammen, die die beiden in dieser Höhle gefunden haben. Der Bericht des letzten Menschen wird also fast 300 Jahre vor seiner Abfassung gefun-

2 Michail Bachtin: Formen der Zeit im Roman. Untersuchungen zur historischen Poetik. Frankfurt a. M. 1989, S. 205.

den – oder möglicherweise auch innerhalb der fiktionalen Welt der Rahmenhandlung ganz oder teilweise erfunden. Welche Anteile des aus den Fragmenten entstandenen Textes Prophezeiungen sind und welche Fiktionen, das weiß die Erzählerfigur der Rahmenhandlung selbst nicht genau, sondern sie lässt den genauen Status dieser Geschichte in ihrer Einleitung im Unklaren: „Sometimes I have thought, that, obscure and chaotic as they are, they owe their present form to me, their decipherer.“[3] Eine genauere Bestimmung des Fiktionalitätsstatus des Berichts des letzten Menschen im Roman erfolgt nicht.

Während die Erzählerfigur der Rahmenhandlung sich also nicht sicher ist, was genau das ist, was sie erzählt, weiß Verney, der letzte Mensch in der Binnenhandlung, nicht, für wen genau er seine Geschichte eigentlich erzählt. Verney denkt die eigene Autorschaft ausschließlich mit Blick auf eine Nachwelt – aber genau die ist ja für ihn nicht mehr gegeben. Endlichkeit ist hier wie in der Rahmenhandlung und wie bei anderen Letzter-Mensch-Texten der Romantik auch unter anderem ein erzählerisches Problem. Besonders am Ende seiner Erzählung macht Verney diesen Mangel an Nachwelt sichtbar. Das Ende des Textes und das Ende der Menschheit gehören dabei nicht nur inhaltlich zusammen:

> Now – soft awhile – have I arrived so near the end? [...] Can I streak my paper with words capacious of the grand conclusion? Arise, black Melancholy! quit thy Cimmerian solitude! Bring with thee murky fogs from hell, which may drink up the day; bring blight and pestiferous exhalations, which, entering the hollow caverns and breathing places of earth, may fill her stony veins with corruption, so that not only herbage may no longer flourish, the trees may rot, and the rivers run with gall – but the everlasting mountains be decomposed, and the mighty deep putrefy, and the genial atmosphere which clips the globe, lose all powers of generation and sustenance. Do this, sad-visaged power, while I write, while eyes read these pages. And who will read them?[4]

Hier und anderswo beschwört der Erzähler die Unmöglichkeit, sich eine intakte Erde vorzustellen, nur ohne Menschen – oder eben die Unmöglichkeit, zu tun, was er tatsächlich gerade tut, nämlich auf einer solchen Erde überhaupt noch zu schreiben. Die beiden Problematiken sind in dieser Passage verbunden: Das Ende der Menschheit sollte in Verneys Wahrnehmung das Ende einer (selbst als potenzieller Leichnam gedachten) Erde einschließen; das geschieht jedoch nicht. Ebenso sollte es das Ende jeder Kommunikation bedeuten; aber Verney schreibt trotzdem weiter. Und dabei sucht er mehrfach nach Lösungen für das Problem, dass er nicht damit rechnen kann, dass sein Bericht gelesen wird, weil es ja keine Menschen mehr gibt: „And who will read them?“ Für diese Frage findet er im Laufe des Romans Antwor-

3 Mary Shelley: The Last Man. Hg. v. Pamela Bickley. Ware 2004, S. 4.
4 Shelley: The Last Man, S. 348.

ten, die jedoch alle als nicht besonders wahrscheinlich markiert sind. Die Möglichkeit, dass es doch andere Überlebende gibt, die die Erde erneut bevölkern könnten, oder dass jedenfalls noch intelligentes, nicht notwendigerweise menschliches, aber zum Lesen befähigtes Leben auf der Erde existiert, werden beide angesprochen, aber nicht weiter ausgeführt,[5] und Verney findet bis zum Schluss seines Berichts keine anderen überlebenden Menschen. Er findet auch keine nichtmenschlichen zum Lesen befähigten Wesen. Es gibt also keine Hinweise auf die tatsächliche Möglichkeit der von ihm gewünschten Leserschaft.

Zuletzt geht Verney am Ende seiner Erzählung an den Anfang zurück, und damit einher geht eine weitere Version von Leserschaft. Er berichtet am Schluss, dass am Anfang seines Manuskriptes die Niederschrift einer Widmung an die Toten stand – die jedoch nicht tatsächlich am Anfang des Romans steht, sondern erst an der Stelle, sehr spät im Roman, an der Verney davon berichtet, wie er nach dem Tod aller anderen Menschen damit anfängt, seine Geschichte aufzuschreiben:

DEDICATION
TO THE ILLUSTRIOUS DEAD.
SHADOWS, ARISE, AND READ YOUR FALL!
BEHOLD THE HISTORY OF THE
LAST MAN[6]

Das ist die letzte Antwort Verneys auf die wiederholte Frage, „for whom to read?“,[7] für wen er eigentlich schreibt. Da sein Manuskript in der Rahmenhandlung als Prophezeiung über 250 Jahre in der Vergangenheit auftaucht, schreibt er unwissentlich sogar tatsächlich für Lesende, die zu seiner Zeit bereits tot sein müssten. „The spirits of the dead“ stehen auch noch einmal ganz am Ende des Berichts, als Verney, der sich beim Schreiben in Rom befindet, eine Reise entlang der Küsten des Mittelmeers plant, auf der Suche nach Beschäftigung und nach anderen Überlebenden: „Thus around the shores of deserted earth [...] angels, the spirits of the dead, and the ever-open eye of the Supreme, will behold the tiny bark, freighted with Verney – the LAST MAN“, lautet der letzte Satz des Romans.[8] Diese letzte Benennung des eigenen Status als der letzte Mensch – und damit die Wiederholung des Romantitels – führt jedoch auch aus Verneys Text hinaus, auf eine Reise, mit deren Ankündigung er den Bericht beendet und die sich entlang von Küsten abspielen soll.

Küsten jedoch sind schon vorher bedeutsame Räume in diesem Roman. Tatsächlich bildet das Ende der Menschheit nämlich nicht nur eine zeitliche Grenze

---

5 Shelley: The Last Man, S. 372, 348.
6 Shelley: The Last Man, S. 371.
7 Shelley: The Last Man, S. 371.
8 Shelley: The Last Man, S. 375.

und Begrenzung des Textes, sondern in der Kette von Ereignissen, die zu dieser zeitlichen Grenze hinführen, werden räumliche Grenzen bedeutsam, und darunter ganz besonders Küsten. Verney beendet nicht nur seinen Text mit einem Ausblick auf seine geplante Zukunft als Küstenseefahrer; er beginnt ihn auch mit der Feststellung, dass er gebürtiger Inselbewohner sei: „I am the native of a sea-surrounded nook, a cloud-enshadowed land" – so stellt er sich im ersten Satz als Engländer vor und grenzt seine Insel gleich darauf in der Erinnerung noch kategorischer von der übrigen Welt ab:

> England, seated far north in the turbid sea, now visits my dreams in the semblance of a vast and well-manned ship [...]. In my boyish days [...] the earth's very centre was fixed for me in that spot, and the rest of her orb was as a fable, to have forgotten which would have cost neither my imagination nor understanding an effort.[9]

Ein eng umgrenzter, vom Rest der Welt abgetrennter Raum: So stellt sich für Verney als Erzähler seine Heimat gleich zu Beginn seines Berichtes und seines Lebens dar. Auch als später im Roman die Pest zuerst im Osmanischen Reich und in einem nicht mehr osmanischen, aber im Roman deutlich als orientalisch markierten Griechenland auftritt, fühlen sich Verney und seine Landsleute „in our cloudy isle" weiterhin sicher.[10] Diese Einstellung entspricht grundsätzlich einer weit zurückreichenden kulturellen Tradition auf den Britischen Inseln; Julia Wright argumentiert jedoch, dass diese Tradition im frühen neunzehnten Jahrhundert neue Bedeutung gewinnt, als Ausdruck des Versuchs, der Verunsicherung durch den schieren Größenunterschied zwischen Großbritannien und seinen Kolonien etwas entgegenzusetzen. Die Pest hält sich jedoch, wie Wright feststellt, nicht an nationale Grenzen, auch nicht an solche, die Küsten sind.[11]

Dennoch sind im Roman Küsten, also liminale Räume, als bedeutsam markiert. Zum Ende der Menschheit hin, also zur bedeutsamsten zeitlichen Grenze im Roman, werden diese Küstenlinien sogar immer wichtigere, schwerer zu überschreitende Grenzen. Zu Beginn von Verneys Bericht sind sie nämlich noch leicht

---

9 Shelley: The Last Man, S. 5.

10 Shelley: The Last Man, S. 179.

11 Vgl. Julia M. Wright: ‚Little England'. Anxieties of Space in Mary Shelley's The Last Man. In: Mary Shelley's Fictions: From Frankenstein to Falkner. Hg. v. Michael Eberle-Sinatra. Houndmills 2000, S. 129–149. Als wirkmächtiges Beispiel für die kulturelle Tradition kann etwa John of Gaunts „sceptred isle"-Monolog in William Shakespeares *Richard II* dienen, in dem England als „[t]his fortress built by nature for herself / Against infection and the hand of war" bezeichnet wird. William Shakespeare: Richard II. Hg. v. Stanley Wells. London 2008, S. 43 f. Siehe auch Jürgen Kamm/Gerold Sedlmayr (Hg.): Insular Mentalities: Mental Maps of Britain. Essays in Honour of Bernd Lenz. Passau 2007.

zu überwinden: Eine der wenigen im Roman erwähnten neuen Technologien ist ein steuerbarer Ballon, der ohne auf Hindernisse achten zu müssen, „the unopposing atmosphere" durchquert.[12] Jedoch ist das Fliegen auch die erste Technologie, die wieder verlorengeht. Mit dem Beginn der Pest geht im Roman ein schwerer Sturm einher, der vier Monate dauert und die Benutzung von Ballons unmöglich macht.[13] Sie werden aber auch nach dem Ende dieses Sturms im Roman nie wieder eingesetzt. Bereits überwundene Grenzen entstehen neu. Es gibt danach zum Überqueren des Meeres wieder nur noch Schiffe, eine Ersetzung, die Siobhan Carroll als Ausdruck einer Konkurrenzsituation zwischen dem grenzenlosen, niemandem gehörenden internationalen Luftraum und dem durch die britische Flotte kontrollierbaren Meer liest.[14] Es bleibt dabei allerdings festzuhalten, dass die Benutzung von Schiffen im Roman nach Ausbruch der Pest ebenfalls grundsätzlich mit großen Schwierigkeiten einhergeht, nicht zuletzt dann, wenn England erreicht oder verlassen werden soll. So versuchen während der Pest Menschen aus Irland per Schiff nach England zu gelangen, und obwohl die Überfahrt vielen von ihnen gelingt, konzentriert sich Verneys Beschreibung vor allem auf ein Schiff, das dabei untergeht. Als Verney und andere Überlebende sich später entscheiden, England in Richtung Frankreich zu verlassen, stellen sich ihnen in Dover, vor der Überquerung der „watery barrier"[15] eine Reihe von Hindernissen in den Weg: Ein Sturm mit Fluten, die einen Teil der Schiffe zerstören und die von weiteren beängstigenden Naturerscheinungen begleitet sind. Die Auswandernden beziehen diese Ereignisse auf die eine oder andere Art direkt auf ihr eigenes Vorhaben:

> The greater part thought it a judgment of God, to prevent or punish our emigration from our native land. Many were doubly eager to quit a nook of ground now become their prison, which appeared unable to resist the inroads of ocean's giant waves.[16]

Die eigene Insellage erscheint vorher über weite Strecken des Romans als möglicher Schutz vor der Pest – eine Annahme, die sich freilich nicht bewahrheitet. Nachdem jedoch die Krankheit das Meer längst ohne Schwierigkeiten überwunden hat, ist die Insel nunmehr ein bedrohter und bedrohlicher Ort, den zu verlassen kaum mehr möglich scheint.

---

12 Shelley: The Last Man, S. 55.

13 Vgl. Shelley: The Last Man, S. 184.

14 Vgl. Siobhan Carroll: Mary Shelley's Global Atmosphere. In: European Romantic Review 25 (2014), H. 1, S. 3–17, hier S. 4.

15 Shelley: The Last Man, S. 294.

16 Shelley: The Last Man, S. 295.

Mit dem Bewusstsein der zeitlichen Endlichkeit der Menschheit durch das Voranschreiten der Pest verengt sich so auch der geographische Raum, der den verbliebenen Menschen zugänglich ist. Zuletzt verengt er sich in Verneys Metapher für seine beispiellose Lage als letzter Mensch auf einen einzelnen Punkt:

> The generations I had conjured up to my fancy, contrasted more strongly with the end of all – the single point in which, as a pyramid, the mighty fabric of society had ended, while I, on the giddy height, saw vacant space around me.[17]

Der Letzte zu sein ist hier ein zeitlicher Zustand, der sich nur als räumlicher Zustand darstellen lässt – beziehungsweise als Chronotopos im Bachtin'schen Sinn: als bedeutsame Einheit von Raum und Zeit. Michail Bachtin unterscheidet bekanntlich eine Reihe von Raum-Zeit-Verbindungen, die jeweils zu unterschiedlichen Genres gehören, etwa den Weg (dessen zeitliche Dimension die Reise wäre), das Schloss (historische Zeit) und die Schwelle (die überschritten werden kann). In allen diesen Fällen sind Raum und Zeit untrennbar miteinander verbunden.[18] Diese Verbindung ist jedoch nicht nur an das jeweilige Genre gebunden, sondern hat auch soziale Bedeutung: Der Chronotopos des Weges ermöglicht Begegnungen und damit die Überwindung sozialer Distanzen,[19] der Chronotopos des Schlosses im Schauerroman macht die Spuren und das Erbe vergangener politischer Verhältnisse sichtbar,[20] und die Schwelle bezeichnet metaphorisch Krisen und Wendepunkte.[21]

In Shelleys Roman sind es zumindest in Verneys Bericht jedoch nicht so sehr Schwellen, die relevant sind, sondern vielmehr Grenzen, die den Eindruck erwecken, dass man sie nicht überschreiten kann – ein Eindruck, der sich allerdings mehrfach als falsch erweist. Auch dieser Befund lässt sich metaphorisch lesen, sogar auf zwei Arten. Erstens: Die Pest im Roman überschreitet ständig räumliche und zeitliche Grenzen, von denen die Figuren bis dahin jeweils glauben, sie könne sie nicht überschreiten, bis hin zur Ausrottung fast der gesamten Menschheit, ein Ergebnis, das sehr lange niemand im Roman überhaupt als Möglichkeit in Betracht zieht. Die zeitliche Endlichkeit, nicht des Einzelnen, sondern der gesamten Menschheit, verbindet sich hier jedoch zweitens auch mit Formen von räumlicher Endlichkeit, die den Zustand der Isolation, in dem sich der letzte Mensch wiederfindet, in Form begrenzter Räume darstellen. Solange es noch andere Überlebende gibt, sind das vor allen Dingen Inseln; zum Ende von Verneys Bericht, als er der letzte Überle-

---

17 Shelley: The Last Man, S. 269.

18 Vgl. Bachtin: Formen der Zeit, S. 192–200.

19 Vgl. Bachtin: Formen der Zeit, S. 192 f.

20 Vgl. Bachtin: Formen der Zeit, S. 195 f.

21 Vgl. Bachtin: Formen der Zeit, S. 198.

bende ist und einen Vergleich der eigenen Situation mit derjenigen Robinson Crusoes auf der einsamen Insel als mittlerweile unzureichend verwirft, weil er auch jenseits des Meeres keine anderen Menschen mehr vermuten kann,[22] ist Verney selbst im metaphorischen Sinne die kleinste mögliche Insel auf einer ansonsten menschenleeren Welt.

Die „Author's Introduction" dagegen eröffnet eine alternativen Räumlichkeit, die ebenfalls als ein Chronotopos der Schwelle beginnt, aber nicht damit endet: Durch das Erkunden der Höhle – eines zunächst durch andere Figuren, die die dorthin führenden Gänge für nicht betretbar halten, als unzugänglich markierten Ortes, der sich dann jedoch als für die Erzählfigur der Rahmenhandlung als sehr wohl zugänglich erweist – wird historische und zukünftige Zeit gleichzeitig entdeckt: die Knochen einer Ziege, diverse Pflanzenteile, und auf diesen Pflanzenteilen (Baumrinde und Blätter) die Prophezeiung, die jedoch nur vielleicht als Aussage über die Zukunft zu verstehen ist. Diese Konfiguration von Funden ist in jüngerer Zeit vor allen Dingen im Zusammenhang mit der Zeitlichkeit der Geologie gelesen worden.[23] So liest Melissa Bailes die Rekonstruktion der Prophezeiung aus Fragmenten als analog zur Arbeit Georges Cuviers mit Fossilien, und bemerkt, dass in beiden Fällen das Aussterben zentral ist.[24] Diese Lesart ergibt auch einen Chronotopos, in dem aus dem historisch aufgeladenen natürlichen Raum der Höhle Erkenntnisse über eine Zukunft gezogen werden können, in der sich Muster aus der Vergangenheit wiederholen werden. Jedoch bleibt dieser Chronotopos dennoch nur eine Möglichkeit; schließlich weiß die Erzählfigur der Rahmenhandlung selbst nicht, inwieweit sie ihr Material gefunden und inwieweit sie es erfunden hat. „In short," wie Betty T. Bennett bemerkt, „we are in a world in which anything can happen, which after all turns out to be the whole idea".[25] Innerhalb der Grenzen von Verneys Bericht selbst gilt damit eine grundsätzlich andere Zeitlichkeit als in der Rahmenhandlung. Hier sind es räumliche und zeitliche Grenzen, die im Vordergrund stehen, nämlich das Ende der Menschheit und die Grenzlinien von Inseln. Die in der Rahmenhandlung eingeführte hypothetische Zeitlichkeit stellt jedoch die Bedeutung dieser Endlichkeit direkt wieder auf den Prüfstand. Sie kann unter Umständen auch nur eine Schwelle sein, die überschritten werden kann. Ihr Status

---

22 Vgl. Shelley: The Last Man, S. 357 f.

23 Vgl. Melissa Bailes: The Psychologization of Geological Catastrophe in Mary Shelley's The Last Man. In: ELH 82 (2015), S. 671–699; Andrew Sargent: Citation and the No Future of Romanticism in Mary Shelley's The Last Man. In: European Romantic Review 31 (2020), H. 3, S. 313–324, bes. S. 314–318.

24 Vgl. Bailes: Psychologziation, S. 674 f.

25 Betty T. Bennett: Radical Imaginings: Mary Shelley's The Last Man. In: The Wordsworth Circle 26 (1995), H. 3, S. 147–152, hier S. 150.

bleibt ungeklärt, und diese Ungeklärtheit ist bedeutsam für den Umgang des Romans mit der Frage der Endlichkeit.

Endlichkeit als politisch-ökonomischer Chronotopos

Dieses Infragestellen von Grenzen hat vor allen Dingen politische Bedeutung. Im Zusammenhang mit der Frage der Bevölkerungszahl können Inseln in der britischen Romantik nämlich nicht allein als Metapher zur Beschreibung einer psychologischen Grenzerfahrung dienen, sondern auch als politischer Chronotopos. Denn endliche Räume mit endlichen Ressourcen waren seit Thomas Robert Malthus' *Essay on the Principle of Population* von 1798 ein politisches Argument – zuerst ein allgemeines, anti-utopisches, später zunehmend auch ein tagespolitisches, nämlich in Bezug auf die Poor Laws, die Sozialgesetzgebung sowie die Corn Laws, die den Import von Getreide regelten. Bereits 1798 ist es ein Teil von Malthus' Argumentation, dass diese Poor Laws und damit die staatliche finanzielle Unterstützung Bedürftiger weitestgehend abgeschafft werden sollten. In späteren Auflagen des *Essay on the Principle of Population* positioniert sich Malthus noch radikaler gegen die staatliche Unterstützung Bedürftiger und sogar gegen private Spenden für diese und mischte sich gleichzeitig zunehmend selbst in konkrete politische Debatten ein, etwa 1814/15 in diejenige um die Corn Laws. Malthus' Essay spielte 1817 bei der Diskussion der Poor Laws und deren möglicher Reform eine bedeutsame Rolle.[26]

Um einen auf die Umwelt bezogenen Diskurs handelte es sich dagegen zunächst nicht, obwohl in der Folge auch neue Naturvorstellungen unter dem Einfluss von und auch in Abgrenzung zu Malthus entwickelt wurden, wie Tim Fulford herausgearbeitet hat.[27] Malthus hatte seine Überlegungen zur Überbevölkerung als Antwort auf das utopische Denken von unter anderem Mary Shelleys Vater William Godwin konzipiert, der in seinen politischen Schriften aus den 1790er Jahren eine Gesellschaft entworfen hatte, die ohne politische Machtausübung auskommen sollte, ohne Privateigentum, ohne Ausbeutung und ohne die Institution Ehe. Zu Godwins Setzungen in *Enquiry Concerning Political Justice* (1793) hatte unter anderem gehört, dass die Menschen unter solchen Bedingungen praktisch unbegrenzt

26 Vgl. James P. Huzel: The Popularization of Malthus in Early Nineteenth-Century England: Martineau, Cobbett and the Pauper Press. Aldershot 2006, S. 21f., 25, 31–33.
27 Vgl. Tim Fulford: Apocalyptic Economics and Prophetic Politics: Radical and Romantic Responses to Malthus and Burke. In: Studies in Romanticism 40 (2001), S. 345–368, hier S. 346.

intelligenter und moralisch besser werden würden. Malthus zweifelte die Möglichkeit einer solchen Entwicklung an.[28] Seine eigenen Setzungen beginnen bei den Naturgesetzen, den „inevitable laws of nature“,[29] nicht bei der menschlichen Gesellschaft, und zu seiner Darstellung der Naturgesetze gehört nicht nur, dass Menschen Nahrung benötigen, um zu überleben, sondern auch, dass die dafür notwendigen Ressourcen sich niemals im selben Maß vermehren lassen wie die menschliche Bevölkerung sich vermehren kann, wenn sie das ohne von außen gesetzte Begrenzung tut.[30] Die Natur wird in dieser Darstellung zu einer gesetzgebenden Institution, die streng darauf achtet, dass sich alle und alles in vorgegebenen Grenzen bewegt:

> Through the animal and vegetable kingdoms, nature has scattered the seeds of life abroad with the most profuse and liberal hand. She has been comparatively sparing in the room and the nourishment necessary to rear them. The germs of existence contained in this spot of earth, with ample food and ample room to expand in, would fill millions of worlds in the course of a few thousand years. Necessity, that imperious all pervading law of nature, restrains them within the prescribed bounds.[31]

„Prescribed bounds“, festgelegte Grenzen, interessieren Malthus in der ersten und späteren Versionen seines Essays und in jedem Sinne: Die Küsten von Inseln können solche Grenzen darstellen, und die gesamte Erde wird in Bezug auf die zur Verfügung stehenden Ressourcen mit einer Insel analog gesetzt: „the whole earth is in this respect like an island“.[32] In der Gesellschaft beschreibt Malthus die Besitzenden und die Besitzlosen als jeweils eigene begrenzte Teilbereiche der Gesellschaft, denen jeweils eigene Ressourcen zur Verfügung stehen; gäbe man einem Armen Geld, schreibt er, dann würden die Ressourcen, die dieser nun verbrauchen könnte, spezifisch den anderen Armen fehlen, so als wären diese ihre eigene Insel.[33] Alles in allem lässt sich mit Alison Bashford feststellen: „Malthus liked writing about islands“.[34] Der politische Gegensatz zwischen Malthus' Ablehnung gesellschaftlicher und sozialer Reformen und Godwins Forderung nach sol-

---

28 Vgl. Thomas Robert Malthus: An Essay on the Principle of Population. Hg. v. Geoffrey Gilbert. Oxford 2008, S. 111–113.

29 Malthus: Principle of Population, S. 86.

30 Vgl. Malthus: Principle of Population, S. 12.

31 Malthus: Principle of Population, S. 13 f.

32 Thomas Robert Malthus: An Essay on the Principle of Population. The Sixth Edition (1826). With Variant Readings from the Second Edition (1803). In: The Works of Thomas Robert Malthus. Bd. 2. Hg. v. E.A. Wrigley/David Souden. London 1986, S. 46.

33 Vgl. Malthus: Principle of Population, S. 38.

34 Alison Bashford: Global Populations. History, Geopolitics, and Life on Earth. New York 2014, S. 29.

chen Reformen wird an der Endlichkeit von Ressourcen und Räumen festgemacht. Hatte Godwin noch argumentiert, dass so große Teile der Erde noch gar nicht landwirtschaftlich genutzt würden, dass die zu erwartende Bevölkerung unter allen Umständen noch viele Jahrhunderte lang versorgt werden könnte,[35] so hält Malthus dagegen, dass nur die Beibehaltung von Privateigentum und von Ungleichheit bereits in der Gegenwart garantieren könnte, dass „in this island“[36] nicht innerhalb von wenigen Jahrzehnten bereits Überbevölkerung entstehen würde, aufgrund derer Ungleichheit zwangsläufig zurückkehren müsste, wenn sie je abgeschafft würde.[37]

Die Debatte zwischen Godwin und Malthus blieb in den 1820er Jahren aktuell; Malthus veröffentlichte periodisch überarbeitete Neuauflagen des Essays, und Godwin seinerseits setzte sich 1820 in *Of Population: An Enquiry Concerning the Power of Increase in the Numbers of Mankind* mit Malthus' Argumenten auseinander. Der Ton der Diskussion wurde in den 1820ern deutlich schärfer,[38] und er wurde auch endzeitlicher: In *Of Population* vergleicht Godwin Malthus' Theorie mit dem Tier aus der Offenbarung des Johannes;[39] Malthus seinerseits beschrieb die Begrenztheit der Ressourcen inzwischen als notwendig, weil sonst die Erde so voll mit Menschen sein würde, dass ihnen einfach der Platz ausgehen würde: „four should stand on every square yard“, wie Godwin Malthus' Berechnungen paraphrasiert und ins Lächerliche zieht:[40] Offensichtlich eine unhaltbare Situation und ein Beispiel für die Effekte der von Gary Harrison beobachtete Rhetorik des apokalyptischen Erhabenen bei Malthus, die suggeriert, dass Bevölkerungswachstum ein enorm dringliches Problem ist und mit allen Mitteln verhindert werden muss.[41] Im *Essay on the Principle of Population* hatte Malthus für die britischen Inseln bei ungebremstem Bevölkerungswachstum hundertzwölf Millionen Menschen aber Ressourcen für nur fünfunddreißig Millionen innerhalb von hundert Jahren prognostiziert, während für die gesamte Welt und einen Zeitraum

---

35 Vgl. William Godwin: An Enquiry Concerning Political Justice. Bd. 3: Political and Philosophical Writings of William Godwin. Hg. v. Mark Philp. London 1993, S. 459 f.

36 Malthus: Principle of Population, S. 77.

37 Vgl. Malthus: Principle of Population, S. 86.

38 Vgl. William St Clair: The Godwins and the Shelleys. The Biography of a Family. London 1989, S. 456.

39 Vgl. William Godwin: Of Population: An Enquiry Concerning the Power of Increase in the Numbers of Mankind, Being an Answer to Mr. Malthus's Essay on that Subject. London 1820, S. 142.

40 Godwin: Population, S. 484.

41 Vgl. Gary Harrison: Ecological Apocalypse. Privation, Alterity and Catastrophe in the Work of Arthur Young and Thomas Robert Malthus. In: Romanticism and Millenarianism. Hg. v. Tim Fulford. New York 2002, S. 103–119, bes. S. 107–116.

von zweitausend Jahren die Diskrepanz „almost incalculable“ werden würde, „though the produce in that time would have increased to an immense extent.“[42] Der aus einer solchen Situation resultierende gesellschaftliche Zusammenbruch wird bei Malthus ausgelöst, wenn von der Natur vorgegebene Grenzen nicht beachtet werden. Gleichzeitig bleiben die Grenzen des nutzbaren Landes auf der Erde und das Recht, dieses zu besitzen, der konkrete strittige politische Punkt; die Ressourcen selbst der britischen Inseln seien, schreibt Godwin, noch lange nicht ausgeschöpft, wie ein Blick auf „our heaths and our forests, our parks, and our pleasure-grounds“, also auf das landwirtschaftlich nicht genutzte Land, zeige.[43]

Der politische Chronotopos der Endlichkeit in *The Last Man*

Shelleys Roman greift dieses Argument auf, im Zusammenhang sowohl mit Endzeitlichkeit als auch der Frage der Begrenztheit von Räumen und Ressourcen. An einem Punkt der Handlung, an dem für sehr kurze Zeit mehr Menschen auf den britischen Inseln leben als dort bis dahin ernährt werden können und durch Quarantäneregeln und damit einhergehende Lieferschwierigkeiten eine weltweite wirtschaftliche Krise dazu kommt, wird tatsächlich bis dahin nicht landwirtschaftlich genutztes Land einfach umgewidmet; Landschaftsgärten werden zu Ackerflächen.[44] Anderswo stellt Verney als Erzähler fest, dass es in der Welt des späten einundzwanzigsten Jahrhunderts, in dem der Roman spielt, längst Maschinen gibt, die dafür sorgen, dass genug Essen für alle da sein könnte – wenn es denn gerecht verteilt wäre, was jedoch weiterhin nicht der Fall ist.[45] Die Details dieser Maschinen bleiben im Unklaren. Ernsthafte Versorgungsprobleme gibt es jedoch erst, als infolge der Pest nicht mehr genügend Arbeitskräfte zur Verfügung stehen. Es stellt sich, wie Konstantinos Pozoukidis bemerkt, unter anderem an diesem Punkt heraus, dass niemandes Arbeit überflüssig ist.[46] Zu wenige Menschen sind hier das Problem, nicht zu wenige Ressourcen. Das ist auch der Grund, aus dem im Roman die letzten Überlebenden die britischen Inseln aufgeben, denn „the labour of hundreds of thousands alone could make this inclement nook

42 Malthus: Principle of Population, S. 17.
43 Godwin: Population, S. 466 f.
44 Vgl. Shelley: The Last Man, S. 189.
45 Vgl. Shelley: The Last Man, S. 84.
46 Vgl. Konstantinos Pozoukidis: The Survival of Non-Productive Labour in Mary Shelley's The Last Man. In: Eighteenth-Century Fiction 33 (2021), H. 3, S. 393–412, hier S. 403.

fit habitation for one man".[47] Auch wenn sich Shelleys Roman nicht unbedingt auf Seiten von Godwins Theorie einer zwangsläufig zur Perfektion hinstrebenden Menschheit positioniert, positioniert sich der Text doch erst recht nicht auf Seiten von Malthus.[48]

Gegen Malthus stellt sich *The Last Man* gerade auch mit der durch die Pest ausgelösten Mobilität und mit den räumlichen Grenzen, an die diese stößt. Mobilität ist, wie Charlotte Sussman herausgearbeitet hat, zentral für diesen Roman[49] ebenso wie für die britischen sozialpolitischen Debatten um 1800.[50] In *The Last Man* führt sie die Figuren unter anderem an räumliche Grenzen, die mit der zeitlichen Grenze der Endlichkeit der Menschheit verknüpft sind, speziell in den Küstenszenen des Romans. Diese Vorgehensweise erinnert an den Moment in Shelleys erstem Roman, *Frankenstein* (1818), als Victor Frankenstein das Ende der Menschheit durch die Verbreitung der von ihm geschaffenen neuen Spezies befürchtet, einem Moment, den Maureen McLane als von Malthus inspirierte „reproductive panic" liest[51] – und der auf einer sehr kleinen und unfruchtbaren Insel stattfindet, deren Ressourcenarmut ausgiebig thematisiert wird. Die Insel ist „hardly more than a rock [...]. The soil was barren, scarecely affording pasture for a few miserable cows, and oatmeal for its inhabitants, which consisted of five persons, whose gaunt and scraggy limbs gave tokens of their miserable fare".[52] Hier versucht sich Victor Frankenstein daran, ein zweites, diesmal weibliches Geschöpf zu machen, bricht diese Arbeit dann jedoch ab, weil er die Verbreitung einer von diesem und dem ersten Geschöpf gezeugten „race of devils" befürchtet, „who might make the very existence of the species of man a condition precarious and full of terror."[53] Das fällt ihm nicht in

47 Shelley: The Last Man, S. 258.

48 Vgl. Lauren Cameron: Mary Shelley's Malthusian Objections in The Last Man. In: Nineteenth-Century Literature 67 (2012), H. 2, S. 177–203; Robert Mitchell: Infectious Liberty. Biopolitics between Romanticism and Liberalism. Duke 2021, S. 6; Rebekka Rohleder: „A Different Earth". Literary Space in Mary Shelley's Novels. Heidelberg 2019, S. 162–167.

49 Vgl. Charlotte Sussman: „Islanded in the World". Cultural Memory and Human Mobility in The Last Man. In: PMLA 118 (2003), H. 2, S. 286–301, bes. S. 289–295.

50 Vgl. Charlotte Sussman: Peopling the World. Representing Human Mobility from Milton to Malthus. Philadelphia 2020, S. 4.

51 Maureen McLane: Romanticism and the Human Sciences. Poetry, Population, and the Discourse of the Species. Cambridge 2000, S. 103; vgl. dazu auch Maureen McLane: Literate Species. Populations, „Humanities," and Frankenstein. In: ELH 63 (1996), H. 4, S. 959–988, hier S. 977–979; Clara Tuite: Frankenstein's Monster and Malthus's „Jaundiced Eye". Population, Body Politics, and the Monstrous Sublime. In: Eighteenth-Century Life 22 (1998), H. 1, S. 141–155; Rohleder: A Different Earth, S. 168.

52 Mary Shelley: Frankenstein or The Modern Prometheus. Hg. v. Marilyn Butler. Oxford 2008, S. 136.

53 Shelley: Frankenstein, S. 138.

den Alpen ein, wo er seinem ersten Geschöpf eine Gefährtin verspricht, oder auf einer ausgedehnten Reise durch Europa, die auf dieses Versprechen folgt, sondern erst auf der unfruchtbaren kleinen Insel.

Die meisten räumlichen Begrenzungen in *The Last Man* sind nicht ganz so eng. Sie sind vor allen Dingen als ein von Verney propagiertes Gegenmodell zu globalem Handel und global verbreiteten Krankheiten gelesen worden.[54] Sie können jedoch als eine sozialpolitische Figur der Endlichkeit verstanden werden. Denn in begrenzten Räumen – Inseln, aber auch die gesamte Erde als begrenzter Raum – erscheint hier nicht etwa, wie bei Malthus, die Natur als strenge aber planvolle Gesetzgeberin. Sondern in genau solchen Räumen werden in *The Last Man* gegen Ende der Romanhandlung sogar die Naturgesetze bedeutungslos, wie Verney als Erzähler mehrfach betont:

> Nature, our mother, and our friend, had turned on us a brow of menace. She shewed us plainly, that, though she permitted us to assign her laws and subdue her apparent powers, yet, if she put forth but a finger, we must quake. She could take our globe, fringed with mountains, girded by the atmosphere, containing the condition of our being, and all that man's mind could invent or his force achieve; she could take the ball in her hand, and cast it into space, where life would be drunk up, and man and all his efforts for ever annihilated.[55]

Die Grenzen der Erde werden hier sichtbar gemacht und zugleich bedeutsam: Die Erdkugel, umgeben von Gebirgen und der Atmosphäre, wird zum Spielball einer Natur, die sich Gesetze nur zum Schein auferlegen lässt; die scheinbaren Gesetze der Natur werden hier als menschliche Konstrukte ausgewiesen und sind – allerdings nur durch die Natur selbst – veränderbar. Zusätzlich begegnen die Figuren besonders an den Küsten Erscheinungen, die sich mit den bekannten Naturgesetzen nicht in Übereinstimmung bringen lassen. Dover etwa wird vor der Überfahrt nach Frankreich zum liminalen Raum, in dem liminale Phänomene auftreten; unter anderem sehen die Reisenden die Sonne verdreifacht, eine Erscheinung, für die der Roman keine Erklärung anbietet.[56] Das heißt, genau in denjenigen Arten von Räumen, die Malthus zum Beweis seiner Theorie heranzieht, greift seine Logik, die grundsätzlich mit für allgemeingültig genommenen Naturgesetzen operiert, nicht.

---

54 Vgl. Ben Richardson: Cosmopolis Fever. Regionalism and Disease Ecology in Mary Shelley's The Last Man. In: Gothic Britain. Dark Places in the Provinces and Margins of the British Isles. Hg. v.William Hughes/Ruth Heholt. Cardiff 2018, S. 179–194, hier S. 192; siehe auch Wright: ‚Little England'.

55 Shelley: The Last Man, S. 185.

56 Vgl. Shelley: The Last Man, S. 296.

Endliche Räume und Zeiten sorgen in *The Last Man* damit nicht für narrative Verlässlichkeit oder soziale Stabilität – ganz im Gegenteil. Trotz des scheinbar teleologischen Romantitels entwirft *The Last Man* gerade in seinen Erkundungen von Endlichkeit Möglichkeitsräume, die zwar bedrohlich sein können, die jedoch auch utopische Entwicklungen nie gänzlich ausschließen. Endlichkeit engt nicht, wie bei Malthus, die Möglichkeiten einer Gesellschaft ein,[57] sondern gerade an räumlichen Grenzen herrscht keinerlei Zwangsläufigkeit, während die zeitliche Grenze im Roman gar nicht notwendigerweise eine ist. Ebenso wie sich in der Rahmenhandlung bei der Erkundung der Höhle ein Gang, der noch nie betreten wurde und laut den Einheimischen auch keinesfalls betreten werden soll, letztendlich als ein richtiger Weg herausstellt, können die übrigen räumlichen und zeitlichen Grenzen im Roman, auch wenn sie unüberschreitbar erscheinen, sehr wohl ebenfalls nur scheinbare Grenzen sein. Diese räumlichen und zeitlichen Grenzen, die *The Last Man* prägen, können daher produktiv im Kontext der Bevölkerungsdebatte des frühen neunzehnten Jahrhunderts gelesen werden. Der Chronotopos der Endlichkeit in diesem Roman ist ein politischer, und zwar einer, bei dem aus einer räumlichen Begrenzung nicht etwa, wie bei Malthus, zwangsläufig weitere Begrenzungen folgen. Und es sind gerade die liminalen Räume im Roman, an denen Endlichkeit sichtbar gemacht wird, dabei aber immer potenziell vorläufig bleibt. Das Zusammentreffen zeitlicher und räumlicher Endlichkeit produziert hier Instabilität, keine Gesetzmäßigkeiten.

57 Harrison spricht von Malthus' „myth of ending". Harrison: Ecological Apocalypse, S. 104.

Jennifer Stevens

Apokalyptische Verdunklung der Menschheitsgeschichte in Byrons *Darkness* (1816)

Aktualität der Apokalyptik

Klima, Pandemie, Krieg – in Zeiten, in denen sich die Krisen nur so überschlagen, hat die Apokalyptik Konjunktur. Kaum eine zeitgenössische Abhandlung zur Apokalypse beginnt nicht mit diesem Bild, verweist es doch auf die frappierende Aktualität von Untergangsphantasien. Vielleicht ist es aber an der Zeit, sich von der Metapher eines Konjunkturzyklus zu verabschieden, denn es sind geschichtlich weder Abschwung noch Rezession von Endzeitdeutungen zu beobachten. Vielmehr begleiten sie uns als allzu vertrautes Hintergrundrauschen, das sich zum Tinnitus spätmoderner Gesellschaften verdichtet hat.

Einst war die Apokalypse, ihrer etymologischen Bedeutung als Enthüllung nach, noch mit der Offenbarungshoffnung verbunden, dass das Leiden mit dem Ende aller Tage verschwinde und die Menschheit ihre erlösende Ruhe in der Obhut Gottes wiederfinde. Mit der Aufklärung galt die Apokalyptik allerdings zunehmend als „falsifizierbare[r] Ausdruck eines vormodernen Weltbildes, als restaurative Gesellschaftskritik, als fromme Kompensation erlittener Enttäuschungen oder als bloßes Produkt menschlicher Träume, Wunschbilder und Fantasien."[1] Der evangelische Theologe Friedrich Lücke (1791–1855) wandte sich Anfang des neunzehnten Jahrhunderts allerdings kritisch gegen ein derart rationalistisches Programm, entdeckte die vernachlässigten apokalyptischen Schriften wieder und wurde so zum Gründervater der Apokalyptik-Forschung.[2] Mit seiner Wiederentdeckung war der Theologe aber alles andere als allein. Der Schüler Friedrich Schleiermachers und enge Freund der Brüder Grimm[3] reihte sich in die zunehmende Apokalypse-Begeisterung der europäischen Romantik ein. Während sich Lückes theologisches Forschungsinteresse auf die jüdisch-christlichen Überlieferungen konzentrierte, begannen in ganz Europa Romantiker:innen neue Endzeitszenarien zu entwerfen. Eva Horn bringt ein zentrales Ergebnis dieser Entwicklungen treffend

1 Michael Tilly: Kurze Geschichte der Apokalyptik. In: APuZ 62 (2012), H. 51/52, S. 17–24, hier S. 24.

2 Vgl. Alf Christophersen: Friedrich Lücke (1791–1855). Teil 1: Neutestamentliche Hermeneutik und Exegese im Zusammenhang mit seinem Leben und Werk. Berlin/New York 1999, S. 469, 361.

3 Vgl. Christophersen: Friedrich Lücke, S. 346.

https://doi.org/10.1515/9783111426129-013

auf den Punkt: „Seit der Romantik träumt die Moderne den Traum vom Ende des Menschen als ultimativen Untergang."[4] Demnach ist die Entstehung der „‚kupierten' Apokalypse"[5] weitaus früher anzusetzen als ihr Wortschöpfer, Klaus Vondung, es tut.[6] Knapp 150 Jahre vor Hiroshima und Nagasaki war die Vorstellung vom Weltuntergang als alles und jeden vernichtende Katastrophe längst in der Welt. Das wohl eindringlichste Beispiel für eine romantische Imagination vom Ende der Welt lieferte 1816 Lord Byron mit seinem Gedicht *Darkness*, das die erste bisher bekannte Apokalypse ohne Heilsperspektive düster ausmalt.[7] Seinerzeit noch recht unbeachtet geblieben,[8] zieht das Gedicht in jüngerer Zeit wieder größere Aufmerksamkeit auf sich und wird als modernes Beispiel, Zukunft als Katastrophe zu denken, diskutiert.[9]

Apokalypsen als literarische Problemreaktion

Katastrophen sind der Menschheitsgeschichte seit jeher bekannt, und doch können die von ihnen ausgelösten Krisen allenfalls eine Ahnung vom Ende aller Dinge geben. Trotz der Antriebskraft, die eschatologische Vorstellungen für individuelles wie kollektives Handeln haben, bleibt das Bild vom Ende aller Zeiten eine, wenn auch sehr wirkmächtige, Fiktion. Es ist uns nicht als reales, erfahrungsbasiertes Wissen, sondern als Imaginäres, als Fantasie vom Ende der Geschichte, gegeben. Die europäische Romantik kann als epochaler Ausgangspunkt verstanden werden, in dem die apokalyptische Fiktion vor allem in der Literatur neu modelliert wird. Die Endzeiterzählung, so die Grundannahme, dient den europäischen Romantiker:innen als Medium – auch als Medium der Zivilisationskritik –, um die vielfältigen Umwälzungen der modern-bürgerlichen Vergesellschaftung durch ihre apokalyptische Verdichtung zu reflektieren.

---

4 Eva Horn: Der Untergang als Experimentalraum. Zukunftsfiktionen vom Ende des Menschen. In: APuZ 62 (2012), H. 51/52, S. 32–38, hier S. 32.

5 Klaus Vondung: Apokalypse in Deutschland. München 1988, S. 12.

6 Vgl. Klaus Vondung: Apokalypse ohne Ende. Heidelberg 2018, S. 27.

7 Vgl. Morton D. Paley: Apocalypse and Millennium in English Romantic Poetry. Oxford 2003, S. 1, 198 f.

8 Vgl. Paley: Apocalypse and Millennium, S. 209.

9 Vgl. Eva Horn: Zukunft als Katastrophe. Frankfurt a. M. 2014; Christian Zolles: Die symbolische Macht der Apokalypse. Eine kritisch-materialistische Kulturgeschichte politischer Endzeit. Berlin/Boston 2016, S. 119 f.

Vor diesem Hintergrund soll die vorwiegend diskursanalytisch geprägte Forschung zur Apokalyptik in der Romantik um eine literatursoziologische Perspektive ergänzt werden. Hierzu schließt die folgende Analyse an Leo Löwenthals methodischen Zugang an, der Literatur als Reaktion auf „realweltlich fundierte Probleme“[10] begreift. Eine solche Analyse, die einem problemgeschichtlichen „Suchbefehl“[11] folgt, hat den „Anspruch, die Kluft zwischen der Beschreibung gesellschaftlicher Strukturen und literarischer Texte zu minimieren.“[12] Dabei ist hervorzuheben, dass Literat:innen durch ihre spezifische Auswahl von Problemen ein einmaliges Werk schaffen, das „wirklicher ist als die Wirklichkeit selbst.“[13] So ist es an einer Literatursoziologie, die Probleme, die die Menschen durch ihre gesellschaftliche Situation miteinander teilen, zu destillieren, auf die jeweils die literarischen Schöpfungen – und dies muss gegen jeden Ableitungsverdacht betont werden – sehr verschiedene Antworten geben können. Ein solcher Ansatz verabschiedet sich von dem Vorhaben, eine einheitliche apokalyptische Antwort der Romantik aus einer spezifischen Wissensordnung ableiten zu wollen. Sie schenkt der Beobachtung die notwendige Aufmerksamkeit, dass die Apokalyptik gerade durch ihre Literarisierung in der Romantik den Facettenreichtum gewinnt, der heute als selbstverständlich gilt, wenn wir von der Apokalypse sprechen. Die literarische Apokalypse der Romantik drückt damit nicht einfach eine säkulare oder biopolitische Wissensordnung aus, vielmehr kann eine solche selbst zum Problem werden, die die Romantik auch zur Entwicklung von neuen, wie zur Rehabilitation von alten religiösen Antworten führt.[14] So bedient sich Jean-Baptiste Cousin de Grainvilles *Le dernier Homme* (1805) religiöser Versöhnungsvorstellungen, die mehr als „Dekor“[15] sind; seine Apokalypse gibt durchaus eine transzendierende Antwort auf die moderne Erfahrung der ‚Gottverlassenheit‘.

---

10 Dirk Werle: Frage und Antwort, Problem und Lösung. Zweigliedrige Rekonstruktionskonzepte literaturwissenschaftlicher Ideenhistoriographie. In: Scientia Poetica 13 (2009), S. 255–303, hier S. 292.

11 Sandra Kerschbaumer: ‚Perspektivendifferenz‘ als soziologische Diagnose und ‚Problem‘ in der erzählenden Literatur der Gegenwart. In: IASL 1 (2021), H. 46, S. 40–65, hier S. 48.

12 Kerschbaumer: ‚Perspektivendifferenz‘ als soziologische Diagnose, S. 48.

13 Leo Löwenthal: Das Bild des Menschen in der Literatur. Neuwied 1966, S. 11.

14 Vgl. Jennifer Stevens: Die Romantik vom Ende der Welt zwischen Aufklärung und Verklärung der Naturgeschichte. In: Klimawandel und Gesellschaftskritik. Hg. v. Robin Forstenhäusler/Jakob Hoffmann/Helena Post u. a. Berlin 2024 (im Erscheinen).

15 Eva Horn: Die romantische Verdunklung. In: Abendländische Apokalyptik. Kompendium zur Genealogie der Endzeit: Kulturgeschichte der Apokalypse. Bd. 1. Hg. v. Catherine Feik/Leopold Schlöndorff/Veronika Wieser u. a. Berlin 2013, S. 101–124, hier S. 124.

Dennoch ist zu beobachten, dass sich die meisten der romantischen Endzeitdarstellungen nicht mehr auf einen klassisch religiösen Deutungsrahmen beschränken lassen. Daher sticht Byrons *Darkness* besonders heraus, gerade weil es sich von religiösen Heilsvorstellungen verabschiedet hat. Literatursoziologisch reflektiert, lässt sich diese Besonderheit nicht nur als materialistische Einsicht in die erste Natur erklären; auch scheint die romantische Erfindung des letzten Menschen[16] in Byrons Dichtung eher eine Nebensächlichkeit darzustellen. In Rückgriff auf Byrons Jungfernrede vor dem britischen Parlament kann sie ebenso als resignative Verarbeitung der zweiten Natur der Menschen gelesen werden. *Darkness* leitet so eine moderne Form der Apokalyptik ein: Die Apokalypse wird zur resignativ-fatalistischen Zuspitzung des *bellum omnium contra omnes*. Sie offenbart kein Ende vom Leiden, gibt ihre tröstende, quietistische Funktion auf. Byrons Blick verharrt beim apokalyptischen Ausdruck der Ohnmacht, weil die nachrevolutionäre Gesellschaftsgeschichte als Naturgeschichte erscheint. Die Moderne wird zur Apokalypse ohne Ende, ein Danach ist nicht mehr.

The Enlightenment of Darkness: Die Aufklärung der Dunkelheit

> The bright sun was extinguish'd, and the stars
> Did wander darkling in the eternal space,
> Rayless, and pathless, and the icy earth
> Swung blind and blackening in the moonless air;[17] 5

Kritische Leser:innen werden zu Recht einwenden, dass *Darkness* ausdrücklich die christliche Eschatologie bespielt. Das Weltuntergangsszenario erinnert an die berühmte Johannesoffenbarung: Die Sonne ist erloschen, der Himmel verdunkelt, die Welt steht in Flammen. Catherine Redford weist auf Byrons breite Rezeption biblischer Naherwartungen von Daniel, Jeremias über Matthäus und Johannes von Patmos hin.[18] Doch laufen all die christlichen Bezüge in seiner Dichtung ins Leere.[19] Eine Interpretation, die in der Dichtung die Strafe Gottes für das sünd-

---

16 Vgl. den Beitrag von Sebastian Schönbeck im diesem Band.

17 George Gordon Byron: Darkness. In: Complete Poetical Works. Bd. 4, hg. v. Jerome J. McGann. Oxford 1986, S. 40–43. Im Folgenden entsprechend dieser Ausgabe mit Versangaben im Text zitiert.

18 Vgl. Catherine Redford: ‚No love was left': The failure of Christianity in Byron's ‚Darkness'. In: Byron Journal 2 (2015), H. 43, S. 131–140, hier S. 132.

19 Vgl. Paley: Apocalypse and Millennium, S. 6.

hafte Verhalten der Menschheit und die endgültige Verweigerung des Aufstiegs in den Himmel erkennen will,[20] versucht einen straftheologischen Zusammenhang künstlich zu restaurieren, der in der Dichtung selbst nicht mehr angelegt ist. Dieses Bemühen verkennt die durchschlagende, neue Qualität der Apokalyptik in *Darkness*. Diese schimmerte schon zu seiner Zeit in einer Kontroverse mit Thomas Campbell durch.

Campbell, der 1823 sein Gedicht *The Last Man* veröffentlichte, wollte die eigentlich wohlwollend gemeinte Kritik, sein Gedicht sei Byrons *Darkness* entlehnt, nicht auf sich sitzen lassen. Er publizierte einen öffentlichen Brief, in dem er kundtat, der eigentliche Schöpfer der Figur eines letzten Menschen und daher auch derjenige zu sein, der Byron zur Idee der endgültigen Auslöschung der menschlichen Gattung inspiriert habe.[21] Campbells Dichtung überzeugte die Literaturkritik allerdings nicht, was auch an dem leicht zu entlarvenden Schwindel hinsichtlich seines Erfindungsreichtums lag. Grainvilles knapp zwanzig Jahre zuvor entstandener *Le dernier Homme* war in England zu diesem Zeitpunkt längst bekannt; immerhin lag er schon ein Jahr nach seiner Veröffentlichung als englischer Raubdruck vor.[22] Auf inhaltlicher Ebene ist es aber die konventionelle christlich-religiöse Gebundenheit, die Campbells Dichtung um ihren Innovationsgrad bringt.

> Thou saw'st the last of Adam's race
> On Earth's sepulchral clod,
> The darkening universe defy
> To quench his Immortality,
> Or shake his trust in God![23]

Mit Morton Paley lässt sich hervorheben, dass Campbells *The Last Man* eigentlich Grainvilles *Le dernier Homme* weitaus nähersteht als Byrons *Darkness*. Denn in *Darkness* wird die Apokalypse gerade nicht in die Form einer prophetischen Zukunftsvision gegossen, wie es bei Campbell und Grainville der Fall ist.[24] Byrons Dichtung kommt im Vergleich zu der Grainvilles ganz ohne die Darstellung eines sortierenden Weltenrichters, eines Jüngsten Gerichts und einer Offenbarung göttlicher Ewigkeit aus. Gewissermaßen kehren die biblischen Motive in *Darkness* ebenso beiläufig wie die „mass of holy things" (59) auf dem fast verglühten Altar

---

20 Vgl. Redford: ‚No love was left', S. 132.
21 Vgl. Paley: Apocalypse and Millennium, S. 197.
22 Vgl. Paley: Apocalypse and Millennium, S. 197 ff.; Horn: Die romantische Verdunklung, S. 109.
23 Thomas Campbell: The Last Man. In: The Poetical Works of Thomas Campbell. Hg. v. Alfred Hill. London 1875, S. 90, V. 76–80.
24 Vgl. Paley: Apocalypse and Millennium, S. 197.

wieder, die zu ihrem unheiligen Gebrauch – „unholy usage“ (60) – zweckentfremdet werden. Ein religiöser Rest mag als antiquierte Reliquie verbleiben, doch seine Verehrung bleibt aus. Hierdurch kündigt sich ein neues Verhältnis zur Apokalypse an, das einerseits den christlichen Ursprung der Endzeitvision referenziert, sie ihm andererseits aber entreißt und so eine neue Bedeutung der Apokalypse konstituiert: die Apokalypse als ein radikal immanenter Weltuntergang.

Zu Beginn der Dichtung kündigt sich das problematisch gewordene Verhältnis von apokalyptischer Deutung und krisenhafter Realität durch die Rahmung des Gedichtes an. Die folgenden Verse sind zugleich Traum als auch Nicht-Traum eines nicht weiter bestimmten lyrischen Subjekts: „I had a dream, which was not all a dream“ (1). Damit lässt das Gedicht zwar die biblische Tradition der apokalyptischen Prophezeiung anklingen, in der Träume nicht nur subjektive, phantastische Vorstellungen sind.[25] Doch das, was über die Traumhaftigkeit hinausgeht, ist nicht eine transzendente, göttlich angewiesene Eingebung, sondern eine radikal empirische Krisenerfahrung. Die Verdunklung der Sonne ist für die Zeitgenoss:innen Byrons finstere Realität.

Das Jahr ohne Sommer

> One night we *enjoyed* a finer storm than I had ever before beheld. The lake was lit up – the pines on Jura made visible, and all the scene illuminated for an instant, when a pitchy blackness succeeded, and the thunder came in frightful bursts over our heads amid the darkness.[26]

So heißt es in einem Brief von Mary Godwin, die sich im Juni 1816 mit ihrer Halbschwester Claire Clairmont, ihrem späteren Mann Percy Shelley, Lord Byron und seinem Leibarzt Polidori am Genfersee aufhält.[27] Vergleichbare Naturphänomene sind im Jahr ohne Sommer keine Ausnahme und stellen nicht nur für die Idee zu *Frankenstein* (1818), sondern auch für Byrons *Darkness* die einzigartigen klimatischen Bedingungen bereit.[28]

---

25 Vgl. Redford: ‚No love was left‘, S. 133.

26 Mary W. Shelley: Letters written in Geneva. In: The Prose Works of Percy Bysshe Shelley. Bd. 1. Hg. v. Eugene Bernard Murray. Oxford 1993, S. 206–228, hier S. 210 (Herv. i. O.).

27 Vgl. Mary Shelley/Percy Shelley: Flucht aus England. Reiseerinnerungen und Briefe 1814–1816. Übers. u. hg. v. Alexander Pechmann. Hamburg 2002, S. 63.

28 Vgl. Wolfgang Behringer: Tambora und das Jahr ohne Sommer. Wie ein Vulkan die Welt in die Krise stürzte. München 2018, S. 259 ff.; Morton D. Paley: Apocalypse and Millennium, S. 198; Eva Horn: Zukunft als Katastrophe, S. 73.

Die Verse „Happy were those who dwelt within the eye / Of the volcanos, and their mountain-torch" (16 f.) mögen aus heutiger Sicht recht zynisch klingen. Denn der Ursprung der ungewöhnlichen Naturphänomene lag gerade in dem Ausbruch des indonesischen Vulkans Tambora. Der Byron noch unbekannte Zusammenhang sollte erst Anfang des zwanzigsten Jahrhunderts durch William Jackson Humphreys entdeckt werden.[29] So führte der massive Vulkanausbruch nicht nur zu Glut- und Lavaströmen, Tsunamis, Ascheniederschlag und saurem Regen. Auch katapultierte er Aerosole in die Luft, was eine globale Abkühlung zur Folge hatte. In weiten Teilen Asiens führte der Höhenrauch zu einer ein bis zwei Tage anhaltenden Verdunklung der Sonne, auf die sintflutartige Starkregenfälle folgten.[30] Zu den günstigeren Nebeneffekten gehörten die außergewöhnlich farbenfrohen Sonnenuntergänge, die die Malerei William Turners und Caspar David Friedrichs inspirierte.[31]

Einschlägiger ist aber die weltumgreifende Erfahrung, dass die Natur dem Menschen feindlich gegenübertritt. Sie ist wild, unberechenbar geworden und damit ein geeigneter Projektionsraum für zeitgenössische Krisenerfahrungen. Der unnachgiebige Regen, die gewaltigen Gewitterstürme und die ungewöhnliche Kälte bannten die englischen Literat:innen ins Haus vor den Kamin.[32] Und so entstand *Darkness* während des im Schnitt vier Grad zu kalten und außergewöhnlich verregneten Juli 1816.[33] Der englische Dichter notierte, dass ihm die Idee an einem Tag gekommen sei, an dem es am Mittag derart dunkel war, dass sich die Tiere schlafen legten und Kerzen angezündet werden mussten.[34] Diese Schilderung erinnert sehr an seine lyrische Beschreibung der Dunkelheit, die keinen Tag brachte: „Morn came and went – and came, and brought no day" (6). So wird in *Darkness* eine Faszination für die Naturgewalt deutlich, die gerade in ihrer tragischen Zuspitzung zum Ausdruck kommt. Es kann vermutet werden, dass Byron die von den Naturkatastrophen angestoßenen Ängste in Europa durch die Presse bekannt waren und er auf die weitverbreiteten wissenschaftlichen Hochrechnun-

---

29 Vgl. Behringer: Tambora und das Jahr ohne Sommer, S. 13.

30 Vgl. Behringer: Tambora und das Jahr ohne Sommer, S. 9.

31 Vgl. Behringer: Tambora und das Jahr ohne Sommer, S. 277; Clive Oppenheimer: Climatic, environmental and human consequences of the largest known historic eruption: Tambora volcano (Indonesia) 1815. In: Progress in Physical Geography 2 (2003), H. 27, S. 230–259, hier S. 244.

32 Vgl. Mary Shelley: Preference. Frankenstein or, The Modern Prometheus. The 1818 Text. Hg. v. Nick Groom. Oxford 2018, S. 6.

33 Vgl. Christian Pfister: Wetternachhersage. 500 Jahre Klimavariationen und Naturkatastrophen. Bern/Stuttgart/Wien 1999, S. 153.

34 Vgl. Morton D. Paley: Envisioning Lastness: Byron's ‚Darkness', Campbell's ‚The Last Man', and the Critical Aftermath. In: Romanticism 1 (1995), H. 1, S. 1–14, hier S. 3.

gen stieß, die das endgültige Erlöschen der Sonne, aufgrund der sichtbaren Sonnenflecken, prognostizierten.[35]

Die Entstehung von *Darkness* ist so mit der Klimageschichte eng verzahnt. Das ‚Jahr ohne Sommer' liefert sicherlich nicht nur den Anlass, sondern auch viele der ausdrucksstarken Naturbilder, die Byron in seiner Dichtung apokalyptisch übersetzt. Doch ebenso wie die Tamborakrise nicht einfach nur eine Naturkatastrophe darstellt, sondern auch eine spirituelle Krise auslöste, bedeutete sie auf ökonomischer Ebene eine umfassende, gesellschaftliche Subsistenzkrise: Die sommerlichen Schneefälle und Nachtfröste ließen die frische Saat verderben und Ernten verrotten, was Hungersnöte zur Folge hatte und Seuchen begünstigte.[36]

Auch Byrons *Darkness* bleibt nicht bei der Inszenierung eines katastrophalen Naturereignisses stehen. Im Laufe der Dichtung rückt das Verhältnis der Menschen weniger zu- als vielmehr gegeneinander in den Mittelpunkt. Sie führt uns dazu, „die Naturkatastrophe [auch] als soziale Katastrophe"[37] zu betrachten. Byrons Dichtung soll dabei nicht nur als ein „Experimentalraum"[38], als ein „Stressexperiment für die bedrohte Menschheit"[39] verstanden werden, in dem sich das zeitgenössische anthropologische Wissen lediglich umsetzt.[40] *Darkness* ist nicht einfach Ausdruck „der überhitzten Phantasie eines romantischen Bürgerschrecks, der zu viel Malthus gelesen haben könnte".[41] *Darkness* ist vielmehr ein kritischer Kommentar auf die bürgerlichen Ideologie des Malthusianismus, indem er sie zur apokalyptischen Darstellung und Zuspitzung bringt. Dies setzt voraus, *Darkness* nicht als rein diskursives Produkt, sondern als Reaktion auf die soziale Katastrophe zu begreifen, die mit dem Fortschreiten der kapitalistischen Produktionsweise im England des beginnenden neunzehnten Jahrhunderts omnipräsent ist. Sie drängt Byron auf politischer Ebene zur Kritik an den sozialen Verhältnissen. Diese Tatsache rückt die Diskussion hin zum sozialgeschichtlichen Kontext seiner Endzeitdarstellung.

---

35 Vgl. Jeffrey Vail: The bright sun was extinguis'd. The Bologna Prophecy and Byron's Darkness. In: The Wordsworth Circle 3 (1997), H. 28, S. 183–192, hier S. 183 f.
36 Vgl. Behringer: Tambora und das Jahr ohne Sommer, S. 9 f., 29.
37 Horn: Zukunft als Katastrophe, S. 69.
38 Horn: Der Untergang als Experimentalraum, S. 32.
39 Horn: Die romantische Verdunklung, S. 121.
40 Vgl. Horn: Die romantische Verdunklung, S. 123.
41 Horn: Zukunft als Katastrophe, S. 73.

The Darkness of Enlightenment: Die Dunkelheit der Aufklärung

Dass die Tamborakrise zu einem „mit Leid verbundenen Erfahrungszuwachs bezüglich klimatischer Verhältnisse“[42] führte, ist eine Untertreibung. Sie bedeutete eher eine drastische Zuspitzung des Leidens. Schon vor dem Vulkanausbruch war die Versorgungssituation weiter Teile der Bevölkerung prekär, da die 1810er Jahre von strengen und langen Wintern gekennzeichnet waren.[43] Hinzu trat das Ende der Kriegswirtschaft 1815, das Großbritannien zu protektionistischen Maßnahmen veranlasste und die Corn Laws einführen ließ, um Getreideimporte zurück und Getreidepreise künstlich auf hohem Niveau zu halten. Arbeiter:innen litten stark unter den hohen Lebenserhaltungskosten, die bei zunehmender Arbeitslosigkeit und weiteren Lohnkürzungen rasant stiegen. Dabei hatten Besitzlose keine parlamentarische Vertretung, worüber sich zunehmend Unmut breit machte.[44] Die gewaltsame Niederschlagung einer hieraus resultierenden Protestbewegung beim Peterloo-Massaker wird Percy Shelley in seiner *Masque of Anarchy* (1832) lyrisch verarbeiten.[45] Doch auch Byron, der als Lord der ersten Kammer des britischen Parlaments angehörte, verfolgte die Situation der Textilarbeiter:innen aufmerksam.[46] Zeugnis davon legt seine Jungfernrede im Februar 1812 im britischen Parlament ab, die er in einem Brief an seinen Mentor Lord Holland wie folgt ankündigt: „My own motive for opposing ye. [the] bill is founded on it's palpable injustice, & it's certain inefficacy. – I have seen the state of these miserable men, & it is a disgrace to a civilized country. – Their excesses may be condemned, but cannot be subject of wonder.“[47]

Mit den nicht überraschenden Ausschreitungen meint er den 1811 beginnenden Arbeiter:innenprotest, während dessen vorwiegend Maschinen (vor allem Webstühle) zertrümmert wurden, da ihre Einführung für die steigende Arbeitslosigkeit und den zunehmenden Druck auf den Lohn der verbleibenden Arbeiter:innen verantwortlich gemacht wurde. Die Bewegung, die aufgrund des Decknamens Ned Ludd als Luddismus in die Geschichte eingehen sollte, zerstörte in der Anfangsphase Produktionsmit-

42 Rüdiger Görner: Romantik. Ein europäisches Ereignis. Ditzingen 2021, S. 185.

43 Vgl. Behringer: Tambora und das Jahr ohne Sommer, S. 33 f.

44 Vgl. Behringer: Tambora und das Jahr ohne Sommer, S. 37 f., 242.

45 Vgl. Ian Ward: Shelley's Mask. In: Pólemos 1 (2018), H. 20, S. 21–34, hier S. 23.

46 George Gordon Byron zitiert nach Robert C. Dallas: Recollections of The Life of Lord Byron. From the Year 1808 to the end of 1814. London 1824, S. 199 f. Die Jungfernrede ist nur durch das hier abgedruckte Manuskript in Dellas Byron-Biografie überliefert.

47 George Gordon Byron: Letter to Lord Holland. In: Byron's Letters and Journals. Hg. v. Richard Lansdown. Oxford 2015, S. 100–101, hier S. 100.

tel in einem Wert von schätzungsweise 100.000 Pfund.[48] Nachdem exekutive Unterdrückungsversuche seitens der britischen Regierung erfolglos geblieben waren, wurde ein Gesetzesvorhaben vorgeschlagen: Der Frame Breaking Act sollte den Maschinensturm als Kapitalverbrechen unter Todesstrafe setzen.[49] Byron zeigte sich empört über die willfährigen Parlamentarier, die sich anlässlich von Steuererleichterungen oder Emanzipationsansätzen jahrelang berieten, aber eine folgenschwere, gesetzliche Billigung der Todesstrafe unverzüglich verabschieden wollten.[50] Er hingegen „consider[s] the manufacturers as a much injured body of men sacrificed to ye. [the] views of certain individuals who have enriched themselves by those practices which have deprived the frame workers of employment."[51] In seiner Rede ergreift Byron ausdrücklich Partei für den Maschinensturm, die ihn ein Postskriptum unter den Brief an Holland setzen lässt: „*P. S. – I am a little apprehensive that your Lordship will think me too lenient towards these men*, & half a framebreaker myself."[52]

Die Sorge hält Byron, der 1812 der oppositionellen (und dem radikalliberalen Flügel) Whig-Partei beitrat, nicht davon ab, seine Jungfernrede vor den Lordschaften im Parlament zu halten.[53] Die Rede sticht aus dem üblichen Parlamentsbetrieb nicht nur durch die hervorragende Eloquenz, sondern auch durch das tiefe Mitgefühl für das Leiden der Arbeiter:innenschaft heraus, und betont, dass ihre Beharrlichkeit und Risikobereitschaft einzig und allein aus der Tragweite ihrer ökonomischen Verzweiflung heraus verstanden werden kann.[54] Byron geht noch einen Schritt weiter und polemisiert gegen die Polizei, die „however useless, were by no means idle",[55] die Menschen des Kapitalverbrechens der Armut bezichtige, weil sie sich schuldig gemacht hätten, Kinder in die Welt zu setzen, die sie – „thanks to the times!"[56] – nicht ernähren konnten. Hieran wird deutlich, was in der bisherigen Kontextualisierung von *Darkness* weitestgehend unbeachtet geblieben ist, und erst in der jüngsten Darstellung Rüdiger Görners anklingt: „Sein [d. i. Byrons] Gedicht sieht ausgelöschte Menschen, jeglicher Hoffnung beraubt, des Lichts entwöhnt. Die ‚Nachtseite' der

48 Vgl. Jeff Horn: Machine-Breaking in England and France during the Age of Revolution. In: Labour / Le Travail 1 (2005), H. 55, S. 143–166, hier S. 147.

49 Vgl. Horn: Machine-Breaking in England, S. 148.

50 Vgl. Edward P. Thompson: Die Entstehung der englischen Arbeiterklasse. Bd. 2. Frankfurt a. M. 1987, S. 641 ff.

51 Byron: Letters and Journals. S. 100.

52 Byron: Letters and Journals, S. 101 (Herv. i. O.).

53 Vgl. Malcolm Kelsall: Byron's politics. In: The Cambridge Companion to Byron. Hg. v. Drummond Bone. Cambridge 2004, S. 44–54, hier S. 47.

54 Vgl. Kelsall: Byron's politics, S. 47.

55 Byron zitiert nach Dallas: Recollections, S. 207.

56 Byron zitiert nach Dallas: Recollections, S. 207.

Existenz entsprach nun einer realen Erfahrung. Das Dunkle wurde zur Atmosphäre eines kümmerlichen Lebens."[57] Konkret bringt Byron das kümmerliche Leben der Notleidenden, „meagre with famine, sullen with despair, careless of a life which your lordships are perhaps about to value at something less than the price of a stocking-frame",[58] auf den Punkt. Das Grauen einer existenziellen Not begegnet uns in *Darkness* wieder, das die Hungernden zur letzten, kannibalistischen Verzweiflungstat treibt: „Of famine fed upon all entrails – men / Died, and their bones were tombless as their flesh; / The meagre by the meagre were devour'd" (44–46). Die verzweifelte Notlage findet ihre Allegorie in der Kälte, Blindheit und dem Hunger, deren Bekämpfungsversuche – wie auch der Maschinensturm – irrational und unzulänglich *scheinen*. Doch den Menschen bleibt nichts anderes übrig. Sie sind gezwungen, ihre Lebensgrundlage restlos zu zerstören. In *Darkness* wird alles, bis auf das letzte Holz, niedergebrannt. Die Naturkatastrophe entblößt zunehmend die menschengemachte Katastrophe.

Byron steht hier nicht einfach im Zeichen eines frühen Erklärungsmodells für das Massenelend, wie es vom Ökonomen Thomas Robert Malthus entwickelt wurde und in bis heute existierenden sozialdarwinistischen Vorstellungen des *survival of the fittest* überlebt.[59] Im Gegenteil, der Schriftsteller grenzt sich dezidiert von einer Position ab, die das soziale Verhältnis zum Naturverhältnis verklärt. Byron zieht die Parlamentarier für ihre Kriegspolitik, für das Generationen übergreifende Elend zur Verantwortung.[60] Anstatt die Aufständischen als Pöbel zu betrachten, sollten sie sich ihrer Abhängigkeit bewusst werden:

> It is the mob that labour in your fields, and serve in your houses – that man your navy, and recruit your army – that have enabled you to defy all the world, – and can also defy you, when neglect and calamity have driven them to despair. You may call the people a mob, but do not forget that a mob too often speaks the sentiments of the people.[61]

Byrons Einsicht in die Arbeitsteilung und Klassenlage der englischen Gesellschaft, die revolutionäre Drohung, der sogenannte Pöbel könne den Herrschenden trotzen, kehrt in *Darkness* in besonderer Weise wieder. Die materielle Existenzkrise führt letztlich zur Aufhebung der sozialen Unterschiede. Wie es für die meisten Endzeitvorstellungen üblich ist, wird auch in Byrons Apokalypse der gesellschaftliche, weltliche Unterschied nivelliert, und so brennen in der unmittelbaren Not

57 Görner: Romantik, S. 186.
58 Byron zitiert nach Dellas: Recollections, S. 217.
59 Vgl. dagegen Horn: Zukunft als Katastrophe, S. 63 f.
60 Vgl. Byron zitiert nach Dallas: Recollections, S. 209.
61 Byron zitiert nach Dallas: Recollections, S. 213 f.

Paläste ebenso wie Hütten: „The palaces of crowned kings – the huts, / The habitations of all things which dwell / Were burnt for beacons“ (11 ff.).

Seine schlichten Forderungen, das Strafmaß und die Beweggründe für den Maschinensturm zu überdenken und nach Lösungen für die Missstände, die die Revolte provozierten, zu suchen, blieben erfolglos.[62] Die emphatische Rede konnte die Inkraftsetzung des Gesetzes und die Erhängung von über dreißig Maschinenstürmer:innen 1812 und 1813 (sowie weitere Exekutionen in den darauffolgenden Jahren) nicht verhindern.[63] Dieser Misserfolg und die Einsicht in die kurzsichtigen Entscheidungen der Parlamentarier mögen ein Grund sein, warum sich Byron zunehmend aus dem politischen Geschäft und von einem optimistischen Geschichtsbild verabschiedete. Ein anderer und bekannterer Grund war die Niederlage Napoleons.

Apokalypse ohne Ende

Grundsätzlich ist Byrons politische Haltung tief verwurzelt im Mythos der *Glorious Revolution*.[64] Aus ihr ging die Whig-Partei als Gegnerin der ‚Tyrannei der Stuarts‘ hervor. Im Selbstverständnis der Whigs als ‚Kräfte der Freiheit‘ richten sie sich gegen den ‚passiven Gehorsam‘ der Tories als Anhänger der Krone.[65] Hierzu stützen sich die Whigs auf ein teleologisches Geschichtsbild (‚Whig-history‘), das die Geschichte als Geschichte des Fortschritts zur Verwirklichung der Freiheit konzipiert. Hieraus erklärt sich auch Byrons Begeisterung für die Französische Revolution, die von einem Teil, der Foxite Whigs,[66] als Wiederholung der Englischen Revolution von 1688/89 betrachtet wurde. Sie erkannten in den Bourbonen die Stuarts als monarchistisch-despotische Tyrannen wieder, von denen sich die Franzosen entledigten. Weiter galt ihnen Napoleon, wie Wilhelm III., als Befreier und dazu berufen, im Namen des Volkes zu regieren und als Hoffnungsträger für den Liberalismus.[67]

Schon nach der Kapitulation der französischen Truppen bei Leipzig steht für den glühenden Napoleon-Anhänger fest, dass er seine parlamentarischen Ambitionen aufgeben und ins Exil gehen wird. Der langsame Niedergang Napoleons habe sein „system of fatalism“[68] zerstört, wie er am 23. November 1813 notiert. Er habe

62 Vgl. Kelsall: Byron's politics, S. 48.
63 Vgl. Horn: Machine-Breaking in England, S. 148.
64 Vgl. Kelsall: Byron's politics, S. 48.
65 Vgl. Kelsall: Byron's politics, S. 45.
66 Benannt nach Charles James Fox, dessen bekanntester Gegenspieler Edmund Burke war.
67 Vgl. Kelsall: Byron's politics, S. 49.
68 Byron: Letters and Journals, S. 150.

gedacht, dass dies nicht ein einfaches Spiel der Götter gewesen sei, sondern ein Vorspiel zu größeren Veränderungen und gewaltigen Ereignissen. „But Men never advance beyond a certain point; – and here we are, retrograding to the dull, stupid old system, – balance of Europe – poising straws upon king's noses, instead of wringing them off!“[69] Mit dem endgültigen Sturz Napoleons 1815 und der Restauration nach dem Wiener Kongress gehören Byrons Hoffnungen und Zukunftsvisionen der Vergangenheit an, wie Paley bereits ausführlich gezeigt hat.[70] Vor diesem Hintergrund kann *Darkness* als Ausdruck eines postrevolutionären Geschichtsbewusstseins gelesen werden, das die Apokalypse nur noch als Krise, aber nicht mehr als gewaltige Umwälzung zu etwas radikal Neuem begreift.[71]

„And War, which for a moment was no more, / Did glut himself again: a meal was bought / With blood“ (38 ff.). Diese Verse erscheinen vor diesem Hintergrund in neuem Licht. Weniger wird ein soziales oder gar anthropologisches Phänomen geschildert, das die Menschen im Angesicht einer Existenzkrise zusammenrücken und später über sich herfallen lässt. Sozialpolitisch reflektiert, können sie als Absage gegenüber der neuen, außenpolitischen Friedensordnung verstanden werden: Ein Frieden, der mit Blut erkauft wird und den Kriegszustand unter den Menschen, wie Byron ihn vier Jahre zuvor schon in seiner Rede angeklagt hatte, endgültig verewigt hat.

Darkness treibt den inszenierten Hobbes'schen Naturzustand des *bellum omnium contra omnes* apokalyptisch auf die Spitze, nicht um die erste, sondern gerade die zweite Natur des Menschen zur Darstellung zu bringen: „no love was left“ (41). Den Menschen als gesellschaftlichen Wesen bleibt nichts anderes übrig als sich als Feinde zu begegnen, die ihr Selbsterhaltungsbedürfnis gewaltsam gegeneinander durchsetzen: „Unknowing who he was upon whose brow / Famine had written Fiend“ (68 f.). Das aber bedeutet nicht eine kritische „Abrechnung mit der [humanistischen] Anthropologie der Aufklärung“[72], sondern ihren trauernden, dramatischen Abschied. Nunmehr erscheint der Kampf ums Dasein naturgemäß und der Mensch dem Menschen ein Wolf zu sein. Ganz treffend liegt hierzu das Bild des Hundes konträr, der als letzte Verkörperung der Sittlichkeit auftritt. Er wacht über und trauert um den Leichnam seines Herren, verscheucht alles, was ihm zu nahe kommt: „And a quick desolate cry, licking the hand / Which answer'd not with a caress – he died.“ (53 f.) Mit dem Hund als Symbolbild einer Kultur, ein durch die menschliche Zivilisation domestizierter Wolf, stirbt auch der letzte Rest humanisti-

69 Byron: Letters and Journals, S. 150.
70 Vgl. Paley: Apocalypse and Millennium, S. 202.
71 Vgl. Paley: Apocalypse and Millennium, S. 202.
72 Horn: Zukunft als Katastrophe, S. 70.

scher Moral. Was bleibt, ist die totale Vereinzelung; die Menschlichkeit verfällt zur Scheußlichkeit, an der die Menschen zu Grunde gehen.

Darkness präsentiert nicht nur ein exklusives Ende einer partikularen Zivilisationsgeschichte; es berichtet vom äußersten Ende einer menschlichen Gattungsgeschichte. Die revolutionäre Hoffnung auf einen universellen, menschlicheren Zusammenhang – was für Byron konkret „a republic, or a despotism of one, rather than the mixed government of one, two, three“[73] bedeutete – ist vergangen. Die Weltgeschichte scheint für Byron mit dem Untergang Napoleons zum Stillstand gekommen: „The world was void“ (69). Im Bild der stillstehenden Flüsse und des unbewegten Meeres, in deren schweigender Tiefe sich nichts mehr regt, alles verrottet, stellt Byron ein Ende der Geschichte vor, das sich verewigt hat. Damit kulminiert eine resignative, nicht tröstende Haltung in der Apokalyptik, die nichts mehr offenbart, sondern die grausame Krisenhaftigkeit der verfestigten, gesellschaftlichen Verhältnisse in endzeitlicher Ewigkeit ausschmückt. Byron bleibt selbst zunächst nur noch übrig, „to make life an amusement, and look on, while others play. After all – even the highest game of crowns and sceptres, what is it?“[74] Das Gedicht wird zum Ausdruck eines modernen gesellschaftlichen Bewusstseins ohne Hoffnung, ohne Utopia.

In *Darkness* wird die gesellschaftliche Unheilsgeschichte als Naturgeschichte erzählt. Während diese Erzählung dem Volksökonomen Thomas Robert Malthus in seinem *Principle of Population* (1798) zur Rechtfertigung der gesellschaftlichen Verhältnisse dient, schafft Byron ein Bild für das Elend einer solchen gesellschaftlichen Bewusstlosigkeit. In seiner Apokalypse entwirft er ein einmaliges poetisches Bild für einen zur zweiten Natur erstarrten gesellschaftlichen Zusammenhang, der dem postrevolutionären Bewusstsein als unumstößlich gilt. Der Blick in die Zukunft wird blind und aussichtslos: „Darkness [...] / – She was the Universe.“ (81 f.) Die Modernisierung der Apokalypse nach Byron steht damit in einem direkten Verhältnis zur Entsagung der Utopie in der Moderne. Einst war die Apokalypse noch mit der sicheren Aussicht auf das Ende vom Leiden verschmolzen. Nun ist sich das moderne Bewusstsein nicht mehr so sicher, ob das Leiden überhaupt noch ein Ende finden kann. Adorno brachte diese Entwicklung in einem Gespräch mit Bloch treffend auf den Punkt:

> Mir will es so vorkommen, als ob das, was subjektiv, dem Bewußtsein nach, dem Menschen abhanden gekommen ist, die Fähigkeit ist, ganz einfach, das Ganze sich vorzustellen, als etwas, das völlig anders sein könnte. [...] Daß die Menschen vereidigt sind auf die Welt, wie sie ist, [...] daß im Innersten alle Menschen, ob sie es sich zugestehen oder nicht, wissen: Es

---

73 Byron: Letters and Journals, S. 150.

74 Byron: Letters and Journals, S. 150.

> wäre möglich, es könnte anders sein. Sie könnten nicht nur ohne Hunger und wahrscheinlich ohne Angst leben, sondern auch als Freie leben. Gleichzeitig hat ihnen gegenüber, und zwar auf der ganzen Erde, die gesellschaftliche Apparatur sich so verhärtet, daß das, was als greifbare Möglichkeit, als die offenbare Möglichkeit der Erfüllung ihnen vor Augen steht, ihnen sich als radikal unmöglich präsentiert.[75]

Schon Anfang des neunzehnten Jahrhunderts drückt sich diese Ohnmacht gegenüber den verhärteten gesellschaftlichen Verhältnissen in einem apokalyptischen Bewusstsein aus, das uns Byron als früher Zeuge der Entstehung der modernen Gesellschaft hinterlassen hat. In *Darkness* wurde hierfür erstmals die Figur der unendlichen Endlichkeit der Menschlichkeit entworfen, einer Apokalypse ohne Ende, ohne millenaristische Aussicht. Das Ende der Geschichte bedeutet nichts weiter als die Wiederkehr des Immergleichen, in dem nichts mehr bleibt als ein harter Überlebenskampf. Es ist ein Endzeitszenario, das, kulturindustriell unzählige Male im postapokalyptischen Genre verwertet, zum gegenwärtigen apokalyptischen Hintergrundrauschen beiträgt.

Schluss

Byrons *Darkness* ist weit mehr als ein literarisches Krisenexperiment, das die Anthropologie des *homo homini lupus* mittels eschatologischer Figuren elegant durchspielt. Es kann vielmehr als Ausdruck einer neuen, modernen Form der Apokalyptik verstanden werden, die als Krisenreaktion auf klimatische, soziale und politische Probleme antwortet und hierzu die Apokalypse aus einem religiösen Deutungshorizont löst. Im Jahr 1816 ist vermutlich keine Erfahrung umfassender als die drastische Abhängigkeit der Menschen von der Natur, die ihnen als unbeherrschbar gewordene Katastrophenbringerin gegenübertritt. Das dunkle Jahr ohne Sommer gibt dem gewaltigen Naturphänomen von *Darkness* seine radikal empirische Entsprechung. Doch Byrons Dichtung lässt sich nicht nur auf die radikale Naturerfahrung beschränken; ihre besondere Qualität liegt in der Ver-Dichtung der verschiedenen Problemkomplexe, indem sie die klimatischen, sozialen und politischen Krisen apokalyptisch zuspitzt. Das Bild der verdunkelten Sonne ist damit zwar einerseits der realen Naturerfahrung Anfang des neunzehnten Jahrhunderts entlehnt, andererseits figuriert es als Metapher für die humanistische und revolutionäre Hoffnungslosigkeit. Byrons Parteinahme für den Maschinensturm verweist auf eine eindrückliche Kenntnis

75 Ernst Bloch: Etwas fehlt ... Über die Widersprüche der utopischen Sehnsucht. In: Ernst Bloch. Viele Kammern im Welthaus. Eine Auswahl aus dem Werk. Hg. v. Friedrich Dieckmann/Jürgen Teller. Leipzig 1994, S. 687–703, hier S. 689 f.

vom Massenelend in der englischen Arbeiter:innenschaft, das in den drastischen Bildern der Hungernden wiederkehrt. 1815, mit dem Sturz Napoleons und dem Wiener Kongress, tritt das Bewusstsein hinzu, das von der Aussichtslosigkeit einer anderen gesellschaftlichen Ordnung zeugt. In *Darkness* verallgemeinert sich der Eindruck ihrer existenziellen Not zur allumfassenden Katastrophe, die um jede Aussicht auf Besserung gebracht ist – was bleibt, ist der nackte Überlebenskampf, der Kampf aller gegen alle. Byrons Apokalypse erzählt vom endlosen Ende der Humanität: eine Apokalypse ohne Ende. Während Byron damit zum poetischen Schöpfer einer defätistischen Apokalyptik wird, ist er es selbst, der das resignative System des Fatalismus ein weiteres Mal sprengt – wovon sein *Song for the Luddites* zeugt, der knapp ein halbes Jahr nach *Darkness* entsteht.

As the Liberty lads o'er the sea
Bought their freedom, and cheaply, with blood,
So we, boys, we
Will *die* fighting, or *live* free,
And down with all kings but King Ludd!

When the web that we weave is complete,
And the shuttle exchanged for the sword,
We will fling the winding-sheet
O'er the despot at our feet,
And dye it deep in the gore he has pour'd.

Though black as his heart its hue,
Since his veins are corrupted to mud,
Yet this is the dew
Which the tree shall renew
Of Liberty, planted by Ludd![76]

76 Byron: Letters and Journals, S. 258 (Herv. i. O.).

Clemens Günther

Verfall der Fülle

Die Ressourcen der Steppe im Schaffen Sergej Aksakovs

Imaginarien der Steppe

Betrachtet man Alexander von Humboldts 1808 erstveröffentlichte Abhandlung *Ueber die Steppen und Wüsten*, so fällt ein Spannungsverhältnis ins Auge. In seinen Ausführungen ist die Steppe „ein wilder Schauplatz des freien Thier- und Pflanzenlebens" und des „üppigen saftstrotzenden Pflanzenwuchses", in deren „große[r] und wilde[r] Natur [...] mannigfaltige Geschlechter der Menschen" leben.[1] Gleichzeitig liegt sie „[t]odt und starr [...] hingestreckt, wie die nackte Felsrinde eines verödeten Planeten."[2] „Kein Thau, kein Regen benetzt diese öden Flächen, und entwikkelt im glühenden Schooß der Erde den Keim des Pflanzenlebens."[3] In ihr „verkündigt Dürre den Tod" durch Verdurstung und bringt „Unheil und Verwüstung [...] über den Erdkreis".[4]

Humboldts Beschreibung erscheint widersprüchlich, ist die Steppe doch gleichzeitig ein Ort übersprießender Fülle und unwirtlicher Kargheit, des Lebens und des Todes. Ottmar Ette zufolge illustriert dieser Gegensatz das größere Spannungsverhältnis zwischen organischer und anorganischer Natur, das Humboldts Abhandlung über die Erdgeschichte durchzieht und in eine kreisförmige, geschichtsphilosophisch motivierte Erzählung eingebettet ist.[5] Gleichzeitig ist die Erkenntnis dieser Spannung auch Ergebnis einer neuen Beobachtungskonstellation. Indem Humboldt eine globale Perspektive einnimmt, die die Steppen des südamerikanischen Llano ebenso umfasst wie die Zentralasiens und einen zeitlichen Horizont aufspannt, der vom Beginn der Erdgeschichte bis in die Gegenwart reicht, entwickelt er eine neue, zutiefst ambivalente Perspektive auf die natürlichen Ressourcen der Steppenvegetation.

1 Alexander von Humboldt: Ansichten der Natur mit wissenschaftlichen Erläuterungen. Tübingen 1808, S. 43.

2 Humboldt: Ansichten der Natur, S. 15.

3 Humboldt: Ansichten der Natur, S. 5.

4 Humboldt: Ansichten der Natur, S. 30 f.

5 Vgl. Ottmar Ette: Eine „Gemütsverfassung moralischer Unruhe" – „Humboldtian Writing". Alexander von Humboldt und das Schreiben in der Moderne. In: Alexander von Humboldt – Aufbruch in die Moderne. Hg. v. Ottmar Ette/Ute Hermanns/Bernd Scherer u. a. Berlin 2001, S. 33–55, hier S. 43 f.

https://doi.org/10.1515/9783111426129-014

Humboldts Abhandlung besitzt auch für den russischen Diskurs über die Steppe grundlegende Bedeutung. Bis 1852 erschienen allein fünf (Teil-)Übersetzungen,[6] die wiederum russische Forscher zu Abhandlungen über Steppen motivierten.[7] In ihren literarischen und wissenschaftlichen Texten tritt auch der charakteristische Gegensatz zwischen Fülle und Kargheit wieder auf. Wie Willard Sunderland am Beispiel Taras Ševčenkos, Andrej Filonovs, Aleksandr Gercens und anderer postuliert hat, führte dies zur Herausbildung gegensätzlicher Imaginarien der Steppe, die gleichzeitig für Langeweile, Menschenleere und Wildheit sowie für Überfülle, Süße, Frische und Freiheit stehen konnte.[8] Besonders einflussreich erwies sich dieser Gegensatz für die zentralasiatischen Steppen, die im Laufe des achtzehnten und neunzehnten Jahrhunderts sukzessive unter russischen Einfluss gerieten.[9] Jennifer Keating spricht diesbezüglich von der Entstehung eines „narrative arc of sorts [...], tacking from Turkestan as a barren land, to one of vast abundance, before returning again to anxieties over scarcity and depletion in the dying days of empire."[10] Zwar hatte es bereits zuvor ähnliche, indigene Zuschreibungen gegeben, aber der koloniale Blickwinkel etablierte einen neuen Bedeutungsrahmen, weil die Ressourcen nun mit einem (ökonomischen) Wert und einem extraktivistischen Diskurs verknüpft wurden, durch den die Steppenlandschaft zum Gegenstand imperialer Geopolitik werden konnte,[11] zu einem „projection screen for identities, and a space for self-realization."[12] Dies wiederum resultierte nicht allein aus der kartographischen und statistischen Erfassung der natürlichen Reichtümer der Steppe, sondern wesentlich auch aus geopoetischen[13] Narrativen.

---

6 Vgl. Oliver Lubrich/Thomas Nehrlich: Vom Orinoco nach Sibirien. Alexander von Humboldts russische Schriften. In: Alexander von Humboldt. Die russischen Schriften. Hg. v. Oliver Lubrich/Thomas Nehrlich. Berlin 2021, S. 9–31, hier S. 16.

7 Vgl. Aleksandr Čibilev/Ol'ga Groševa: Ėvoljucija vzgljadov na stepnoj landšaft v otečestvennoj geografii. In: Vestnik Voronežskogo gosudarstvennogo universiteta. Serija Geografija. Geoėkologija 1 (2004), S. 51–57, hier S. 54.

8 Vgl. Willard Sunderland: Taming the Wild Field. Colonization and Empire on the Russian Steppe. Ithaca 2004, S. 163.

9 Vgl. Alexander Morrison: The Russian Conquest of Central Asia. A Study in Imperial Expansion, 1814–1914. Cambridge 2021.

10 Jennifer Keating: On Arid Ground. Political Ecologies of Empire in Russian Central Asia. Oxford 2022, S. 22.

11 Vgl. Keating: On Arid Ground, S. 139.

12 Christine Bichsel/Ekaterina Filep/Julia Obertreis: The Soviet Steppe: Transformations and Imaginaries – Introduction. In: Slavic Review 81 (2022), H. 1, S. 1–7, hier S. 1.

13 Zum Begriff der Geopoetik vgl. Magdalena Marszałek/Sylvia Sasse (Hg.): Geopoetiken. Geographische Entwürfe in den mittel- und osteuropäischen Literaturen. Berlin 2010.

Die Verschränkungen zwischen diesen Diskursfeldern sollen in diesem Beitrag exemplarisch am Beispiel Sergej Aksakovs verfolgt werden. Sein publizistisches und erzählerisches Werk ist wie kein anderes mit den Ressourcen und Imaginationen der Orenburger Steppe an der heutigen russisch-kasachischen Grenze verbunden. Er ist einer der ersten russischen Autoren, der sich kritisch mit der Ausbeutung und Abnahme natürlicher Ressourcen auseinandersetzt und ein Bewusstsein von deren Endlichkeit entwickelt.[14] Dieser Erkenntnisprozess ist eingebettet in eine literarische Entwicklung, die ihn von seinem lyrisch geprägten, romantischen Frühwerk zu einem prosaisch und publizistisch dominierten realistischen Spätwerk führt. In der gemeinsamen Betrachtung beider Werkphasen lassen sich die „konstitutiven Wechselwirkungen“[15] zwischen romantischen und realistischen Ökologien studieren, die Romantik und Realismus als „vielfältig miteinander verwobene[n] Großkomplex“[16] konstituieren.

Der folgende Beitrag vertritt die These, dass die Selbsttranspositionen in Aksakovs Spätwerk, in dem er seine frühen, romantisch geprägten lyrischen Versuche prosaisierte, wesentlich von einem neuen Verständnis der Natur der Steppe motiviert wurden. Die Reflexion des Schwindens natürlicher Ressourcen wie Wasser, Wälder und Wildtiere erforderte eine neue Form der Darstellung, die eine Historisierung dieses Prozesses und eine andere Leseransprache erlaubte. Diese Reflexion läutete das Ende der Epoche imperialer Panegyrik ein, die durch einen neuen, kritischen und zutiefst ambivalenten Blick auf das Verhältnis von Zentrum und Peripherie abgelöst wurde. Dieser Prozess korrelierte mit der biographischen Modellierung des Übergangs von Kindheit zum Alter und der ökologischen Modellierung des Übergangs von einem symbiotischen, paradiesischen Urzustand zu einem konfrontativen, von Kargheit geprägten Gegenwartszustand.

---

14 Vgl. Ian Helfant: S.T. Aksakov: The Ambivalent Proto-Ecological Consciousness of a Nineteenth-Century Russian Hunter. In: Interdisciplinary Studies in Literature and Environment 13 (2006), H. 2, S. 57–71.

15 Michael Neumann/Marcus Twellmann: Ressourcenpolitik, Unterhaltungskultur. Knappe Ressourcen, höherer Sinn: Zur literarischen Selbstverständigung der Gesellschaft. In: Modernisierung und Reserve. Zur Aktualität des 19. Jahrhunderts. Hg. v. Michael Neumann/Marcus Twellmann/Anna-Maria Post u. a. Stuttgart 2017, S. 79–95, hier S. 88.

16 Klara Schubenz: Der Wald in der Literatur des 19. Jahrhunderts. Geschichte einer romantisch-realistischen Ressource. Konstanz 2020, S. 7.

Politische und poetische Implikationen der Dialektik von Fülle und Kargheit

Das Versprechen der Fülle gehört zu den wirkmächtigsten Narrativen der Neuzeit.[17] Wie Fredrik Jonsson in einer ideengeschichtlichen Untersuchung der *cornucopia*-Metapher gezeigt hat, tritt sie zunächst zu Beginn des siebzehnten Jahrhunderts bei Francis Bacon und Samuel Hartlib auf. Dort verspricht sie ein *Neues Atlantis,* die Hoffnung auf eine Wiedergewinnung des verlorenen paradiesischen Reichtums. Zum ökonomischen Prinzip wird sie dann zu Beginn des neunzehnten Jahrhunderts bei David Ricardo, der annimmt, dass durch den Einsatz von Arbeit und Kapital die Produktivität des Bodens unendlich gesteigert werden könne. Bevorzugtes Objekt solcher Visionen waren die kolonialen und semikolonialen Peripherien inner- und außerhalb Europas, die man besiedeln und ausbeuten und nach deren Erschöpfung man die Grenze der jeweiligen *frontier* weiter verschieben konnte. Mit der Metapher der *cornucopia* kam jedoch gleichzeitig ein Krisenbewusstsein auf, das die Erschöpfung der Ressourcen registrierte und in der Notwendigkeit der imperialen Expansion implizit anerkannte, dass es lokale Grenzen des Wachstums gab.[18]

Idealtpyisch lässt sich die Wirkmächtigkeit der *cornucopia*-Diskurse in den Vereinigten Staaten studieren. Für William Cronon ist die „dialectic between scarcity and abundance"[19] zentral für die Wahrnehmung, aber auch den Umgang mit der Landschaft im Prozess der kolonialen Aneignung des Landes im Verlauf des neunzehnten Jahrhunderts. Zwar traf man im Zuge des Vordringens gen Westen nur in seltenen Fällen auf die erhofften Reichtümer und hatte es stattdessen mit einer kargen Vegetation zu tun, aber das trübte die Vorstellungen der Fülle kaum. Indem man die *frontier* verschob, konnte das Narrativ seine Gültigkeit behalten, denn jenseits der jeweils aktuellen Grenze meinte man ganz sicher die antizipierten fruchtbaren Böden und reichhaltigen Mineralvorkommen zu finden.

---

17 Vgl. exemplarisch die These vom „Prinzip der Fülle" (*principle of plenitude*) bei Arthur Lovejoy, der dessen Aufkommen in der Frühen Neuzeit lokalisiert und in Differenz zum mittelalterlichen Denken setzt, siehe Arthur Lovejoy: The Great Chain of Being. A Study of the History of an Idea. Cambridge 1964, bes. S. 99–143. Fülle bezieht sich laut Lovejoy dabei nicht nur auf die Anzahl der Arten, sondern auch auf kosmologische Aspekte wie die Größe des Universums und die Verbreitung des Lebens. Vgl. Lovejoy: The Great Chain of Being, S. 111.

18 Vgl. Fredrik Jonsson: The Origins of Cornucopianism. A Preliminary Genealogy. In: Critical Historical Studies 1 (2014), H. 1, S. 151–168.

19 William Cronon: Landscapes of Abundance and Scarcity. In: The Oxford History of the American West. Hg. v. Clyde Milner II/Carol O'Connor/Martha A. Sandweiss. New York 1994, S. 603–637, hier S. 605.

Und am Ort des Geschehens entwickelte sich ein Diskurs der *reclamation*, der der Idee folgte, dass durch den Einsatz menschlicher Arbeit und Klugheit die ursprüngliche Fülle, an deren Vorstellung man weiter festhielt, schließlich doch noch ausgeschöpft werden könnte.[20]

Die Parallelen zum russischen Vordringen in die zentralasiatischen Steppen sind frappierend. Auch dort dominierten Vorstellungen reichhaltiger Rohstoffvorkommen und Auffassungen, dass durch kluge Agrarpolitik das Neuland (*celina*) schlussendlich doch noch genutzt werden könne: „Russians and Slavic settlers approached Central Asian environments with a good deal of caution, as time passed they made increasingly bold prognostications that presumed the inherent malleability of landscape and the tacit superiority of their visions and labour."[21] Ähnliche Narrative ziehen sich bis weit in die sowjetische Zeit hinein.[22] Die Kargheit der Landschaft wurde in diesem Zusammenhang als noch nicht realisierte Fülle narrativiert, wodurch es gelang, den neu eroberten Raum symbolisch in das Imperium einzugliedern. Dass die Kargheit gleichzeitig aber auch auf das Ende des Vordringens und die Endlichkeit der Ressourcen hindeuten könnte, wurde hingegen systematisch verdrängt. Die karge Landschaft wurde in diesem Prozess zugleich ausgebeutet, etwa im Umgang mit Rohstoffvorkommen und Tierbeständen, und angereichert, etwa in der Entwicklung von Bewässerungsinfrastrukturen.

Dem französischen Philosophen Pierre Charbonnier zufolge sind solche Formen des kolonialen Extraktivismus zentral für die Genese der Aufklärung und des westlichen Verständnisses von Freiheit. Er spricht von „Autonomie-Extraktion" und meint damit, dass „Autonomie und Überfluss im Westen" auf Kosten von „Heteronomie und Prekarität im Rest der Welt" gehen,[23] ein Zusammenhang, dessen Reflexion er in der politischen Theorie der ersten Hälfte des neunzehnten Jahrhunderts unter anderem am Beispiel Johann Gottlieb Fichtes und Alexis de Tocquevilles verfolgt. Insbesondere Fichtes Abhandlung *Der geschlossene Handelsstaat* (1800) verdient hier Beachtung, kritisiert dieser doch als einer der ersten, dass mit der kolonialen Expansion „die ökologische und politische Realität dieser Nationen [gemeint sind die europäischen Nationen mit kolonialen Ambitionen, C.G.] auseinanderfalle[]."[24] Moderne Nationen sind geprägt von einer „territoriale[n] Zweideutigkeit",[25] deren

20 Vgl. Cronon: Landscapes of Abundance and Scarcity, S. 605, 616 f.

21 Keating: On Arid Ground, S. 20.

22 Vgl. für den Neulanddiskurs und seine Bedeutung für eine imperiale politische Ökologie Mieka Erley: On Russian Soil. Myth and Materiality. Ithaca 2021, S. 113 f.

23 Pierre Charbonnier: Überfluss und Freiheit. Eine ökologische Geschichte der politischen Ideen. Frankfurt a. M. 2022, S. 152, 150.

24 Charbonnier: Überfluss und Freiheit, S. 119.

25 Charbonnier: Überfluss und Freiheit, S. 122.

geoökologischer, nationaler Raum als homogen imaginiert wird,[26] ökonomisch aufgrund seiner imperialen Verfasstheit aber zutiefst heterogen ist.

Inwiefern können solche ideengeschichtlichen Betrachtungen zu einem ästhetischen Verständnis der (russischen) Romantik beitragen? Der Diskurs der Fülle verknüpft die beiden Bereiche der *copia rerum* und *copia verborum*. Fülle ist nicht nur ein quantitatives Urteil, sondern auch ein rhetorisches Verfahren.[27] Auch wenn die Diskussion um das richtige Maß der *copia verborum* bis in die Antike zurückreichen, so erfährt der Begriff der Fülle um 1800 eine „semantische Transformation"[28] und wird „Teil einer textübergreifenden diskursiven Praxis".[29] Der Gültigkeitsverlust des kosmologischen Weltmodells in der Sattelzeit[30] führt zur Subjektivierung der Ursachen und Formen von Fülle und zur Herausbildung von „dynamische[n] Strategien der Füllebewältigung".[31] Die explosionsartig steigende Fülle an äußeren Phänomenen und inneren Ausdrucksmöglichkeiten zwingt zur Reflexion von Regulationsmechanismen, um Überforderung und Chaos zu vermeiden.[32]

Dies hat in der hier interessierenden Epoche der Romantik auch Konsequenzen für die Naturbeschreibung. Humboldt treibt die Frage um, in welcher Form man am besten über die Natur schreiben kann und soll. Er blickt in seiner 1849 verfassten Vorrede zur Neuauflage der *Ansichten der Natur* kritisch auf die erste Fassung zurück:

> Diese ästhetische Behandlung naturhistorischer Gegenstände hat, trotz der herrlichen Kraft und Biegsamkeit unserer vaterländischen Sprache, grosse Schwierigkeiten der Composition. Der Reichthum der Natur veranlasst Anhäufung einzelner Bilder. Diese Anhäufung aber stört die Ruhe und den Totaleindruck des Naturgemäldes.[33]

Der Autor tendierte 1808, wie er selbstkritisch zusammenfasst, noch dazu, die Fülle der Natur rhetorisch zu spiegeln, näherte sich dieser allerdings dadurch nicht an, sondern entfernte sich. *Copia rerum* und *copia verborum* stehen, so lässt sich aus dieser Anmerkung schließen, nicht in einem einfachen Korrespondenzverhältnis, sondern bedürfen einer sorgsamen Abwägung. Eine solche reflektiert

---

26 Vgl. Rainer Guldin. Politische Landschaften. Zum Verhältnis von Raum und nationaler Identität. Bielefeld 2014.

27 Vgl. Jean-Claude Margolin: Copia. In: Historisches Wörterbuch der Rhetorik. Bd. 2: Bie–Eul. Hg. v. Gert Ueding. Tübingen 1994, Sp. 385–394.

28 Victoria Niehle: Die Poetik der Fülle: Bewältigungsstrategien ästhetischer Überschüsse 1750–1810. Göttingen 2018, S. 12.

29 Niehle: Die Poetik der Fülle, S. 112.

30 Vgl. Niehle: Die Poetik der Fülle, S. 113.

31 Niehle: Die Poetik der Fülle, S. 239.

32 Vgl. Niehle: Die Poetik der Fülle, S. 15.

33 Humboldt zitiert nach Ette: Eine „Gemütsverfassung moralischer Unruhe", S. 47.

in der Abwägung von Poesie und Prosa, Romantik und Realismus, *copia* und *brevitas* nicht nur poetische Verfahren, sondern immer auch die politischen und ökologischen Ordnungen, die in der Dialektik von Fülle und Kargheit implizit sind.

Eine Botschaft an das Dorf und das Imperium

Als Sergej Aksakov 1856 seine *Semejnaja Chronika* (*Eine Familienchronik*) veröffentlichte, konnte er auf ein langes Leben in der Provinz Orenburg zurückblicken. Geboren 1791 im – zumindest für russische Verhältnisse – nicht weit entfernten Ufa, zog es ihn immer wieder in die dortigen Steppen, in denen sein Großvater ein Landgut besaß und wohin er, nach Aufenthalten in den Hauptstädten St. Petersburg und Moskau, später auch seinen Lebensmittelpunkt verlagern sollte. Orenburg war 1743 als Festungsstadt gegründet worden und im Laufe des achtzehnten Jahrhunderts zu einer der bedeutendsten Provinzstädte des russischen Imperiums avanciert.[34] Dies lag nicht nur an seiner herausragenden militärischen Stellung als Herzstück der Verteidigungslinie zu den zentralasiatischen Steppen im Süden, sondern auch an seiner wirtschaftlichen Bedeutung als „Hauptsitz des Asiatischen Caravanenhandels“, wie Gustav Rose anlässlich der Russlandreise Alexander von Humboldts 1829 vermerkte.[35] In seinem Spätwerk sollte Aksakov zum Chronisten dieser Entwicklung werden, die seine Familiengeschichte mit der des Imperiums verband.[36]

Wer allerdings erwartete, hier eine koloniale Erfolgsgeschichte zu lesen, sollte enttäuscht werden. Zumindest in ökologischer Hinsicht bekam das Publikum vielmehr eine (An)Klageschrift überreicht:

34 Zur Bedeutung Orenburgs im achtzehnten Jahrhundert vgl. Grigorii Kosach: A Russian City Between Two Continents. The Tatars of Orenburg and State Power. In: Russia at a Crossroads. History, Memory and Political Practice. Hg. v. Nurit Shleifman. London/New York 1998, S. 33–88.

35 Gustav Rose: Reise nach dem Ural, dem Altai und dem Kaspischen Meere auf Befehl Sr. Majestät des Kaisers von Rußland im Jahre 1829 ausgeführt von A. v. Humboldt, G. Ehrenberg und G. Rose. Bd. 2: Mineralogisch-geognostischer Theil und historischer Bericht der Reise. Berlin 1837–1842, S. 197.

36 Vgl. zur Lektüre der Trilogie als *frontier novel* Ingrid Kleespies: The Kumys Cure: Sergei Aksakov on Frontier Medicine, Settler Colonialism, and Imperial Rejuvenation. In: The Russian Review 81 (2022), S. 226–246.

Нет, ты уже не та теперь, не та, какою даже и я зазнал тебя – свежею, цветущею, неизмятою отвсюду набежавшим разнородным народонаселением![37]

Nein, du bist nicht mehr, was du einst warst, wie selbst ich dich noch als Kind gekannt habe, frisch und blühend, noch unberührt von den Pflügen der neuen Ansiedler![38]

Die drei Generationen russischer Siedler, die sich das Gebiet seit Mitte des achtzehnten Jahrhunderts angeeignet hatten, hatten ganze Arbeit geleistet. Das freie, prächtige Land mit seinen klaren Wassergründen, dicht bewachsenen Uferböschungen, blühenden Blumen und reichen Tierbeständen war weitgehend verschwunden. Zwar besaß Orenburg für Aksakov weiterhin seine Reize, aber die anfängliche Fülle war unwiederbringlich verloren.

Dabei hatte es Mahner gegeben, die diese Entwicklung vorhergesehen hatten. Aksakov berichtet von einem der Söhne Orenburgs, der bereits vor dreißig Jahren in lyrischer Form vor sinkenden landwirtschaftlichen Erträgen, abnehmenden Waldbeständen und verschmutzten Wasserquellen gewarnt hatte. Mittlerweile hatte sich vieles davon erfüllt oder war im Begriff, sich gegenwärtig zu erfüllen.[39] Wie man vielleicht ahnen kann, meint Aksakov hier sich selbst. Zwei Strophen seines Gedichts *Poslanie v derevnju* (*Eine Botschaft an das Dorf*) von 1830 integrierte er in seine Familienchronik, die der Gegenwartsdiagnose historische Tiefe verliehen.

Чудесный край, благословенный,
Хранилище земных богатств,
Не вечно будешь ты, забвенный,
Служить для пастырей и паств!
И люди набегут толпами,
Твое приволье полюбя,
И не узнаешь ты себя
Под их нечистыми руками!
Помнут луга, порубят лес,
Взмутят в водах лазурь небес!

И горы соляных кристаллов
По тузлукам твоим найдут
И руды дорогих металлов
Из недр глубоких извлекут!

37 Sergej Aksakov: Semejnaja chronika. In: ders.: Sobranie Sočinenij v četyrech tomach. Bd. 1, hg. v. Semen I. Mašinskij. Moskau 1955, S. 73–280, hier S. 83.

38 Sergej Aksakow: Am Rande der Steppe. Eine Familienchronik aus dem alten Rußland. Augsburg 1966, S. 14.

39 Vgl. Askakov: Semejnaja chronika, S. 84.

И тук земли не истощенный
Всосут чужие семена,
Чужие снимут племена
Их плод, сторицей возвращенный!
И вглубь лесов и в даль
Разгонят дорогих зверей![40]

Gesegnet Land du, dessen Erde
Reichtümer birgt so wunderbar,
ach, nicht mehr lange treibt die Herde
durch dein Gefild' der Hirten Schar!
Denn Menschen eilen her in Mengen
zu deinem Reichtum voller Gier!
Geliebtes Land, was wird aus dir,
wenn sie nach deinen Gütern drängen?
Es stirbt die Flur, es stürzt der Wald,
der Ströme Klarheit trübt sich bald.

Und Berge köstlicher Kristalle
entreißt man deiner Erde Schoß,
raubt dir die seltensten Metalle
und Edelsteine klar und groß!
In deine unverbrauchten Erden
senkt fremden Samen fremde Hand,
von fremden Stämmen wird im Land
die reiche Frucht geerntet werden.
Im tiefen Wald, fern im Gefild'
Verbirgt sich scheu das edle Wild![41]

Mit dem Einschluss des Gedichts spannte Aksakov nicht nur den biographischen Bogen von seinen Jugendjahren – mit der nur scheinbar präzisen Datierung „лет тридцать тому назад"[42] (vor etwa dreißig Jahren) macht sich Aksakov knapp fünf Jahre jünger, als er zum Zeitpunkt der Niederschrift war – zu seinem Alterswerk, sondern auch einen gattungspoetischen Bogen von der Poesie zur Prosa und damit vom romantischen Früh- zum realistischen Spätwerk. Die dadurch suggerierte Kontinuität im eigenen Lebens- und Schaffensweg erweist sich bei genauerer Lektüre allerdings als mehrfach gebrochen, wobei die Ursache dieses Bruchs in der thematisch dominierenden Dialektik von Überfluss und Freiheit auf der einen und Erschöpfung und Unfreiheit auf der anderen Seite ausgemacht werden kann.

40 Aksakov: Semejnaja chronika, S. 83.
41 Aksakow: Am Rande der Steppe, S. 14 f.
42 Aksakov: Semejnaja chronika, S. 84.

Mit der titelgebenden Bezeichnung *poslanie* ruft Aksakov die Gattungstradition der Epistel auf. Diese stand ursprünglich in einem religiösen Kontext und erlebte im beginnenden neunzehnten Jahrhundert in der russischen Romantik, unter anderem bei Vasilij Žukovskij und Aleksandr Puškin, eine Blüte. Die Epistel erlaubte Experimente in Lexik und Metrum[43] und wurde auf diese Weise, wie Lidija Ginzburg gezeigt hat, zu einem „promežutočnyj žanr"[44] (Genre der Zwischenzeit) und wichtigen Vorläufer des späteren Realismus.[45] Aksakovs Epistel ist ein besonders interessantes, bisher im Gattungskontext allerdings noch nicht beachtetes Beispiel, da es nicht den für die Epistel typischen „rosy worldview"[46] transportiert, sondern explizit gesellschafskritisch argumentiert. Wenn der Erzähler der *Semejnaja Chronika* diagnostiziert, dass sich seine früheren Mahnungen erfüllt hätten, so nimmt er eine gattungspoetische Verschiebung von der Epistel zur Prophezeiung vor,[47] die nicht nur die religiösen Gattungsbezüge restituiert, sondern auch einen anderen Adressatenbezug konstituiert. Der Einbruch der ungehobelten Menge in die pastorale Idylle der Steppe wird, religiös aufgeladen, zum Sakrileg. Das dezidiert private Genre der freundschaftlichen Epistel, das auf einer persönlichen Beziehung beruht, wird in eine Botschaft an die Gesellschaft transformiert. Erst in diesem Kontext gewinnt die persönliche Klage des Künstlers über seine Einsamkeit und Entfremdung in der Stadt politische Bedeutung. Gleichzeitig ändert sich die Positionalität der Aussage. Während die *Poslanie v derevnju* in Moskau verfasst wird und sich vom Zentrum an die Peripherie wendet, ist sie als Teil der *Semejnaja Chronika* eine Botschaft aus der Peripherie, in der sich der Erzähler verortet, an das Zentrum.

Peripherie und Zentrum bilden dabei keine Einheit, sondern einen Gegensatz. Das Gedicht ist dominiert von der Gegenüberstellung Moskaus und Petersburgs auf der einen und der südlichen Steppe auf der anderen Seite. Bereits ganz zu Beginn heißt es: „Весна, весна! ты прелесть года, Но не в столичной тесноте"[48] (O Frühling, Frühling, du Zierde des Jahres / Jedoch nicht in der Enge der

43 Vgl. Romy Taylor: The Friendly Epistle in Russian Poetry. University of Southern California 2002 (E-Pub), S. 137.

44 Lidija Ginzburg: O lirike. Leningrad 1974, S. 39. Der Begriff *promežutok* lässt sich mit ‚Zwischenzeit' übersetzen und entstammt der Theorie literarischer Evolution Jurij Tynjanovs. Vgl. Jurij Tynjanov: Die Zwischenzeit. In: ders.: Der Affe und die Glocke. Erzählungen, Dramas, Essays. Hg. v. Fritz Mierau. Berlin 1975, S. 450–497.

45 Vgl. für diese Deutung Taylor: The Friendly Epistle, S. 13.

46 Taylor: The Friendly Epistle, S. 269.

47 Zur Tradition des Dichter-Sehers in der russischen Romantik vgl. Bodo Zelinsky: Russische Romantik. Köln/Wien 1975, S. 13–39.

48 Sergej Aksakov: Poslanie v derevnju. In: ders.: Sobranie sočinenij v četyrech tomach. Bd. 3, hg. v. Semen I. Mašinskij. Moskau 1956, S. 673–675, hier S. 673. Hier und im Folgenden sofern nicht anders angegeben Übersetzungen vom Verfasser, C.G.

Hauptstadt). Die hier geäußerte Abneigung gegenüber der Stadt wird später wiederholt („Не там моя весна“[49] (nicht dort ist mein Frühling)) und kulminiert im Werturteil: „Противны мне брега Невы, / Да и развалины Москвы!“[50] (Widerwärtig sind mir die Ufer der Neva, / Ja und die Täler Moskaus!) Solche antizentralistischen Aversionen sind eine Seltenheit in einem diskursiven Umfeld, in dem das provinziale Setting entweder *pars pro toto* für die Nation steht oder die Differenz zwischen Zentrum und Peripherie gegenteilig normativ codiert ist.[51]

In der *Semejnaja Chronika* tritt das Motiv der Fremdheit erneut auf, erscheint nun aber in einem anderen Licht:

> Ты не та, но все еще прекрасна, так же обширна, плодоносна и бесконечно разнообразна, Оренбургская губерния!.. Дико звучат два эти последние слова! Бог знает, как и откуда зашел туда бург!.. Но я зазнал тебя, благословенный край, еще Уфимским наместничеством![52]

> Du bist nicht mehr wie ehedem, und doch auch jetzt noch herrlich – weit, fruchtbar und mannigfaltig – du Orenburgisches Land! Fremd klingt uns dieser Name! Weiß Gott, woher es zu uns kam, dieses > ... burg<? Als ich dich kennenlernte, hießest du noch die Statthalterschaft Ufa![53]

Bleibt der ländliche Sehnsuchtsort des lyrischen Ichs im Gedicht noch unbenannt, so wird er nun als Orenburgisches Gouvernement benannt und lokalisiert. Der Akt der (Um-)Benennung wird zur gewaltsamen Aneignung. Erinnert der Beginn der Sequenz in seiner rhythmischen Gliederung und poetisierten Assonanz („прекрасна – разнообразна“) noch an die lyrische Idylle vor der Kolonialisierung, so stellt die ganz und gar unpoetische Bezeichnung ‚Orenburger Gouvernement‘ einen schmerzhaften (Satz-)Bruch dar, dessen fremdklingende Bezeichnungen (‚burg‘, *gubernija*)[54] die Idylle zerstören.

---

49 Aksakov: Poslanie v derevnju, S. 673.

50 Aksakov: Poslanie v derevnju, S. 675.

51 Vgl. Anne Lounsbery: Life Is Elsewhere: Symbolic Geography in the Russian Provinces, 1800–1917. Ithaca 2019, S. 23.

52 Aksakov: Semejnaja chronika, S. 83.

53 Aksakow: Am Rande der Steppe, S. 14.

54 Zu beachten ist, dass Ufa noch eine Statthalterschaft (*namestničestvo*) war, kein Gouvernement. Gouvernements als Verwaltungseinheiten wurden im russischen Imperium von Peter I. 1708 eingeführt, die Statthalterschaft Ufa bestand jedoch als solche bis 1781. Die zitierte Passage lässt sich als implizite Kritik dieser Verwaltungsreform und damit auch an den Petrinischen Reformen lesen.

Das Schlüsselwort ‚burg' steht hier für dreierlei.[55] Im Namen Orenburgs hallt die russische Hauptstadt St. Petersburg nach, die ebenfalls der wilden Natur durch einen Akt quasikolonialer Landnahme abgerungen wurde.[56] Als fremdländisches Lexem steht ‚burg' für ausländische Einflüsse und hier insbesondere das Deutsche, was insofern von Interesse ist, als es vor allem Deutsche wie Peter Simon Pallas waren, die die wissenschaftliche und wirtschaftliche Erschließung des Gebiets in Expeditionen verantworteten.[57] Deutsche Kolonisten erhielten später umfangreiche Privilegien durch den russischen Staat, was zu Verstimmungen führte.[58] ‚Burg' steht schließlich für die Militarisierung des Gebiets, für die Überbauung der Flusslandschaft durch Festungen. Orenburg setzt sich zusammen aus ‚Or', dem Namen des örtlichen Flusses und ‚Burg'. Der Fluss und mit ihm die grüne, fruchtbare Natur, verschwindet, es bleibt nur der graue, unfruchtbare Stein der Burg. Die Reduktion der natürlichen Ressourcen spiegelt sich in der Reduktion des Kompositums Orenburg auf sein Basisnomen, *copia rerum* und *copia verborum* korrespondieren in ihrer Abnahme.

Eine Differenz zwischen Gedicht und Chronik zeigt sich auch im Hinblick auf die Form der Verzeitlichung. Das Gedicht folgt in seiner zeitlichen Struktur dem Lauf der Jahreszeiten, es ist eine Hymne an den Frühling und seine lebensspendende Kraft. Die zyklische Zeitstruktur der anbrechenden Jahreszeiten wird komplementiert durch Anklänge an die mythische Zeit in Form von Evokationen paradiesischer Ursprünglichkeit („Весна на Деме, где природа / В первообразной чистоте / Гордится девственной красою!"[59] (Frühling an der Dema [d. i. ein Fluss im Gouvernement Orenburg], wo die Natur noch in ursprünglicher Reinheit stolz ist auf ihre jungfräuliche Schönheit) Der grundsätzliche Konflikt zwischen dem lyrischen Ich des Künstlers und der rohen Masse, zwischen Einsamkeit und Geselligkeit wird narrativiert und naturalisiert. So wie sich das Wild vor den Eindringlingen verbirgt, verbirgt sich der Dichter vor der Gesellschaft.

55 Vgl. hierzu auch meine Ausführungen in Clemens Günther: Forms of imperial knowledge. The Orenburg steppes as a cultural contact zone around 1830. In: Expeditions in the Long Nineteenth Century Discovering, Surveying, and Ordering. Hg. v. Jörn Happel, Melanie Hussinger und Hajo Raupach. New York 2024, S. 72–93, hier S. 78 f.

56 Sowohl im Gedicht als auch im Roman wird die Landnahme dabei auch als sexueller Akt – zugespitzt sogar als Vergewaltigung – semantisiert, wenn von der „jungfräulichen Natur" („gorditsja devstvennoj krasoju", Aksakov: Poslanie v derevnju, S. 673) oder von den noch von den Pflügen der Ansiedler unberührten Natur die Rede ist. Vgl. Aksakov: Semejnaja Chronika, S. 83. Zur libidinösen Logik des Neulanddiskurses vgl. auch Erley: On Russian Soil, S. 117 f.

57 Vgl. David Moon: The Russian Academy of Sciences Expeditions to the Steppes in the Late Eighteenth Century. In: The Slavonic and East European Review 88 (2010), H. 1/2, S. 204–236.

58 Vgl. Sunderland: Taming the Wild Field, S. 173 f.

59 Aksakov: Poslanie v derevnju, S. 673.

Der zeitliche Gegensatz zwischen Natur und Gesellschaft ist der zwischen Ewigkeit und Evolution,[60] der allerdings noch nicht in eine historische Erzählung eingebettet ist. Eine solche findet sich erst im Roman, der präzise Zeitangaben macht („лет тридцать тому назад" (vor etwa dreißig Jahren)), auf historische Ereignisse wie die Umbenennung des Gebiets rekurriert und Akteure der Umgestaltung wie die neuen Ansiedler benennt. Indem der Verlust der natürlichen Fülle als historischer Prozess narrativiert wird, gewinnt er politische Bedeutung, etwa, wenn sich der Erzähler als impliziter Kritiker der Petrinischen Verwaltungsreformen zu erkennen gibt oder die Ausweitung der Siedlungsaktivitäten aus ökologischen Gründen für bedenklich hält.

Aksakov reinterpretiert in seinem realistischen Spätwerk die Dialektik von Fülle und Kargheit als Resultat eines historischen, auf einem neuen Zeitbewusstsein aufbauenden Prozesses, im Zuge dessen die ursprüngliche pastorale Idylle und der natürliche Ressourcenreichtum durch innere und äußere Kolonisation überformt und zerstört wird. Dass die Ressourcen der Orenburger Steppe bedroht waren und im Begriff waren abzunehmen, hatte Aksakov bereits in seinen *Zapiski ob užen'e ryby* (*Aufzeichnungen über den Fischfang*, 1847) und seinen *Zapiski ružejnogo ochotnika Orenburgskoj gubernii* (*Aufzeichnungen eines bewaffneten Jägers des Orenburger Gouvernements*, 1852) diagnostiziert. Während er dort als Grund für den Rückgang von Wild und Fischfang jedoch vor allem noch die schnell anwachsende Bevölkerung anführte[61] und rätselte, woran es sonst noch liegen könnte,[62] gliederte er die Bedrohung der Natur in seiner Familienchronik in die große Erzählung der imperialen Expansion in die Steppe ein. Um dieser Erzählung von der Endlichkeit der Ressourcen rhetorische Wirkmächtigkeit zu verleihen, verließ er die in den 1840er Jahren ausführlich betretenen publizistischen Pfade und bediente sich seines romantischen Frühwerks, dessen politische Botschaft er transformierte.

---

60 Vgl. Aksakov: Poslanie v derevnju, S 673: „Не вечно будешь ты, забвенный".

61 Vgl. Sergej Aksakov: Zapiski ob užen'e ryby. In: ders.: Sobranie sočinenii v četyrech tomach. Bd. 4, hg. v. Semen I. Mašinskij. Moskau 1956, S. 9–144, hier S. 75, 87.

62 In den *Zapiski ružejnogo ochotnika* heißt es: „Но немногие уже из охотников помнят такие прилеты птицы в Оренбургской губернии. Все переменилось! И в десятую долю нет прежнего бесчисленного множества дичи в плодоносном Оренбургском крае. Какие тому причины – не знаю." (Aber nur wenige Jäger erinnern sich an solche Vogelankünfte im Gouverneement Orenburg. Alles hat sich geändert! In der fruchtbaren Orenburger Region gibt es nicht einmal mehr ein Zehntel des früheren Wildbestandes. Was die Gründe dafür sind – ich weiß es nicht.) Sergej Aksakov: Zapiski ružejnogo ochotnika Orenburgskoj gubernii. In: ders.: Sobranie sochinenii v četyrech tomach. Bd. 4, hg. v. Semen I. Mašinskij. Moskau 1956, S. 145–462, hier S. 174. Dieses vermeintliche Nichtwissen mag auch dazu gedient haben, die eigene Mittäterschaft als leidenschaftlicher Jäger zu verschleiern; vgl. für eine Lektüre in diese Richtung Helfant: S.T. Aksakov, S. 66.

Für ein besseres Verständnis dieser Transformation soll nun abschließend der Zusammenhang von Überfluss und Freiheit diskutiert werden, den Charbonnier ins Zentrum seiner ökologischen Ideengeschichte der Moderne stellt. Über die Motivation der russischen Kolonisatoren heißt es in der *Poslanie v derevnju*: „И люди набегут толпами, / Твое приволье полюбя ... " (Denn Menschen eilen her in Mengen / zu deinem Reichtum voller Gier!) Die deutsche Übersetzung suggeriert eine ökonomische Motivation, eine solche Lesart des Schlüsselworts *privol'e* führt jedoch in die Irre. Dmitrij Lichačev rückt *privol'e* ins Zentrum seiner Untersuchung des russischen Naturverständnisses und zeigt an lyrischen Beispielen, wie insbesondere die Wahrnehmung der Steppe von einem emphatischen Verständnis von *privol'e* dominiert wird: „Для русских природа всегда была свободой, волей, привольем."[63] (Für die Russen war die Natur immer gleichbedeutend mit Freiheit, freiem Willen, freiem Raum.) *Privol'e* ragt aus den verschiedenen Formen von Freiheit, die Lichačev hier mit der Natur verknüpft, insofern heraus, als sie direkt im Raum verwurzelt ist:

> Чем, например, отличается воля от свободы? Тем, что воля вольная – это свобода, соединенная с простором, с ничем не преграждённым пространством.[64]
>
> Worin unterscheidet sich der Willen von der Freiheit? Darin, dass der der freie Wille gewissermaßen eine Freiheit ist, die mit dem Raum verbunden ist, mit dem in keiner Hinsicht versperrten Raum.

Wenn Lichačev in der Folge diese Freiheit näher spezifiziert, sind deutlich die politischen Hoffnungen herauszulesen, mit denen die freie Bewegung im Raum verbunden ist. Es ist also nicht die Gier nach Reichtum, sondern die Sehnsucht nach Freiheit, die die Kolonisten Aksakovs in die südlichen Steppen treibt. Durch ihre Migrationsbewegung unterminieren sie jedoch die Voraussetzungen jener Freiheit, die in der unberührten überfließenden Natur liegen. Ist in Charbonniers Theorie der Autonomie-Extraktion der aus der Peripherie ins Zentrum importierte Überfluss die Voraussetzung der Entwicklung von Autonomie und von Emanzipation, schildert Aksakov einen tragischen Prozess der Heteronomie-Extraktion. Die koloniale Expansion führt bei ihm nicht zu einem Freiheitsgewinn, sondern zu einem Freiheitsverlust in Zentrum und Peripherie.

63 Dmitrij Lichačev: O russkoj prirode. In: ders.: Izbrannye trudy po russkoj i mirovoj kul'ture. St. Petersbug 2015, S. 438–444, hier S. 441.

64 Lichačev: O russkoj prirode, S. 442.

Epilog: Natur und Nation

In seiner klassischen Studie *This Meager Nature. Landscape and National Identity in Imperial Russia*[65] hat Christopher Ely gezeigt, wie im Verlauf des neunzehnten Jahrhunderts die unwirtliche, karge Vegetation des russischen Imperiums sukzessive zu einer Quelle nationaler Identifikation wurde. Seinen Titel entlehnt Ely Fedor Tjutčevs Poem *Ėti bednye selen'ja* (1855), das als eines der ersten die „skudnaja priroda"[66] (karge Natur) Russlands emphatisch besang und als geheimnisvoll verklärte. Indem es deren Erkenntnis an die Verwurzelung in der Heimaterde koppelte und „Fremdstämmigen" versagte,[67] mystifizierte es die Natur und machte jene zu einem wichtigen Identifikationsobjekt im Prozess nationaler Identitätsbildung.

Diesen Weg der essentialistischen Verklärung der nationalen Landschaft konnte und wollte Aksakov nicht mitgehen.[68] Für ihn war die Kargheit kein Ausdruck natürlicher Bescheidenheit, sondern Resultat eines historischen Prozesses, den er selbst gestaltet, miterlebt und reflektiert hatte und den er nun nicht essentialistisch aufheben wollte. Die Fremdstämmigen, denen Tjutčev die Naturerkenntnis absprach, waren Aksakovs Erfahrung nach zu einem guten Teil die Russen selbst, die als Kolonisatoren achtlos die ursprüngliche natürliche Fülle zerstört hatten. Obgleich auch Aksakov den verderblichen Einfluss ausländischer Akteure beklagte, so bestimmte der Gegensatz zwischen In- und Ausland seiner Ansicht nach doch nicht den Umgang mit der Natur, der vielmehr weiterhin vom innerrussischen Gegensatz zwischen Zentrum und Peripherie geprägt wurde. Aksakov distanzierte sich als einer der ersten von der transformatorischen Logik und Semantik des Umgangs mit der kargen Steppennatur und erkannte implizit an, dass die ökonomischen und imperialen Versprechen von Reichtum und Fülle hier an ein Ende kamen. Diese Anerkennung der Endlichkeit konnte er jedoch nicht mit einer romantischen Ästhetik in Einklang bringen, sondern musste eine neue, realistische Form der Betrachtung finden. Das Ende der Natur im Sinne der Endlichkeit ihrer natürlichen Ressourcen präfigurierte und bedingte für ihn das Ende der Romantik.

Nachdem Aksakov die Arbeit an der *Semejnaja Chronika* beendet hatte, verfasste er *Literaturnye i teatral'nye vospominanija* (*Erinnerungen an Theater und*

65 Christopher Ely: This Meager Nature. Landscape and National Identity in Imperial Russia. DeKalb 2002.

66 Fedor Tjutčev: Ėti bednye selen'ja. In: ders.: Sobranie sočinenii i pis'ma v šesti tomach. Bd. 2: Stichotvorenija 1850–1873, hg. v. Lidija Dmitrevna Gromova-Opul'skaja. Moskau 2003, S. 71.

67 Im Gedicht heißt es: „Не поймет и не заметит / Гордый взор иноплеменный, / Что сквозит и тайно светит / В наготе твоей смиренной."

68 Eine konstruktivere Lesart der Nationalpoetik Aksakovs vertritt Kleespies: The Kumys Cure.

Literatur, 1858), in denen er erneut über die Bedeutung seiner Jugendjahre für die Gegenwart nachdachte. Diese Erinnerungen enthalten eine Episode über eine Landpartie mit einigen Freunden aus dem Jahre 1827, die Aksakov, frustriert ob der langen Abwesenheit von seiner geliebten Orenburger Heimat, enthusiastisch begrüßt:

> я пришел в упоение, несмотря на скудную подмосковную природу, кочковатую почву и незавидную растительность. Все смеялись надо мною, говоря, что дикий оренбурец помешался от радости, вырвавшись на простор из столичной тесноты, и применяли ко мне стихи Пушкина: „ Мне душно здесь, я в лес хочу“.[69]

> Trotz der kargen Umgebung der Vorstädte, des zerfurchten Bodens und der wenig beneidenswerten Vegetation kam ich ins Schwärmen. Alle lachten über mich und sagten, ein wilder Orenburger sei vor Freude verrückt geworden, weil er aus der Enge der Hauptstadt in die Weite des Raums geflüchtet sei, und übertrugen das Gedicht von Puschkin auf mich: „Mir ist stickig hier, ich will in den Wald gehen“.

Die Flucht aus der Enge der Hauptstadt in die Weite der Natur wiederholt wortgleich ein zentrales Motiv aus der *Poslanie v derevnju*. Außerhalb der Hauptstadt findet Aksakov aber keine Idylle, sondern eine karge Umgebung mit verbrauchten Böden und wenig Pflanzenwuchs. Für seine biographisch nur allzu verständliche Sehnsucht nach der Natur erntet der junge Aksakov nur Gelächter, lediglich einer seiner Begleiter hört ihm aufmerksam zu und beneidet ihn ob seiner Naturnähe sogar. Dass eine gemeinsame Naturerfahrung zum Fundament erlebter nationaler Gemeinschaftlichkeit werden könnte, erscheint hier abwegig. Die despektierliche Geringschätzung des Besuchers aus der Provinz als „wilde[n] Orenburger“ wirft diesen nicht nur aus der Enge der Hauptstadt, sondern auch aus dem Kreis der Gemeinschaft. Dass sie ihr Gelächter durch ein Zitat Puškins abzumildern versuchen, macht die Sache nicht besser. Die Identifikation von Natur und Wald zeigt vielmehr eine zentralrussische Perspektive, die für die Orenburger Steppen nur bedingt Gültigkeit beanspruchen kann. Die aphoristische Form des Zitats verfängt bei Aksakov nicht, der darauf nicht eingeht und stattdessen mit seinem aufmerksamen Begleiter Pisarev das persönliche Gespräch sucht. Dieses erstreckt sich über den ganzen Weg und bedarf offensichtlich vieler Worte, um die eigene Naturerfahrung zu vermitteln. Die Opposition zwischen Zentrum und Peripherie gewinnt neben der gesellschaftlichen somit auch eine generische Dimension und offenbart sich als Opposition zwi-

69 Sergej Aksakov: Literaturnye i teatral'nye vospominanija. In: ders.: Sobranie Sočinenij v četyrech tomach. Bd. 3, hg. v. Semen I. Mašinskij. Moskau 1956, S. 7–148, hier S. 93.

schen Lyrik und Prosa, im Rahmen derer das Puškin'sche romantische Pathos der Flucht in die Natur[70] im narrativierten Dialog gebrochen wird.

In seinen letzten Lebensjahren avancierte Aksakov zum biographischen Graphomanen, der in den verschiedensten Formen über den Verlust der Symbiose zwischen Mensch und Natur klagte. Während eine solche Imagination ursprünglicher Einheit noch auf die lyrische Form und die romantische Naturwahrnehmung Bezug nehmen konnte, so war diese Option nun ob der leidvollen historischen ökologischen Erfahrung[71] versperrt. Dass solche Einheitsvorstellungen bei Tjutčev zeitgleich eine zweite Karriere im Dienst einer Nationsgründung über einen erneuerten Naturbezug erlebten, ist eine andere Geschichte, an der Aksakov in seinen letzten Jahren nicht mehr mitschreiben wollte.

70 Aksakov zitiert die Verse „Мне душно здесь ... я в лес хочу" (Mir ist so schwül hier ... ich will in den Wald) aus Puškins Gedicht *Brat'ja razbojniki* (*Die Räuberbrüder*, 1827).

71 Aksakov ist nicht der einzige, der in den 1830er und 1840er Jahren einen neuen, kritischen Blick auf Kolonisierung, Industrialisierung und die Intensivierung der Landwirtschaft im Imperium warf. Vgl. für weitere Krisendiagnosen u. a. Marina Loskutova: Quantifying Scarcity. Deforestation in the Upper Volga Region and Early Debates over Climate Change in Nineteenth-century Russia. In: European Review of History: Revue européenne d'histoire 27 (2020), H. 3, S. 253–272.

Lea Liese

Die auf Dauer gestellte Krise

Zur zeitlichen Modellierung von Krankheit in der romantischen Medizin und bei Heinrich von Kleist (*Der Findling*, 1811)

> Absolut unheilbare Krankheiten sind nothwendig,
> damit das Endliche nicht unendlich werde.[1]

Einleitung: Zum zeitlichen Index von Krankheiten

Als existenzielle Krisenerfahrung konfrontieren individuelle Krankheitsgeschichten den Menschen mit der eigenen Endlichkeit. Dass Krankheit als zeitlicher Prozess aber immer auch über das rein Private hinausgeht und die Faktizität eines infizierten und/oder versehrten Körpers Gegenstand diskursiver und narrativer Verhandlung ist, hat jüngst die COVID-19-Pandemie wieder ins Bewusstsein gerufen. Nicht nur trägt die Art und Weise, wie Krankheiten öffentlich diskutiert werden, erheblichen Anteil daran, in welchem Maße zukünftige Präventions- und Behandlungsmöglichkeiten in einer Gesellschaft anerkannt sind.[2] Auch dynamisiert die Konfrontation mit Krankheiten, insbesondere mit pandemischen, zeitliche Krisennarrative – von der Beschwörung eines irreversibel vergangenen Normalzustandes über Schockreaktionen und das Ausrufen einer Ausnahmesituation bis zu apokalyptischen oder aber auch restabilisierten (‚Neue Normalität') Szenarien in der Zukunft.

1 Johann Christian Reil: Entwurf einer allgemeinen Pathologie. Bd. 2. Halle 1815, S. 115.

2 Das heißt: Wenn aufgrund von Ressentiments und Machthierarchien angenommen wird, dass eine Krankheit nur bestimmte Menschen befiele, dann lassen sich über diese Grenzziehungen auch Ein- und Ausschlusskriterien ableiten, wer zu einer Bevölkerung gehört – und wer nicht – und für wen ein Medikament, eine Therapie entwickelt und finanziert wird – und für wen nicht. Vgl. hierzu insbesondere Ute Frevert: Krankheit als politisches Problem 1770–1880. Soziale Unterschichten in Preußen zwischen medizinischer Polizei und staatlicher Sozialversicherung. Göttingen 1984; Susan Sontag: Krankheit als Metapher. Frankfurt a. M. 1989; Donna Haraway: The Biopolitics of Postmodern Bodies: Determinations of Self in Immune System Discourse. In: Feminist Theory and the Body. A Reader. Hg. v. Janet Price/Margrit Shildrick. Edinburgh 1999, S. 203–214 sowie Brigitte Weingart: Ansteckende Wörter. Repräsentationen von AIDS. Frankfurt a. M. 2002.

https://doi.org/10.1515/9783111426129-015

Unter einem zeitlichen Gesichtspunkt machen (letale) Krankheiten also nicht nur die dauerhafte Gefährdung des Daseins spürbar und konfrontieren mit individueller und kollektiver Endlichkeit, sondern sie teilen das Leben auch in ein Vorher und Nachher. Denn Krankheit wird als Zustandsveränderung *erzählt*, die es prophylaktisch abzuwenden, anamnetisch zu diagnostizieren oder therapeutisch zu behandeln gilt.

Besonders deutlich tritt dieser Zeitlichkeitsindex im Fall von Ansteckungskrankheiten hervor: Am Anfang steht der unbemerkte Moment der Infektion, dann folgt die Latenzzeit als retardierendes Moment und schließlich ereignet sich der Symptomausbrauch als plötzlicher Kulminationspunkt. Da sich das Stadium zwischen Ansteckung und Symptomausbruch aber weder eindeutig dem Bereich des Gesunden noch des Kranken zuschreiben lässt, man den genauen Ansteckungsmoment im Nachhinein selten eruieren kann und Krankheiten nicht nur akut sind, sondern auch chronisch, also dauerhaft werden können, gerät die zeitliche Gegenüberstellung zwischen Vorher und Nachher ins Wanken.

Vielmehr können Krankheiten gleichsam in ihrer Prozess- und Ereignishaftigkeit begriffen werden,[3] wie auch der medizinische Krisenbegriff impliziert: Bei der Krise einer Krankheit handelt es sich, so fasst Reinhart Koselleck zusammen, sowohl „um den beobachtbaren Befund wie auch um das Urteil (judicium) über den Verlauf, der an bestimmten Tagen zur Entscheidung treibt, ob der Kranke überlebt oder stirbt".[4] Dabei unterschied man in der von Galen begründeten medizinischen Krisenlehre zwischen „perfekten Krisen", die zur „völligen Gesundung" führten und „imperfekten", die weitere Krisen nach sich ziehen könnten.[5]

---

3 Thomas Henkelmann bezieht die Bedeutung dieser Beobachtung dezidiert auf zwei gegensätzliche Denkmuster in der romantischen Krankheitslehre: Indem z. B. die Reizlehre des Brownianismus von einer Prozesshaftigkeit von Krankheit ausgeht, bildet sie die Gegenposition zur Vorstellung von Krankheit als Ereignis „in Gestalt des Unregelmäßigen, Überraschenden, Einmaligen". Diese Vorstellung befördert mitunter das romantische Bild von Krankheit als – instantane – Bewusstseinserweiterung, während die Annahme einer Prozesshaftigkeit vielmehr die fließenden, nur graduellen Übergänge zwischen Gesundheit und Krankheit betont. Beide Denkmuster aber durchdringen die (medizinische) Romantik. Vgl. Thomas Henkelmann: Zur Geschichte des pathophysiologischen Denkens. John Brown (1735–1788) und sein System der Medizin. Heidelberg 1981, S. 86.

4 Reinhart Koselleck: Krise. In: Geschichtliche Grundbegriffe: Historisches Lexikon zur politisch-sozialen Sprache in Deutschland. Bd. 3: H–Me. Hg. v. Otto Brunner/Werner Conze/Reinhart Koselleck. Stuttgart 1982, S. 617–650, hier S. 619.

5 Vgl. Koselleck: Krise, S. 619.

In der romantischen Medizin gewinnen Verzeitlichungstendenzen und -narrative dieser Art an Bedeutung: Man systematisierte nicht nur die – bereits auf Galen zurückgehende – Beobachtung, dass Dauer, Auftreten und Abklingen von Krankheitssymptomen einer spezifischen Zeitspanne unterliegen,[6] sondern Zeitlichkeit avanciert zum wichtigsten Unterschiedskriterium im nur mehr graduell gedachten Verhältnis von Gesundheit und Krankheit.

In diesem Sinne will der folgende Beitrag zum einen Reflexionen von Zeitlichkeit und Endlichkeit sowie von Transgression und Beschränktheit in der romantischen Krankheitslehre beleuchten. Zum anderen soll diesen pathologischen Temporalitätslogiken in der Literatur nachgespürt werden, und zwar exemplarisch an Heinrich von Kleists Erzählung *Der Findling* (1811). Denn diese kann, so die zugrundeliegende Beobachtung, als Krankheitsgeschichte gelesen werden, die über den vermeintlichen Initiationsmoment der Ansteckung, Nicolos ‚Invasion in die Familie', über Elvires chronische Fiebererkrankung als eine auf Dauer gestellte Krise bis zur endgültigen Entscheidung der Krise, nämlich den Tod aller Familienmitglieder, reicht. Dabei sollen einerseits die Zeitlichkeitsmodellierungen in der romantischen Medizin, allen voran die Unterscheidung zwischen Prozess (Krise) und Ereignis (Auslösung und Entscheidung der Krise), andererseits die erzähllogische parasitär-transgressive Identitätsunterwanderung qua Kontamination seitens Nicolo die Grundlage für die Untersuchung der krankmachenden Konstellation Elvire/Nicolo bilden. Schließlich soll herausgestellt werden, inwiefern die spezifische Eigenzeitlichkeit der Krankheit – von ihrer ‚Aktivierung' über die Latenzphase[7] bis zum (tödlichen) Wiederausbruch – der zeitlichen Struktur der Erzählung entspricht, die ihren Figuren die Aussicht auf Heilung konsequent verweigert.

---

6 Von dieser Erkenntnis erhoffte man sich, Krankheitsverläufe exakter beschreiben und vorhersehen zu können. Um 1800 konnte die Komplexität der vielfältigen Krankheitsformen nämlich kaum noch in eine sinnvolle, d. h. überschaubare Ordnung gebracht werden. Als Reaktion auf diese Krise hat Wolf Lepenies die Bedeutung von Verzeitlichungstendenzen in der Wissenschaftsgeschichte hervorgehoben. Vgl. Wolf Lepenies: Das Ende der Naturgeschichte. Wandel kultureller Selbstverständlichkeiten in den Wissenschaften des 18. und 19. Jahrhunderts. München 1976, S. 19, 78–87.

7 Der Latenzbegriff bezeichnet sowohl die Verzögerung einer sichtbaren (symptomatischen) Reaktion auf einen Krankheitsreiz als auch allgemeiner das Verborgensein (lat. *latere*: ‚verborgen sein') von Krankheit.

Romantische Perspektiven auf Krankheit und Gesundheit im epistemischen Wandel um 1800

Bis ins achtzehnte Jahrhundert hinein war die Medizin weitgehend bestimmt durch humoralpathologische Konzepte: Krankheit bedeutete das Ungleichgewicht der Körpersäfte, ausgelöst durch faulige Substanzen aus der Luft oder der Erde, den sogenannten Miasmen.

Mit der Erforschung des Nervensystems und der organologischen Zusammenhänge im achtzehnten Jahrhundert wurde zunehmend Abstand von diesem Modell genommen – die Haut wurde nicht länger als Einfallstor krankmachender Substanzen, sondern als semi-permeable Körpergrenze figuriert, wie unter anderem Albrecht Koschorke erläutert hat.[8] Wenn bisher Therapiemaßnahmen wie Aderlass oder Schröpfung auf eine Ausscheidung pathogener Substanzen zielten, sollten nun injizierte oder eingenommene Medikamente die Krankheit im Inneren bekämpfen.[9] Die Krankheitsursache lag nicht weiter in den Miasmen bzw. in einem Missverhältnis der Säfte, sondern in nicht näher definierten Krankheitskeimen, den Kontagien. Hieraus resultierte auch die Erkenntnis, dass Infektionskrankheiten nicht ein körperschaftlich gedachtes Kollektiv befallen, sondern den Einzelnen, der sie weiterverbreitet, so Koschorke.[10]

8 Vgl. Albrecht Koschorke: Körperströme und Schriftverkehr. Mediologie des 18. Jahrhunderts. München 1999, S. 48–50 sowie Albrecht Koschorke: Poiesis des Leibes. Johann Christian Reils romantische Medizin. In: Romantische Wissenspoetik. Die Künste und die Wissenschaften um 1800. Hg. v. Gabriele Brandstetter/Gerhard Neumann. Würzburg 2004, S. 259–272, hier S. 260–262.

9 Vgl. Koschorke: Körperströme und Schriftverkehr, S. 50.

10 Vgl. Koschorke: Körperströme und Schriftverkehr, S. 52. In dieser Zeit nahm die medizinische Semiotik auch Abstand von der Vorstellung eines unmittelbaren Zusammenhangs zwischen unsichtbarer Krankheitsursache und sichtbarer Symptomatik. Demnach konnte auch der vermeintlich gesunde Mensch bereits infiziert und damit ansteckend sein. Der medizinische Blick erfasste somit das ganze Bevölkerungsspektrum als potenziellen Krankheitsempfänger und -sender. Der Gesellschaftsapparat mutierte somit zum selbstbeobachtenden System, dem Gesundheit Kontroll- und Steuerungsmechanismus ist. Dafür befasst sich die Biopolitik mit Phänomenen, die individuell betrachtet zufällig erscheinen und erst auf der Ebene der Masse und in zeitlicher Kontinuität zu kalkulierbaren Größen werden, zum Beispiel das Verhältnis von Geburten- und Sterberate, Krankheitshäufigkeit, Lebensdauer. Kriseninterventionen wurde auf Dauer gestellt, um körperliche Produktivität und Reproduktion, also Fortschritt, zu gewährleisten. Vgl. hierzu Ramón Reichert: Der Diskurs der Seuche. Sozialpathologien 1700–1900. München 1997; Martin Dinges: Pest und Staat: Von der Institutionengeschichte zur sozialen Konstruktion? In: Neue Wege in der Seuchengeschichte. Hg. v. Martin Dinges/Thomas Schlich. Stuttgart 1995, S. 71–103 sowie Philipp Sarasin: Reizbare Maschinen. Eine Geschichte des Körpers 1765–1914. Frankfurt a. M. 2001, bes. S. 173–176.

Während das Phänomen der Ansteckung als Kommunikationseffekt in der humoralpathologischen Terminologie noch marginalisiert wurde, weil Krankheitsursachen aus dem Organismus selbst hergeleitet wurden, beginnen sich im ausgehenden achtzehnten Jahrhundert medien- und medizinanthropologische Modelle wechselseitig zu beeinflussen. Eine entscheidende Rolle spielte hier die Lehre der Sympathie.[11] Sympathie bezeichnet in der Nervenphysiologie das unsichtbare Zusammenspiel der Organe im Menschen, in der psychosomatischen Betrachtungsweise über den Menschen das Wechselverhältnis zwischen Leib und Seele und darüber hinaus noch die Korrespondenz zwischen Makrokosmos (Umwelt) und Mikrokosmos (menschlichem Organismus).[12] Dahinter steckt die Idee, das quasikontagiöse Stoffe, die aus einem rein medizinischen Blickwinkel als pathologisch eingestuft würden, tatsächlich den „Kosmos im Verborgenen zusammen[halten]“,[13] so Cornelia Zumbusch. Hierin offenbart sich die Gleichursprünglichkeit von Ansteckungs- und Netzwerkmodell; die Netzwerkkörper sind als potentiell ansteckend, multisensuell und kontingent aufeinander bezogen. Der Organismus selbst wird als Kommunikationssystem begriffen und das Verhältnis von Reiz und Organismus analog zum Verhältnis von Sender und Empfänger im Kommunikationsmodell (und im Ansteckungsverhältnis) konzipiert.[14] Damit avancierte Ansteckung als eine Form des Magnetismus zum Modell für die Mitteilbarkeit von Affekten und Leidenschaften.[15]

---

11 Sympathie meint bei Hippokrates das Zusammenwirken aller Teile des menschlichen Körpers und im humoralpathologischen Kontext nach Galen die durch ein benachbartes Organ verursachte Erkrankung eines anderen Organs. Vgl. Gudrun Debriacher: Die Rede der Seele über den Körper. Das *commercium corporis et animae* bei Heinrich von Kleist. Wien 2007, S. 105 f.

12 Vgl. Debriacher: Die Rede der Seele über den Körper, S. 106. Debriacher bezieht sich hier auf Rudolph E. Siegel: Galen's System of Physiology and Medicine. An Analysis of his Doctrines. Basel 1968, S. 316 f.

13 Cornelia Zumbusch: Die Immunität der Klassik. Frankfurt a. M. 2014, S. 62.

14 Vgl. Hubert Thüring: Das neue Leben. Studien zu Literatur und Biopolitik 1750–1938. München 2012, S. 404.

15 Dass der Ansteckungsbegriff um 1800 zur Generalmetapher für die Mitteilbarkeit von Affekten avanciert, provozierte ästhetische Abwehrstrategien. In diesem Sinne hat Cornelia Zumbusch aufgezeigt, wie eine immunologisch inspirierte Ästhetik in der Weimarer Klassik Formen von ‚gesunder‘ Leidenschaftskontrolle etablierte. Nach Zumbusch erhält die medizinische Idee von Immunität ihren Anstoß von der Pockenimpfung, die man im achtzehnten Jahrhundert in Europa zu erproben beginnt. Sie inspiriert Schiller und Goethe zu einer Neumodellierung der Katharsis, die darin besteht, dass Affekte nicht nur Krankheitsursache, sondern auch Heilmittel sein können. Eine Befreiung von pathogenen Einflüssen erfolgt nach Zumbusch nicht durch deren Ausleitung, sondern liegt in einer – ästhetisch – erworbenen Unempfindlichkeit. Vgl. Zumbusch: Die Immunität der Klassik, bes. S. 9–11, 113–115, 129 f.

Vor diesem Hintergrund vertrat die medizinische Reformbewegung des Brownianismus, ausgehend von dem schottischen Arzt John Brown, die These, dass sich das Leben eines Organismus durch seine Reaktionsfähigkeit auf Reize auszeichnet, wobei alle Krankheiten auf Reizmangel (asthenische Krankheiten) oder -überfluss (sthenische Krankheiten) bzw. einem Missverhältnis zwischen äußeren und inneren Reizen im Erregungshaushalt zurückzuführen seien.[16] Diesem Krankheitskonzept zufolge besteht Gesundheit im Gleichgewicht zwischen Reiz und Reizbarkeit. Brown erweiterte damit Albrecht von Hallers Thesen über die Irritabilität der Nerven in der Muskulatur auf das gesamte Nervensystem – und damit auch auf das Gehirn.[17]

Die epistemische Erschließung des zentralen Nervensystems in Verbindung mit mesmeristischen/magnetistischen Strömungen[18] eröffnet um 1800 auch neue diskursive Spielräume für die Ansteckungstheorie.[19] Für Brown etwa stellt die Ansteckung eine Abweichung von seiner Regel des bloß graduellen Unterschieds zwischen Krankheit und Gesundheit dar – Ansteckung wird als Reiz klassifiziert.[20] Auch Friedrich Christian Bach, der von einer Übereinstimmung zwischen kontagiösen und magnetischen Wechselwirkungen ausging, konzipierte das Übertragungsgeschehen als elektrische Umpolung.[21] So Bach: „An der Stelle, an welcher das Contagium in Berührung mit dem Körper kommt, geschieht eine Umänderung der Polarität, so wie durch den stärkern Magnet die Polarität der Schwächern umgeän-

16 Vgl. zum Brownianismus z. B. Debriacher: Die Rede der Seele über den Körper, S. 118; Sarasin: Reizbare Maschinen, S. 63 sowie Daniela Watzke: Hirnanatomische Grundlagen der Reizleitung und die bewusstlose ‚Sensibilität' im Werk des Hallenser Klinikers Johann Christian Reil. In: Reiz – Imagination – Aufmerksamkeit. Über Erregung und Steuerung von Einbildungskraft im klassischen Zeitalter (1680–1830). Hg. v. Jörn Steigerwald/Daniela Watzke. Würzburg 2003, S. 248–267, hier S. 261. Watzke bezieht sich auf John Brown: Elementa medicinae. Edinburgh 1780.

17 Vgl. Henkelmann: Zur Geschichte des pathophysiologischen Denkens, S. 26 f.

18 Der animalische Magnetismus oder Mesmerismus, benannt nach dem Wiener Arzt Franz Anton Mesmer, der magnetische Kuren durchführte, beruht auf der Annahme eines feinen, fluidalen, unsichtbaren Stoffs, die in Verbindung mit der Idee durchlässiger Körpergrenzen ein transgressives Kommunikationsmodell befördert, so Katharine Weder. Gemäß dieser Annahme wirke das Fluidum auf das Nervensystem und in ihm (denn die Nerven gelten als bester Leiter des magnetischen Fluidums) und beeinflusse damit das Lebensprinzip. Vgl. Katharine Weder: Kleists magnetische Poesie. Experimente des Mesmerismus. Göttingen 2008, S. 12.

19 Vgl. Zumbusch: Die Immunität der Klassik, S. 61.

20 Vgl. Henkelmann: Zur Geschichte des pathophysiologischen Denkens, S. 62.

21 Vgl. hierzu insbesondere Friedrich Christian Bach: Grundzüge zu einer Pathologie der ansteckenden Krankheiten. Berlin 1810, S. 204–207. Vgl. hierzu auch Zumbusch: Die Immunität der Klassik, bes. S. 60–62.

dert wird."[22] Dabei setzen die Wirkungen des Contagiums einerseits instantan ein und begründen andererseits einen längerfristigen Prozess der Veränderung:

> Sobald das Contagium auf das Lebendige, welches für seinen Eindruck empfänglich war, eingewirkt hat, hört seine Wirkung auf. Bey der nun anfangenden Ausbildung der Krankheit, ist das Contagium außer Thätigkeit. Die veränderte Stelle kann nicht wieder durch die Einwirkung des übrigen Organismus zu der ursprünglichen Mischung zurückgeführt werden, sondern sie reproducirt sich weiter fort in der fehlerhaften Richtung, zu welcher das Contagium den ersten Anstoß gab, und zieht sogar immer mehrere Stellen zu ihrer Reproductionsreise hinüber.[23]

Krankheiten gehen demnach „Schritt für Schritt weiter", ziehen zunächst nur die angrenzenden Organe in den krankhaften Prozess mit hinein, dann auch entferntere.[24]

Auch der Hallenser Arzt und Hirnchirurg Johann Christan Reil stellt einen Zusammenhang zwischen Krankheit und Erregbarkeit her, betont dabei aber im Gegensatz zu Brown noch stärker die zeitliche Komponente der pathogenen Erregbarkeit. Demnach machten Reize nicht unmittelbar und monokausal krank, sondern indirekt, indem sie zunächst die Reizbarkeit der Organe veränderten.[25] Somit erfolgen die pathogenen Symptome nicht unmittelbar auf den Reiz und ein Organ kann auch zeitverzögernd erkranken.[26] Der Reiz fungiert nach Reil also immer nur als entfernte Ursache, die „langsam die inneren Kräfte der Organe ab[ändert], erhöht oder [...] ihre Reizbarkeit [erniedrigt]."[27] Eine Verbindung zwischen Reiz und Krankheit besteht darin, dass die Reizschwelle für erkrankte Organismen niedriger ist – sie sind schneller *ge*reizt.[28] Hieraus folgt, dass Krankheiten auch fortwirken können, wenn ihre äußere Ursache behoben ist – die Krankheit wird gewissermaßen im Verborgenen auf Dauer gestellt.[29]

Unter anderem aus dieser Beobachtung leitet Reil ab, dass die pauschale Deklarierung von Reizen als pathogen problematisch ist. Vielmehr differenziert er seine Reiztheorie mit dem Aspekt der Verzeitlichung, wonach plötzliche und neue Reize der Gesundheit schaden können, wohingegen ihre allmähliche Wirksamkeit ganz natürlich sei, weil sich in dem Fall die Kräfte zu einem Gleichgewicht ord-

---

22 Bach: Grundzüge zu einer Pathologie der ansteckenden Krankheiten, S. 215.
23 Bach: Grundzüge zu einer Pathologie der ansteckenden Krankheiten, S. 244.
24 Vgl. Bach: Grundzüge zu einer Pathologie der ansteckenden Krankheiten, S. 244 f.
25 Vgl. Johann Christian Reil: Von der Lebenskraft [1795]. Leipzig 1910, S. 51.
26 Vgl. Reil: Von der Lebenskraft, S. 51.
27 Reil: Von der Lebenskraft, S. 55.
28 Vgl. Johann Christian Reil: Von dem Grunde und der Erscheinung der Krankheit. Erster Theil. Halle 1815, S. 281.
29 Vgl. Reil: Von dem Grunde und der Erscheinung der Krankheit, S. 280.

nen könnten.[30] Krankheiten seien zwar „Abweichungen von dem Normal der Mischung und Bildung," aber auch Krankheiten, etwa den Pocken, könne Normalität zugeschrieben werden, wenn sich ein regulativer Krankheitsverlauf modellieren lasse.[31] Bei Reil sehen wir somit anstelle einer binären Unterscheidung von gesund/krank ein Kontinuum, das sich maßgeblich über temporale Bestimmungen herleiten lässt – „normale Krankheiten".[32] Auch die Letalität von Krankheiten könne nicht pauschal festgelegt werden, sondern bestimme sich nach der individuellen Disposition der Erkrankten.[33] Hieraus folgt, dass für Reil auch der Begriff von ‚Heilung' relativiert werden muss: Bei bestimmten Krankheitstypen sei die Vorstellung einer „völligen Heilung" unzuverlässig, denn die Symptome könnten die primäre Krankheitsursache auch überdauern.[34] Dass Gesundheit und Krankheit, Leben und Tod in der romantischen Medizin und Naturphilosophie also gewissermaßen ein Spektrum und keine binären Kategorien bilden, kann nicht ausschließlich unter den Aspekten von Entgrenzung, Potenzierung und Unendlichkeit betrachtet werden. Die romantische Vorstellung, dass Krankheit im Sinne eines körperlich-geistigen liminalen Zustandes zu einer gesteigerten Erfahrung und Erkenntnis privilegierte,[35] birgt vielmehr mit der potenziellen Unmöglichkeit einer vollständigen Heilung auch eine Kehrseite: die Absage an kosmologisch fundierte Ganzheitlichkeit und eine permanent drohende Endlichkeit.

Kleist und die romantische Medizin

Für die romantische Literatur war die Idee durchlässiger Körpergrenzen besonders attraktiv.[36] In Deutschland sorgten unter anderem Novalis, Friedrich Schelling, E.T.A. Hoffmann und Heinrich von Kleist für eine starke Popularisierung der Theorien romantischer Medizin, insbesondere des Brownianismus und des Magnetismus.[37] Damit zusammenhängend fanden aber auch die ‚Abgründe' einer

30 Vgl. Reil: Von der Lebenskraft, S. 70.
31 Vgl. Reil: Von dem Grunde und der Erscheinung der Krankheit, S. 276.
32 Vgl. Reil: Von dem Grunde und der Erscheinung der Krankheit, S. 277, 284 f., 289.
33 Vgl. Reil: Entwurf einer allgemeinen Pathologie, S. 118.
34 Vgl. Reil: Entwurf einer allgemeinen Pathologie, S. 98 f.
35 Vgl. hierzu z. B. Frank Degler/Christian Kohlroß: Einleitung: Epochenkrankheiten in der Literatur. In: Epochen / Krankheiten. Hg. v. Frank Degler/Christian Kohlroß. St. Ingbert 2006, S. 15–20, hier S. 15 f.
36 Vgl. hierzu auch Jürgen Barkhoff: Magnetische Fiktionen. Literarisierung des Mesmerismus in der Romantik. Stuttgart/Weimar 1995, S. 122.
37 Vgl. hierzu auch Henkelmann: Zur Geschichte des pathophysiologischen Denkens, S. 19.

„Nachtseite der Naturwissenschaft“[38] Einzug in die literarischen Texte, also Formen psychischer Erkrankungen und Dispositionen von der Melancholie über den Somnambulismus bis zur ‚gespaltenen Persönlichkeit‘.

Kleists Texte wurden unter diesen Aspekten bereits ausführlich interpretiert, zum Beispiel der Zusammenhang von Affekttheorie und Experimentalphysik.[39] Für Gudrun Debriacher etwa findet Kleists Affinität zu Phänomenen der Elektrizität dramaturgischen Niederschlag in seinen oftmals affektgeleiteten Figuren, deren Rätselhaftigkeit aus den inneren und äußeren Polaritäten, denen sie ausgesetzt sind, resultieren.[40] Dabei diene der Magnetismus Kleist „als Möglichkeit, um in seiner Dichtung jenes utopisch-illusionäre Bild der idealen, ungestörten Kommunikation, jene uneinholbare Sehnsucht nach direkter, unmittelbarer Mitteilung, aufzuzeigen.“[41] Dem gegenüber steht die ‚dunkle‘ Seite des Magnetismus, der Fremdeinwirkung und Kontrollverlust bedeutet (wie etwa im *Käthchen von Heilbronn*, 1807/08). Und dem gegenüber steht die wachsende Einsicht, dass auch die ‚Gefühlssprache‘ keine hinreichende Garantie auf Wahrheit bietet, weil die Gefühle genau wie der Verstand getäuscht werden können und selbst ein vertraut scheinender Körper ein fremder sein kann (wie in *Amphitryon*, 1803).

Weil um 1800 sukzessive die Vorstellung heranreift, dass Körper nicht (mehr) lesbar sind, entsteht eine epistemische Lücke in den Prozessen der Wahrheitsfindung, die Kleist immer wieder zum Zentrum seiner literarischen Texte macht:[42] So

38 Vgl. Gotthilf Heinrich Schubert: Ansichten von der Nachtseite der Naturwissenschaft. Dresden 1808.

39 Einen Forschungsüberblick bietet u. a. Sigrid Weigel: Der ‚Findling‘ als ‚gefährliches Supplement‘. Der Schrecken der Bilder und die physikalische Affekttheorie in Kleists Inszenierung diskursiver Übergänge um 1800. In: Kleist-Jahrbuch (2001), S. 120–134, bes. S. 130–132.

40 Vgl. Debriacher: Die Rede der Seele über den Körper, S. 59. Nach Roland Borgards entfaltet Kleist mit der Publikation *Allerneuester Erziehungsplan* nicht weniger als die „Urszene moderner Experimentalliteratur“. In wissensgeschichtlicher Hinsicht konstatiert die Schrift den Übergang von einem unelektrischen zum elektrischen Zustand des Körpers, der gemäß einer beobachtenden Außenperspektive „plötzlich“ erfolge, also eine Zäsur und Diskontinuität im Ereignis markierte. So griffen bei Kleist Wissen und Nicht-Wissen in der Experimentalsituation immer ineinander, womit auch eine klare Distinktion von Fiktivem und Faktischem von Beginn an konsequent unterlaufen werde. Vgl. Roland Borgards: „Allerneuester Erziehungsplan“. Ein Beitrag Heinrich von Kleists zur Experimentalkultur um 1800 (Literatur, Physik). In: Literarische Experimentalkulturen. Poetologien des Experiments im 19. Jahrhundert. Hg. v. Marcus Krause/Nicolas Pethes. Würzburg 2005, S. 75–102, hier S. 75–78.

41 Debriacher: Die Rede der Seele über den Körper, S. 81.

42 Vgl. zum Thema Körperzeichen bei Kleist neben der bereits zitierten Literatur z. B. Anja Lemke: „Gemütsbewegungen“. Affektzeichen in Kleists Aufsatz ‚Über das Marionettentheater‘. In: Kleist-Jahrbuch (2008/09), S. 183–201; Harald Neumeyer: Magnetische Fälle um 1800. Experimenten-Schriften-Kultur zur Produktion eines Unbewußten. In: Literarische Experimentalkultu-

inspirieren Wahrheitssuche und Rechtsprechung in der Kleist'schen Literatur inquisitorische Verhör-Szenarien (*Prinz Friedrich von Homburg*, 1809/10; *Der zerbrochne Krug*, 1811) über die Folter (*Familie Schroffenstein*, 1803) bis zur mittelalterlichen Probe (*Der Zweikampf*, 1811). Zudem zeigt Kleist ein starkes Interesse an den so beobachteten Transformationen des Körpers zwischen Wahrheit und Lüge, die als Symptomsprache lesbar wird. Auch die Ansteckungslogik spielt in diesem Zusammenhang von (Körper-)Sprache und (Körper-)Wissen eine entscheidende Rolle. So zum Beispiel im Dramenfragment *Robert Guiskard* (1808), in dem der König mutmaßlich an der Pest erkrankt ist und sich vor dem Volk verbirgt, weil er einen Autoritätsverlust befürchtet. Das Volk verliert aber gerade dadurch das Vertrauen in den König und eine unsichere, verdachtgesteuerte Gerüchtekommunikation, ausgehend von verräterischen Körperzeichen, bringt ihn schließlich zu Fall, nicht die vermeintliche Krankheit selbst.

Gerhard Neumann identifiziert in diesem Zusammenhang die „Infizierung" als eine Generalmetapher im Kleist'schen Werk, die veranlasst, das Verhältnis von Sprache und Körper zu differenzieren.[43] So entspricht zum Beispiel im *Zweikampf* das Verhältnis vom ungelösten Verbrechen und manifester Schuldenthüllung der zeitlichen Formel, die der Infektion zugrunde liegt – von der zunächst kaum sichtbaren Ansteckung/Verwundung im Duell über den Latenzzustand bis zum sichtbaren Krankheitsausbruch, der sich als Symptom von Schuld darlegt.[44] Kleist greift hier einerseits die seit dem Mittelalter bestehende Vorstellung auf, dass Krankheit wie eine unsichtbar arbeitende Folter die Wahrheit symptomatisch zutage befördere.[45] Die körperliche Krise führt, ähnlich einem juristischen

---

ren. Poetologien des Experiments im 19. Jahrhundert. Hg. v. Marcus Kraus/Nicolas Pethes. Würzburg 2005, S. 251–285; Sophie Witt: Psychosomatik und Theater: Das prekäre „Gesetz der Gattung" bei Schiller und Kleist. In: Unarten. Kleist und das Gesetz der Gattung. Hg. v. Andrea Allerkamp/ Matthias Preuss/Sebastian Schönbeck. Bielefeld 2019, S. 93–112 sowie Anne Fleig: Körper/Körpersprache. In: Kleist-Handbuch. Epoche – Werk – Wirkung. Hg. v. Ingo Breuer. Stuttgart/Weimar 2009, S. 340–342.

43 Vgl. Gerhard Neumann: Das Stocken der Sprache und das Straucheln des Körpers. Umrisse von Kleists kultureller Anthropologie. In: Heinrich von Kleist. Kriegsfall – Rechtsfall – Sündenfall. Hg. v. Gerhard Neumann. Freiburg i.Br. 1994, S. 13–30, hier S. 26.

44 Vgl. hierzu außerdem Debriacher: Die Rede der Seele über den Körper, S. 163–166 sowie Irmela Krüger-Fürhoff: Der versehrte Körper. Revisionen des klassizistischen Schönheitsideals. Göttingen 2001, S. 177.

45 Vgl. Manfred Schneider: Die Inquisition der Oberfläche. In: Leib-Zeichen. Körperbilder, Rhetorik und Anthropologie im 18. Jahrhundert. Hg. v. Rudolf Behrens/Roland Galle. Würzburg 1993, S. 23–40, hier S. 29.

Prozess, auf eine Entscheidung (zwischen Leben und Tod, Begnadigung oder Bestrafung) zu.[46] Andererseits inszeniert Kleist eine Art pathologische Eigenzeitlichkeit, die mit der narrativen Darstellung korrespondiert.[47] Denn nicht nur bleibt unklar, was der Auslöser für den tödlichen Verlauf war und warum die harmlos scheinende Verletzung zur letalen Krankheit wird, sondern die Latenz wird zum treibenden Faktor der Erzählhandlung, indem sie ihr eine unvorhergesehene Wendung gibt und den Prozess der Wahrheitsfindung von Präsenz- und Oberflächenerscheinungen entkoppelt. Die Diagnose der wuchernden Wunde, die medizinisch auf eine letale Entzündung und metaphorisch auf Schuld verweist, kann dabei nur *ex post* gestellt werden. In diesem Sinne lässt sich ein Initialereignis – „ein vergifteter Anfang" nach Neumann[48] – narratologisch als Ansteckung begreifen, die erst nach einer zeitlichen Differenz ihre vernichtenden Konsequenzen zeitigt.

Auch in Kleists Erzählung *Der Findling* bilden instantane Ansteckung und dauerhafte, immer wieder entzündbare Krankheit bis zu Transgressionsfantasien ein Kompositum, das sich sowohl im Bereich des Körperlichen als auch im Affekthaushalt der Charaktere niederschlägt, allen voran bei der weiblichen Protagonistin Elvire. Dies soll im Folgenden unter temporalen Aspekten und unter Bezugnahme auf die Theorien der romantischen Medizin genauer aufgezeigt werden.

---

46 Vgl. Koselleck: Krise, S. 619.

47 Michael Gamper und Helmut Hühn definieren Ästhetische Eigenzeiten als „exponierte und wahrnehmbare Formen komplexer Zeitgestaltung, -modellierung und -reflexion [...], wie sie einzelnen Gegenständen bzw. Subjekt- Ding-Konstellationen eigen sind". Als solche Gebilde formierten sie Vergangenheit, Gegenwart und Zukunft anders, als sie in der linearen Zeit erschienen. Vgl. Michael Gamper/Helmut Hühn: Einleitung. In: Formen der Zeit. Ein Wörterbuch der ästhetischen Eigenzeiten. Hg. v. Michael Gamper/Helmut Hühn/Steffen Richter. Hannover 2020, S. 7–14, hier S. 8. Auf Grundlage dieser Definition verfügen auch Krankheiten, insbesondere chronische und ansteckende, über eine idiosynkratische Zeitlichkeit, denn sie verlaufen – wie herausgestellt wurde – nicht linear. Krankheits*geschichten* verfügen wiederum über eine ästhetische Eigenzeitlichkeit, denn narrative Verzeitlichung erfüllt in der medizinischen Lehre die Funktion der Ordnung und Strukturierung „chaotisch" (Gamper/Hühn: Einleitung, S. 8) wahrgenommener Zeitverläufe. In Kleists literarischen Krankheitsgeschichten, insbesondere im *Zweikampf* und im *Findling*, wird aber umgekehrt – so die Beobachtung – die Unordnung der latenten und plötzlichen Krankheitsverläufe auch in die Erzählstruktur integriert.

48 Vgl. Neumann: Das Stocken der Sprache und das Straucheln des Körpers, S. 25.

Krankheitsnarrative zwischen Transgression und Endlichkeit: Kleists *Der Findling*

Zu Beginn der Erzählung reist der wohlhabende Güterhändler Antonio Piachi für Handelsgeschäfte mit seinem Sohn Paolo von Rom nach Ragusa, wo sie überraschend mit „eine[r] pestartigen Krankheit“[49] und damit verbundenen Einreise- und Quarantänemaßnahmen konfrontiert werden. Piachi will direkt wieder abreisen, wird aber von einem angesteckten Waisenjungen, Nicolo, aufgehalten, der ihn „nach Art der Flehenden“[50] bittet, ihn mitzunehmen. Aus Mitleid, aber nicht ohne Widerstreben („Piachi wollte in der ersten Regung des Entsetzens, den Jungen weit von sich schleudern“[51]) und vielleicht auch aus Schicksalsergebenheit nimmt Piachi Nicolo auf, denn dieser hatte bereits seine Hand gedrückt, geküsst und darauf niedergeweint,[52] also ihn mutmaßlich ohnehin bereits infiziert – affektiv und körperlich.

Die Polizei lässt die drei aber nicht abreisen, sondern nimmt sie in Ragusa in Quarantäneschutz. Während Piachi „gesund bleibt“ und Nicolo „sich von dem Übel wieder erholte“, steckt sich Paolo an und stirbt innerhalb von drei Tagen an der Seuche.[53] Piachi, in Trauer, nimmt Nicolo anstelle seines leiblichen Sohnes mit nach Rom und in die Familie auf. Seine junge Frau Elvire (die nicht Paolos leibliche Mutter war) akzeptiert Nicolo ohne Zögern.

Diethelm Brüggemann beschreibt die Begegnung Piachis und Nicolos, die letztendlich zu der paradoxen Ersetzung des leiblichen durch den Adoptivsohn führen wird – paradox, weil Nicolo für Paolos Ansteckung und Tod verantwortlich sei –, als einen Prozess kontinuierlicher Gegenbewegungen, also geprägt von Abwehrreaktionen und Annäherungen, Anziehung und Abstoßung.[54] Brügge-

---

49 Heinrich von Kleist: Der Findling. In: Sämtliche Werke und Briefe in vier Bänden. Bd. 3: Erzählungen. Anekdoten. Gedichte. Schriften, hg. v. Klaus Müller-Salget. Frankfurt a. M. 1990, S. 265–283, hier S. 265.

50 Kleist: Der Findling, S. 265.

51 Kleist: Der Findling, S. 265.

52 Vgl. Kleist: Der Findling, S. 265.

53 Kleist: Der Findling, S. 266.

54 In Hinblick auf ein so beobachtetes hermetisch verschlüsseltes alchemistisches Wissen im Werk Kleists hat Diethelm Brüggemann die Figur des Vaters, Piachi, als eigentliche Christus-Allegorie identifiziert, wohingegen Nicolo – alchemistisch codiert als „Gottes Sohn“ – dessen Gegenpart als *Lapis*-Inkarnation einnehme. Vgl. Diethelm Brüggemann: Kleist. Die Magie. Würzburg 2004, S. 18–26.

mann erklärt die supplementäre Funktionslogik, die hier deutliche parasitäre Implikationen hat, wie folgt:

> Für Piachi stellt er [d. i. Nicolo] sich dar als Inkorporation konzentrierter Realität: statt der Leere, die die Stelle Paolos ausfüllen müßte, steht nun Nicolo da; Paolos Krankheit verkörpert sich in Nicolos Gesundheit, sein Tod in Nicolos Leben. Paolo ersteht durch seine Umkehrung neu, und Piachis emotionale Reaktion – wie sie genannt werden könnte – empfängt ihn wie den eigenen Sohn. In der Kälte der Katastrophe sucht er nach wärmender personaler Nähe und klammert sich an den Auslöser der Katastrophe. Unter Tränen und Schluchzen hebt er ihn in den Wagen. Er hat Nicolo nicht abschütteln können. Der *Lapis* heftet sich an die Fersen; man wird ihn nicht los.[55]

Auch ohne ein angeblich hermetisch verschlüsseltes alchemistisches Wissen im Werk Kleists zur hauptsächlichen Interpretationsgrundlage zu erheben, wie Brüggemann es tut, ist seine Beobachtung einer wechselseitigen Durchdringung von Tod und Leben, Krankheit und Gesundheit hier aufschlussreich, um Krankheit, im Sinne Reils, als ein dem Leben inhärentes Moment zu deuten. Für Reil stehen Krankheit und Leben in einem graduellen Zusammenhang, insofern er das Leben als einen sich selbst reproduzierenden und selbstzerstörenden Prozess begreift.[56] Das Prinzip von Kontaminationskrankheiten, die nicht nur Kräftedynamiken im Inneren einer Einzelperson auslösen, sondern eine Verbindung zwischen den Individuen schaffen und also als Grenzüberschreitung visualisiert werden können[57] – ähnlich wie die so vorgestellte magnetische Kraft nicht nur die Interaktion zwischen einzelnen Körperregionen, sondern auch zwischen dem Menschen und seiner Umwelt vermittelt – wird nun bei Kleist eingebettet in eine Erzähllogik des Supplementären (ein totes Kind wird durch ein lebendiges ersetzt) bis Parasitären (Nicolo setzt sich selbst an die Stelle Paolos).[58] Im Sinne Neumanns begründet hier ein „vergifteter Anfang“ das Erzählgeschehen, das mit dem Tod aller Familienmitglieder enden wird. Denn nicht nur ersetzt der adoptierte Sohn für Piachi

---

55 Brüggemann: Kleist. Die Magie, S. 26 f.

56 Vgl. Reil: Von dem Grunde und der Erscheinung der Krankheit, S. 87.

57 Vgl. Anne Seitz: Wimmeln und Wabern. Ansteckung und Gesellschaft im französischen Roman des Naturalismus und Fin de siècle. Bielefeld 2015, S. 34.

58 Zur Bedeutung des Adoptionsmotivs im *Findling* und im Kleis'schen Werk vgl. u. a. Klaus Müller-Salget: Kommentar. In: Heinrich von Kleist: Sämtliche Werke und Briefe in vier Bänden. Bd. 3: Erzählungen. Anekdoten. Gedichte. Schriften, hg. v. Klaus Müller-Salget. Frankfurt a. M. 1990, S. 675–1236, hier S. 869 f.; Nicolas Pethes: Poetik der Adoption. Illegitime Kinder, ungewisse Väter und juristische Elternschaft als Figurationen von Kleists Ästhetik („Die Familie Schroffenstein“, „Das Käthchen von Heilbronn“, „Der Findling“). In: Ausnahmezustand der Literatur. Neue Lektüren zu Heinrich von Kleist. Hg. v. Nicolas Pethes. Göttingen 2011, S. 325–346 sowie Jürgen Schröder: Kleists Novelle *Der Findling*. Ein Plädoyer für Nicolo. In: Kleist-Jahrbuch (1985), S. 109–127, bes. S. 121–126.

den leiblichen, auch wird sich Nicolo an die Stelle des von Elvire begehrten Objekts setzen, worauf zurückzukommen sein wird. Das Ansteckungsmoment setzt also nicht nur eine Kette von Ereignissen in Gang, sondern katalysiert auch die supplementäre Ordnung in der Figurenkonstellation.

Nicolo wird als Erbe eingesetzt und übernimmt, als Piachi mit sechzig Jahren in den Ruhestand geht, die Geschäfte und auch einen Großteil des Vermögens, obwohl Piachi ein Unbehagen in Bezug auf Nicolos „Hang für das weibliche Geschlecht" empfindet.[59] So hat dieser eine Affäre mit Xaviera Tartini, der „Beischläferin ihres Bischofs",[60] die er trotz der (arrangierten) Heirat mit Constanze Parquet aufrechterhält.

Zunächst aber erfährt die Leserin durch einen Rückblick von einem traumatischen Ereignis in Elvires Jugend: Sie wurde aus einem Hausbrand von einem jungen Genueser, Colino, gerettet, der dabei schlimme Verletzungen erlitt und nach drei Jahren im Krankenlager starb. Elvire war in diesem Zeitraum nicht von Colinos Seite gewichen. Sie heiratete bald den viel älteren Piachi, verfiel daraufhin erstmals in ein „hitzige[s] Fieber" und wird bis in die Erzählgegenwart von „sonderbaren und häufigen Erschütterungen", einem ‚Rückbleibsel' ihres „überreizten Nervensystems" in Folge des tragischen Vorfalls, heimgesucht.[61]

Bevor wir uns diesen chronischen fieberhaften Erschütterungen zuwenden, soll das anfängliche traumatische Ereignis, der Brandunfall, genauer betrachtet werden:

> Einst, in einer unglücklichen Nacht, da Feuer das Haus ergriff, und gleich, als ob es von Pech und Schwefel erbaut wäre, zu gleicher Zeit in allen Gemächern, aus welchen es zusammengesetzt war, emporknitterte, flüchtete sich, überall von Flammen geschreckt, die dreizehnjährige Elvire von Treppe zu Treppe, und befand sich, sie wußte selbst nicht wie, auf einem dieser Balken. Das arme Kind wußte, zwischen Himmel und Erde schwebend, gar nicht, wie es sich retten sollte; hinter ihr der brennende Giebel, dessen Glut, vom Winde gepeitscht, schon den Balken angefressen hatte, und unter ihr die weite, öde, entsetzliche See. Schon wollte sie sich allen Heiligen empfehlen und unter zwei Übeln das kleinere wählend, in die Fluten hinabspringen; als plötzlich ein junger Genueser, vom Geschlecht der Patrizier, am Eingang erschien, seinen Mantel über den Balken warf, sie umfaßte, und sich, mit eben so viel Mut als Gewandtheit, an einem der feuchten Tücher, die von dem Balken niederhingen, in die See mit ihr herabließ.[62]

59 Kleist: Der Findling, S. 267.

60 Kleist: Der Findling, S. 268.

61 Kleist: Der Findling, S. 270. Die Forschung hat weitgehend erschlossen, dass bei Kleist das Fieber als übliche Reaktion von Frauen auf starke Gemütsbewegungen folgt. Vgl. hierzu z. B. Müller-Salget: Kommentar, S. 799.

62 Kleist: Der Findling, S. 268 f.

Diese Rettungsszene kann, in Anlehnung an Magnetismusdiskurse und die ihnen innewohnende latente Erotik bis zur sexuellen Gewalt,[63] auf ihre evidenten sexuellen Implikationen als auch auf das Motiv des Feuers hin analysiert werden: So werden die fluidal gedachten Seelenausströmungen im Magnetismus als elektrische Feuer modelliert, wie unter anderem Katharine Weder herausgestellt hat.[64] In diesem Sinne suggeriert das Bild des Feuers neben seiner destruktiven Metaphorik auch immer das Freiwerden bestimmter Kräfte und Substanzen – etwa eines über den Tod hinausreichenden magnetischen Rapports zwischen Colino und Elvire.[65]

Diese Szene bildet aber auch die Komplementärszene zum ‚Austausch' von Nicolo/Paolo. Auch hier durchdringen sich Leben und Tod, Reproduktion und Zerstörung, worauf das krisenhafte Bild von der auf dem Balken „zwischen Himmel und Erde schwebend[en]"[66] Elvire hinweist. Colino aber setzt sich nicht leiblich an die Stelle Elvires, weil er nicht – wie in der Konstellation Nicolo/Paolo – ihren Tod auslöst. Stattdessen verhindert er ihren Tod, mehr noch: Er stirbt an ihrer Stelle. Diese Rettung ist aber nur eine scheinbare und bildet tatsächlich den Initiationsmoment für Elvires jahrelanges, und schließlich tödliches Leiden. Klaus Müller-Salget kommentiert sogar in Anlehnung an Jürgen Schröder, nicht „Nicolos Bosheit, sondern Elvires Fixierung auf Colino" führe die Katastrophe herbei.[67] In dieser Argumentationslinie müsste der Figuration Nicolos als anfänglichem ‚Urkeim' in der pathogenen triadischen Familienkonstellation widersprochen werden, denn sein Rapport zu Elvire lässt sich vielmehr als ‚Wieder-Ansteckung' in einem seit jeher ‚vergifteten' Szenario beschreiben.

So kommt es etwa zu einem heftigen nervlichen Anfall, als Nicolo in einem (zufällig gewählten) Kostüm eines Genueser Ritters, also ähnlich wie die einstige Kleidung Colinos, nachts vom Karneval zurückkehrt und Elvire begegnet. Diese ist von seiner Erscheinung „wie vom Blitz getroffen" und „starr vor Entsetzen", sie zittert „an allen Gliedern" und leidet noch „mehrere Tage an einem heftigen Fieber".[68] Auch in der Folgezeit bleibt sie schwermütig.

---

63 Vgl. Barkhoff: Darstellungsformen von Leib und Seele, S. 230–232.

64 Vgl. Weder: Kleists magnetische Poesie, S. 41 f.

65 Vgl. Weder: Kleists magnetische Poesie, S. 309. Sigrid Weigel liest Elvires überreiztes Nervensystem, dessen Ursprünge zeitlich mit der Hochzeit mit dem „[a]lten", mutmaßlich impotenten Piachi (Kleist: Der Findling, S. 267) zusammenfallen, in Analogie zum Diskurs über die Hysterie, die um 1800 vermehrt als weibliche Nervenkrankheit beschrieben wurde. Vgl. Weigel: Der ‚Findling' als ‚gefährliches Supplement', S. 128.

66 Kleist: Der Findling, S. 269.

67 Vgl. Müller-Salget: Kommentar, S. 869 f. sowie Schröder: Kleists Novelle *Der Findling*, bes. S. 121–126.

68 Kleist: Der Findling, S. 270 f.

Das Karnevalsmoment steht im Kontext der nach Temporalitätslogiken aufgebauten Erzählung – zwischen Schockereignissen und aufgeschobener Katastrophe, zwischen Endlichkeitskonfrontationen und Transgressionsversuchen – nicht zufällig. Wie Michail Bachtin schreibt, ist der Karneval „das Fest der all vernichtenden und allerneuernden Zeit“,[69] was bedeutet, dass in diesem zeitlichen Ausnahmezustand (wie in der Groteske, der ein karnevalistisches Weltempfinden zugrunde liegt)[70] Leben und Tod, Anfang und Ende nicht einander entgegengesetzt sind, sondern der Tod „ins Lebensganze als dessen unentbehrliches Moment, als dessen Bedingung der ständigen Erneuerung und Verjüngung des Lebens“[71] tritt. Die Symbole und Gestalten des Karnevals „schließen stets die Perspektive der Verneinung und des Todes in sich ein – oder umgekehrt. Die Geburt geht mit dem Tod schwanger, der Tod mit einer neuen Geburt.“[72] Bachtin demonstriert dies an der – in der Romantik sehr beliebten – Figur des Doppelgängers, die der Karneval archetypisch hervorbringt und die auch im *Findling* auftritt. Der alles und alle, quasikontagiös, „vereinig[endende], vermeng[ende] und vermähl[ende]“[73] Karneval gebiert Doppelgänger, aber in jedem seiner Doppelgänger, also in den ‚Kopien‘, stirbt das ‚Original‘, „stirbt der Held (das heißt, er wird negiert), um sich zu erneuern (das heißt, um sich zu reinigen und über sich hinauszugehen)“, so Bachtin.[74] Der Karneval bzw. Nicolos Karnevalsbesuch und die damit verbundene Maskerade können also im Erzählkontext als „Krise des Wechsels“[75] gedeutet werden, in der sich das Alte (das Abbild eines Toten, Colino) und das Neue (Nicolo in all seiner Potenz) dynamisch durchdringen. Dieses krisenhafte Moment der karnevalesken Kontamination steht somit zum einen für eine instabil gewordene, weil leicht zu ‚raubende‘, also endliche Identität, zum anderen für die Möglichkeit von invasiven Identitätsuntergrabungen und Verwechslungsintrigen, also für Transgressionsfantasien – ein Komplex, der im romantischen Grenzgebiet zwischen Literatur und Medizin vielfältig behandelt wurde.[76]

---

69 Michail Bachtin: Literatur und Karneval. Zur Romantheorie und Lachkultur. München 1969, S. 50.

70 Vgl. Bachtin: Literatur und Karneval, S. 29.

71 Bachtin: Literatur und Karneval, S. 29.

72 Bachtin: Literatur und Karneval, S. 51.

73 Bachtin: Literatur und Karneval, S. 49.

74 Bachtin: Literatur und Karneval, S. 55.

75 Bachtin: Literatur und Karneval, S. 29.

76 Für diesen Komplex vgl. z. B. Degler/Kohlroß: Einleitung: Epochenkrankheiten in der Literatur; Barkhoff: Magnetische Fiktionen sowie Nicolas Pethes: Literarische Fallgeschichten. Zur Poetik einer epistemischen Schreibweise. Konstanz 2016, S. 19–36. Für Kleist im Speziellen vgl. z. B. Georg Mein: Identität und Äquilibration. Von Metaphern und Goldwaagen bei Heinrich von Kleist. In: Kleist-Jahrbuch (2000), S. 180–197; Hinrich Seeba: Der Sündenfall des Verdachts. Identitätskrise und Sprachskepsis in Kleists *Familie Schroffenstein*. In: Deutsche Vierteljahrsschrift für

Nachdem Nicolos Frau Constanze und das gemeinsame Kind bei der Geburt sterben, setzt Nicolo ungerührt sein Verhältnis zu Xaviera fort, was Piachi so sehr erzürnt, dass er eine Intrige einfädelt: Er bestellt Nicolo in Xavieras Namen zu einem Treffen in die Magdalenenkirche, wo Constanze aufgebahrt liegt, dann ordnet er deren Leichenzug – einen Tag früher als geplant – an und veranlasst, dass man dem eintreffenden Nicolo auf seine Frage, wen man hier trage, „Xaviera Tartini" antworte. Nicolo ist gedemütigt und sein Hass richtet sich vor allem gegen Elvire, die ihn einige Zeit zuvor gemeinsam mit Xaviera erwischt hatte und die er als Initiatorin der Intrige wähnt. Sein Zorn wird noch mehr entfacht, als er glaubt, Elvire durch den Türspalt wiederum mit einem anderen Mann zu beobachten: „Da lag sie, in der Stellung der Verzückung zu Jemandes Füßen, und ob er gleich die Person nicht erkennen konnte, so vernahm er doch ganz deutlich, recht mit dem Accent der Liebe ausgesprochen, das geflüsterte Wort Colino."[77] Als sie kurz darauf „mit einem ganz gleichgültigen und ruhigen Blick, den sie aus der Ferne auf ihn warf", das Zimmer verlässt, erscheint Nicolo diese vermeintliche „Verstellung" als „Gipfel der Frechheit und Arglist".[78] Er verschafft sich Zugang zu Elvires Zimmer, findet dort aber nur das „Bild eines jungen Ritters in Lebensgröße" vor, also von Colino, „das in einer Nische der Wand, hinter einem rotseidenen Vorhang, von einem besondern Lichte bestrahlt, aufgestellt war".[79]

In Nicolo reift ein Gedanke, der zu einer (tödlichen) Entscheidung der (Nerven-)Krise Elvires führen wird:

> Er erinnerte sich, mit vieler Freude, der sonderbaren und lebhaften Erschütterung, in welche er, durch die phantastische Erscheinung jener Nacht, Elviren versetzt hatte. Der Gedanke, die Leidenschaft dieser, als ein Muster der Tugend umwandelnden Frau erweckt zu haben, schmeichelte ihn fast eben so sehr, als die Begierde, sich an ihr zu rächen, [...].[80]

Nicolo lauert Elvire sodann in seinem einstigen Karnevalsaufzug auf, mit „Mantel, Kollett und Federhut, genuesischen Zuschnitts", „genau so, wie sie das Bild trug", und „wartet[], einen Stab in der Hand, ganz in der Stellung des gemalten jungen Patriziers, Elvirens Vergötterung ab".[81] Als Elvire ihn so beim Zubettgehen vorfindet, glaubt sie, Colinos Abbild stünde ihr lebendig vor Augen und sinkt „ohnmäch-

Literaturwissenschaft und Geistesgeschichte 44 (1970), H. 1, S. 64–100 sowie Arndt Niebisch: Kleists Medien. Berlin/Boston 2019, hier insbesondere das Kapitel *Von Boten und Doppelgängern: Kleists frühe Dramen*, S. 57–104.

77 Kleist: Der Findling, S. 273.

78 Kleist: Der Findling, S. 274.

79 Kleist: Der Findling, S. 274.

80 Kleist: Der Findling, S. 276.

81 Kleist: Der Findling, S. 279.

tig auf das Getäfel des Bodens nieder[]".[82] Nicolo versucht die ohnmächtige Elvire zu vergewaltigen, was der zufällig heimkommende Piachi verhindern kann. Elvire aber stirbt „an Folgen eines hitzigen Fiebers, das ihr jener Vorfall zugezogen hatte."[83]

Elvires „Verzückung", wie sie sich Nicolo – und auch der Leserin – darbietet, kann, so hat Weder analysiert, ihrer Definition gemäß[84] sowohl eine zuckende Bewegung als auch eine seelische Entrücktheit bedeuten, also zugleich auf ein körperlich-geistiges Nervenleiden verweisen als auch auf ein (quasi-)religiöses Moment zwischen schwärmerischer Apotheose und mystischem Ritual.[85] In ihrer Vergötterung bewegt sich Elvire dabei selbst in einem psychopathologischen Spektrum zwischen getrübtem und erweitertem Geisteszustand. In diesem Sinne kann die Szene auch so gedeutet werden, dass Elvire Nicolo in der Maskerade mit Colino verwechselt, ihr aber sonst eine physiognomische Ähnlichkeit zwischen beiden nicht aufzufallen scheint,[86] sich die Erkenntnis also auf somnambule Zustände beschränkt, in der Elvire stärker reizbar, ‚wieder-ansteckbar' ist. Man könnte sagen, Elvires so beschriebene Position während des traumatischen Brandunfalls, nämlich „zwischen Himmel und Erde schwebend",[87] wurde erzählmetaphorisch auf Dauer gestellt, indem sie zwischen Momenten der Verzückung und Vergötterung (Himmel) einerseits und der Gleichgültig- und Schwermütigkeit (Erde) andererseits oszilliert. Diesen Schwebezustand nutzt Nicolo aus und befördert somit bei Elvire einen Rückfall – den Reil im Allgemeinen als gefährlicher als die ursprüngliche Krankheit beurteilt[88] –, an dem sie letztendlich stirbt. Rückblickend erweist sich also Elvires erste ‚Verwechslung'

82 Kleist: Der Findling, S. 280.
83 Kleist: Der Findling, S. 281.
84 Weder bezieht sich hier auf die mesmeristischen Schriften des Heilbronner Stadtarztes Eberhard Gmelin, der die „von Magnetisten hervorgebrachten Krämpfe" als „Verzückungen" bezeichnet, als auch auf Reil, der im Kontext somnambuler Zustände ebenfalls von „Anfällen [...] des Entzückens" spricht. Vgl. Weder: Kleists magnetische Poesie, S. 310; Eberhard Gmelin: Ueber Thierischen Magnetismus. In einem Brief an Herrn Geheimen Rath Hoffmann zu Mainz. Tübingen 1787, S. 123.
85 Vgl. Weder: Kleists magnetische Poesie, S. 310 f.
86 Tatsächlich wird auf der Erzählebene die Ähnlichkeit zwischen Colino und Nicolo nur sekundär vermittelt, nämlich durch die Gemäldebetrachtung, die Maskerade oder den anagrammatischen Bezug beider Namen. Vgl. Weder: Kleists magnetische Poesie, S. 312.
87 Kleist: Der Findling, S. 269.
88 Vgl. Reil: Entwurf einer allgemeinen Pathologie, S. 65.

von Nicolo mit Colino und ihre anschließende Erschütterung als, im Sinne Reils, „Vorbote"[89] der Entscheidung ihrer Krise, als Endlichkeitsvorzeichen.

Aber nicht nur für Elvire endet der Vorfall tödlich. Piachi will Nicolo enterben, aber dieser weigert sich, das Haus zu verlassen, woraufhin Piachi ihn tötet, indem er ihm „das Gehirn an der Wand ein[drückt]".[90] Er wird dazu verurteilt, „mit dem Strange vom Leben zum Tode gebracht zu werden",[91] verweigert aber die Absolution mit den Worten, „sein einziger Wunsch sei, gerichtet und verdammt zu werden, und versicherte, er würde noch dem ersten, besten Priester an den Hals kommen, um des Nicolo in der Hölle wieder habhaft zu werden!"[92] Schließlich wird er ohne priesterlichen Beirat hingerichtet.

Auf der einen Seite wird mit dem Tod Nicolos und der blasphemischen Verweigerung Piachis der Topos der Wiederauferstehung durchkreuzt und ein Schlussstrich unter das supplementäre Ersetzungsprinzip gesetzt. Auf der anderen Seite werden mit dem Verweis auf die Hölle die infektiösen Logiken wiederum auf Dauer gestellt – allerdings außerhalb des Erzählgeschehens, denn das absolute Ende erweist sich als unerzählbar; die Ausrufung des Höllenszenarios als nicht mehr steigerbar.[93]

---

89 Reil schreibt, besonders schreckliche Krankheitsanfälle kündigen eine Veränderung im allgemeinen Verlauf an, sie gelten als Vorboten bevorstehender Krisen. Vgl. Reil: Entwurf einer allgemeinen Pathologie, S. 49.

90 Kleist: Der Findling, S. 281.

91 Kleist: Der Findling, S. 281 f.

92 Kleist: Der Findling, S. 282 f.

93 Ein ähnlicher Umstand lässt sich im Dramenfragment *Robert Guiskard* beobachten, wenn angesichts der grassierenden Pest und des mutmaßlich infizierten Königs der absolute Ausnahmezustand ausgerufen wird. Torsten Hahn hat in diesem Zusammenhang herausgearbeitet, dass den zwei wesentlichen Erkennungsmerkmalen des politischen Ausnahmezustandes das Moment der Rede inhäriert: Zum einen seien der extreme Notfall oder die absolute Ausnahme, die den Ausnahmezustand ausrufbar machten, sprachlich nicht mehr steigerbar. Zum anderen sei es die alleinige Entscheidung des Souveräns, ob und wann der Ausnahmezustand ausgerufen werden soll. Infolgedessen bezeichnet Hahn die souveräne Macht als eine aufhaltende Macht, als *Katechon*, dessen Modell im Mittelalter als Erklärung für das Ausbleiben der (Wieder-)Erscheinung des Messias galt. Vgl. Torsten Hahn: Auferstehungslos. Absolute Ausnahme und Apokalypse in Kleists Drama *Robert Guiskard. Herzog der Normänner*. In: Ausnahmezustand der Literatur, S. 21–41, hier S. 23–25.

Fazit: Unmögliche Heilung

Kleists Erzählung *Der Findling* lässt sich aufgrund der strukturierenden Temporalitätseffekte, die aus der einfachen ‚Vorher/Nachher'-Logik ausbrechen, als komplexe Krankheitsgeschichte lesen. Dabei stellt sich Elvires chronisches Nervenleiden als eine Krise heraus, die nicht mit Nicolos Adoption, sondern durch ein auf vielen Ebenen traumatisches Ereignis in der Vergangenheit ausgelöst wurde. Dass Elvire in Folge dieses Ereignisses, bei dem sie fast gestorben wäre und Colino an ihrer Stelle sein Leben lassen musste, an immer wiederkehrenden erschöpfenden Fieberschüben leidet, relativiert die Rettung im Nachhinein – Elvire ist dem Tod nur vorerst entronnen. Eine „völlige Heilung" bleibt ihr verwehrt, auch weil sie jene Facetten der Krise, die ihre (projektiven) Erinnerungen an Colino betreffen, selbst rituell auf Dauer stellt. Eine strenge Unterscheidung zwischen Gesundheit und Krankheit ist bei ihr nicht möglich, höchstens kann zwischen Latenzphasen und akuten Ereignissen differenziert werden. Hinsichtlich des düsteren Ausgangs der Erzählung lassen sich die akuten Ereignisse bzw. Krankheitsschübe wiederum als konsequente Endlichkeitsvorzeichen deuten.

Kleists Erzählung entfaltet somit einen romantischen Krankheitsbegriff, der keine Gesundheit als Normalzustand mehr voraussetzt. Krankheit ist hier nicht das Gegenstück zu einer Gesundheit, die – gemäß dem medizinischen Wortgebrauch von Krise als Entscheidung – entweder „wieder zu erlangen ist oder die in einer bestimmbaren Frist durch den Tod überholt wird",[94] sondern sie hat seit jeher als „vergifteter Anfang" den Erzählverlauf präfiguriert, weswegen die zweite Option – die Überholung durch den Tod – zur einzigen geworden ist.

In Kleists Erzählung wird somit ‚Heilung' (als medizinische Genesung und metaphorische Versöhnung) nicht nur auf der diegetischen Ebene verweigert, sondern – in Form einer umfassenden Anamnese – auch auf der Rezeptionsseite. Denn trotz der diskursgeschichtlich möglichen Bezüge auf die Lehren der romantischen Medizin, insbesondere auf das Wissen um die Zeitlichkeit von Krankheiten, bleibt Elvires Krankheitsverlauf ein Stück weit rätselhaft. Làslo F. Földenyi hat in diesem Zusammenhang Kleist eine Fixierung auf Ansteckung und Krankheit attestiert, die sich auch poetologisch niederschlage: Jene Topoi ließen die Texte dramaturgisch ‚anschwellen' (im Sinne einer Vervielfältigung der Interpretationsansätze), sodass sie genauso „fiebrig" würden wie die Figuren.[95] Ein Über-

94 Koselleck: Krise, S. 619.

95 Vgl. Làslo F. Földenyi: Heinrich von Kleist. Im Netz der Wörter. München 1999, S. 134.

blick über die möglichen literarischen Deutungsversuche in Anlehnung an die Theorien der romantischen Medizin (Brownianismus, Magnetismus, Ansteckungs- und Affekttheorie, Hysteriediskurs) hat dies am Beispiel des *Findlings* unter Beweis gestellt. Der ‚fiebrige' Bedeutungsüberschuss des endlichen Textes gebiert auf diese Weise nicht weniger als die unendliche Interpretation.

Oliver Völker

Ruine, Monument, Epitaph

Zur Lesbarkeit der Erdgeschichte in Charles Lyells *Principles of Geology* (1830–1833) und Charlotte Smiths *Beachy Head* (1807)

Rückblick

Die späte Phase der englischen Romantik weist eine Reihe an literarischen Texten auf, in deren Zentrum die Figur eines letzten Menschen steht, der den Untergang der Menschheit überlebt, um sich anschließend in einer leeren, unbewegten Welt wiederzufinden.[1] In diesen Fiktionen ist der wesentliche Teil im geschichtsphilosophischen Modell der christlich-jüdischen Apokalypse bereits ausgeblieben. Anstelle einer Erfüllung der Schöpfung folgt auf das Moment der Zerstörung eine leere, von keinem Rhythmus, keiner menschlichen Bedeutung geordnete Zeit. Ein wichtiger Ausgangspunkt für diese Erzählform ist Jean-Baptiste Cousin de Grainvilles fantastisches Romanepos *Le dernier homme* aus dem Jahr 1805, das bereits ein Jahr später unter dem Titel *The Last Man, or, Omegarus and Syderia, a Romance of Futurity* in einer anonymen englischen Übersetzung erschien. Der Text steuert auf die Erzähl- und Wahrnehmungsperspektive eines letzten Menschen hin, der von einem Endpunkt der menschlichen Geschichte aus eine zu Ruinen verfallene Welt betrachtet. Anders als es der Titel suggerieren mag, handelt es sich dabei nicht allein um die Überreste der menschlichen Zivilisation. Es ist schließlich die Erde selbst, die als endlich beschrieben wird. In ihrem geschichtlichen Verlauf hat sie einen Punkt erreicht, an dem sie von Adam, der im Roman als Figur auftritt, als eine Ruine, als Tote, als ein gewaltiger Leichenkörper beklagt wird:

> Ô terre, [...] que je vue sortir si belle des mains du Créateur! Que sont devenues tes riants coteaux, tes prés émaillés de fleurs, et tes berceaux de verdure? Tu n'es plus qu'une ruine immense.[2]

1 Einen Überblick bietet A.J. Sambrook: A Romantic Theme: The Last Man. In: Forum for Modern Language Studies 2 (1966), S. 25–33.

2 Jean-Baptiste Cousin de Grainville: Le dernier homme. Paris 2010, S. 53. Hier und im Folgenden stammen die Übersetzungen, sofern nicht anders angegeben, vom Verfasser, O. V.

https://doi.org/10.1515/9783111426129-016

> Oh Erde [...]! Ich sah, wie schön Du warst, als Du aus den Händen des Schöpfers hervortratst! Was ist mit deinen lieblichen Hügeln geschehen, deinen von Blumen geschmückten Wiesen und deinen Quellen des Grüns? Du bist nur noch eine gewaltige Ruine.

Was sich als zeitlos erscheinender Unter- und Hintergrund vom Verlauf historischer Ereignisse still abzuheben schien, die Erde, wird zeitlichen Wandlungen unterworfen und als eine Ruine dargestellt, einem Emblem geschichtlicher Unbeständigkeit.[3] Während die Rahmenhandlung von *Le dernier homme* eine prophetische Zukunftsvision vom Aussterben der Menschheit eröffnet, läuft die darin eingefügte Handlung auf einen Punkt hin, von dem aus sie nur noch in die Vergangenheit zurückblicken kann.

Die narrative Konstellation eines solchen Erzählens vom Ende her wird in Mary Shelleys Roman *The Last Man* (1826) umfassend ausgearbeitet. Vor dem Hintergrund einer globalen Pest-Pandemie, von der allein der Ich-Erzähler Lionel Verney verschont bleibt, wandert dieser durch Gräber- und Ruinenlandschaften, die ihn durchweg auf die Vergangenheit verweisen: „Time and experience have placed me on a height from which I can comprehend the past as a whole; and in this way I must describe it."[4] Verney ist demnach der Name einer Beobachtungs- und Erzählform, die anhand von eigenen Erinnerungen und zerstreuten materiellen Resten eine Vergangenheit zu rekonstruieren versucht, die in der Tiefe verortet ist. Der resultierende Bericht ist nicht allein den Toten gewidmet. Indem sich der Roman als „monument of the foregone race"[5] bezeichnet, wird er selbst zu einem Grabmal.[6]

---

3 Zur geschichtlichen Entwicklung der Ruine als Emblem von Zeit siehe Moshe Barash: Die Ruine – ein historisches Emblem. In: Historische Sinnbildung. Problemstellungen, Zeitkonzepte, Wahrnehmungshorizonte, Darstellungsstrategien. Hg. v. Klaus E. Müller/Jörn Rüsen. Reinbek bei Hamburg 1997, S. 519–535.

4 Mary Shelley: The Last Man. Hg. v. Morton D. Paley. Oxford 1994, S. 267.

5 Shelley: The Last Man, S. 399.

6 Diese Aufladung des Untergrunds mit Geschichte gleicht der „Projektion des zeitlichen Verlaufs in den Raum", die Walter Benjamin in *Der Ursprung des deutschen Trauerspiels* anhand des Barocktheaters rekonstruiert. Walter Benjamin: Der Ursprung des deutschen Trauerspiels. In: ders.: Gesammelte Schriften I.1, hg. v. Rolf Tiedemann/Hermann Schweppenhäuser. Frankfurt a.M 1991, S. 203–409, hier S. 273. Indem Verneys Position als letzter Mensch keine Zukunftsperspektive mehr übriglässt – und zudem alle apokalyptischen Heilserwartungen ins Leere laufen –, ist sein Blick auf den Untergrund als Erinnerungsraum der Vergangenheit gerichtet. Dadurch erscheint er als Melancholiker im Sinne Benjamins: „[A]lle Weisheit des Melancholikers ist der Tiefe hörig; sie ist gewonnen aus der Versenkung ins Leben der kreatürlichen Dinge und von dem Laut der Offenbarung dringt nichts zu ihr." Benjamin: Der Ursprung des deutschen Trauerspiels, S. 330.

Verdoppelt wird diese Perspektive des Rückblicks durch die Rahmenhandlung. Während Grainvilles extradiegetischer Erzähler in den Ruinen von Palmyra in die „cavernes de la mort“[7] hinabsteigt, um dort in einem Spiegel das zukünftige Ende der Menschheit zu erblicken, entdeckt Shelleys Rahmenerzählerin in einer Höhle bei Neapel eine heterogene Sammlung von in unterschiedlichen Sprachen und Alphabeten verfassten Schriftstücken, „ancient Chaldee, and Egyptian hieroglyphics, old as the Pyramids“,[8] die sie als sybillinische Prophezeiungen erkennt. Den Ruinen- und Gräberlandschaften innerhalb von Shelleys Binnenerzählung entsprechen so die in der Rahmenerzählung aufgefundenen Fragmente und schriftlichen Überreste bereits untergegangener Zivilisationen, die in einer mühsamen Arbeit entziffert und übersetzt werden müssen:

> Since that period, [...] I have been employed in deciphering these sacred remains. [...] Scattered and unconnected as they were, I have been obliged to add links, and model the work into a consistent form.[9]

Obschon Shelleys Roman ein Bild der Zukunft entwirft, konstituieren beide Erzählebenen eine Perspektive, die anhand verstreuter Reste die Vergangenheit zu rekonstruieren sucht. In der Forschung wurde bereits aufgezeigt, inwieweit diese archäologische Arbeit der Nachlese, des Ordnens von Überresten und Bruchstücken einen spezifischen historischen Moment zu Beginn des neunzehnten Jahrhunderts berührt, der sich als eine umfassende Erfahrung von Endlichkeit beschreiben lässt.[10] Dies betrifft sowohl den politischen Erfahrungshorizont als auch das sich grundlegend ändernde Verständnis von Zeitlichkeit in den sich ausbildenden Naturwissenschaften, besonders Geologie und Paläontologie. Hatten Autor:innen der englischen Romantik die Ereignisse der Französischen Revolution zu deren Beginn mitunter in eine apokalyptische Geschichtsvorstellung zu integrieren versucht und als völligen Neubeginn gedacht,[11] war diese Euphorie zu Beginn des neunzehnten

7 Grainville: Le dernier homme, S. 45.

8 Shelley: The Last Man, S. 5.

9 Shelley: The Last Man, S. 6.

10 Vgl. besonders das Kapitel „Ruins“ in Peter Fritzsche: Stranded in the Present. Modern Time and the Melancholy of History. Cambridge, Mass. 2004; Paule Petitier: Memory Strata, Geology and Change of Historical Paradigm in France Around 1830. In: Biological Time, Historical Time. Transfers and Transformations in 19th Century Literature. Hg. v. Niklas Bender/Gisèle Séginger. Leiden/Boston 2019, S. 29–44; Thomas McFarland: Romanticism and the Form of Ruins. Princeton, New York. 1981; Göran Blix: From Paris to Pompeii: French Romanticism and the Cultural Politics of Archaeology. Philadelphia 2013.

11 Vgl. etwa William Wordsworths rückblickende Einschätzung seiner Reise nach Frankreich im Jahr 1790 in *The Prelude*: „[...] ’twas a time when Europe was rejoiced, / France standing on the top of golden hours, / and human nature seeming born again.“ William Wordsworth: The Prelude,

Jahrhunderts einer Vorstellung gewichen, die Geschichte zunehmend als diskontinuierliche Abfolge prinzipiell endlicher Epochen verstand.[12] Im Nachhinein erschien die Revolution als ein Ereignis des Umbruchs, das die Vorstellung einer kontinuierlichen Geschichte aushebelte und auf dessen Vorgeschichte die Gegenwart wie über einen tiefen Abgrund hinweg zurückblickte.[13]

Darüber hinaus entsteht ein ähnliches Bewusstsein für die Endlichkeit von Epochen in den zeitgenössischen naturwissenschaftlichen Diskursen. Der vom Ende der menschlichen Geschichte aus auf die Vergangenheit gerichtete Rückblick, wie er für Shelleys Roman bestimmend ist,[14] ähnelt einer Verzeitlichung und Historisierung der Natur, die sich parallel in den neu entstehenden naturwissenschaftlichen Disziplinen der Geologie und der Paläontologie vollzieht. Während der vergleichende Anatom Georges Cuvier zu zeigen versucht, dass die Erdgeschichte immer wieder katastrophale Umbrüche durchlaufen hat, in deren Folge ganze Spezies ausgestorben sind, blickt Verney auf das Ende der Menschheit zurück. Obgleich sie in grundlegend anderen zeitlichen Skalierungen operieren, handelt es sich in beiden Fällen um eine Perspektive, die anhand der materiellen Beschaffenheit von Überresten die Vergangenheit zu rekonstruieren sucht.[15]

Der folgende Artikel untersucht diese zurückblickende Perspektive in literarischen und geologischen Diskursen des frühen neunzehnten Jahrhunderts und arbeitet dabei eine Metaphorik von Schriftlichkeit und Lesbarkeit heraus, die in einem engen Zusammenhang mit einer Zeitlichkeit von Endlichkeit steht. In einem ersten Schritt untersuche ich anhand von Charles Lyells *Principles of Geology* (1830–1833) und William Wordsworths *Essays upon Epitaphs* (1810), wie die Metaphern von Ruine, Monument und Grabinschrift eine Erweiterung des Ge-

---

1799, 1805, 1850. Hg. v. Jonathan Wordsworth/Mayer Howard Abrams/Stephen Gill. New York/ London 1979, S. 204. Zitiert wird aus der Ausgabe von 1805. Unterstrichen wird diese Vorstellung eines Neubeginns durch den Umstand, dass in der Folge der Französischen Revolution neue Zeiteinheiten für Monate und Jahreszeiten eingeführt wurden. Vgl. dazu Fritzsche: Stranded in the Present, S. 19.

12 Vgl. Meyer Howard Abrams: Natural Supernaturalism: Tradition and Revolution in Romantic Literature. New York 1973, S. 332.

13 Zur Bedeutung der Französischen Revolution für Shelleys *The Last Man* vgl. Morton D. Paley: *Le dernier homme*: The French Revolution as the Failure of Typology. In: Mosaic: A Journal for the Interdisciplinary Study of Literature 24 (1991), S. 67–76. Vgl. auch Lee Sterrenburg: The Last Man: Anatomy of Failed Revolutions. In: Nineteenth Century Fiction 33 (1987), S. 324–347.

14 Zum Verhältnis von zeitgenössischen paläontologischen Diskursen und der narrativen Rekonstruktion der Vergangenheit in Shelleys *The Last Man* vgl. auch Melissa Bailes: The Psychologization of Geological Catastrophe in Mary Shelley's *The Last Man*. In: ELH 82 (2015), H. 2, S. 671–699.

15 Zum engen Verhältnis von Archäologie und Geologie um 1800 vgl. Alexandra Warwick: Ruined Paradise: Geology and the Emergence of Archaeology. In: Nineteenth-Century Contexts 39 (2017), H. 1, S. 49–62.

schichts- und Archivbegriffs auf eine Zeitlichkeit der Erde vollziehen.[16] Ähnlich wie in Shelleys Roman ist bei Lyell der Raum von Trümmern und Grabstätten durchzogen, die zum Gegenstand einer geschichtlichen Rekonstruktionsarbeit und metaphorischen Lektüre werden. In einem zweiten Schritt zeige ich an Charlotte Smiths Langgedicht *Beachy Head* (1807), wie die Arbeit an den materiellen Spuren einer über den Menschen hinausweisenden Geschichte zugleich die literarische Poetik und Zeitstruktur verändert. *Beachy Head* zeigt nicht allein eine Auseinandersetzung mit zeitgenössischen erdgeschichtlichen Modellen, in seiner Form bildet es zudem ein heterogenes Archiv von Texten und ähnelt sich dadurch auf einer strukturellen Ebene dem geologischen Phänomenbereich an.

Zu Beginn des neunzehnten Jahrhunderts bilden Ruine, Monument und Epitaph demnach Metaphern der Endlichkeit, die Archäologie, Geologie und Poetik in ein Wechselverhältnis setzen. Alle drei Gegenstände ähneln sich darin, dass sie sich insofern als geschichtliche Dokumente lesen lassen, als sie einen Moment des Todes und der Arretierung durchlaufen haben. So ist im Bild der Ruine ein Artefakt aufgerufen, dessen Beschaffenheit auf einen zeitlichen Prozess des Verfalls und der Verwitterung verweist. Ihre Nähe zur Schrift besteht auf doppelte Weise darin, dass aus ihr ein geschichtlicher Prozess ‚abgelesen‘ werden kann, das Verständnis von Schriftlichkeit als Medium aber umgekehrt durch die Abwesenheit von vergangenem Leben und lebendigem Sinn geprägt ist, sodass sich der in der Ruine erhaltene materielle Rest an das bloße Überdauern des Schriftträgers angleicht. „Die Schrift im geläufigen Sinn ist toter Buchstabe, sie trägt den Tod in sich. Sie benimmt dem Leben den Atem.“[17] In Kontinuität hierzu steht ‚*monument*‘, das im Englischen bis weit ins achtzehnte Jahrhundert hinein weniger Denk- als Grabmal meint, in einer strukturellen Beziehung zur Schrift. Beides fungiert als zeitbeständige räumliche Markierung, in der eine Erinnerung an etwas Abwesendes festgehalten sein soll.[18] Epitaph oder Grabinschrift bilden diesem Verständnis zufolge die Grundform von Schriftlichkeit. Vor diesem Hintergrund zeigen die folgenden zwei Abschnitte auf, wie ‚Lesbarkeit‘ in einem doppelten Transfer einerseits aus dem Bereich der Schriftlichkeit in den Phänomenbereich der Geologie übertragen wird, etwa in das Verständnis von Erdschichten und

16 Zum Verständnis der Erde als Archiv vgl. David Sepkoski: The Earth as Archive. Contingency, Narrative and the History of Life. In: Science in the Archives. Past, Present, Futures. Hg. v. Lorraine Daston. Chicago 2017, S. 53–83.

17 Jacques Derrida: Grammatologie. Übers. v. Hans-Jörg Rheinberger. Frankfurt a. M., S. 33.

18 Zum generellen Verhältnis von Schriftlichkeit und Begräbnis vgl. Robert Pogue Harrison: The Dominion of the Dead. Chicago 2003, S. 20 f.; Peter Friedrich: Schrift und Grab. Literalität und Liminalität in der epitaphischen Texttradition. In: Grenzräume der Schrift. Hg. v. Achim Geisenhanslüke/Georg Mein. Bielefeld 2008, S. 167–188.

darin eingelagerten Fossilien als einem geschichtlichen Archiv, von dort aber andererseits als poetologisches Modell in die Lyrik exportiert wird. In dieser Bewegung eines Chiasmus wird der Begriff des literarischen Textes zunehmend mit einem materiellen Phänomenbereich der Geologie angereichert, der Ansprüche einer intentionalen Überlieferung gerade nicht erfüllt. Im Spannungsfeld von Poetik und Geologie zeichnet sich damit um 1800 ein widersprüchlicher Begriff von Schriftlichkeit ab, der in dem Maße Bedeutungs- und Erinnerungsträger ist, als er an ein Moment des Todes, der Arretierung und des Verlusts eines einheitlichen Sinns gebunden ist.

Ruine, Monument, Epitaph

Gegen Ende des achtzehnten Jahrhunderts entwickelt sich die Ruine in antiquarischen[19] und archäologischen Diskursen zu einem überdeterminierten Gegenstand, an dem verschiedene Zeitmodelle und Geschichtsphilosophien durchgearbeitet werden. Besonders einflussreich ist dabei die Monographie *Les Ruines, ou méditation sur les révolutions des empires* des französischen Orientalisten und Altertumswissenschaftler Constantin François Volney, der darin unter anderem seine Reisen nach Ägypten und Syrien dokumentiert. 1791 vor dem unmittelbaren Hintergrund der Französischen Revolution erschienen, ist es eine Abhandlung über die Vergänglichkeit früherer Zivilisationen, die aber jenseits dieser melancholischen Inventur eine utopische Zukunft entwirft. Die materiellen Reste der Geschichte sind bei Volney nicht lediglich Gegenstand der Beschreibung. In der „Invocation" werden Ruinen und Gräber als Zeugen der Vergangenheit angerufen: „Je vous salue, ruines solitaires, tombeaux saint, murs silencieux! c'est vous que j'invoque"[20] (Ich grüße euch, einsame Ruinen, heilige Gräber, stille Mauern! Ihr seid es, die ich anrufe). Dieser Anrufung antwortend, treten die materiellen Zeugen der Vergangenheit ihrerseits als eigenständige Sprechinstanzen auf; in der Gestalt eines „fantôme", das sich aus den Gräbern erhebt, belehren sie den Reisenden über die Ignoranz und Fehlbarkeit des Menschen.[21] Letztlich bleiben diese Szenen der Geisterbeschwörung und eines gespenstischen Sprechens jedoch stets an einen materiellen Träger gebunden, der die

19 Zu antiquarischen Praktiken und Diskursen um 1800 vgl. Noah Heringman: Sciences of Antiquity: Romantic Antiquarianism, Natural History, and Knowledge Work. Oxford 2013. Heringman geht dabei auch auf die besondere Bedeutung der Bucht von Neapel ein. Als Landschaft, die einerseits durch vulkanische Aktivitäten geprägt ist, andererseits als Fundstätte von römischen Antiken dient, wird sie um 1800 zum Gegenstand von geologischen und archäologischen Praktiken.

20 Constantin François Volney: Les Ruines, ou méditation sur les révolutions des empires. Nouvelle édition corrigée. Paris 1792, S. XIII.

21 Volney: Les Ruines, S. 18.

Zeit überdauert. Stein und Erde dienen als die notwendigen Schriftträger und Medien, in die sich die Geschichte einschreibt: „combien de vérités profondes sont écrites sur la surface de cette terre! Souvenirs des temps passés, revenez à ma pensée!“[22] (Wie viele tiefe Wahrheiten sind doch der Oberfläche dieser Erde eingeschrieben! Erinnerungen vergangener Zeiten, kehrt zurück in meinen Geist). Die Vergangenheit wird zu einer im Raum verstreuten Schrift, die der als Erzähler des Berichts auftretende Reisende zu entziffern sucht.

In dieser Position des Rückblicks, in der sich Vergangenheit und Wahrheit – „vérités“ und „temps passés“ – reimen, erscheint Volney nicht allein als Vorlage von Lionel Verney, dem Ich-Erzähler von Mary Shelleys *The Last Man.* Als einflussreich erweist sich auch das Frontispiz, das den einsamen Betrachter einer Ruinenlandschaft darstellt, der, gemäß Volneys Verständnis der Erdoberfläche als eines Schriftträgers, zugleich als ein Leser verstanden werden kann (Abb. 1).

Volney entwirft in der weitreichenden Katalogisierung von Ruinen eine Geschichtsphilosophie, die sich aus der melancholischen Betrachtung der zerfallenen Weltreiche herausarbeitet. Die Ruine erscheint als das Ergebnis eines rückwärtsgewandten, von Volney in den Orient verlagerten Despotismus, aus dem sich eine vernunftgeleitete Gegenwart vor dem unmittelbaren Hintergrund der Französischen Revolution befreien soll.[23] Dieses utopische Potential hält indes nicht lange vor. Schon in Shelleys *The Last Man* sind die Ruinen von Palmyra zu einem Modell von Endlichkeit geworden, das beispielsweise zur Beschreibung einer sterbenden Romanfigur aufgerufen wird: „For quickly the fair proportion of this edifice would be more defaced, than are the sand-choked ruins of the desert temples of Palmyra.“[24]

Es ist indes der in Volneys Frontispiz abgebildete Beobachter einer menschenleeren Ruinenlandschaft, der in der ersten Hälfte des neunzehnten Jahrhunderts, nachdem die mitunter eschatologischen Hoffnungen in Bezug auf die Französische Revolution bereits merklich verblasst sind, wieder aufgerufen wird. So entwirft das Frontispiz von Volneys *Les Ruines* eine Bildaufteilung, die spiegelverkehrt auf dem Frontispiz des ersten Teils von Charles Lyells *Principles of Geology* (1830–1833)[25] als eine Art Denkbild des geologischen Gradualismus wieder in Erscheinung tritt (Abb. 2).

22 Volney: Les Ruines, S. 24.

23 Zur Rolle der Ruine für das Geschichtsmodell von Volney vgl. Paul Strohmaier: Bauformen der Geschichte: Ruinenlektüren im Umfeld der Französischen Revolution (Gibbon, Volney, Chateaubriand). In: Ästhetik und Poetik der Ruinen: Rekonstruktion – Imagination – Gedächtnis. Hg. v. Giulia Lombardi/Simona Oberto/Paul Strohmaier. Berlin 2022, S. 117–140.

24 Shelley: The Last Man, S. 341.

25 Charles Lyell: Principles of Geology. Being an Attempt to Exlain the Former Changes of the Earth's Surface, by Reference to Causes Now in Operation. Vol. 1. London 1830.

Abb. 1: Constantin François Volney: *Les Ruines, ou méditation sur les révolutions des empires*. Frontispiz.

Abb. 2: „Present State of the Temple of Serapis at Puzzuoli“. Charles Lyell: Principles of Geology. Volume 1. Frontispiz.

Die Radierung zeigt eine Ruine der römischen Antike, die sich in Pozzuoli befindet, einem Dorf in der Bucht von Neapel. Die Säulenstruktur war Mitte des achtzehnten Jahrhunderts ausgegraben und für den Überrest eines Serapistempel gehalten worden. In Lyells Gründungsdokument der modernen Geologie hat die abgebildete Beobachtungsszene eine doppelte Funktion. Erstens fungieren die unmittelbar am Meer gelegenen Säulen im rechten Bildfeld als materielle Zeugen erdgeschichtlicher Prozesse. Auf mittlerer Höhe weisen sie die Spuren von in Salzwasser lebenden Bohrmuscheln auf und dieser erklärungsbedürftige Umstand provozierte ab der zweiten Hälfte des achtzehnten Jahrhunderts eine Debatte, in der sich die allmählich ausdifferenzierenden Disziplinen der Archäologie und Geologie überlagern. Goethe etwa hatte die Ruinen 1787 besucht und distanziert sich in seinem Aufsatz über den *Tempel zu Puzzuol* (1823) von der Annahme, dass die Muschelspuren durch einen Anstieg des Meeresspiegels entstanden seien. Seinerseits geht er davon aus, dass das untere Drittel der Säulen durch einen „dichten Ascheregen“ bedeckt wurde, auf der sich dann ein Teich gebildet habe.[26] Demgegenüber argumentiert Lyell, dass nicht der Meeresspiegel gestiegen sei, sondern sich die Erde in einem Zeitraum von knapp 2000 Jahren zunächst abgesenkt und dann wieder angehoben habe, und sich die Säulen so für einen längeren Zeitraum unterhalb der Meeresoberfläche befunden haben. Diesen Vorgang aber fasst Lyell im Bild der Einschreibung. Die von den Muscheln in den Stein gegrabenen Löcher bezeichnet er als „the memorials of physical changes, inscribed on the three standing columns in most legible characters by the hand of nature“.[27] Die Bewegung der Erde muss indes so langsam erfolgt sein, dass die Säulen selbst nicht eingestürzt sind und so als ein dauerhafter Schriftträger fungieren konnten.[28]

Zweitens ist auffällig, dass das Frontispiz keine geologisch relevante Landschafts- oder Gesteinsformation, sondern eine Ruine der römischen Antike abbildet. In dieser Überblendung von Geologie und Archäologie ist Lyells zentrales Argument verdichtet. So wie aus den rezenten Ausgrabungen in Ägypten oder in Pompeji, lässt sich aus der Beschaffenheit der Erdoberfläche ein kontingenter Ge-

26 Johann Wolfgang Goethe: Tempel zu Puzzuol. In: ders.: Johann Wolfgang von Goethes Werke, Kommentare und Register. Hamburger Ausgabe in 14 Bänden. Bd. 13: Naturwissenschaftliche Schriften I, hg. v. Dorothea Kuhn/Rike Wankmüller. München 2002, S. 287–295. Zu Goethes Erklärung vgl. Peter Schnyder: Die Dynamisierung des Statischen. Geologisches Wissen bei Goethe und Stifter. In: Zeitschrift für Germanistik 19 (2009), H. 3, S. 540–555.

27 Lyell: Principles of Geology, S. 453.

28 Vgl. Martin J.S. Rudwick: Worlds Before Adam: The Reconstruction of Geohistory in the Age of Reform. Chicago 2010, S. 298; Peter Schnyder: Die Dynamisierung des Statischen, S. 543; Stephen J. Gould: Pozzuoli’s Pillars Revisited. In: Natural History 108 (1999), H. 5, S. 24, 81–83, 88, 90 f.

schichtsverlauf ablesen, eine vergangene Welt rekonstruieren.[29] Entsprechend ist vor allem der erste Teil der *Principles* durch eine Darstellung bestimmt, in der die materiellen Spuren erdgeschichtlicher Prozesse konsequent in Analogie zu archäologischen Ausgrabungen in Pompeji, Herculaneum oder Ägypten gestellt werden. Ohne die Annahme einer erdgeschichtlichen Tiefenzeit, so Lyells Argument, sei die gegenwärtige Beschaffenheit der Erde und die Existenz von Fossilien ebenso wenig zu verstehen wie die am Nil entdeckten Artefakte ohne die Annahme eines alten Ägyptens. Übereinandergelegt werden beide Ebenen durch den Begriff des Monuments:

> Let us imagine, for example, that Champollion, and the French and Tuscan literati lately engaged in exploring the antiquities of Egypt, had visited that country with a firm belief that the banks of the Nile were never peopled by the human race before the beginning of the nineteenth century, and that their faith in this dogma was as difficult to shake as the opinion of our ancestors that the earth was never the abode of living beings until the creation of the present continents, and of the species now existing, – it is easy to perceive what extravagant systems they would frame, while under the influence of this delusion, to account for the monuments discovered in Egypt.[30]

Obschon Lyells Gradualismus davon ausgeht, dass die zentralen Prozesse der Erdgeschichte allmählich verlaufen und auch in der Gegenwart noch zu beobachten sind, tritt hier eine radikale Historisierung der Natur zutage; die Annahme, dass sich die Erdoberfläche und das Klima in ihrer Geschichte weitreichend verändert haben und eine Fülle an Spezies in diesem Verlauf ausgestorben sein muss. Zugleich wird diese Historisierung mit der Übersetzung eines fremden Schriftsystems verglichen. Lyell verweist hier auf den französischen Altertumswissenschaftler Jean-François Champollion, der mithilfe des Steins der Rosetta zum ersten Mal in der Lage war, Übersetzungen von Hieroglyphen anzufertigen. Hieroglyphen bildeten demnach nicht ausschließlich Piktogramme, wie zuvor vermutet, ihre Bedeutung basiere vielmehr auf einem Alphabet. In diesem Resonanzraum erscheinen Fossilien und geologische Landschaftsmerkmale als erhaltene Bruchstücke eines unbekannten Schriftsystems, aus denen, sobald sie einmal entziffert sind, vergangene Welten rekonstruiert werden können, etwa die Klimageschichte von Sibirien. Im Zusammenspiel mit dem Frontispiz des ersten Teils etablieren die *Principles* dadurch einen Blick auf die erdgeschichtliche Vergangenheit, die der Perspektive der Ich-Erzählerin aus Shelleys Rahmenerzählung ähnelt. Während Lyell die Rekonstruktion einer erdgeschichtlichen Vergangenheit mit Champollions Entzifferung

---

29 Vgl. Martin J.S. Rudwick: Bursting the Limits of Time: The Reconstruction of Geohistory in the Age of Revolution. Chicago 2005, S. 188.
30 Lyell: Principles of Geology, S. 76.

von Hieroglyphen vergleicht, übersetzt diese „ancient Chaldee, and Egyptian hieroglyphics, old as the Pyramids", die sie gemeinsam mit einem Begleiter in einer Höhle in der Nähe von Neapel findet. Die erfolgende Annäherung der erdgeschichtlichen Spuren an eine unbekannte, erst zu entziffernde Schrift ist entscheidend für Lyell.[31] Mehr noch als die entstehende Archäologie und Ägyptologie kann die Geologie ihr Wissen nicht auf schriftliche Quellen oder intentional angelegte Archive stützen. Die Bedingungen, unter denen die Säulen von Pozzuoli überhaupt bis in die Gegenwart hin fortexistieren konnten, sind demnach ebenso wichtig wie diese selbst. Zugleich aber wird durch den Bezug auf eine schreibende Hand der Natur dieser Begriff einer schriftlichen Quelle und eines Archivs auf die Tiefendimension des Erdraums erweitert. Verstärkt durch den Umstand, dass durch den Bezug auf die ägyptischen Ausgrabungen eine ausgeprägte Begräbnis- und Monumentalkultur aufgerufen wird, die durch die Errichtung des Grabs eine Spur im Erinnern zu hinterlassen sucht,[32] tritt Lyells Metapher der Schriftlichkeit in eine unmittelbare Nähe zum Tod. Nicht zuletzt sind es die in den Erdschichten ‚begrabenen' Reste ausgestorbener Spezies, „a very distinct assemblage of organized fossils [...] entombed",[33] die das Erdreich zu einem Schriftträger machen. Ähnlich wie im Fall des im Laufe des achtzehnten Jahrhunderts ausgegrabenen Herculaneum, das durch den plötzlichen Ausbruch des Vesuvs im Jahr 79 verschüttet und zugleich konserviert wurde, bilden Tod und Arretierung die Bedingung der Möglichkeit einer medialen Fortdauer in der Zeit.

Dieser Bezug auf Praktiken des Begräbnisses erfolgt indes nicht allein über den Vergleich mit Entdeckungen der römischen oder ägyptischen Antike. Durch den Begriff des Monuments rufen die *Principles* eine Durchdringung der Landschaft mit Erinnerung und Geschichte auf, die sich in Texten der englischen Romantik aus einer Auseinandersetzung mit dem Epitaph entwickelt. In William Wordsworths umfassendster Auseinandersetzung mit der materiellen Beerdigungskultur, seinen *Essays Upon Epitaphs* (1810), ist die Grabinschrift gleichursprünglich mit Schriftlichkeit. Zu Beginn des ersten Essays schreibt Wordsworth hierzu:

> It need scarcely be said, that an Epitaph presupposes a Monumente, upon which it is to be engraven. Almost all Nations have wished that certain external signs should point out the places were their dead are interred. Among savage tribes unacquainted with letters this has

31 Zu Metaphern des Buchs und der Schrift sowie der Rolle von Literatur in der britischen Geologie während der ersten Hälfte des neunzehnten Jahrhunderts vgl. das Kapitel „Formations" in Adelene Buckland: Novel Science: Fiction and the Invention of Nineteenth-Century Geology. Chicago/London 2013, S. 1–30.

32 Vgl. Jan Assmann: Das kulturelle Gedächtnis. Schrift, Erinnerung und politische Identität in frühen Hochkulturen. München 2018, S. 87 f.

33 Lyell: Principles of Geology, S. 100.

> mostly been done either by rude stones placed near the graves, or by mounds of earth raised over them. This custom proceeded obviously from a twofold desire; first, to guard the remains of the deceased from irreverent approach or from savage violation: and, secondly, to preserve their memory.[34]

In Wordsworths Bestimmung des Epitaphs bildet das Grab die Grundstruktur eines Zeichenzusammenhangs, indem „external signs" diejenigen Orte bezeichnen, an denen die Toten beerdigt sind, dadurch aber zugleich eine Erinnerung sichern und verstetigen sollen. Es bildet die sichtbare Markierung eines Abwesenden.[35] Das Grab ist insofern eine Protoschrift, als es ein externalisiertes Gedächtnis erzeugt, das in die Landschaft eingelassen ist. Entsprechend wird das Verhältnis von Schrift und Grabinschrift in den *Essays* als ein sehr enges gedacht: „As soon as nations had learned the use of letters, epitaphs were inscribed upon these monuments; in order that their intention might be more surely and adequately fulfilled."[36] Schrift und Gedächtnis werden dadurch in einen unmittelbaren Zusammenhang mit dem Tod und dem Begräbnis gebracht. Den Begriff des Monuments aufgreifend, sieht Lyell den Tiefenraum der Erde von einer Vielzahl an Grabinschriften durchzogen, die so eine vertikal in die Vergangenheit hinabreichende Erinnerungsspur bilden. Zugleich wird in der damit vollzogenen Erweiterung eine menschliche und bewusst handelnde Instanz getilgt, die im Grabmal eine Erinnerung festschreiben und erhalten will. In dieser Aufkündigung einer singulären Schreibinstanz vollzieht sich eine Pluralisierung, die sowohl den Begriff der Natur als auch die literarische Poetik betrifft.

Beachy Head

Zu Beginn des neunzehnten Jahrhunderts stellten Paläontologie und Geologie Disziplinen dar, die ihren Gegenstandsbereich nicht einfach vorfanden. Auf Basis einer unsicheren Datenlage entwarfen sie die Geschichte eines Gegenstandes, von dem

34 William Wordsworth: Essay Upon Epitaphs. In: ders.: The Prose Works: In Three Volumes. Bd. 2, hg. v. Warwick Jack Burgoyne Owen/Jane W. Smyser. Oxford 1974, S. 50.

35 Zu diesem Wechselverhältnis von Grab und Zeichen im antiken Ägypten vgl. Jan Assmann: Stein und Zeit. Mensch und Gesellschaft im alten Ägypten. München 2003, S. 169: „In Ägypten bezieht sich der transformierende Zugriff der Schrift, lange bevor er die mündlich überlieferte Dichtung erfaßt, auf die Gräber. Das Grab ist das ‚Zeichen' (sema) einer Personalität; durch die Inschrift entfaltet sich das Zeichen zum Text, zur Erzählung." Vgl. auch Harrison: The Dominion of the Dead, S. 20.

36 Wordsworth: Essays Upon Epitaphs, S. 50.

zuvor geglaubt worden war, dass er genau diese Dimension nicht aufweise: eine Geschichte. Wissenspoetologische Ansätze haben vor diesem Hintergrund eine strukturelle Nähe und wechselseitige Anziehungskraft zwischen erdgeschichtlichen Modellen und literarischer Figuration aufgezeigt.[37] Dieses Wechselverhältnis lässt sich auch anhand von Metaphern der Ruine, des Monuments und der Schriftlichkeit verfolgen. Sie prägen nicht allein Modelle der frühen Geologie, sondern finden sich auch in zeitgenössischen literarischen Imaginationen einer geologischen Geschichtlichkeit. Besonders dicht ist diese Konstellation von unterschiedlichen Medien der Endlichkeit in Charlotte Smiths (1749–1806) Langgedicht *Beachy Head.*

Literaturgeschichtlich nimmt Charlotte Smith eine eigenartige Stellung ein. Stuart Curran bezeichnet sie als „the first poet in England whom in retrospect we would call Romantic".[38] Besonders durch ihre Sonette hat sie innerhalb der englischen Romantik eine große Wirkung entfaltet, wie sich etwa an William Wordsworths Rezeption ihrer Lyrik nachvollziehen lässt.[39] Trotz dieser Sonderstellung und der Popularität, die sie zudem als Autorin von elf Romanen zu Lebzeiten besaß, war sie bereits Mitte des neunzehnten Jahrhunderts wieder größtenteils in Vergessenheit geraten. In der jüngeren Forschung ist demgegenüber ein erneutes Interesse an ihrer Lyrik entstanden und besonders in Bezug auf *Beachy Head* wurde die Bedeutung von geologischen und paläontologischen Wissensbeständen für dessen formale Beschaffenheit betont.[40] Demnach arbeitet sich das Gedicht durch unterschiedliche Konstruktionsformen einer nationalen und geologischen Geschichte, setzt diese aber in ein Verhältnis zur literarischen Rekonstruktion von Vergangenheit. Denn wo die im Gedicht aufgerufenen wissenschaftlichen Perspektiven um eine Identifikation von Vergangenheit bemüht sind, gibt das Gedicht Raum für Mehrdeutigkeiten und Widersprüche.[41] Jenseits von Fragen, inwieweit

37 Vgl. Peter Schnyder: Einleitung. In: Erdgeschichten. Literatur und Geologie im langen 19. Jahrhundert. Würzburg 2020, S. 7–25.

38 Charlotte Smith: The Poems of Charlotte Smith. Hg. v. Stuart Curran. Oxford 1993, S. XIX.

39 Vgl. bereits: Bishop C. Hunt, Jr.: Wordsworth and Charlotte Smith. In: The Wordsworth Circle 1 (1970), S. 85–103.

40 Vgl. Noah Heringman: Romantic Rocks, Aesthetic Geology. Ithaca 2004 S. 68 f; Alexandra Paterson: Tracing the Earth: Narratives of Personal and Geological History in Charlotte Smith's *Beachy Head.* In: Romanticism 25 (2019), H. 1, S. 22–31; Theresa M. Kelley: Romantic Histories: Charlotte Smith and *Beachy Head.* In: Nineteenth-Century Literature 59 (2004), H. 3, S. 281–314.

41 So ruft das Gedicht einerseits erdgeschichtliche Modelle über die Beschaffenheit der Küste und die Herkunft maritimer Fossilien auf, kokettiert über eine Fußnote andererseits aber mit dem eigenen Nichtwissen: „The appearance of sea-shells so far from the sea excited my surprise, though I then knew nothing of natural history. I have never read any of the late theories of the earth, nor was I ever satisfied with the attempts to explain many of the phenomena which call forth conjecture in those books I happened to have had access to on this subject." (232) Wie Kevis

Beachy Head auf seiner inhaltlichen Ebene geologische Modelle der Erdgeschichte affirmativ aufgreift, soll der folgende Abschnitt die Bedeutung von Grab und Begräbnis in Smiths Text hervorheben und dabei eine Vertauschung zwischen metaphorischem Bildspender und literarischer Poetik aufzeigen. Entwerfen geologische Diskurse die Abfolge von Erdschichten als fragmentarisch erhaltene Schrift oder verwittertes Archiv einer geologischen Geschichte, wird dieses Bild in *Beachy Head* zum poetologischen Modell eines Gedichts, das sich nicht allein mit geologischen und naturgeschichtlichen Wissensformen auseinandersetzt, sondern aus unterschiedlichen Texten zusammenfügt. Diese lassen sich als Text-Fossilien verstehen, sodass das Gedicht eine stratigraphische und heterogene Form bildet.

Ein Jahr nach Charlotte Smiths Tod wurde *Beachy Head* 1807 im Gedichtband *Beachy Head, Fables and other Poems* veröffentlicht. Der Gedichttitel bezeichnet einen real existierenden Ort, einen exponierten Kreidefelsen an der Küste von East Sussex, der einen äußeren Rand, eine deutlich hervorgehobene Grenze von Festland und Meer bildet. Bereits die im Titel aufgerufene Topographie steht in einem Bezug zur geologischen Forschung des frühen neunzehnten Jahrhunderts, für die der Übergangsbereich zwischen Erde und Meer eine besondere Rolle spielt.[42] Vom Meer aus emporragend, erscheint die Steilküste als natürlicher Querschnitt einer stratigraphischen Anordnung, die sich ansonsten dem Blick entzieht. Der von den Wellen ausgewaschene Schichtenaufbau tritt demnach als Monument und Archiv einer erdgeschichtlichen Vergangenheit vor Augen, wie etwa Charles Darwin in *On the Origin of Species* (1859) schreibt:

> A man must for years examine for himself great piles of superimposed strata, and watch the sea at work grinding down old rocks and making fresh sediment, before he can hope to comprehend anything of the lapse of time, the monuments of which we see around us.[43]

Trotz der Überschneidung von Titel und geographischen Eigennamen erzeugt das Gedicht vor diesem Hintergrund eine Bewegung der Perspektiverweiterung und der Verschränkung von unterschiedlichen Räumen und Zeiten. Deutlich wird dies

---

Goodman argumentiert, ist dies nicht als Skepsis gegenüber erdgeschichtlichen Modellen zu lesen, wohl aber als Erinnerung, dass diese von sichtbaren Phänomenen auf unsichtbare Ursachen schließen und somit immer auch als „conjecture" zu sehen sind. Vgl. Kevis Goodman: Conjectures on Beachy Head: Charlotte Smith's Geological Poetics and the Grounds of the Present. In: ELH 81 (2014), S. 983–1006.

42 Zur besonderen Bedeutung der Küstenlandschaft und seiner stratigraphischen Gestalt für die Britische Geologie um 1800 vgl. auch Patrick Stoffel: Die nachträgliche Entdeckung der Tiefenzeit während eines Bootsausflugs an der schottischen Ostküste. Über eine Urszene der modernen Geologie. In: Ästhetische Eigenzeiten der Wissenschaften. Hg. v. Michael Camper. Hannover 2020, S. 267–282.

43 Charles Darwin: On the Origin of Species. Hg. v. Gillian Beer. Oxford 1996, S. 208.

bereits dadurch, dass der Beginn der ersten Strophe im erdgeschichtlichen Maßstab eine komprimierte Entstehungsgeschichte des Ärmelkanals liefert:

On thy stupendous summit, rock sublime!
That o'er the channel rear'd, half way at sea
The mariner at early morning hails,
I would recline; while Fancy should go forth,
and represent the strange and awful hour 5
Of vast concussion; when the Omnipotent
Stretch'd forth his arm, and rent the solid hills,
Bidding the impetuous main flood rush between
The rifted shores, and from the continent
Eternally divided this green isle.[44] 10

Wie in einer Miniatur einer das gesamte Gedicht bestimmenden Dynamik weisen bereits die ersten fünf Verse vier unterschiedliche Richtungen und Bewegungen auf. Vom Meer aus wird das Kliff durch den Matrosen begrüßt. Dem sprechenden Ich dient es als exponierter Aussichtspunkt, von dem aus sich die als „[f]ancy" (V. 4) selbst thematisierende Rede des Gedichts, über die Bruchkante des Kliffs hinausdrängend, in die tiefenzeitliche Dimension der Landschaft hinabbewegt, die durch den Arm eines allmächtigen Schöpfergottes in Bewegung versetzt wurde. Die „solid hills" (V. 7) von denen das Gedicht spricht, werden ihrem Attribut also gerade nicht gerecht. In einem ähnlichen Spannungsverhältnis wird zwar der Gegenstand der lyrischen Rede durch das eröffnende Possessivpronomen „thy" (V. 1) zu einem ‚du' personifiziert, zu einem einzelnen Gegenüber. Dieser Hervorhebung des Singulären genau entgegengesetzt, entwirft das Gedicht in seinem Verlauf von 731 Blankversen und 21 Strophen jedoch einen pluralen, mehrfachcodierten Ort, der sowohl auf einer räumlich-geographischen als auch einer zeitlich-historischen Achse eine Reihe von unterschiedlichen Ebenen eröffnet und miteinander verbindet. So setzt *Beachy Head* über die Beschreibung der Landschaftsformation eine zurückblickende Auseinandersetzung mit dem eigenen Leben der Ich-Perspektive in Bewegung. Indem sich die biographische Rückschau über die Beschreibung des Landschaftsgefüges, der Küste und ihrer unterschiedlichen Lebensräume realisiert, entsteht jedoch keine eindeutige, ein für alle Mal festgeschriebene Identität. *Beachy Head* betont stattdessen Momente der Instabilität in den sowohl zeitlichen als auch räumlichen Beziehungen von unterschiedlichen Komponenten.

---

44 Charlotte Smith: Beachy Head. In: dies.: The Poems of Charlotte Smith. Hg. v. Stuart Curran. Oxford 1993, S. 217–250, hier S. 217. Im Folgenden wird nach dieser Ausgabe mit Angabe der Verse direkt im Text zitiert.

Bereits in der ersten Strophe wird Beachy Head als ein Aussichtspunkt evoziert: „On thy stupendous summit, rock sublime! [...] I would recline“ (V. 1–4). Ungeachtet dieses expliziten Bezugs auf den Begriff, wird das Meer aber nicht in einer Ästhetik des Erhabenen dargestellt, als Topos des Grenzenlosen oder Unendlichen. Stattdessen ist es, und das gilt für die Darstellung der Natur in diesem Gedicht insgesamt, durch konkrete Vorgänge bestimmt, für die Smith eine um Präzision bemühte Sprache entwickelt. Dieser Beobachtungsperspektive bietet sich nun nicht nur eine große Vielzahl an Lebewesen, Gegenständen, Bewegungen und zeitlichen Prozessen dar. Die Bestandteile dieser Vielfalt sind darüber hinaus auch jeweils für sich dadurch bestimmt, dass sie beweglich sind. Dies umfasst unter anderem den Rhythmus der Gezeiten, den Flug der Wolken, den Flug der auf dem Kliff anlandenden und nistenden Zugvögel, umherstreifende Schäfer, den Schiffs- und Handelsverkehr, sodass vielleicht die einzige gemeinsame Eigenschaft all dieser unterschiedlichen Gegenstandsbereiche eine besonders ausgeprägte Mobilität ist. Natürliche und kulturelle Prozesse verschränkend, ist der Küstenabschnitt Kontaktfläche des Ungleichartigen und der Ort eines Austauschs, der sich der Kontrolle entzieht.[45] In der Nacht legen Schmuggler an, „[c]landestine traffic“, im Zusammenhang der napoleonischen Kriege besteht die reale Gefahr einer Invasion durch Frankreich.[46]

In einer zeitlichen Entsprechung dieser räumlichen Austauschbeziehungen wird die Küste als eine Landschaft thematisiert, die mehrere Zeitschichten in sich trägt. Der Boden wird als ein Medium evoziert. Vor dem Hintergrund einer Reihe von Invasionen, die über die Landspitze erfolgt sind, wird die Küste zum archäologischen Speicher, aus dem die zur Rekonstruktion der eigenen Geschichte nötigen Spuren ausgegraben werden können. Der Untergrund ist ein kaum noch zu erkennendes Begräbnisfeld, das als eine Art Gegenarchiv den schriftlichen Geschichtsquellen gegenübergestellt wird und die Spuren derjenigen enthält, deren Namen nicht verzeichnet wurde:

> [...] deep beneath
> Rest the remains of men, of whom is left
> No traces in the records of mankind,
> Save what these half obliterated mounds
> And half fill'd trenches doubtfully impart   405
> To some lone antiquary; [...]

45 Vgl. den Beitrag von Rebekka Rohleder in diesem Band.

46 Zu diesen politischen Kontexten vgl. das Kapitel „That Something Living is Abroad‘. Missing the Point in *Beachy Head*“ in Lily Gurton-Wachter: Watchwords: Romanticism and the Poetics of Attention. Redwood City 2014, S. 110–140.

Die Figur des „lone antiquary“ (406), dessen Aufmerksamkeit sich auf die kaum noch sichtbaren Grabhügel richtet, ähnelt den einsamen Beobachter-Figuren in Volneys und Lyells Frontispizen. Sie rekonstruiert eine Vergangenheit, die keine Spur (*trace*) in den historischen Aufzeichnungen hinterlassen hat, wohl aber im Erdreich. Zudem erinnert diese Perspektive an eine frühere Stelle innerhalb des Gedichts, an der eine personifizierte Beobachtung, „[c]ontemplation“ (V. 118), aus einer räumlich erhöhten Position der Nachlese die Geschichte des Küstenabschnitts zusammensucht (*retrace*). Ähnlich wie in den Frontispizen von Volney und Lyell, wird diese archäologische Perspektive zu einer Instanz des Lesens:

> Contemplation here,
> high on her throne of rock, aloof may sit,
> and bid recording Memory unfold
> Her scroll voluminous – bid her retrace 120
> The period, when from Neustria's hostile shore
> The norman launch'd his galleys [...]

In einer Weitung dieser materiellen Spurensuche wird das Kliff als das Speichermedium einer geologisch-erdgeschichtlichen Entwicklungsgeschichte apostrophiert. Dem Meer gegenübergestellt und vertikal von dessen planer Fläche aufragend, erscheint die Küste als eine Art natürlicher Schriftträger. Wird das Meer als symbolischer Gegenraum von Geschichte und Kultur verstanden, so ist das Festland demgegenüber ein dauerhafter Untergrund, Monument im Sinne von Wordsworth, in das sich Zeit einschreibt. Dieser erdgeschichtliche Aspekt wird durch die bereits zu Beginn genannte Entstehungsgeschichte des Ärmelkanals aufgerufen, verdichtet sich aber besonders in der Auseinandersetzung mit fossilen Resten und Abdrücken, die im Untergrund des Bodens gefunden und als fremdartige Formen beschrieben werden:

> And still, observing objects more minute,
> Wondering remark the strange and foreign forms
> Of sea-shells; with the pale and calcareous soil
> Mingled, and seeming of resembling substance. 375
> Tho' surely the blue Ocean (from the heights
> Where the downs westward trend, but dimly seen)
> Here never roll'd its surge. [...]

An der Beschreibung der fossilen Muscheln macht sich bemerkbar, wie die Überbrückung zeitlicher Distanzen auch eine räumliche Bedeutung annimmt. Als „strange and foreign forms“ (V. 373), erscheinen die fossilen Reste früherer Erdzeitalter und völlig andersartiger Ökosysteme einerseits wie die naturgeschichtliche Entsprechung der *emigrants*, die sich in Smiths Lyrik meist am Strand aufhalten. Andererseits ist die Präsenz der fremdartigen Lebensformen Metapher für Erinnerungen, die an die Oberfläche des Bewusstseins treten, aber auch für die literarischen Verfahren des Gedichts. Denn für das schreibende Ich ist die Gegend von Beachy Head im ländlichen Gegensatz zum urbanen Raum zugleich Erinnerungsmaschine einer idealen Kindheit, als deren Exilantin es sich beschreibt:

> And childhood scarcely passed, I was condemned,
> A guiltless exile, silently to sigh,
> While Memory, with faithful pencil, drew
> The contrast; and regretting, I compar'd 290
> With the polluted smoky atmosphere
> And dark and stifling streets, the southern hills
> That to the setting Sun, their graceful heads
> Rearing, o'erlook the frith, where Vecta breaks
> With her white rocks, the strong impetuous tide, 295
> When western winds the vast Atlantic urge
> To thunder on the coast[.] – Haunts of my youth!
> Scenes of fond day dreams, I behold ye yet!

In der Formulierung „Haunts of my youth!" (V. 297) wird deutlich, wie Raum, Zeit, Idealisierung und Unbehagen sich vermischen, ist *haunt* als Substantiv doch einerseits ein vertrauter und gewohnter Ort, als Verb aber Wiederkehr des Toten und entsprechend Besuch derer, die eigentlich nicht mehr anwesend sind oder auch nicht anwesend sein sollen, also „visits and molestation of disembodied spirits", wie das *OED* das Verb *to haunt* erläutert.[47]

Diese Doppelung von *haunt* ist auch eine intertextuelle. Die Küste ist nicht allein eine Verbindungslinie der Verkehrs-, Handels-, Schmuggel- und Ausbeutungsrouten in ferne „orient climates" (V. 44). Sie bildet eine Kontakt- und Interaktionsfläche mit Smiths eigenem lyrischen Werk, in dem die Topographie aus Strand, Meer und Klippen ein wiederkehrendes Motiv bildet. Wie die Forschung gezeigt hat, ist das Gedicht durch die Wiederaufnahme eigener Formulierungen aus früheren Sonetten bestimmt,[48] sodass die Präsenz geologischer und archäologischer Fragmente im Untergrund des Erdreichs auf der poetologischen Ebene

---

47 Oxford English Dictionary. Oxford 2001. https://www.oed.com/search/dictionary/?scope=Entries&q=haunt, (letzter Zugriff: 23.03.2023).

48 Charlotte Smiths *Written on the Sea Shore. October* (1784) etwa entwirft im Verhältnis von Schiffbruch, Ufer und vergeblichem Blick ins Meer als Horizont möglicher Rettung eine nautische Metaphorik des Scheiterns. Dort heißt es in der dritten Strophe: „Already shipwreck'd by the storms of Fate, / Like the poor mariner, methinks, I stand, / Cast on a rock; who sees the distant land / From whence no succour comes – or comes too late." Charlottes Smith: Written on the sea shore. – October, 1784. In: dies.: The Poems od Charlotte Smith. Hg. v. Stuart Curran, S. 20.

durch die Integration älterer Textmaterialien gespiegelt wird, die wie Fossilien im eigenen Untergrund eingelagert sind. Die Erde als Archiv geschichtlicher Spuren beschreibend, ist das Gedicht zugleich Gedichtspeicher.

Diese Intertextualität betrifft indes nicht allein Referenzen auf das eigene Werk. Auffällig ist darüber hinaus die heterogene Beschaffenheit des Textes, die den Küstenabschnitt als einen pluralen Raum unterschiedlicher Lebewesen und zeitlicher Rhythmen lesbar macht.[49] Der heterogenen Beschaffenheit des Gedichts entspricht ein dichtes Ineinander von unterschiedlichen Lebensformen, das es schildert. So werden zum einen Begriffe durch einen umfangreichen Fußnotenapparat kommentiert, in dem unter anderem die lokale Flora und Fauna erläutert und mit lateinischen Namen genau bezeichnet wird. In dieser Raumaufteilung des Textes werden geologische, botanische und ornithologische Wissensbestände eingebaut, sodass die Lesefluss von einer linearen Richtung abgelenkt wird. Sowohl auf der synchronen Ebene der räumlichen Gleichzeitigkeit und Nachbarschaft unterschiedlicher Lebensformen als auch auf der diachronen der Geologie und der Archäologie erscheint die für das Gedicht zentrale Landschaftsform als ein heterogener, offener Lebensraum, in dem sich natürliche und kulturelle, literarische, biographische, aber auch politische und gewaltsame Zusammenhänge begegnen, in Interkation zueinander treten. Zum anderen enthält das Gedicht zwei Binnengedichte, die von einem umherwandernden „hermit" (V. 560) stammen. Dessen Aufenthaltsort sind nicht allein „ruins" sowie „fragments gray of towers and buttresses" (V. 509), seine Dichtung besteht ihrerseits aus „scatter'd rhymes, / Unfinish'd sentences, or half erased" (V. 575). Mithin zeigt sich in der Nähe von literarischer Form und materiellen Resten oder Bruchstücken ein ähnliches poetologisches Modell, wie es Walter Benjamin in *Der Ursprung des deutschen Trauerspiels* (1928) anhand der Figur der Ruine herausarbeitet und von organischen Modellen des Kunstwerks unterscheidet: „Was die Antike ihnen [den Dichtern des Barock] gelassen hat, sind ihnen Stück für Stück die Elemente, aus welchen sich das neue Ganze mischt. Nein: baut. Denn die vollendete Vision von diesem Neuen war: Ruine."[50] In einer Entsprechung der einzelnen Ebenen, verweisen der als zerfallene Ruine beschriebene Ort und die fragmentarische Verfasstheit der dort entstehenden Dichtungen zugleich auf die heterogene Verfasstheit des Textes, in den sie eingefügt sind.[51]

Die aus dem kalkigen Untergrund von Beachy Head gegrabenen Muschelfossilien sind demnach Metapher für die Erinnerungen der lyrischen Ich-Perspektive,

---

49 Vgl. Anne D. Wallace: Interfusing Living and Nonliving in Charlotte Smith's *Beachy Head*. In: The Wordsworth Circle 50 (2019), H. 1, S. 3–19.

50 Benjamin: Ursprung des deutschen Trauerspiels, S. 354 f.

51 Zu dieser fragmentarischen Form vgl. John M. Anderson: *Beachy Head*: The Romantic Fragment Poem as Mosaic. In: Huntington Library Quarterly 63 (2000), H. 4, S. 547–574.

die von der Höhe des Kliffs auf ihr Leben zurückblickt, zugleich aber poetologische Kennzeichnung für die heterogene Verfasstheit des Gedichttextes. Noch einmal verdichtet wird dieser poetologische Aspekt in der letzten Strophe, die von einem weiteren Einsiedler berichtet, der am Fuß des Kliffs lebt und Schiffbrüchige rettet, bis er dabei schließlich selbst ertrinkt. Von diesem *hermit* heißt es ganz am Ende:

> [...] his drowned cor'se
> By the waves wafted, near his former home 725
> Receiv'd the rites of burial. Those who read
> Chisel'd within the rock, these mournful lines,
> Memorials of his suffering, did not grieve,
> That dying in the cause of charity
> His spirit, from its earthly bondage freed, 730
> Had to some better region fled for ever.

Mit der Praxis des Begräbnisses und der Formulierung „chisel'd within the rock, these mournful lines“ (V. 727) wird die handwerkliche Verfertigung eines Epitaphs evoziert, in der sich das Gedicht selbst thematisiert. Es evoziert sich als eine Selbsteinschreibung in den materiellen Schriftträger der Landschaft und des Erdreichs, wobei der umfassende Fußnotenapparat die Schriftlichkeit des Gedichts zusätzlich hervorhebt und seine Klangdimension in den Hintergrund rückt. Wenngleich das Gedicht damit eine nachträgliche Zeitlichkeit von Lesenden setzt („Those who read“, V. 726), ist die Zeitbeständigkeit der in den „mournful lines“ festgehaltenen Erinnerung keineswegs gesichert, wie ein abschließender Blick auf Lyells *Principles* verdeutlichen mag. In einem Kapitel über die Küstenlandschaften von Großbritannien beschreibt Lyell einen Friedhof, der nach und nach durch den Wellengang und die Gezeiten abgegraben wurde:

> The waves have almost isolated the promontory, and invaded the cemetery, where they have made sport with the mortal relics, and thrown up a skull upon the beach. In the foreground is seen a broken tombstone, erected, as its legend tells, „to perpetuate the memory“ of one whose name is obliterated, as is that of the county for which he was „Custos Rotulorum.“ A cormorant is perched on the monument, defiling it, as if to remind some moralizer like Hamlet of „the base uses“ to which things sacred may be turned. Had this excellent artist desired to satirize certain popular theories of geology, he might have inscribed the stone to the memory of some philosopher who taught „the permanency of existing“ continents.[52]

52 Lyell: Principles of Geology, S. 274. Beachy Head selbst beschreibt Lyell ebenfalls als eine sehr unbeständige Landschaft: „South Coast of England. – To pass over some points near Hastings, where the cliffs have wasted at several periods, we arrive at the promontory of Beachy Head. Here a mass of chalk, three hundred feet in length, and from seventy to eighty in breadth, fell, in

In dieser merkwürdig dichten Stelle, die sich selbst in den Raum der Theaterkulisse rückt, lassen sich mehrere Fäden zusammenführen. Das offenbar namenlose Grab soll die Erinnerung an einen „Custos Rotulorum“ festhalten, dem qua Amt die Aufgabe zukommt, die schriftlichen Dokumente einer rechtlichen Institution zu verwahren. Im erdgeschichtlichen Kontext bildet der Wellengang eine Dynamik, welche diese doppelte Institution der schriftlichen Erinnerung und Festschreibung allmählich auslöscht. Gegenüber der geologischen Dynamik im Grenzverlauf zwischen Ozean und Festland, wie er in Smiths *Beachy Head* entworfen wird, kann das Grab nur noch das Scheitern der eigenen Überlieferung bekunden und wird unfreiwillig ironisch. Die Bedeutung der Grabinschrift ist demnach genauso wenig zu kontrollieren wie der Verbleib der Knochen, die von den Wellen aus dem Erdreich gespült werden.

Beachy Head verzeichnet somit unterschiedliche Formen, in denen Vergangenheit erinnert, aufgelesen und rekonstruiert wird, ohne dabei einen einzelnen Standpunkt zu priorisieren. Unterschiedliche Perspektiven stehen nebeneinander, einen privilegierten Erkenntniszugang weist das Gedicht jedoch nicht aus. In einer Verschränkung unterschiedlicher Skalierungen betrifft dies erdgeschichtliche und archäologische Zeiträume, die Erinnerung der eigenen Kindheit, aber auch des eigenen Schreibens. Vermittelt wird dies stets über ein Gelände, das seinerseits durch Dynamik und Vielschichtigkeit bestimmt ist. Die Ich-Perspektive des Gedichts ist in einem Netzwerk von unterschiedlichen Prozessen und Zeiten der Natur und Kultur situiert. Darüber hinaus zeichnet sich durch die heterogene Beschaffenheit des Gedichts auf einer poetologischen Ebene eine Pluralisierung von Zeitlichkeit ab, wie sie auch in zeitgenössischen Diskursen der Geologie und der Paläontologie zu beobachten ist.

Ein verbindendes Element der Texte von Lyell, Wordsworth und Smith ist demnach eine Bildlichkeit von Ruine, Monument und Epitaph, aus der eine Erweiterung des Schrift- und Archivbegriffs auf Naturräume hervorgeht. Alle Texte setzen eine Beobachtungsperspektive der Lektüre, die sich auf diese verstreut liegenden Bruchstücke, Ruinen und Gräber bezieht. Erfolgt diese Übertragung aus dem Raum der Kultur in ein sich veränderndes Verständnis von Natur und ihrer zeitlichen Dimension, so hat sie umgekehrt aber auch Folgen für den Bildspender: das Verständnis von Schrift und Lesbarkeit. Im geologischen und paläontologischen Zusammenhang werden fossile Bruchstücke oder Erdschichten in der Metapher der Schrift und des Archivs als ‚Dokumente‘ einer Erdgeschichte in den Blick genommen, sind aber gerade nicht Teil einer intentionalen Überlieferung

the year 1813, with a tremendous crash; and similar slips have since been frequent.“ Lyell: Principles of Geology, S. 278.

oder Hinterlassenschaft. Obschon *Beachy Head* genau wie das darin beschriebene Epitaph mit Blick auf eine spätere Rezeption entstanden ist und eine nachträgliche Zeitlichkeit von Lesenden setzt („Those who read"), führt die strukturelle Nähe zum materiellen Gegenstandsbereich von Begräbniskultur, Geologie und Paläontologie ein Moment des Sinnentzugs und der Verselbständigung mit sich, das die Vorstellung einer einheitlichen Bedeutung destabilisiert. Darin zeigt sich wiederum die Nähe zwischen der hier untersuchten Perspektive des zeitlichen Rückblicks und einem allegorischen Lektüremodell, wie es Benjamin in den Abschnitten zum Verhältnis von Symbol und Allegorie in der Romantik herausgearbeitet und unter dem Begriff des ‚allegorischen Tiefblicks' gefasst hat: „Wo die Romantik in dem Namen der Unendlichkeit, der Form und der Idee das vollendete Gebilde kritisch potenziert, da verwandelt mit einem Schlage der allegorische Tiefblick Dinge und Werke in erregende Schrift."[53] Vor diesem Hintergrund lässt sich der hier untersuchte Komplex der Endlichkeit, wie er sich in Ruine, Monument und Epitaph realisiert, mit dem Lektüre-Modell verbinden, wie ihn das *Trauerspiel*-Buch skizziert. In Abgrenzung von der Vorstellung eines organisch-ganzheitlich verfassten Kunst- und Symbolbegriffs, wie er innerhalb der Romantik etwa von Samuel Taylor Coleridge vertreten wird,[54] und einer komplementär dazu verlebendigenden und auf das Ganze ausgerichteten Lektüre,[55] entwirft Benjamin einen Begriff der allegorischen Kritik, der sich auf das Bruchstück richtet, um es mit Wissen anzureichern: „Mortifikation der Werke: nicht also – romantisch – Erweckung des Bewußtseins in den lebendigen, sondern Ansiedlung des Wissens, in ihnen, den abgestorbenen."[56] An der hier untersuchten Perspektive des Rückblicks zeigt sich im Wechselverhältnis von Erdgeschichte und literarischer Poetik eine Lektüreform, in der Schrift in dem Maße bedeutsam wird, in dem sie einen einheitlichen lebendigen

53 Benjamin: Der Ursprung des deutschen Trauerspiels, S. 154.

54 Samuel Taylor Coleridge: Life. In: ders.: Coleridge's Poetry and Prose. Hg. v. Nicholas Halmi/Paul Magnuson/Raimonda Modiano. New York/London 2004, S. 596 f. „[A] Symbol is characterized by a translucence of the Special in the Individual or of the Universal in the General. Above all by the translucence of the Eternal through and in the Temporal. It always partakes of the Reality which it renders intelligible; and while it enunciates the whole, abides itself as a living part in that Unity, of which it is the representative."

55 Zum Gegensatz von Allegorie und Symbol und der Kontinuität von Romantik und Barock in der Priorisierung des Allegorischen schreibt Benjamin an gleicher Stelle: „Kein härterer Gegensatz zum Kunstsymbol, dem plastischen Symbol, dem Bilde der organischen Totalität ist denkbar als dies amorphe Buchstück, als welches das allegorische Schriftbild sich zeigt. In ihm erweist sich das Barock als souveränes Gegenspiel der Klassik, wie man bisher in der Romantik nur es anerkennen wollte." Benjamin: Der Ursprung des deutschen Trauerspiels, S. 154.

56 Benjamin: Der Ursprung des deutschen Trauerspiels, S. 159.

Ursprung einbüßt und, mehrdeutig geworden, zum Gegenstand von Wissen und Bedeutungszuschreibungen wird.

Bildnachweise

Abb. 1 Frontispiz von Constantin François Volney: Les Ruines, ou méditation sur les révolutions des empires. Paris 1792 <https://digital.library.cornell.edu/catalog/ss:12591030>, letzter Abruf 14.06.2024.

Abb. 2 Titelblatt von Charles Lyell: Principles of Geology, being an Attempt to Explain the Former Changes of the Earth's Surface, by Reference to Causes now in Operation. London 1830, Volume 1. Royal Society Picture Library.

Personenregister

https://doi.org/10.1515/9783111426129-017